통감절요

通鑑節要

김정화 역주

1

충북대학교 출판부

통감절요 1

서 문

一. 『통감절요(通鑑節要)』에 대한 소개

『통감절요(通鑑節要)』는 송(宋)나라 사마광(司馬光)이 편찬한 『자치통감(資治通鑑)』 2백94권의 내용을 발췌, 50권으로 축약 편찬한 책이다.

『자치통감』은 주(周)나라 위열왕(威烈王) 13년(B.C. 403)부터 후주(後周) 현덕(顯德) 5년(A.D. 959)까지 1천3백62년간의 사적(史蹟)을 편년체(編年體)로 엮은 통사(通史)로서, 후대 편년체 역사 서술의 모범이 되는 역사서이다. 그러나 그 분량이 2백94권으로 너무 방대해, 일반인은 읽기 어려운 책이었다.

『통감절요』를 편찬한 강지(江贄)는 송(宋)대의 처사(處士)이다. 그는 『자치통감』 2백94권 중 '역사적으로 중요하다고 생각되는 부분'만을 발췌해, 「주기(周紀)」 5권을 2권으로, 「진기(秦紀)」 3권을 1권으로, 「한기(漢紀)」 60권과 「위기(魏紀)」 10권을 「한기(漢紀)」 22권으로, 「진기(晉紀)」 40권을 5권으로, 「송기(宋紀)」 16권과 「제기(齊紀)」 10권을 1권으로, 「양기(梁紀)」 22권을 1권으로, 「진기(陳紀)」 10권을 1권으로, 「수기(隋紀)」 8권을 1권으로, 「당기(唐紀)」 81권을 14권으로, 「후량기(後粱紀)」 8권과 「후한기(後漢紀)」 4권을 1권으로, 「후주기(後周紀)」 5권을 1권으로 대요 만을 추려서 간추려 『통감절요』 50권을 만들었다.

그는 나름의 역사인식을 가지고 내용을 취사선택했다. 사서를 요약하거나 발췌하는 일은 역사인식이 없다면 불가능한 작업이다. 그러면서도 『자치통감』의 문장을 그대로 찾아낼 수 있을 정도로 문맥상 불가피한 경우를 제외하고는 전문을 그대로 살렸다.

강지는 휘종(徽宗) 정화(政和) 연간에 천거되었으나 관직에 나가지는 않았다. 그 해 소미성(少微星=처사성處士星)이 출현했다고 해 소미선생(少微先生)이란 사호(賜號)를 내렸는데, 이 때문에 『통감절요』를 『소미통감(少微通鑑)』이라고도 한다. 그 후 후손 강묵(江默)이 주자(朱子)의 문하에 출입하면서, 이 『통감절요』의 가치를 질문하고 규명하자, 주자가 찬사를 아끼지 않았다고 한다.

강연(江淵)이 송(宋) 이종(理宗) 가희(嘉熙) 원년(1,237)에 이를 출간했고, 출간에 앞서 많은 윤색을 했고, 음주(音注)를 달았다. 연표[표表]와 연혁(沿革 [지志]) 및 순서대로 짓는 찬(讚 [서찬序贊])도 추가했다.

이러한 과정에서 『통감절요』는 정통과 비정통의 구분을 중시한 『주자강목(朱子綱目)』의 영향을 받았다. 주(周) 난왕(赧王)의 입진(入秦) 이후가 「진기(秦紀)」로 되어 있던 것을 「동주군(東周君)」으로 바꾸고, 삼국시대의 촉한(蜀漢)을 정통으로 기술, 조위(曹魏)를 윤위(閏位), 즉 비정통으로 보는 등 정통사관을 드러내게 되었다(이상의 『통감절요』에 대한 소개는 金都鍊 『解題 通鑑節要』(己卯新刊『通鑑節要』春坊藏板) 인용)

二. 왜 조선(朝鮮)시대 학자들이 선호했을까

1. 주자학(朱子學)적 역사인식을 반영

『통감절요』는 『자치통감』의 축약이지만, 조선시대의 유학(儒學)이 주자학이었던 이유로, 조선에서는 『자치통감』을 능가하는 권위를 누렸다. 중국에서 『통감절요』의 존재가 크지 않았던 것과는 대조적이다. 현재도 『자치통감』은 그 방대한 양에도 불구하고 간체자(簡體字) 번역본(『白話資治通鑑』)있는데 비해, 『통감절요』는 간체자 번역본이 없다.

조선 개국 이후로 『자치통감』은 정통론에 위배된다 해 점점 소외되고, 그 대신 『통감절요』가 많이 읽혔다고 한다. 특히 주자를 절대 존숭하던 조선 중기 이후에는 선비치고 이 책을 보지 않은 사람이 거의 없었다고 한다. 현재의 독자로서도 특히 왕의 행적이나 사건에 대한 사마온공(司馬溫公=司馬光)의 논평인 「온공 왈(溫公 曰)」과, 곳곳에서 인용된 경서의 내용을 통해 당시의 주자학적 역사인식(시대정신)을 확실하게 찾아볼 수 있다.

2. 조선 사대부가 중국 역사를 이해하던 유력한 통로

중국 정사(正史)는 양이 방대할 뿐만 아니라 우리나라 역사가 아니기 때문에 일반 사대부가 그것을 모두 섭렵하기는 어렵다. 50권으로 된 『통감절요』도 적은 양은 아니다.

『통감절요』는 시대마다 발생한 유명한 사건을 모두 다루고 있고, 일관된 사관으로 논평하고 있다. 그 과정에서 수많은 이야기를 포함하고 있어서, 인의예지(仁義禮智)의 윤리를 가르치는 경서(經書)에 비해 재미있게 구성되어 있다. 이처럼 한 질의 책을 통해 재미있으면서도 일목요연하게 중국 역사 및 시대정신을 이해할 수 있기 때문에 조선 사대부에게 중국사를 배우는 필독서로 읽혔을 것으로 보인다.

조선시대의 개인을 포함한 여러 저술들에서 이 책에서 발췌한 수많은 전고(典故)와 인용(引用)을 볼 수 있다. 『통감절요』에 대한 이해 없이 조선시대 학자들의 중국 역사나 인물에 대한 인식을 제대로 파악할 수 없다 해도 지나친 말이 아닐 정도이다. 따라서 조선시대의 역사 사상 제도 등을 연구하려는 초학자는 『통감절요』를 읽어야 할 필요가 있다고 생각된다.

3. 한문(漢文) 습득의 좋은 교재

『통감절요』는 『자치통감』을 발췌한 것이기 때문에 중국고중세사 연구의 1차 자료로서는 한계가 있다. 또 『통감절요』가 좋은 한문 학습서이긴 하지만, 『통감절요』를 이해하기 위해서는 경서도 병행해서 숙지해야 한다. 곳곳에 경서를 인용해 자신의 주장의 정당성을 역설하는 상주문(上奏文)이 실려 있는데, 이 책을 관통하고 있는 사상이 유가(儒家)사상이기 때문이다.

한문 학습서로서『통감절요』의 가장 큰 가치는 권질마다 왕의 행적을 기록한 간결한 평서문 문장에서부터, 생동감 넘치는 대화체 문장, 긴장감 넘치는 사건 묘사, 예리한 심리묘사 등이 함께 들어있기 때문이다. 예를 들어 제갈량(諸葛亮)의 「출사표(出師表)」 같은 명문장들은 물론, 위징(魏徵) 같은 명재상의 심금을 울리는 상주문과 온공(溫公)의 정치논평까지, 거의 모든 종류의 문장들이 50권에 걸쳐 각각 수록되어 있다. 따라서 권질마다 간단한 평서문에서부터 어려운 상주문까지를 재미있는 고사(故事)와 함께 읽어갈 수 있다.

한권의 책으로 조선시대 지식인의 중국역사에 대한 인식을 이해할 수 있으며, 생동감 있게 중국역사를 배울 수 있고, 한문 습득을 위한 교재로서 동양 고전 가운데 이 책만큼 가치 있는 책은 많지 않다(金都鍊 『解題 通鑑節要』(春坊藏板) 부분인용).

三. 본 번역서의 특징

1. 번역의 교재

역자는 오랫동안 대학원생들의 강독교재로 『통감절요』를 사용했다. 한문습득의 좋은 교재일 뿐만 아니라, 중국고대의 많은 역사적 사실을 이해하고 교훈을 얻을 수 있는 책이라고 생각했기 때문이다.

『자치통감』은 기사본말체(紀事本末體)처럼 사건에만 얽매이지 않고, 『자치통감강목(資治通鑑綱目)』처럼 경(經)을 위해 쓰여진[用] 역사[史]책도 아니다. 인물과 사건과 사관을 한데 융합해 총체적 움직임으로서의 역사를 서술한 점이 『자치통감』의 업적이다. 이러한 업적에 여러 사건의 역사적 의의의 이면을 파헤쳐, 계승할 것은 계승하고, 부정할 것은 부정하며, 변화시킬 것은 변화시킨 『통감절요』의 저자 강지의 역사의식에도 유념해야 한다(조영록, 「通鑑節要 이해의 시각」, 「한문교육연구」 제10호에서 인용).

교재로는 쉽게 구할 수 있는 김도련(金都鍊)선생님의 해제(解題)가 있는 춘방장판(春坊藏板)을 사용했다. 그리고 번역도 춘방장판을 기본으로 했다. 번역에 붙인 원문은 오류가 없을 것이라 여겨지는 『사고전서(四庫全書)』중의 『소미통감절요(少微通鑑節要)』(『四庫全書存目叢書, 史部第二冊』, 四庫全書存目叢書編纂委員會編, 齊魯書社出版, 1996.8, 제1판)를 구해서, 한글맞춤법에 맞춰 띄어쓰기와 구두점 등을 첨가했다.

또 조선시대부터 현재까지 춘방장판(春坊藏板)이 많이 읽히고 있음을 감안해, 『사고전서』판의 『소미통감절요』에 있는 논평 중, 온공(溫公)의 논평을 제외한 그 밖의 논평, 즉 역년도 왈(歷年圖 曰), 이순신 왈(李舜臣 曰), 주보 왈(朱黼 曰), 습착치론 왈(習鑿齒論 曰), 진수평 왈(陳壽評 曰), 손성론 왈(孫盛論 曰), 우보론 왈(于宝論 曰), 호씨관견 왈(胡氏管見 曰) 등은 제외시켰다. 이것들은 춘방장판에 없는 논평이다.

이러한 논평을 제외하고 온공의 논평만을 남겼을 때, 양자는 같은 의미를 갖는 다른 한자, 즉 심연(深淵)을 심곡(深谷)으로 적은 것 같은 곳이 몇 군데 있을 뿐 내용이 같았다.

2. 본 번역서의 특징

고전번역에서 가장 중요한 점은 원저자가 하는 말의 의도를 우리가 쓰는 현대의 말로 확실하게 표현하는 일일 것이다. 이 번역문은 번역과정에서 그 점에 중점을 두고 한문으로 된 한자어는 가능한 한 모두 한글세대가 쓰는 한글로 풀어썼다.

둘째, 『통감절요』는 왕조와 왕의 행적을 중심으로 하는 편년체 역사서술이기 때문에, 아무런 설명 없이 사건들이 연대기적으로 나열되고 있다. 따라서 시대개관이나 제도, 중요한 사건에 대한 전후 보충 설명이 필요하다. 한학자들의 번역은 이점에서 일정한 한계를 가질 가능성이 있다. 역사학자의 번역이 필요하다는 생각이다. 예를 들면, 『통감절요』의 제1권은 전국시대(戰國時代)부터 시작한다. 역사적으로 춘추시대(春秋時代)를 이은 역사서술이라는 의미를 갖는다. 맹자(孟子)는 공자(孔子)가 『춘추(春秋)』를 지은 동기를 "신하로서 군주를 죽인 자도 있고, 자식으로 아비를 죽인 자도 있게 되자, 공자가 이를 두려워 해 『춘추』를 지었다"(『맹자(孟子)』)고 했다. 춘추시대의 살벌한 하극상의 현상을 정명(正名)으로 바로 잡으려는 것이『춘추(春秋)』저술의 의도라는 말이다.

『통감절요』는 『자치통감』을 발췌한 역사서이자, 『춘추』를 계승한 역사서로서, 책의 시작에서 논평을 통해 온공이 명분론을 밝히고 있다. 이는 이 책을 관통하고 있는 역사인식이다. 그런데 전국시대의 시작이라고 구획할 수 있는 사건을 논평한 글이지만, 일반 독자는 온공의 논평만으로는 거기에 대한 중요성을 이해하기 어렵다. 대학원 학생들과의 강독 과정에서 이 점을 문제점으로 느꼈기 때문에, 『통감절요』서술에 대한 독자의 이해를 돕기 위해 시대 개관과 제도 등 역사적 사실을 각주(脚註)를 붙여 보완했다.

셋째, 새로운 한자와 한문단어, 사자성어 등은 주로 『한한대자전(漢韓大字典, 民衆書林)』에서 찾아 각주(脚註)로 제시했다. 여러 가지 한자의 뜻을 제시해 그 중에서 이 문장은 이 뜻으로 쓰였다는 것을 밝혔다. 원문에 있는 주(註)의 해석은 각주(脚註)에서 (註)라고 별도로 표기했다.

넷째, 책의 구성은 일반인이『통감절요』를 한글 번역본으로 읽을 수 있도록 했다. 또 『통감절요』을 공부하려는 학생은 대부분 춘방장판(春坊藏板) 『통감절요』를 별도로 가지고 있고, 해석본은 참고서의 구실을 한다는 점을 감안했다. 일반인이 이 책을 『열국지(列國志)』나『삼국지(三國志)』처럼 쉽게 한글로 읽을 수 있도록 한글 번역본과 그것의 각주를 각 권마다 앞부분에 배치했고, 그 다음 한글 맞춤법에 맞춰 띄어쓰기 한 원문을 그 권의 뒤에 배치했다.

다섯째, 원문도 한글맞춤법을 기준으로 쉼표와 마침표, 띄어쓰기, 따옴표, 꺽쇠 등을 사용했다. 즉 한글처럼 쉬는 데서는 쉼표, 문장이 끝나는 곳에서는 마침표를 찍은 것이다. 조동사 부(不)나 능, 가(能, 可) 등이 주어 다음에 위치하면서 그 문장 전체를 규정하는 경우, 긴 문장이라도 쉼표로 문장을 끊을 수 없어서 부분적으로 띄어쓰기를 했다. 이렇게 해서, 토씨 없이 방점만으로 문장을 파악할 수 있도록 했다.

여섯째, 왕조와 제왕의 연호에 서력(西曆)을 병기해 전후 관계 파악에 도움이 되도록 했다.

일곱째, 우리가 책을 구입할 때 먼저 목차를 읽고 그 책의 내용을 파악하는 점을 감안했다. 『통감절요』는 총목차에 왕의 명칭만 표시되어 있기 때문에, 목차만으로는 그 내용을 파악할 수 없다. 목차를 통해 간단한 내용을 파악할 수 있는 현대의 간행물들에 비해 대단히 불친절하다. 그래서 총목차에서 왕의 명칭 뒤에 각 권에서 다루는 중요한 사건, 제도 등을 순서대로 정리해 독자들의 이해를 돕도록 했다.

예를 들면, 제1권에서 왕의 행적 외에 그 중요한 내용을 찾는다면, 「온공의 명분론」 「상앙(商鞅)의 변법(變法)」 「손자병법」 「소진(蘇秦)의 합종(合從)」 「장의(張儀)의 연횡(連橫)」이 있고, 그 밖에 「계명구도(鷄鳴狗盜)」 「화씨벽(和氏璧)」 「낭중지추(囊中之錐)」 등의 고사(故事)가 생생하게 실려 있지만, 지면의 제한으로 그 권질에 포함된 5개의 중요한 내용만을 뽑아 목차에서 표기했다.

四. 이 책을 번역한 동기와 목적

대학교수는 교육자이기도 하지만 학자이기도 하다. 나는 교수생활 내내 학자로서 변변치 못한 자신에 대해 늘 마음이 편치 않았다. 이미 학계에 업적을 남길 수는 없지만, 후학들을 위해 뭔가 작은 도움이 될 만한 일을 해야 하지 않을까를 생각했다. 또 좋은 책을 충북대학 출판물로 발간해 30여 년간 봉직했던 대학을 기념하고 싶기도 했다.

어느 역사학자가 "『통감』(『통감절요』를 지칭) 하나만 제대로 번역해도 큰 업적"이라고 말했다. 그래서 이 책을 제대로 번역하는 일에 착수했다. 만 4년 반 동안, 방학에도 쉬지 않고 학생들과 함께 강독했다. 읽고 또 읽으면서 한문 문귀의 단어나 한자(漢字) 낱자의 적절한 한글표현을 찾으려고 노력했다. 그러나 번역을 끝내고 보니 미흡한 점이 많다. 미흡한 점은 후학 중에서 더 좋은 번역자가 나와 고치기를 기대한다.

『통감절요』는 대학원 때, 처음 강신혁선생님에게서 배웠다. 이 분은 한학자로서 1970년대 당시 성균관대 대동문화연구원에 소장된 고서에 방점 찍는 일을 하고 계셨다. 선생님께서 대학원에 갓 입학한 우리들에게 "한문습득을 위해서는『통감』을 읽는 것이 가장 좋다", "퇴계선생도 '『통감』과『논어』를 읽으면 문리(文理)가 터진다' 고 했다"고 누차 말씀하셨던 일이 기억난다.

30여년의 교수생활을 마감하면서 이 지면을 통해 그 동안 학업에 도움을 주신 고(故) 어머니 조영초(曺英草) 여사,

고(故) 신연철(申延澈) 교수님, 김진봉(金鎭鳳) 교수님, 대만의 호춘혜(胡春惠) 교수님, 장옥법(張玉法) 교수님께 진심으로 감사드린다.

50권의 책은 적은 양이 아니다. 전직 기자인 남편(김대곤 동학농민혁명기념재단 이사장)이 전적으로 교열을 맡아주었다. 또 강독 수강생인 추교순 선생님, 이선희 선생님, 장석재 선생님과 정영구, 김태현, 정경임, 박채란, 임슬기, 최소라, 중국학생 강기(姜琦)가 타자와 교정을 도와주었고, 성균관대 김지훈교수께서 역사지도를 점검해 주었다. 또 성균관대 박기수교수께서 성대 대학원 수업을 배정해준 것도 번역에 도움이 되었다. 이외에도 많은 분들의 도움이 있었다. 이 분들의 도움이 없었다면, 이 책의 출판은 어려웠을 것이다.

이 기회에 모든 분들에게 감사드린다. 특히 적지 않은 분량의 책을 책다운 책으로 출판하게 해준 우리 대학 출판부의 이종민교수와 관계자들에게도 깊은 감사를 드린다.

목 차

통감절요 1권

주기(周紀) 위열왕(威烈王)

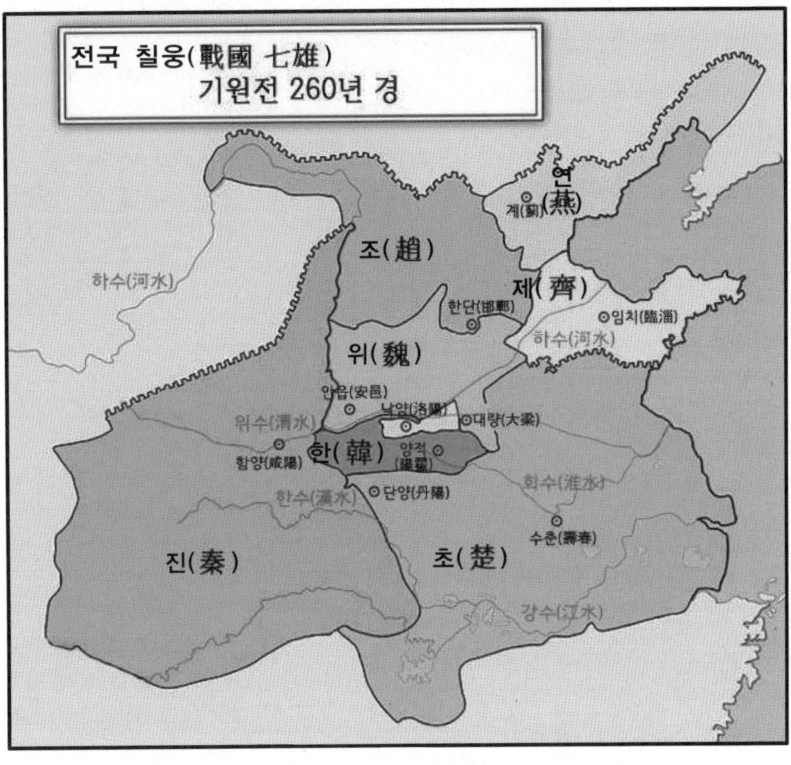

무인(戊寅) 23년(기원전 403년)[1)]

연초에 진(晉)나라 대부 위사(魏斯)와 조적(趙籍), 한건(韓虔)을 제후로 삼았다.[2)]

온공(溫公)[3)]이 말했다.

"천자의 직분에서 예(禮)보다 더 큰 것이 없다. 예(禮)에서는 분(分)[4)]보다 더 큰 것이 없다. 분(分)에서는 명(名)[5)]

---

1) 시대 개관 : 전국시대(戰國時代) 기원전 770년 주(周)왕조의 수도 호경(鎬京)이 견융(犬戎)의 침입으로 폐허가 되자, 주 왕실은 낙양(洛陽)으로 천도해 동주(東周)시대를 열었다. 동주시대(기원전 770-221년) 전기가 춘추(春秋)시대이고, 후기가 전국시대이다. 전기인 춘추시대는 주 왕조의 정치질서인 봉건제도가 붕괴되면서 제후국이 강성해지고 독립적인 형세를 갖추게 된 시기이다. 정치적으로는 난세였다. '춘추(春秋)'란 명칭은 이러한 현상을 개탄해 공자(孔子)가 편찬했다는 노(魯)나라의 연대기 『춘추(春秋)』에서 유래하며, 전국(戰國)이란 『전국책(戰國策)』에서 유래한다. 공자는 「춘추」를 통해서 군주를 배신하는 난신적자를 드러냈다. 그런데 기원전 403년 천자가 진(晉)나라 대부의 찬탈을 공인해준 사건이 있었다. 『자치통감(資治通鑑)』의 저자인 사마광(司馬光)은 이 사건부터를 전국시대라고 한다. 더 치열한 난세가 시작된 것으로 여긴 것이다. 이후 주 왕실은 낙양 근처만을 차지하는 소국으로 전락하고, 제후국들 중 강대국이 약소국을 병합하는 살벌한 시대가 되었다. 책의 시작에서 사마광은 「온공(溫公) 왈(曰)」이라는 논평을 통해 이 사건의 의미를 지적하고, 유가(儒家)의 명분론을 강조한다. 명분론이란 '명의가 정해진데 따라 반드시 지켜야 할 직분(職分)이 있다는 견해'이다

2) 주(註) 춘추시대 진(晉)나라에는 범씨(范氏)와 중항씨(中行氏), 지씨(智氏) 및 한 위 조(韓 魏 趙)가 있었다. 이들이 6경(卿)이었는데, 후에 3가(家)는 한 위 조(韓 魏 趙)에게 멸망당했다. 한 위 조는 진(晉)나라 땅을 3분해서 차지했는데, 이때 천자에게 청해 제후에 임명되었다. 이 사건을 기점으로 전국(戰國)시대가 시작된다

3) 溫公 온공(1019-1086) : 사마광(司馬光). 『자치통감』을 저술한 북송(北宋)시대의 정치가 역사가이다. 영종(英宗) 신종(神宗) 철종(哲宗) 연간 관직에 있었고, 왕안석(王安石)의 신법(新法)에 반대해 관직에서 물러났다. 1084년 『자치통감』 2백94권을 완성했다

보다 더 큰 것이 없다.

무엇을 예(禮)라 이르는가? 기강(紀綱)이 그것이다. 무엇을 분(分)이라 이르는가? 군주는 군주다워야 하고, 신하는 신하다워야 하는 것이 그것이다. 무엇을 명(名)이라 이르는가? 공(公) 후(侯) 경(卿) 대부(大夫) 등의 작호(爵號)가 그것이다.

사해(四海)는 넓고 많은 백성들이 있지만, 한 사람에게서 제어를 받는다. 그렇기에 비록 뛰어난 힘과 높은 지혜가 있는 자라 할지라도 공무[6]로 분주하지 않을 수가 없다. 어찌 예를 그것의 기강[7]으로 삼지 않겠는가? 이 때문에 천자는 삼공(三公)을 통솔하고, 삼공은 제후를 거느리고, 제후는 경과 대부를 통제하고, 경과 대부는 사(士)와 서인(庶人)을 다스린다.

귀함으로써 천한 자에게 군림하고, 천한 자는 귀한 자를 받든다. 윗사람이 아랫사람을 부리는 것은 몸[心腹][8]이 수족을 움직이는 것과 같고, 밑뿌리가 지엽(枝葉)을 만드는[制]것과 같다. 아랫사람이 윗사람을 섬기는 것은 수족이 몸을 보호하는 것과 같고, 지엽이 뿌리를 감싸주는[9] 것과

---

4) 分 분 : 분수, 직분, 마땅히 해야 할 본분

5) 名 명 : 명칭과 그 명칭에 따른 도리. 군주 신하 아버지 아들이라는 명칭과 그에 따른 도리, 의무. 작위(爵位), 작호(爵號), 명예, 인륜상의 칭호(名義)

6) 服役 복역 : 공무, 공역(公役)에 힘씀

7) 紀綱 기강 : 국가의 법, 법, 도덕, 규율

8) 心腹 심복 : 가슴과 배, 가장 중요한 곳, 성심 진심

9) 庇 비 : 덮을, 감쌀, 의지할

같다. 이런 연후에 상하가 서로 보전되고, 국가가 안정되게 다스려지는 것이다. 그러므로 천자의 직분에서 예(禮)가 가장 중요하다고 하는 것이다.

문왕(文王)은 『주역(周易)』[10]의 순서에서 건곤(乾坤)을 첫머리로 했다. 공자(孔子)는 그것에 대해 '하늘은 높고 땅은 낮다. 건(乾)과 곤(坤)은 정해졌다. 건(乾)은 높게, 곤(坤)은 낮게 펼쳐져 있으니[陳][11], 귀함과 천함은 자리가 정해졌다'고 설명[12]했다. 군신의 지위는 하늘과 땅이 바뀔 수 없는 것과 같음을 말씀하신 것이다.

『춘추(春秋)』에서는 제후를 억제하고 주(周)나라 왕실을 높인다. 왕은 비록 미약하나 서열이 제후 위에 있다. 이것으로 성인은 군주와 신하사이[君臣之際]는 일찍이 삼가하지[13] 않음이 없음을 보여준다. 걸왕(傑王) 주왕(紂王)의 포악함이나 탕왕(湯王) 무왕(武王)의 어짐[仁]이 없더라도 사람들이 귀의하는 것은 하늘의 명이다. 군신의 분수는 마땅히 절개를 지켜 목숨을 버릴[14] 뿐이다. 그러므로 예(禮)란 직분을 지키는 것이 가장 중요하다고 한 것이다.

예는 귀천을 분별하고 가깝고 먼 사람을 서열 짓는다. 만

---

10) 周易 주역 : 5경(五經)의 하나, 주대(周代)의 문왕(文王) 무왕(武王) 주공(周公) 공자(孔子)에 의해 대성(大成)한 역학(易學)

11) 陳 진 : 늘어놓을, 벌여놓음, 늘어설, 나란히 섬, 줄

12) 繫辭 계사 : 주역의 괘(卦)의 설명. 문왕(文王)이 주역의 괘효(卦爻)를 설명하고, 공자(孔子)가 주역을 설명한 글

13) 惓惓 권권 : 근신하는 모양. 권(惓) 삼갈

14) 伏死 복사 : 목숨을 버림, 또 쓰러져 죽음

물을 판가름[裁][15]하고, 많은 일들을 마름질하는데, 작호[爵號:名]가 아니면 드러나지 못하고, 기구[器][16]가 아니면 형체가 없다. 작호로써 그것을 명명(命名)하고, 기구로써 그것을 구분한 연후에 상하가 명백하게[17] 순서[倫]가 있게 되니, 이것이 예의 큰 기본이다. 작호와 기구가 없어진다면, 예가 어찌 홀로 보존될 수 있겠는가?

옛날에 중숙우해(仲叔于奚)가 위(衛)나라에 큰 공을 세웠을 때, 고을을 사양하고 왕의 말 장식 띠[繁纓][18]를 청했다. 이에 대해 공자는 고을을 많이 주는 것만 못하다고 여겼다. 기구와 작호를 남에게 빌려줄 수 없는 이유는 그것이 군주가 맡은 것이기 때문이다. 정치가 망하면 국가도 따라서 망한다.[19] 위(魏)나라 군주가 공자를 기다려 정치를 맡기니,

---

15) 裁 재 : 마름질, 분별할, 판가름할, 존절할, 제압할

16) 器 기 : 신분에 맞는 수레와 복장 등

17) 粲 찬 : 밝을, 명백할

18) 繁纓 번영 : 말이나 소의 배에 걸쳐 조르는 끈. 주(註) 말 가슴 앞의 장식

19) 위(衛)의 손환자(孫桓子)가 제(齊)의 군대와 싸워서 패했는데, 신축(新築)사람 중숙우해가 구해주어 화를 면할 수 있었다. 그 후 위나라 사람들이 중숙우해에게 상으로 고을을 하사하려고 했는데, 중숙우해가 그것을 사양하고 제후들만이 할 수 있는 곡현(曲縣)과 번영(繁纓)을 자신도 할 수 있도록 청했고, 위나라에서 그것을 허락했다. 이것을 듣고 공자가 "애석하다. 많은 고을을 주는 것이 더 낫다. 무릇 기구[器]와 작호[名]는 남에게 빌려주어서는 안 된다. 그것은 군주가 맡은 것이기 때문이다. 작호에 잘못된 것이 없으면 백성들에게 믿음을 얻고, 믿음을 잃지 않으면 기구들을 보존할 수 있고, 기구들을 가지고 예(禮, 尊卑)를 나타낼 수 있고, 예를 가지고 의(義)를 행할 수 있으며, 의를 가지고 이익(利)을 만들 수 있다. 이익이라는 것은 백성을 다스리는 가장 큰 도구이다. 기구와 작호를 남에게 빌려주는 것은 남에게 정권을 주는 것이다. 정권이 망하면 국가도 망하는 것을 막을 수 없다"고 한탄했다. 『춘추좌전(春秋左傳)』 卷11, '성공(成公) 2년' 기사

공자는 먼저 명분[20]을 바로 잡고자 했다. 명분이 바르지 않으면 백성들이 수족을 둘 곳이 없다고 여긴 것이다.

왕의 말 장식 띠는 작은 물건인데도 공자는 그것을 애석하게 여겼다. 명분을 바르게 한다는 것은 작은 일인데도 공자는 그것을 우선적으로 했다. 작호와 기구가 혼란해지고 나면, 상하가 서로 없어지기 때문이다. 그러므로 명분에서 작호(爵號)가 가장 중요하다고 한 것이다.

아아! 유왕(幽王)과 여왕(厲王)이 덕을 잃자, 주(周)나라의 도가 날로 쇠해졌다. 기강이 흩어지고 무너져서 아랫사람이 능멸해 윗사람의 권위가 땅에 떨어지고,[21] 제후는 오로지 정벌만 하고, 대부들이 정사를 마음대로 했다. 예의 큰 줄기 중 10의 7, 8이 없어졌으나, 문왕(文王) 무왕(武王)의 제사가 계속 이어진[22] 것은 주(周)나라 자손들이 여전히 그 명분을 잘 지켰기 때문이다.

무엇으로 그렇다고 말할 수 있는가? 옛날에 진문공(晉文公)이 왕실에 큰 공이 있어 양왕(襄王)에게 천자의 예법으로 장례를 치룰 수 있도록[隧葬][23] 청했다. 양왕이 허락하

---

20) 名分 명분 : 명의가 정해진데 따른 반드시 지켜야할 직분

21) 下陵上替 하릉상체 : =능체(陵替) 아랫사람이 능멸하여 윗사람의 권위가 땅에 떨어짐

22) 緜緜 면면 : 면(緜)=면(綿). 죽 이어져 끊어지지 않는 모양

23) 隧 수 : 굴, 산이나 땅 밑을 뚫고 만든 길, 또 평지에서 광혈(壙穴)까지 비스듬히 파서 통하게 한 길. 오직 천자만이 사용할 수 있었다. "(隧) 고대 천자의 장례에는 수도(隧道)가 있었고, 제후 이하에게는 선도(羨道)가 있었다. 수에는 부토(負土, 古時墳墓隧道上承土的橫板)가 있으니 곧 모두 땅 아래의 길이다. 선도는 부토가 없어 비록 땅을 판 길이지만 여전히 지면에 노출이 된

지 않으면서 '이것은 왕의 법[章]입니다. 아직 덕을 대신하는 일은 없었습니다. 두 왕이 있는 것은 또한 숙부께서도 싫어하는 바입니다. 그렇지 않다면 숙부도 영토를 가졌으면서, 또 어찌하여 수장을 허락해달라고 청하십니까?'라고 말하니, 문공이 두려워서 감히 어기지 못했다.24)

주(周)의 영토는 조(曹)나라와 등(藤)나라보다 크지 않았다. 주(周)나라 백성은 주(邾) 땅과 거(莒) 땅의 백성보다 많지 않았다. 그렇지만 이 때문에 수백 년이 지나도록 천하의 맹주25)였다. 비록 진(晉) 초(楚) 제(齊) 진(秦)이 강했지만, 감히 병사로 공격하지 못했다. 어째서인가? 명분이 아직 남아있었기 때문이다.

노(魯)의 계씨(季氏), 제(齊)의 전상(田常), 초(楚)의 백공(白公), 진(晉)의 지백(智伯)에 이르러서는 그 세력이 모두 군주를 쫓아내고 스스로 임금이 될 수 있었다. 끝내 감히 이렇게 하지 못한 것이 어찌 그 힘이 부족하거나 마음이 차마 하지 못한 것이겠는가? 이것은 바로 명분을 범하는

다. 수를 청했다는 것은 진문공이 천자에게 그가 죽은 후에 천자의 예로 자신을 장례하는 것을 윤허해달라고 청한 것이다. 문공이 먼저 수장을 청하고, 수장을 얻은 다음에는 반드시 육수(六隧)를 설치해 장례의 도구로 제공할 것"이라고 했다(楊伯竣 編 『春秋左傳注』 2권(中華書局, 1981, 433쪽))

24) 희공(僖公) 25년에 주(周)나라 양왕(襄王)이 적(狄)에게 공격을 받아 잠시 정(鄭)나라로 쫓겨 가 있었는데, 진(秦) 목공이 주 양 왕을 강제로 자신의 나라로 데려오려고 했다. 이에 진(晉) 문공이 군사를 동원해 진(秦)의 군대를 물리쳤을 뿐만 아니라 양왕을 도와 주나라 왕성을 탈환해 주었다.(『춘추좌전(春秋左傳)』 卷8, '희공(僖公) 25년' 기사)

25) 宗主 종주 : 제후의 위에 서서 패권을 잡은 맹주. 종주권(宗主權)은 종주의 제후에 대한 권력

것이어서, 천하가 함께 그들을 토벌할까 두려워해서였다.

지금 진(晉)의 대부가 포학하게도 그 군주를 능멸하고, 그 나라를 쪼개어 차지했다. 천자가 토벌할 수도 없었고, 또 총애하여 그들에게 작위를 주어 제후의 반열에 서게 했다. 이는 작은[26] 명분이지만, 더는 지키지 못하고 그것을 함께 버린 것이다. 선왕(先王)의 예(禮)가 이때에 다 끝났다.

혹자는 당시에 주(周) 왕실이 미약하고, 3진(三晉 : 韓 魏 趙)은 강성하므로, 비록 허락하지 않으려 했어도 그렇게 할 수 있었겠는가라고 한다. 이는 크게 잘못된 것이다. 3진이 비록 강성했으나, 만일 천하의 토벌을 개의치 않고 예의를 침범하려 했다면, 천자에게 청하지 않고 스스로 섰을 것이다. 천자에게 청하지 않고 스스로 섰다면 패역의 신하가 되는 것이다. 천하에 제(齊) 환공(桓公)과 진(晉) 문공(文公) 같은 군주가 있었다면, 반드시 예를 받들어 그들을 정벌했을 것이다.

지금 천자에게 청해 천자가 허락했으니, 이는 천자의 명령을 받고 제후가 된 것이다. 누가 그들을 토벌할 수 있겠는가? 때문에 3진이 제후의 반열에 서게 된 것은 3진이 예를 파괴한 것이 아니라, 천자가 스스로 파괴한 것이다"

처음에 조간자(趙簡子)가 윤탁(尹鐸)에게 진양(晉陽)을 다스리게 하자, 윤탁이 "그것으로 백성들에게 세금[27]을 많이

---

26) 區區 구구 : 작은 모양, 득의한 모양, 자기의 겸칭

27) 繭絲 견사 : 누에고치에서 실을 뽑듯이 세금을 걷는 것

걷어야 됩니까, 아니면 울타리로 삼아 인심을 얻고 국가의 틀을 잡아야 됩니까?"[28]라고 물었다. 간자는 "울타리로 삼아야 하니 인심을 얻고 국가의 틀을 잡으라"고 대답했다. 윤탁이 그 가호(家戶) 수를 줄였다.[29] 간자(簡子)가 무흘(無恤)[30]에게 "진(晉)나라에 어려움이 있거든 너는 윤탁을 가볍게[31] 여기지 말고, 진양을 멀다고 하지 말고, 반드시 그 곳으로 가라"고 했다.

지선자(智宣子)가 죽고 지양자(智襄子)가 정사를 맡게 되었다. 지양자(智襄子)가 한강자(韓康子)에게 땅을 요구하니, 강자가 1만 가호의 읍을 바쳤다. 지백(智伯=지양자)이 기뻐하고, 또 위환자(魏桓子)에게 땅을 요구했다. 환자(桓子) 역시 1만 가호의 읍을 그에게 주었다. 지백이 또 채(蔡)의 고랑(皐狼) 땅을 조양자(趙襄子)에게 요구했으나 양자가 주지 않았다. 지백이 노해 한(韓) 위(魏)의 군대를 거느리고 조(趙)를 공격했다.

양자가 떠나려고 하면서 "나는 어디로 가야 하는가?" 하니, 따르는 자가 "장자(長子)는 거리도 가깝고, 또 성이 튼튼하게 완성[32]되어있습니다"라고 대답했다. 양자는 "백성들의 힘을 피폐하게 해 성을 완성시켰으니, 또 쓰러져 죽음으

28) 保障 보장 : 인심을 얻어 국가의 틀을 잡음

29) 주(註) 가구 수를 줄이면 부세가 경감되어 백성이 힘을 편다

30) 주(註) 무휼(無恤)은 간자(簡子)의 아들이다

31) 少 소 : 주(註) 소(少)는 가볍게 여기는 것이다. 중(重)하게 여기는 것을 다(多)라고 한다

32) 厚完 후완 : 성이 튼튼하게 완성됨

로써[33] 성을 지키게 하면, 그 누가 나와 함께 하겠는가?"라고 말했다.

따르는 자가 다시 "한단(邯鄲)의 창고가 충실합니다"라고 말했다. 양자는 "백성들의 고혈을 짜내어[34] 창고를 가득 채웠는데, 또 이로 인해 백성들을 죽게 한다면, 그 누가 나와 함께 하겠는가? 진양으로 가야겠다. 선왕께서 당부하신 곳이고, 윤탁이 너그러운 정사를 베푼 곳이니, 백성들이 반드시 화목할 것이다" 하고는 진양으로 갔다.

3가(三家:智 韓 魏)가 나라 사람을 시켜 진양을 포위하고 그 곳에 물을 대니, 성 중에 물이 잠기지 않은 곳이 6자[35] 뿐이었다. 부엌이 침수되어 개구리가 알을 낳았으나 백성들에게는 배반할 마음이 없었다. 조양자가 장맹담(張孟談)을 시켜 몰래 성 밖에 나가 2가(二家=韓 魏)를 만나게 했다. 장맹담은 "신이 듣건데 입술이 없으면 이가 시리다'[36]고 했습니다. 지금 지백이 한(韓)과 위(魏)의 군대를 거느리고 우리 조(趙)를 공격하는데, 우리가 망하고 나면 한(韓)과 위(魏)는 그 다음이 될 것입니다"라고 했다. 2가가 마침내 은밀히 장맹담과 약속하고는 날짜를 기약하고 장맹담을 보냈다.

---

33) 斃死 폐사 : 쓰러져 죽음

34) 浚膏澤 준고택 : 준(浚) 취할, 빼앗을, 탐내어 탈취함. 고택(膏澤) 은택을 베품, 기름

35) 三版 삼판 : 주(註) 판(版)은 2자(尺)

36) 脣亡齒寒 순망치한 : 입술이 없으면 이가 시리다는 사자성어

조양자가 밤에 사람을 시켜 제방 지키는 관리를 죽이고 물을 터트려서 지백군에게 물을 대니, 지백군이 물에서 헤엄쳐 나오느라 어지러워졌다. 한(韓)과 위(魏)는 좌우에서 공격하고, 조양자는 병졸을 거느리고 그 앞에서 공격해 지백군을 크게 패배시키고, 마침내 지백을 죽이고 지씨 종족을 다 멸족시켰다.

온공(溫公)이 말했다.

"지백이 망한 것은 재주가 덕을 넘었기 때문이다. 재주와 덕은 다른데, 세속 사람들이 그것을 판별하지 못하고 통틀어 지혜롭다[賢]고 하니, 이것이 사람을 알아보지 못하는 이유이다. 총명하고 강하고 굳셈을 재(才)라 하고, 정직하고 중화(中和)[37]함을 덕(德)이라 한다. 재(才)는 덕(德)의 바탕이요, 덕은 재(才)의 모범[38]이다. 이 때문에 재와 덕을 겸해 완전하면 성인이라 하고, 재와 덕이 모두 없으면 어리석은 사람이라 한다. 덕이 재주를 넘으면 군자라 하고, 재가 덕을 넘으면 소인이라 이른다.

사람 얻는 방법으로 보면, 만일 성인과 군자를 얻어 함께 하지 못한다면 소인을 얻기보다는 어리석은 사람을 얻는 것이 더 낫다. 어째서인가? 군자는 재(才)를 가져서 그것으로 선을 행하지만, 소인이 재를 가지면 그것으로 악을 행한다. 재를 가져서 그것으로 선을 행하면 선함이 이르지 않는

---

37) 中和 중화 : 치우침이 없고 과불급이 없는 바른 성정(性情)

38) 帥 수 : 장수, 거느릴, 좇을, 본보기, 모범

곳이 없다. 재를 가졌는데, 그것으로 악한 일을 하면 악함이 또한 이르지 않는 곳이 없다.

어리석은 자는 비록 옳지 못한 일을 하려고 하나, 지혜가 주밀하지 못하고 힘이 감당해내지 못한다. 비유하면, 강아지가 사람을 치더라도[39] 사람이 그것을 제어할 수 있는 것과 같다.

소인은 지혜로 충분히 그 간악함을 이룰 수 있고, 용맹으로 충분히 그 포악함을 결행[40]할 수 있으니, 이는 호랑이가 날개를 단 것이다. 그 해로움이 어찌 많지 않겠는가? 예로부터 나라의 난신과 집안의 패륜아의 경우, 재주는 남지만 덕이 부족해서 엎어지게 된 자가 많았다. 어찌 다만 지백뿐이겠는가?"

조양자가 지백의 머리에 옻칠을 해서 요강[41]을 만들었다. 지백의 신하 예양(豫讓)이 지백을 위해 원수를 갚으려고 했다. 거짓으로 형벌 받은 사람[刑人]으로 위장해 비수를 품고 양자의 궁중에 들어가 측간을 칠하고 있었다. 양자가 측간에 가다가 느낌이 있어서 그곳을 수색해 예양을 잡았다. 좌우의 신하들이 그를 죽이고자 했으나, 양자는 "의사(義士)이다. 내가 삼가하여 그를 피할 뿐이다" 하고는 그를 놓

39) 搏 박 : 잡을. 주(註) 拊 어루만지다, 치다

40) 決 결 : 터질, 과감하게 할, 결정함, 판단할

41) 飮器 음기 : 주(註) 수변기(溲便器) 또는 성주기(盛酒器)로 쓰임. 양자는 지백의 머리에 옻칠을 해 수배(溲杯)로 만듦

아주었다.

예양이 또다시 몸에 옻칠을 해 문둥이[癩]로 꾸미고, 숯을 삼켜 벙어리가 되어 저자에서 구걸을 했다. 그의 아내는 알아보지 못했으나, 그의 친구가 그를 알아보았다. 그를 위해 울면서 "자네의 재능으로 보아 조맹(趙孟)의 신하가 되어 그를 섬기면, 반드시 가까이서 총애를 받을 것이다. 그때에 비로소 하고 싶은 일을 하는 것이 오히려 쉽지 않겠는가. 어찌하여 스스로 이와 같이 고생하는가?"라고 말했다.

예양은 "안된다. 예물을 바쳐서[42] 신하가 된 뒤에 그를 죽이려고 한다면, 이는 두 마음을 품는 것이다. 내가 하는 일은 지극히 어려운 일이다. 그런데도 이것을 하는 까닭은 장차 천하의 후세에 남의 신하가 되어서 두 마음을 품는 자를 부끄럽게 하려고 하기 위해서이다"라고 말했다. 양자가 외출할 때 예양이 다리 아래 엎드려 있었다. 양자가 다리에 이르자 말이 놀라므로, 수색해 예양을 잡아서 마침내 죽였다.

○ 위사(魏斯)는 환자(桓子)의 손자이다. 이가 문후(文侯)이다. 문후가 복자하(卜子夏)와 전자방(田子方)을 스승으로 삼고, 단간목(段干木)의 초가집을 지날 때마다 매번 수레에

42) 委質 위질 : 질(質)=지(贄), 군주를 배알할 때 가지고 가는 예물. 주(註) 그 몸을 바쳐 군주를 섬기고 그 군주에게 반드시 죽음으로 절개를 지킨다는 것을 표시함

기대어 경의를 표시하니[43], 사방의 어진 선비들이 많이 그에게 귀의했다.

문후가 여러 신하들과 술을 마시며 즐기는데 하늘에서 비가 왔다. 수레를 준비시켜 들로 나가자고 명령했다. 좌우의 신하들이 "오늘 술을 마시고 즐거웠습니다. 지금 비가 오는데, 군주께서는 어디로 가려고 하십니까?" 하니, 문후가 "내 사냥터지기[44]와 사냥하기로 약속했다. 비록 즐거우나 어찌 한 번 만나기로 한 기약을 지키지 않겠는가?" 하고는 들로 가서 몸소 약속을 취소했다.

문후가 악양(樂羊)을 시켜 중산을 정벌하게 해 이겼다. 그 아들 격(擊)에게 그 땅을 다스리게 했다. 문후가 여러 신하들에게 묻기를 "나는 어떠한 군주인가?" 하니, 모두 대답하기를 "어진 군주이십니다"라고 했다. 이 때 임좌(任座)가 "임금께서 중산을 얻어서 임금의 아우에게 땅을 주시지 않고, 임금의 아들에게 땅을 주셨으니 어찌 어진 군주라 이를 수 있겠습니까?"라고 말했다. 문후가 노여워하자 임좌가 나갔다.

문후가 다음으로 적황(翟璜)에게 물으니, 대답하기를 "어진 군주입니다"라고 했다. 문후가 "무엇으로 그것을 아는가?" 하자, 적황은 "군주가 어질면 신하가 정직하다고 했습니다. 조금 전에 임좌의 말이 정직했습니다. 이로서 압니다"라고 대답했다. 문후가 기뻐하며, 적황을 시켜 임좌를

---

43) 式 식 : 수레 앞의 횡목(橫木), 횡목을 잡고 머리를 숙여 공경을 표시함
44) 虞人 우인 : 사냥터를 지키는 사람

불러 돌아오게 하고, 직접 당하(堂下)로 내려가 그를 맞이해 상객으로 삼았다.

○ 자격(子擊)이 외출했을 때 전자방(田子方)을 길에서 만났다. 수레에서 내려 엎드려 배알했으나, 전자방이 예를 하지 않았다. 자격이 노해 전자방에게 "부귀한 자가 남에게 교만을 부리는가, 빈천한 자가 남에게 교만을 부리는가?"라고 물었다. 전자방이 대답했다.

"역시 빈천한 자가 남에게 교만을 부리는 것이지요. 부귀한 자가 어찌 감히 남에게 교만을 부리겠습니까? 나라의 군주가 남에게 교만을 부리면 그 나라를 잃고, 대부가 남에게 교만을 부리면 그 가문을 잃게 됩니다. 그 나라를 잃은 자에게 나라를 가지고 그를 기다리는 자가 있다는 말을 듣지 못했고, 그 가문을 잃은 자에게 가문을 가지고 그를 기다리는 자가 있다는 말은 듣지 못했습니다. 무릇 선비와 빈천한 자는 군주에게 말이 쓰이지 않고 행동이 맞지 않으면, 신발 끈을 매고 떠나갈 뿐입니다. 어디를 간들 빈천을 얻지 못하겠습니까?"

자격이 곧 그에게 사과했다.

○ 문후(文侯)가 이극(李克)에게 "선생이 일찍이 말하기를 '집이 가난할 때에는 현명한 아내를 생각하고, 나라가 혼란할 때에는 현명한 재상을 생각한다'고 했습니다. 지금 재상으로 세울 사람은 위성(魏成) 아니면 적황(翟璜)인데, 두 사람을 비교하면 어떠합니까?"라고 물었다. 이극이 "거처할 때는 그가 가까이 하는 사람을 살펴보고, 부유할 때는

그가 주는 것을 살펴봅니다. 벼슬에 있을 때는 그가 천거한 자를 살펴보고, 곤경에 처했을 때에는 그가 하지 않는 바를 살펴보며, 가난할 때에는 그가 갖지 않은 것을 살펴보십시오. 다섯 가지로 족히 재상을 결정할 수 있습니다"라고 대답했다. 문후가 "선생은 집으로 가시오. 나는 재상을 결정했소"라고 말했다.

이극이 나오자, 적황이 물었다. "임금께서 불러서 재상을 정하셨는데, 과연 누가 되었습니까?" 하자, 이극이 "위성입니다"라고 대답했다. 적황이 화를 내면서 "서하태수(西河太守) 오기(吳起)는 신이 천거한 자이고, 임금께서 속으로 업(鄴)을 걱정하시므로 신이 서문표(西門豹)를 천거했습니다. 임금께서 중산(中山)을 정벌하려 하시므로 신이 악양(樂羊)을 천거했고, 중산을 빼앗고 나서 지킬 자가 없으니 신이 선생을 천거했습니다. 또 임금의 아들에게 스승이 없어 신이 굴후부(屈侯鮒)를 천거한 일은 귀와 눈으로 보고 기억하는 바입니다. 신이 어찌 위성보다 못합니까?"라고 말했다.

이극이 "위성은 봉록 천 종(鍾)[45] 중에 10분의 9는 밖에서 쓰고, 10분의 1을 안으로 가져갑니다. 이 때문에 동쪽으로 복자하(卜子夏)와 전자방(田子方), 단간목(段干木)을 얻었습니다. 이 세 사람은 군주가 모두 스승으로 섬기십니다. 그대가 천거한 다섯 사람은 군주가 모두 신하로 삼았는데, 그대가 어떻게 위성과 견주겠습니까?"라고 말했다. 적황이

45) 鍾 종 : 씨, 종류, 작물, 여기서는 곡식 세는 단위

두 번 절하고 말하기를 "제가 비루한 사람입니다. 할 말이 없습니다. 끝까지 제자가 되기를 원합니다"라고 했다.

○ 오기(吳起)는 위(魏)나라 사람이다. 노(魯)나라에서 벼슬했는데, 제(齊)가 노를 공격했다. 노나라 사람이 오기를 장수로 삼으려 했으나, 오기(吳起)가 제(齊)나라 여자를 아내로 삼았으므로 노나라 사람들이 그것을 의심했다. 이에 오기는 아내를 죽이고 장수가 되어 제나라 군대를 크게 격파했다. 어떤 사람이 노후(魯侯)에게 참소하기를 "오기가 처음 증삼(曾參)을 섬겼는데, 어머니가 죽었는데도 달려가서 상제 노릇[喪]을 하지 않았으므로, 증삼이 그와의 관계를 끊었습니다. 그런데 이제 또다시 아내를 죽여 임금의 장수가 되고자 했으니, 오기는 잔인하고 행실이 각박한 사람입니다. 또 노나라는 작은[46] 나라라 적을 이겼다는 명성이 있게 되면, 제후들이 노나라를 도모할 것입니다"라고 했다.

오기는 죄를 얻을까 두려워했다. 그는 위(魏)나라 문후(文侯)가 어질다는 말을 듣고 마침내 가서 모셨다. 문후가 이극(李克)에게 (오기에 대해) 묻자, 이극은 "오기는 명예를 탐하고 여색을 좋아하나, 용병술은 사마양저(司馬穰苴)도 그를 넘지 못할 것입니다"라고 대답했다. 문후는 오기를 장수로 삼았고, 진(秦)나라를 공격해 다섯 성을 함락시켰다.

오기는 장수가 되었지만, 사졸 중에 가장 낮은 자들과 의식(衣食)을 함께 했다. 누울 때는 자리를 펴지 않았고, 다닐

---

46) 區區 구구 : 작은 모양, 잔단 모양. 전(轉)하여 자기의 겸칭

때에는 말과 수레를 타지 않았다. 몸소 양식을 싸서 짊어지고[47] 사졸과 노고를 나누었다.

병졸 중에 등창[48]을 앓는 자가 있자 오기가 등창을 빨아주었는데, 그 병졸의 어미가 이 말을 듣고 통곡했다. 어떤 사람이 말하기를 "아들은 병졸이고, 장군이 직접 등창의 고름을 빨아주었는데, 어찌하여 통곡하는가?" 하니, 어미가 "지난해에 오공이 그 아비의 고름을 빨아주었는데, 그 아비가 전투에서 후퇴하지 않아[49] 마침내 적에게 죽임을 당했습니다. 그런데 오공이 이제 또다시 그 자식의 고름을 빨아주었으니, 저는 제 자식이 어느 곳에서 죽을지를 모르겠습니다. 이 때문에 통곡합니다"라고 대답했다.

기묘(己卯) 24년(기원전 402)

왕이 죽고 아들 안왕(安王) 교(驕)가 즉위했다.

안왕(安王) 재위 26년.

경인(庚寅) 11년(기원전 391)

전화(田和)가 제(齊) 강공(康公)을 섬으로 옮기고, 한 성(城)을 식읍(食邑)으로 주어 선조의 제사를 받들게 했다.

---

47) 親裹贏糧 친과영량 : 친히 양식을 싸고 짊어지다. 과(裹)는 싸다, 영(贏)은 부 담(負 擔)과 같음

48) 疽 저 : =옹(癰). 등창

49) 不旋踵 불선종 : 발꿈치를 돌리지 않다, 즉 후퇴하지 않다

임진(壬辰) 13년(기원전 389)

제(齊) 전화(田和)가 제후가 되기를 요구하자, 위(魏)나라 문후(文侯)가 그를 위해 왕과 제후들에게 청하니, 왕이 이를 허락했다.

갑오(甲午) 15년(기원전 387)

위(魏) 문후가 죽고 태자 격(擊)이 즉위하니, 이가 무후(武侯)이다. 무후가 서하(西河)에서 배를 타고 중류로 내려갈 때 오기를 돌아보면서 “아름답다! 산하의 견고함이여! 위(魏)나라의 보배로다!”라고 말했다. 오기가 대답했다.

“나라를 잘 지키는 것은 덕에 달려있지, 험함에 달려있지 않습니다. 옛날 삼묘(三苗)씨는 왼쪽에 동정호(洞庭湖)가, 오른쪽에 팽려호(彭蠡湖)가 있었으나, 덕의를 닦지 않으므로 우왕(禹王)이 그를 멸망시켰습니다.

하(夏)나라 걸왕(桀王)이 있던 곳은 왼쪽에 황하와 제수(濟水)가, 오른쪽에는 태화산(泰華山)이, 남쪽은 이궐산(伊闕山)이, 양장(羊腸)이 북쪽에 있었으나, 정치를 어질게 하지 않았기 때문에 탕왕이 쫓아냈습니다.

상(商)나라 주왕(紂王)의 국도는 왼쪽에 맹문산(孟門山)이, 오른쪽에 태항산(太行山)이 있고, 상산(常山)이 그 북쪽에 있고, 대하(大河)가 그 남쪽을 경유했으나, 정치를 하면서 덕을 베풀지 않았으므로 무왕(武王)이 그를 죽였습니다.

살펴보건대 나라를 지키는 것은 덕에 달려 있지, 험함에 달려있지 않습니다. 만약 임금께서 덕을 닦지 않으면 이 배 안에 있는 사람들이 다 적국 사람이 될 것입니다”

무후가 "좋다"고 했다.

○ 위(魏)나라가 전문(田文)을 재상으로 삼으니, 오기(吳起)가 좋아하지 않았다. 전문에게 말하기를 "그대와 공을 논할 것을 청하노니, 허락하겠는가?" 하자, 전문이 "좋다"고 했다. 오기가 "삼군을 거느려서 사졸들로 하여금 즐겁게 죽게 하고, 적국이 감히 도모하지 못하게 하는 면에서, 그대는 나 오기와 비교해서[50] 어떠한가?" 하자, 전문이 "그대만 못하다"[51]고 했다.

오기는 또 "백관을 다스리고 만백성을 친애하고, 관청의 창고를 꽉 채우는 것에서 그대와 나를 비교했을 때 어떠한가?"고 묻자, 전문은 또 "그대만 못하다"고 대답했다. 오기가 다시 "서하(西河)를 지켜 진(秦)나라 군대가 감히 동쪽을 향해 오지 못하게 하고, 한(韓)과 조(趙)나라가 조공을 바치고 복종[52]하게 하는 면에서 그대를 나와 비교했을 때 어떠한가?" 하고 묻자, 전문은 "그대만 못하다"고 대답했다.

이에 오기가 "이 세 가지는 그대가 모두 내 아래인데, 지위는 나의 위에 있음은 어째서인가?"고 물었다. 전문은 "군주는 어리고, 나라는 위태롭고, 대신은 따르지 않고, 백성들은 믿지 않습니다. 지금이 이런 때인데, 공에게 맡기겠습니까, 나에게 맡기겠습니까?" 하고 물었다. 오기가 묵묵히 있

---

50) 孰與 숙여 : 비교선택의 조동사. 비교해서 어떤가? 누가 더 나은가? 양자(兩者)를 비교함

51) A 不如 B A불여B : A는 B만 못하다. B가 A보다 낫다

52) 賓從 빈종 : 작은 나라가 큰 나라에게 조공하며 복종함

다가 말하기를 “그대에게 맡기겠다”고 했다.

얼마 후 위(魏) 무후가 의심하자, 오기는 죽임을 당할까 두려워 초(楚)나라로 도망쳤다. 초(楚) 도왕(悼王)은 평소 오기의 능력을 들었고, 오기가 오자 그를 재상으로 삼았다. 오기는 법을 밝히고 임금의 명령이 옳고 그른가를 상세히 살폈다[明法審令]. 급하지 않은 관리를 줄이고, 왕의 일가[公族][53]로서 (혈연관계가) 먼 자를 폐(廢)하고, 전투하는 병사를 위무하고 부양하니, 요점은 군대를 강하게 하는 데에 있었다. 유세 다니며 합종과 연횡을 말하는 자들을 쫓아냈다.

이리하여 남쪽으로 백월(百越)을 평정하고, 북쪽으로 3진(三晉)을 퇴각시키고, 서쪽으로 진(秦)나라를 정벌하니, 제후들은 모두 초(楚)의 강성함을 걱정했고, 초나라의 귀족과 인척 및 대신들 중에 오기를 원망하는 자가 많아졌다.

을미(乙未) 16년(기원전 386)

초(楚)에 명령해 제(齊)나라 대부(大夫) 전화(田和)를 제후로 삼았다.

경자(更子) 21년(기원전 381)

초(楚) 도왕(悼王)이 죽자, 귀족과 인척 및 대신들이 난을 일으켜 오기(吳起)를 공격해 죽였다.

---

53) 公族 공족 : 왕공(王公)의 동족(同族), 제후의 일족

임인(壬寅) 23년(기원전 379)

제(齊) 강공(康公)이 죽었는데, 자식이 없었다. 전(田)씨가 제(齊) 땅을 겸병해 모두 차지했다.

갑진(甲辰) 25년(기원전 377)

자사(子思)가 구변(苟變)에 대해 위후(魏侯)에게 말하기를 "그의 재목은 오백승(乘)[54]을 거느릴만 합니다" 하니, 공은 "나도 그가 충분히 거느릴 재목임을 알지만, 구변이 관리가 되어 백성에게 세금을 거두면서, 남의 계란 2개를 먹었기 때문에 쓰지 않는 것입니다"라고 대답했다. 자사는 "무릇 성인이 관리를 쓰는 것은 목수가 나무를 쓰는 것과 같아서, 그 장점을 취하고 단점을 버립니다. 그러므로 몇 아름이 되는 소태나무와 가래나무[55]는 썩은 부분이 몇 자 있더라도 좋은 목공은 그 나무를 버리지 않습니다. 지금 군주께서 전국(戰國)의 세상에 처해 자기를 수호하고 보좌할 사람[56]을 선발하시면서, 계란 두 개 때문에 방패와 성(城)같은 장수[57]를 버리려 하시니, 이를 이웃 나라에 소문나게 해서는

---

54) 五百乘 오백승 : 승(乘)은 사마(駟馬)가 끄는 수레 한 대. 여기서의 승(乘)은 병거(兵車)의 숫자, 주대(周代)의 제도에 천자는 기내의 땅 사방 1천리를 다스리고 전시(戰時)에 병거(兵車) 1만승(萬乘)을 내놓으며, 큰 제후는 사방 1백리를 다스리고 병거 1천승을 내놓음. 1승(乘)에는 갑사(甲士) 3인, 보병(步兵) 72인, 거사(車士) 25인이 딸림

55) 杞梓連抱 기재연포 : 기재(杞梓) 소태나무와 가래나무, 모두 좋은 재목. 연포(連抱) 여러 아름

56) 爪牙之士 조아지사 : 조아(爪牙) 손톱과 어금니, 즉 자기를 수호하고 보좌하는 사람

안 됩니다" 하자, 공이 두 번 절하면서 "삼가 가르침을 받겠습니다"고 했다.

○ 위후(魏侯)가 말하는 계책이 옳지 않은 데도, 여러 신하들이 대답하는 것은 한 입에서 나오는 것과 같았다. 자사(子思)가 말하기를 "내가 위(魏)나라를 살펴보니, 이른바 군주는 군주답지 못하고, 신하는 신하답지 못하다. 일의 옳고 그름을 살피지 않고 남이 자신을 칭찬하는 것만 기뻐하니 암담함이 막심하고, 이치가 무엇인가를 헤아리지 않고 아첨해 용납되기를 구하니, 아첨함이 막심하다. 군주가 암담하고 신하가 아첨하면서 백성의 위에 있다면 백성들이 함께 하지 않을 것이다. 이와 같은 일이 그치지 않으면, 나라에는 사람이 없을 것이다"라고 했다.

자사가 또 위후에게 말했다.

"군주의 나랏일이 장차 날로 그릇될 것입니다. 군주가 말을 하고서 스스로 옳다고 여기고, 경(卿)과 대부(大夫)가 감히 그 그릇됨을 고쳐주지 못하고, 경과 대부가 말을 하면서 스스로 옳다고 여기고, 사(士)와 서인(庶人)이 감히 그 잘못됨을 바로잡지 못하고 있습니다. 군주와 신하가 스스로 현명하다고 하면, 여러 아랫사람들이 똑같은 소리로 그들이 현명하다고 합니다. 현명하다고 하고 따르면 복을 받고, 고치려고 하면 윗사람의 뜻을 거스르게 되니 화가 생깁니다.

이와 같다면 선(善)이 어디에서 생겨나겠습니까? 『시경

---

57) 干城之將 간성지장 : 간성(干城) 방패와 성, 즉 막아주고 지켜주는 장수

(詩經)』에 '모두가 내가 성인이다라고 하면 누가 까마귀의 암수를 알겠는가?' 라고 했는데, 또한[58] 임금의 군신과 같지 않습니까?"

을사(乙巳) 26년(기원전 376)

왕이 죽고 아들 열왕(烈王) 희(喜)가 즉위했다.

한(韓) 위(魏) 조(趙)가 함께 진(晉)나라 정공(靖公)을 폐위시켜 서인으로 만들고, 그 땅을 나누어 가졌다.

열왕(烈王) 재위 7년

신해(辛亥) 6년(기원전 370)

제(齊)나라 위왕(威王)이 조정에 왔다. 이때 주(周)나라 왕실이 미약해 제후들 중 조회하는 자가 없었는데, 제 위왕이 혼자서 조회하니, 천하 사람들이 이 때문에 위왕을 더욱 어질게 여겼다.

○ 제(齊) 위왕이 즉묵대부(卽墨大夫)를 불러 "그대가 즉묵(卽墨)에 부임하면서부터 헐뜯는 말이 날마다 있었다. 내가 사람을 시켜 즉묵을 시찰하게 했더니, 전야(田野)가 개간되고 백성들이 넉넉하며, 관청에 일이 없었고, 동방이 그 때문에 편안했다. 이것은 그대가 나의 좌우 신하를 섬겨 도움을 구하지 않았기 때문이다" 하고는, 그에게 만가(萬家)를 주었다.

---

58) 抑 억 : 문득, 또한, 누를

아대부(阿大夫)를 불러서 “그대가 아(阿)를 맡으면서부터 칭찬하는 말이 날마다 있었다. 내가 사람을 시켜 아(阿)를 시찰하게 했다. 전야(田野)가 개간되지 않았고, 백성들은 가난하고 굶주렸다. 옛날에 조(趙)나라가 견(鄄)을 공격했으나 그대는 구원병을 보내지 않았고, 위(衛)나라가 설릉(薛陵)을 점령했으나 그대는 알지 못했다. 이는 그대가 많은 폐백으로 나의 좌우를 섬겨서 칭찬을 구했기 때문이다” 하고는, 그 날로 아대부와 좌우 신하로서 일찍이 그를 칭찬했던 자들을 삶아 죽였다. 이리하여 여러 신하들이 두려워 해 감히 잘못을 좋게 꾸미지 못하고 사실에 힘쓰니, 제나라가 잘 다스려져 천하의 강국이 되었다.

임자(壬子) 7년(기원전 369)
왕이 죽고 아우 현왕(顯王) 편(扁)이 즉위했다.
현왕(顯王) 재위 48년

기미(己未) 7년(기원전 362)
진(秦)나라 효공(孝公)이 즉위했다. 이때 황하와 태항산 동쪽에 강한 나라 여섯이 있었고, 회수(淮水)와 사수(泗水) 사이에 작은 나라 10여 개가 있었다. 초(楚)와 위(魏)는 진(秦)과 국경을 접하고 있었는데, 모두 진(秦)을 오랑캐로 대하고 배척해서 중국의 회맹에 참여하지 못하게 했다. 이에 효공이 분발해 덕을 펴고 정사를 닦아 진(秦)나라를 강성하게 하고자 했다.

경신(庚申) 8년(기원전 361)

효공(孝公)이 나라 안에 "빈객과 여러 신하들 중에 특별한 계책을 내어 나라를 강하게 할 자가 있으면, 내가 우선 벼슬을 높여 주고 그에게 땅을 주겠다"고 명령했다. 이에 위(衛)의 공손앙(公孫鞅)이 그 명령을 듣고 서쪽으로 가서 진(秦)에 들어갔다. 왕 가까이에서 총애 받는 신하 경감(景監)을 통해 효공을 만나보려고 했다. 부국강병의 방법을 유세하니, 효공이 크게 기뻐하며 그와 함께 국사를 의논했다.

임술(壬戌) 10년(기원전 359)

위앙(衛鞅)이 법을 변경하려 했으나, 진(秦)나라 사람들이 좋아하지 않았다. 위앙(衛鞅)이 효공에게 "무릇 백성이란 시작을 함께 걱정하지는 못하지만, 성공을 함께 즐길 수는 있습니다. 지극한 덕을 논하는 자는 세속과 화합하지 못하고, 큰 공을 이룬 자는 대중과 논의하지 않았습니다. 이 때문에 성인은 나라를 강하게 할 수 있으면 옛것을 그대로 본받지 않았습니다"라고 말했다. 그러나 감룡(甘龍)은 "그렇지 않습니다. 법에 따라[59] 다스리면, 관리들은 익숙해 있고, 백성들은 그것을 편안해 합니다"라고 말했다.

위앙은 다시 "보통사람들이 옛날 풍속에 편안해 하고, 배우는 자가 듣는 바에만 빠진다면, 이 두 가지로는 관직에 있고 법을 지키는 것은 할 수 있지만, 법의 밖의 일에 대해서

59) 緣 연 : 인연으로, ~로 인하여

는 함께 논할 수 없습니다. 지혜로운 자가 법을 만들면 어리석은 자는 제재 당하고, 현명한 자가 예를 고치면 못난 자[60]는 막습니다[拘]"라고 말했다. 공이 "좋다" 하고는 위앙을 좌서장(左庶長)에 임명하고, 마침내 변법의 방침을 정했다.

백성을 10가(家), 5가로 만들어 서로 거두어 관리하게 하고 연좌시켰다.[61] 범법[62]을 고발하는 자는 적의 머리를 베는 것과 같은 상을 받았고, 범법을 고발하지 않는 자는 적에게 항복한 것과 같은 벌을 받았다. 군공이 있는 자는 각각 그 비율대로 높은 작위를 주고, 사사로이 싸움을 하는 자는 그 경중으로 형벌을 받았다.

크건 작건 본업에 힘을 써서[63] 밭갈이하고 길쌈해서 곡식과 비단을 많이 바치는 자는 부역을 면제해주고[64], 공상업[65]에 종사하거나 게을러서 가난한 자는 잡아다 처자식[66]까지 노비로 삼았다. 공이 있는 자는 드러난 영화로움이 있었고, 공이 없는 자는 비록 부유해도 빛날 바가 없었다.

법령이 모두 갖추어졌는데도 반포하지 않고 있었는데, 이

---

60) 不肖者 불초자 : 군주와 아버지를 닮지 않았다, 닮지 않아서 못났다는 뜻

61) 相收司連坐 상수사연좌 : 주(註) 5가(家)를 보(保)로 하고 10가가 서로 연대해 관리하고 서로 규찰하고 고발한다. 1가에 죄가 있으면 9가에서 들어서 고발한다. 만약 규찰해 적발해내지 않으면 10가 연좌된다. 사(司)는 관리[管]

62) 姦 간 : 범법하다

63) 僇力 육력 : 힘쓰다

64) 復其身 복기신 : 부역(賦役)을 면제해 주다

65) 末利 말리 : 공업과 상업

66) 收孥 수노 : 그 처자식을 관(官)노비로 삼다

는 백성이 믿지 않을 것을 두려워했기 때문이었다. 곧 3장(丈)의 나무를 수도의 시장 남문에 세워놓고, 이것을 북문으로 옮길 수 있는 사람이 있으면 10금을 주겠다고 백성들에게 공고했다. 백성들이 이상하게 생각해 감히 옮기는 사람이 없었다. 다시 "옮기는 자에게는 50금을 주겠다"고 했다. 어떤 사람이 그것을 옮기자, 곧 그에게 50금을 주었다.

곧 법령을 반포했는데, 법령이 행해진지 1년만[67]에 진(秦)나라 백성 중 국도(國都)에 와서 새로운 법[新令]이 불편하다고 말하는 자가 천여 명이었다. 그 때 태자가 법령을 위반하니, 위앙은 "법이 행해지지 않는 것은 위에서부터 그것을 위반해서입니다. 태자는 군주의 후계자이니 형을 집행할 수 없습니다" 하고는 그 스승 공자건(公子虔)에게 형벌을 주고, 스승 공손가(公孫賈)에게 묵형을 시행했다. 다음날부터 진(秦)나라 사람들이 모두 [법을] 따랐다.

법령이 행해진지 10년 만에 진(秦)나라에는 길에서 떨어진 것을 줍는 사람이 없었고, 산에는 도적이 없었다. 백성들은 공적인 전투에서는 용감했고, 사적인 싸움은 겁을 냈고, 고을들이 잘 다스려졌다. 진나라 백성 중 처음에 법령이 불편하다고 말했던 사람들 가운데 다시 와서 법이 편하다고 말한 사람이 있었다. 위앙이 말하길 "이는 모두 법을 어지럽히는 백성입니다"라고 하고는 모두 변방으로 옮겼다. 그 뒤로 백성이 감히 법령에 대해서 말하지 못했다.

---

67) 朞年 기년 : 만 1년

온공(溫公)이 말했다.

"무릇 신의라는 것은 임금의 큰 보배이다. 국가는 백성에게 보위 받고, 백성은 신의로써 보장 받는다. 신의가 아니면 백성을 부릴 수 없고, 백성이 아니면 국가를 지킬 수 없다. 그 때문에 옛날의 왕은 천하를 속이지 않았고, 패자는 여러 나라들을 속이지 않았다. 국가를 잘 다스리는 자는 그 백성을 속이지 않았고, 집안을 잘 다스리는 자는 그 친족을 속이지 않는다.

잘 다스리지 못하는 자는 그것을 반대로 했다. 그 이웃나라를 속이고, 그 백성을 속이고, 심지어는 그 형제를 속이고, 그 부자마저 속인다. 윗사람이 아랫사람을 믿지 못하고, 아랫사람이 윗사람을 믿지 못하니, 상하가 마음이 멀어져서 그것 때문에 패망에 이르게 된다. 이로운 것이 있을 지라도 그 상처난 곳을 치료하지 못하고, 얻는 것이 있을 지라도 그 없어진 것을 메우지 못한다. 어찌 슬프지 않은가?

옛날에 제(齊) 환공(桓公)은 조말(曹沫)에게 한 맹세를 저버리지 않았고[68], 진(秦) 문공(文公)은 원(原)을 정벌한 이익을 탐내지 않았으며,[69] 위(魏) 문후(文侯)는 사냥터지기와

---

68) 제(齊) 환공(桓公)이 노(魯)의 장공(莊公)과 단상에서 회합하는데, 조말(曹沫)이 비수를 가지고 단상으로 올라가, 제 환공을 위협해 침략한 땅을 돌려받기로 약속 받았다. 제 환공이 그 후 약속을 지켜 침략한 땅을 모두 노나라에 돌려주었다(『사기(史記)』「자객열전(刺客列傳)」)

69) 진(晉) 문공(文公)이 원(原)을 정벌하면서 병사들과 7일을 약속했다. 7일이 되어도 함락하지 못하니, 약속을 지켜 퇴각을 명령했다(『여씨춘추(呂氏春秋)』)

의 약속을 저버리지 않았고, 진(秦) 효공(孝公)은 나무를 옮기면 준다고 한 상을 저버리지 않았다.

이 네 임금의 세상 살아가는 방법[道][70]이 아주 깨끗한 것만은 아닌데, 상군(商君=위앙)만이 더욱 각박하다고 말해진다. 그런데 전국(戰國)의 세상에 살면서 천하가 모두 거짓과 힘만을 지향하는데, 그래도 이들은 잠시 동안 신의를 잊지 않고 그 백성을 길렀다.[71] 천하를 평화롭게 다스리는 정치를 함에 있어서랴!"

병인(丙寅) 14년(기원전 355)

제(齊) 위왕(威王)과 위(魏) 혜왕(惠王)이 교외에서 만나 사냥[72]을 했다. 혜왕이 "제나라에 보물이 있습니까?"고 물으니, 위왕이 "없습니다"라고 대답했다. 혜왕이 다시 "과인의 나라는 비록 작으나 지름 한 치의 구슬이 있습니다. 수레의 앞뒤 각각 12대를 비출 수 있는 것인데, 10개가 있습니다. 제나라는 대국인데 어찌 보물이 없겠습니까?"라고 물었다. 위왕이 대답했다.

"과인이 보물이라고 하는 것은 왕이 말하는 것과 다릅니다. 내 신하 중에 단자(檀子)라는 사람이 있는데, 남성(南城)을 지키게 했더니 초(楚)나라 사람들이 감히 노략질을 하지 못하고, 사수(泗水) 가의 열두 제후가 모두 와서 조회

---

70) 道 도 : 세상 살아가는 방법, 추구하는 바, 도리

71) 蓄 축(휵) : 사랑하다, 기르다

72) 田 전 : 수렵하다

에 참석합니다.

또 내 신하 중에 반자(盼子)라는 사람이 있는데, 고당(高唐)을 지키게 했더니, 조(趙)나라 사람들이 감히 동쪽의 황하에서 고기잡이를 하지 못합니다. 내 관리 중에 검부(黔夫)라고 있는데, 서주(徐州)를 지키게 했더니, 연(燕)나라 사람들이 북문에서 제사지내고, 조(趙)나라 사람들이 서문에서 제사지내고[73], 옮겨와서 따르는 자가 70여 가입니다.

내 신하 중에는 종수(種首)라는 사람이 있는데, 도적을 방비하게 했더니, 길에 떨어져 있는 것을 줍는 사람이 없습니다.[74] 이 네 명의 신하는 천 리를 비출 것이니, 어찌 단지 수레 12대를 비출 뿐이겠습니까?"[75]

혜왕의 낯빛에 부끄러움이 있었다.

경오(庚午) 18년(기원전 351)

한(韓)나라 소후(昭侯)가 신불해(申不害)를 재상으로 삼았다. 신불해는 정(鄭)나라의 미천한 신하였는데, 황제(黃帝)와 노자(老子), 그리고 형명학(形名學)[76]을 배워서 소후(昭侯)에게 벼슬을 구했다. 소후가 그를 재상으로 삼았다. 안

---

73) 연(燕)과 조(趙)나라 사람들이 제(齊)나라가 침범할 것을 두려워해 제사지내서 복을 구함

74) 道不拾遺 도불습유 : 길에 떨어진 것도 줍는 사람이 없음, 치안이 잘되고 풍족함을 말함

75) 特 특 : 단지 ~일 뿐이다

76) 黃老形名 황로형명 : 황(黃)은 황제의 술(術), 노(老)는 노자의 도(道), 형명(刑名)은 한비자(韓非子)의 관리 등용법 또는 형벌로 다스리는 법

으로는 정치와 교화를 닦고, 밖으로는 제후들에게 대응했다. 15년에 신자가 죽을 때에는 나라가 잘 다스려지고 군대도 강해졌다.

소후에게 헤진 바지가 있었는데, 그것을 보관하라고 명령했다. 모시는 사람이 "임금님도 어질지 않으십니다. 측근들에게 내려주지 않으시고 그것을 보관하십니까?" 하니, 소후는 "내가 듣기에 밝은 군주는 한번 찡그림과 한번 웃는 것[77]도 아낀다고 했다. 지금 바지가 어찌 찡그림과 웃는 것일 뿐이겠는가? 나는 반드시 공을 이룰 자를 기다릴 것이다"라고 말했다.

신미(辛未) 19년(기원전 350)

진(秦) 상앙(商鞅)이 함양에 방 붙이는 궐문[冀闕]과 궁정을 지었고, 도읍을 옮겼다. 여러 작은 향(鄕)과 취락[聚]을 합쳐 하나의 현으로 만들고, 현에 현령(縣令)과 현승(縣丞)을 두었다. 모두 31개의 현이 되었다. 정전법(井田法)[78]을 없애고 밭 사이의 길[阡陌][79]을 텄다[開].

---

77) 一嚬一笑 일빈일소 : 한번 찡그리고 한번 웃음

78) 井田法 정전법 : 은 주(殷 周) 두 왕조의 전제(田制). 9백무(畝)의 토지를 정자형(井字形)으로 9등분해 주변 8백무(畝)의 토지는 사전(私田), 중앙 1백무(畝)의 토지는 공전(公田)이다. 공전(公田)은 8가(家)가 공동경작해서 그 수확을 국가에 바쳤고, 사전(私田)은 8가가 나누어 경작해 수확물을 가졌다

79) 阡陌 천맥 : 밭 사이에 난 길. 길이 남북으로 난 것을 천(阡), 동서로 난 것을 맥(陌)이라 한다

경신(庚申) 28년(기원전 341)

위(魏) 방연(龐涓)이 한(韓)을 정벌했다. 한이 제(齊)에 구원을 요청하니, 제(齊) 위왕(威王)이 기병해, 전기(田忌) 전영(田嬰) 전분(田朌)에게 그들을 이끌게 하고, 손빈(孫臏)을 참모(軍師)로 삼아 한을 구원하게 했다. (이들은) 곧장 위(魏) 수도로 달려갔다. 방연이 그 소식을 듣고 한을 떠나 위로 돌아갔다. 위(魏)에서는 크게 병사를 일으켜 태자 신(申)을 장수로 해 제나라 군사를 막았다.

손자(孫子)가 전기에게 "저 3진(三晉:韓 魏 趙)의 병사들은 평소 사납고 용감해 제나라를 가볍게 여기고 제나라를 겁쟁이라고 부릅니다. 전쟁을 잘하는 자는 그 형세를 이용해 이롭게 그것을 이끌어 냅니다. 병법에 1백리 가서 이익을 추구하면 상장군을 잃고[80], 5십리 가서 이익을 추구하면 군사의 반을 잃는다 했습니다"라고 했다.

제나라 군대가 위 땅에 들어가자, 첫날에는 아궁이 10만개를 만들게 하고, 다음날에는 5만개를, 또 다음날에는 2만개를 만들게 했다. 방연이 3일을 행군하더니 크게 기뻐하면서 "내가 정말로 제나라 군대가 겁쟁이임을 알겠다. 우리 땅에 들어 온지 3일 만에 병사들 중 도망간 사람들이 반을 넘는구나!" 하고는, 곧 보군을 버리고 정예부대[81]와 함께 행군 속도를 배가해[82] 그들을 쫓았다.

---

80) 蹶 궐 : 넘어지다, 엎어지다, 쓰러져 죽다(하루의 행군은 3십리이다)

81) 輕銳 경예 : 가볍고 날램, 정예부대

82) 倍日幷行 배일병행 : 2일 길을 하루에 가다, 행군속도를 배가하다

손자가 그 행군 속도를 헤아려 보니, 저녁에 마릉(馬陵)에 도착할 것이었다. 마릉은 길이 좁고, 옆이 험하고, 좁은 곳[83]이 많아 매복할만 했다. 곧 큰 나무를 쪼개서 흰 곳에 "방연이 이 나무 아래에서 죽다"라고 글을 썼다. 그리고 제나라 군사 중에 활 잘 쏘는 병사 만 명을 길 양 옆[84]에 매복시키고 "해가 저물어 횃불을 들어 올리는 것을 보면 모두 쏘라"고 명령했다.

방연이 과연 그날 밤에 쪼개놓은 나무 아래 도착했다. 하얗게 쪼개진 곳에 쓰여진 글을 보기 위해 불을 밝혔는데, 읽기를 다 마치기 전에 만 명의 궁수가 한꺼번에 활을 쏘았다. 위나라 군사가 크게 혼란에 빠져 서로를 잃었다. 방연은 지혜가 다하고 병사들이 패한 것을 알고는 스스로 목을 베었다. 제나라 군사가 승세를 타고 위나라 군사를 크게 격파했다.

신사(辛巳) 29년(기원전 340)

진(秦)나라가 위앙(衛鞅)에게 상(商)과 오(於) 15읍에 봉하고, 부르기를 상군(商君)이라 했다.

계미(癸未) 31년(기원전 338)

진(秦) 효공이 죽었다. 아들 혜문왕(惠文王)이 즉위했다. 공자건(公子虔)의 무리가 상군이 모반하려 한다고 고하니,

---

83) 阻隘 조애 : 험하고 좁다

84) 夾道 협도 : 길을 끼고, 즉 길 양 옆

관리를 뽑아 그를 잡게 했다. 상군(商君)이 도망해 위나라로 가니 위나라 사람들이 받아들이지 않고, 다시 진나라로 돌려보냈다.

상군이 그 무리들과 함께 상(商)과 오(於)로 가니, 진나라 사람들이 공격해 그를 죽였다. 거열형(車裂刑)에 처해 사람들에게 두루 보여 주고[85], 그 가문을 멸족시켰다. 처음에 상군(商君)이 진나라에서 재상을 하면서, 법을 엄하고 혹독하게 썼다. 일찍이 위수(渭水)에 가서 죄인들을 판결했는데[86], 위수가 (피로) 다 붉어졌다. 재상을 한 지 10년에 사람들이 그를 많이 원망했다.

○ 조량(趙良)이 상군(商君)을 만났다. 상군이 "자네가 보기에 내가 진(秦)나라를 다스리는 것이 오고대부(五羖大夫)와 비교해 누가 더 나은가?"라고 물었다. 조량이 "천 사람이 네, 네[87] 하는 것이 한명의 선비가 바른말 하는 것[88]보다 못합니다. 제가 종일토록 바른말을 해도 죽이지 말 것을 청합니다. 가능하십니까?" 하니, 상군이 "좋다"고 했다. 조량이 말했다.

"오고대부(五羖大夫)는 초(楚)나라의 촌놈입니다. 목공(穆

---

85) 徇 순 : 대중에게 공개적으로 보여주다, 주창할, 따를, 굴종할, 좇을, 목숨 바치다

86) 論 논 : 말할, 논할, 판결함

87) 諾諾 낙낙 : 호응하는 소리가 끊이지 않는 것

88) 諤諤 악악 : 곧은 말, 직언하는 모양, 직언해 쟁변 하는 것

公)이 그를 소의 입 아래에서 들어다가 등용해 백성의 위에 놓았는데, 진나라에서는 감히 기대도 하지 않았습니다. 진(秦)의 재상을 6~7년 하는 동안, 동쪽으로 정(鄭)나라를 정벌하고, 3번 진(晉)나라 임금을 바꿔놓고, 1번 초(楚)나라의 화를 구했습니다. 그가 재상 일을 하면서, 힘들어도 수레에 앉지 않고, 더워도 양산을 펴지 않았습니다. 오고대부가 죽자, 진나라 남녀는 울고, 어린이들은 노래를 부르지 않고, 절구질하는 사람들은 절구공이로 장단을 맞추지 않았습니다.89)

지금 상군께서는 정치를 하면서 왕의 일가[公族]를 수레바퀴로 깔아 죽이고90), 백성들을 잔인하게 해쳤습니다. 공자건(公子虔)이 두문불출한지 이미 8년입니다. 상군께서는 또 축환(祝驩)을 죽이고, 공손가(公孫賈)의 얼굴에 문신을 새기는 형벌을 내렸습니다. 『시경(詩經)』에서 '사람을 얻는 자는 흥하고, 사람을 잃는 자는 망한다'고 했습니다. 이 몇 가지는 사람을 얻는 일이 못됩니다.

상군의 위태로움이 아침이슬 같은데, 아직도 상(商)과 오(於)의 부유함을 탐내시고, 진나라 정권을 사랑하시고, 백성의 원망을 쌓으시니, 진왕(秦王)이 하루아침에 빈객을 버리거나 조정에 서지 못하시면, 진나라에서 군을 손 볼 자가 어찌 없겠습니까?"

---

89) 相杵 상저 : 장단을 맞추면서 절구질 하는 것

90) 陵轢 능역 : 능(陵) 침범할 범할, 업신여길, 언덕, 무덤. 역(轢) 수레바퀴 밑에 깔리게 할

상군이 따르지 않았다. 5개월이 지난 후 난이 일어났다.

을유(乙酉) 33년(기원전 336)

추인(鄒人) 맹가(孟軻:맹자)가 위(魏) 혜왕(惠王)을 만났다. 왕이 "노인께서 천리를 멀다 하지 않고 왔으니, 우리나라를 이롭게 할 것이 있습니까?"라고 물었다. 맹자(孟子)는 "임금께서 하필 이(利)를 말하십니까? 인의(仁義)일 뿐입니다"라고 대답했다.

맹자는 처음에 자사(子思)를 섬겼는데, 일찍이 '백성을 다스리는 도[牧民之道]'에서 무엇이 먼저인지를 물었다. 자사가 "먼저 그들을 이롭게 하는 것이다" 하니, 맹자는 "군자가 백성을 교화시키는 것은 역시 인의(仁義)일 뿐입니다. 어째서 반드시 이(利)입니까?"라고 물었다.

자사는 "인(仁)과 의(義)는 진실로 그들을 이롭게 하는 것이다. 윗사람이 어질지 못하면 아랫사람은 그 있을 곳을 얻지 못하고, 윗사람이 정의롭지 못하면 아랫사람은 속이는 것을 즐긴다. 이러한 것 때문에 크게 이롭지 못하는 것이다. 고로 『역경(易經)』에서 '이로움[利]은 의로움[義]의 화답이다'라고 했다. 또 '이로움[利]으로 몸을 편안하게 해, 그래서 덕을 높인다'고 했다. 이것은 모두 이(利)가 중요하다는 것을 말한다"고 대답했다.

온공(溫公)이 말했다.

"자사와 맹자의 말은 같다. 오직 어진 사람[仁者]만이 인의(仁義)의 이로움을 안다. 어질지 못한 사람[不仁者]은 알지 못한다. 때문에 맹자가 위(魏)왕에게 대답할 때, 바로 인의(仁義)를 말하고 이(利)를 언급하지 않은 것은 함께 대화하는 사람이 다르기 때문이었다"

무자(戊子) 36년(기원전 333)

처음 낙양사람 소진(蘇秦)이 진(秦)왕에게 천하를 겸병하는 방법을 유세했으나, 진왕이 그 말을 쓰지 않았다. 소진은 진을 떠나 연(燕)나라로 가서, 연(燕) 문공(文公)에게 유세했다.

"연(燕)이 노략질이나 군사의 침략을 당하지 않는 까닭은 조(趙)나라가 연의 울타리가 되기 때문입니다. 원하건데 대왕이 조와 함께 합종(合從)해[91] 천하를 하나로 만든다면, 반드시 연나라에는 근심이 없을 것입니다"

문공이 그 말을 따랐다. 소진은 수레와 말을 자금으로 받아, 그것을 가지고 조나라에 갔다. 조나라 숙후(肅侯)에게 유세했다.

"지금 산동에 있는 나라 중 조나라보다 강한 나라가 없습니다. 진(秦)이 침략할 곳 역시 조나라만한 곳이 없습니다[92]. 진이 감히 조나라를 정벌하지 못하는 것은 한(韓)과 위(魏)가 그 배후에서 비난할 것을 두려워해서입니다. 진나

91) 從親 종친 : 합종하여 가까워진다, 종(從)은 합종(合從). 전국시대 때 소진(蘇秦)의 주장. 연 조 제 한 위 초(燕 趙 齊 韓 魏 楚) 6국이 연합해 진(秦)을 물리치기 위한 계책

92) A 莫如 B : A는 B만 못하다. A 不如 B와 해석이 같지만, 막(莫)은 부정의 최상급

라가 한과 위를 공격한다면, 이름난 큰 산과 큰 강의 막힘이 없으니, 그들을 누에처럼 조금씩 잠식[93]할 것이고, 한과 위는 버티지 못하고 반드시 진나라에 들어가서 신하가 될 것입니다. 진에게 한과 위를 도모할 일이 없어지면, 화(禍)는 조나라에 맞춰질 것입니다.

무릇 연횡을 주장하는[94] 사람들은 모두 제후의 땅을 분할해 진에게 주라고 합니다. 진이 목적을 이루면 그 몸은 부귀영화를 누리게 되겠지만, 나라는 진에게 우환을 당할 것이고, 그 우환을 함께할 수 없습니다. 깊이 생각건대, 대왕을 위한 계책은 한 위 제 초 연 조(韓 魏 齊 楚 燕 趙)가 하나가 되어 합종해 진나라를 물리치는 것이 가장 낫습니다.

천하의 장수와 재상에게 원수(洹水) 가에 모여 약속하자고 하십시오. '진이 어느 한 나라를 공격하면, 다섯 나라가 각각 정예병을 내어서, 어느 나라는 진나라를 어지럽히고, 어느 나라는 구원을 하는 겁니다. 약속처럼 하지 않는 자가 있으면, 다섯 나라가 함께 그 나라를 공벌하자'고 하십시오. 그렇게 되면, 진나라 병사들은 함곡관을 나와 산동을 침략하지 못할 것입니다"

숙후(肅侯)가 크게 기뻐하며 소진을 후대했다. 높이 받들어주고 총애하고, 선물을 많이 주고[95], 제후들과 약속을 하

---

93) 蠶食 잠식 : 누에가 뽕잎을 뜯어먹듯이 조금씩 먹어감

94) 衡 형 : 연횡(連橫), 장의(張儀)가 주장한 것으로, 동쪽의 6나라가 모두 서쪽의 진(秦)을 섬기게 하는 계책

게 했다. 그리하여 소진이 한(韓)나라에 가서 한(韓)왕에게 유세했다.

"한(韓)은 땅이 사방 9백여리이고, 병사들이 수십만입니다. 천하의 강한 활과 연달아 쏠 수 있는 활[96]과 예리한 검이 모두 한나라의 특산품입니다. 지금 대왕이 진나라를 섬기면, 진나라는 반드시 의양(宜陽)과 성고(成皐)의 땅을 요구할 것입니다. 지금 여기서 그것을 바치면, 내년에 다시 땅을 분할해달라고 요구할 것입니다. 땅은 다함이 있지만, 진의 요구는 끝이 없을 것입니다.

속담[97]에서 말하기를 '차라리 닭 부리가 되지, 소의 항문은 되지 말라'고 했습니다. 대왕의 현명함에다 강한 한나라 병사를 거느리면서, 소의 항문이라는 이름을 갖는다면, 분명히 대왕에게는 수치입니다"

한 왕이 그 말을 따랐다.

소진이 위(魏)왕에게 가서 유세했다.

"대왕의 땅은 사방 1천 리이고, 무사가 20만에, 청색두건을 쓴 병사[蒼頭][98] 20만이 있습니다. 거기에 별동대[奮擊]가 20만, 마부와 종[厮徒]이 10만, 수레가 6백승, 말 5천 필이 있습니다. 그런데도 여러 신하들의 말을 듣고, 신하가

---

95) 賜賚 사뢰 : 하사품을 많이 내리다

96) 勁弩 경노 : 화살이나 돌을 연달아 쏠 수 있는 활의 종류, 무기

97) 鄙諺 비언 : 속담

98) 蒼頭 창두 : 청색두건을 쓴 병사들. 진(秦)나라 때는 백성들이 흑색 두건을 둘렀기 때문에 검수(黔首)라고 불렀고, 한(漢)나라에서는 노예를 창두(蒼頭)라고 했다

되어서 진(秦)을 섬기고자 합니다. 원하건데 대왕은 깊게 살피십시오"

위왕이 그것을 따랐다. 소진이 제(齊) 왕에게 가서 유세했다.

"제나라는 사방이 험한 산과 바다로 막힌 천연의 요새[99] 입니다. 땅은 사방 2천여 리이고, 갑옷 입은 병사들은 수십 만이며, 곡식은 언덕과 산처럼 쌓여 있습니다. 임치(臨菑)의 거리는 수레바퀴가 부딪힐 정도이고, 사람의 어깨도 서로 닺을 정도입니다. 소매가 이어져서 휘장이 되고, 뿌려지는 땀은 비를 만들 정도(사람이 많다는 뜻)입니다.

한(韓) 위(魏)가 진(秦)을 매우 두려워하는 이유는 국경이 접해 있기 때문입니다. 지금 진(秦)이 제나라를 공격하는 것은 그렇지 못합니다(쉽지 않습니다). 비록 깊게 들어오고자 해도 한 위의 비난이 그 뒤를 따를 것을 두려워할 것이니, 진나라는 제나라를 공격하지 못할 것이 분명합니다. 진이 제를 어찌 하지 못함[100]을 헤아리지 못하고 서쪽을 향해 그를 섬기고자 하니, 이것은 여러 신하들의 계책이 잘못된 것입니다"

제왕이 허락했다. 소진은 곧 남으로 가서 초(楚)왕에게 유세했다.

"초(楚)는 천하의 강국입니다. 땅이 사방 6천여 리이고,

---

99) 四塞之地 사색지지 : 사방이 험한 산과 강으로 막혀 지리적으로 적의 침범이 어려운 곳

100) 奈A何 내A하 : A를 어찌하겠는가?

갑옷 입은 병사들이 백만이고, 곡식은 십 년을 유지할 수 있습니다. 이것은 패왕의 자산입니다. 초나라가 강하면, 진나라가 약해지고, 진나라가 강하면 초나라가 약해집니다. 그 형세는 양립할 수 없습니다.

그러므로 대왕을 위한 계책은 합종을 해서 진나라를 고립시키는 것이 가장 좋습니다. 즉 합종을 하면 제후들이 땅을 떼어서 초나라를 섬기고, 연형을 하면 초나라가 땅을 떼어서 진나라를 섬길 것이니, 이 두 가지 계책은 서로 거리가 멉니다. 대왕께서는 어느 쪽에 서시겠습니까?"

초왕 역시 허락했다. 그리하여 소진이 종약장(從約長)으로 6국(六國)의 재상을 겸하고, 북쪽으로 조(趙)에 보고하러 갔다. 수레와 말과 짐들이 왕과 비슷했다.

기축(己丑) 37년(기원전 332)

진(秦) 혜왕(惠王)이 서수(犀首)를 시켜 제(齊) 위(魏)를 속여 함께 조(趙)를 정벌해 종약(從約)을 저버리게 했다. 조(趙) 숙후(肅侯)가 소진을 꾸짖으니, 소진이 두려워 연(燕)에 사신으로 가서 제(齊)에 복수할 것을 청했다. 소진이 조(趙)를 떠나니 합종이 모두 해체되었다.

병신(丙申) 44년(기원전 325)

여름 4월에 진(秦)이 처음으로 왕을 칭했다.

정유(丁酉) 45년(기원전 324)

소진이 연(燕) 역왕(易王)에게 "신이 연(燕)에 있으면 연나라를 중하게 할 수 없으나, 제(齊)에 가서 있으면 연을 중히 할 수 있습니다"라고 얘기하니, 역왕이 허락했다. 그래서 거짓으로 연에서 죄를 얻은 것처럼 해서 제로 도망갔다. 제 선왕(宣王)이 그를 객경(客卿)으로 삼았다. 소진이 제왕을 설득해 궁실을 높이고 사냥터[101]를 넓히게 하고, 자기 마음대로 하는 것[102]을 드러내게 해서 제나라를 피폐시켜서, 연나라를 위하고자 했다.

기해(己亥) 47년(기원전 322)

진(秦)나라 장의(張儀)가 재상 직에서 물러났다. 위(魏)의 재상이 되어 위나라가 먼저 진나라를 섬기게 하고, 제후들이 그것을 본받도록 하고자 했다. 그러나 위 왕이 듣지 않았다. 진왕이 몰래 장의를 더욱 후하게 대우했다.

경자(更子) 48년(기원전 321)

왕이 죽고 아들 신정왕(愼靚王)이 즉위했다. 제나라 전문(田文)의 후계자는 설공(薛公)인데, 맹상군이라 불렀다. 제후들에게 유세하는 선비 및 죄를 짓고 도망다니는 사람들을 불러들여 모두 후하게 대우하니, 식객이 항상 수천 명이었다. 그들은 각각 맹상군이 자기와 친하다고 생각했다. 그 때문에 천하에서 맹상군의 이름이 높아졌다.

101) 苑囿 원유 : 임금의 사냥터

102) 得意 득의 : 바라는 일이 성취됨, 뜻대로 되어 만족함, 마음에 듦, 자기 마음대로 하다

온공(溫公)이 말했다.

“군자가 선비를 양성하는 것은 백성을 위해서이다. 『역경(易經)』에서 ‘성인은 현자를 길러 만민에게 영향을 끼친다’고 했다. 무릇 현자는 그 덕으로 (백성을) 돈독하게 교화하고, 풍속을 바르게 할 수 있다. 그 재능은 기강을 정돈하고 펴기에 충분하고, 그 총명함은 희미한 데[微]에서 밝혀내면 일까지 배려할 수 있다. 그 강함은 인의를 견고하게 하기에 충분하므로, 크게는 천하를 이롭게 하고 작게는 한 나라를 이롭게 한다.

이 때문에 군자는 풍족한 녹봉으로 그들을 부유하게 해주고, 작위를 높여서 그들을 존대해준다. 한 명을 길러 만민에게 미치도록 하는 것이 현자를 기르는 도이다.

지금 맹상군이 선비를 기르는 것은 지혜로운 자와 우매한 자를 고려하지 않고, 착한 자인지 아닌지[103]를 가리지 않는다. 그 임금의 봉록을 도둑질해 사사롭게 패거리를 만들어 헛된 명예를 펼치니, 위로는 그 임금을 모욕하고 아래로는 그 백성을 좀먹는 것이다. 이런 자는 간웅이다. 어찌 숭상할 수 있겠는가? 『서경(書經)』에서 ‘주왕(紂王)[104]은 천하의 죄짓고 도망가는 자[105]들의 주인이 되었다. 모인 자[106]들이 늪의 덤불[107]과 같았다’고 했으니, 이것을 말하는

---

103) 臧否 장부 : 장부(臧否) 착한지 아닌지. 장(臧) 착할

104) 受 수 : 은(殷)나라 주왕(紂王)의 이름

105) 逋逃 포도 : 죄짓고 도망한 자

106) 萃 췌 : 모을, 풀이 모여 있는 모양

것이다"

신정왕(愼靚王)은 재위 7년

계묘(癸卯) 3년(기원전 318)

초 조 위 한 연(楚 趙 魏 韓 燕)이 함께 진(秦)을 토벌하러 함곡관을 공격했으나, 진(秦)이 병사를 내서 그것을 막았다. 5국의 군사들이 모두 패해 도망갔다.

갑진(甲辰) 4년(기원전 317)

제(齊)나라 대부가 소진과 총애를 다투다가 소진을 찔러 죽였다. 장의가 위(魏) 양왕(襄王)에게 말했다.

"위(魏=梁)나라의 땅은 사방이 평지입니다. 큰 산과 큰 하천의 막힘이 없습니다. 따라서 병졸들은 초 한 제 조(楚 韓 齊 趙)와의 경계를 지켜야 하므로, 변방의 초소[108]를 지키는 자가 10만 명을 밑돌지 않습니다. 위(魏) 땅은 형세가 전쟁터입니다. 제후들이 원수(洹水)의 가에서 합종을 맹세해 서로 형제가 되기로 굳게 맺었습니다. 지금 세상은 같은 부모의 친형제도 재산을 다퉈 서로 죽이고 상처 입힙니다. 엎었다 뒤집었다 하는 소진이 남긴 계책을 믿고자 하니, 그것을 이룰 수 없다는 것은 역시 명백합니다"

107) 淵藪 연수 : 늪의 덤불. 수(藪)는 수풀, 덤불

108) 亭障 정장 : 변방의 요해처에 성을 쌓고 관리와 군사를 두어 방어하던 시설, 변방의 초소

위(魏) 왕이 곧 합종을 배반하고, 장의를 통해 진(秦)에 화의의 성립을 청했다. 장의가 돌아와서 다시 진나라 재상이 되었다.

을사(乙巳) 5년(기원전 316)

소진의 동생 소대(蘇代)와 소려(蘇厲) 역시 제후들에게 유세로써 이름이 알려졌다. 연(燕)나라 재상 자지(子之)가 소대와 사돈이 되어 연나라 정권을 얻고자 했다. 소대가 제(齊)에 사신으로 갔다 돌아오니, 연(燕)왕 쾌(噲)가 "제왕은 패자가 못되겠던가?"고 물었다. 소대가 "그럴 수 없습니다"고 대답하니, 왕이 "왜 그러한가?"고 또 물었다. 소대는 "그 신하를 믿지 못합니다"라고 대답했다.

그리하여 연왕 쾌가 나라를 자지에게 맡기니, 자지가 남면하여 왕의 일을 수행했다. 그리고 쾌는 늙었다고 정치에 관여하지 않아 도리어 신하가 되었다. 국사를 모두 자지가 결정했다.

병오(丙午) 6년(기원전 315)

왕이 죽고 아들 난왕(赧王) 연(延)이 즉위했다.

난왕(赧王) 재위 59년

정미(丁未) 원년(元年)(기원전 314)

연(燕) 자지가 왕 노릇한지 3년만에 국내가 크게 어지러웠다. 제(齊)왕이 연(燕)을 정벌하고, 자지를 잡아다 소금에 절여 죽였다[109]. 연왕 쾌도 죽였다.

기유(己酉) 3년(기원전 312)

연(燕)나라 사람들이 힘을 모아 태자 평(平)을 즉위시키니, 이가 소왕(昭王)이다. 소왕은 연나라가 격파된 후에 즉위해 사망자를 조문하고 고아를 보살피며, 백성과 함께 좋은 일과 힘든 일을 하고, 몸을 낮추고 많은 예물로 현자를 초빙했다.

소왕이 곽외(郭隗)에게 "제(齊)가 우리나라의 혼란을 틈타 습격해 격파했습니다. 저는 연(燕)이 작고 힘이 모자라 복수를 하기에 충분치 않음을 잘 알고 있습니다. 진실로 현사를 얻어 나라를 함께 다스려서, 선왕의 치욕을 씻는 것이 저의 소원입니다. 선생이 역량 있는 사람을 살펴보십시오. 몸소 그를 섬기겠습니다"라고 말했다. 곽외가 대답했다.

"옛날에 임금이 시종[110]에게 천금을 주고 천리마를 구해오라고 했습니다. 말이 이미 죽어서 그 뼈를 오백 금에 사서 돌아오니, 임금이 크게 노했습니다. 시종은 '죽은 말까지 샀는데, 하물며 산 것이 어찌 안 오겠습니까? 말이 곧 올 것입니다'라고 했는데, 1년이 안되어 천리마 세 필이 왔습니다. 지금 왕께서 선비들을 오게 하려면 먼저 저부터 시작하십시오. 그러면 저보다 능력 있는 사람이 어찌 천리를 멀다고 하겠습니까?"

그리하여 소왕이 곽외를 위해 궁정을 개축하고, 그를 스승으로 섬겼다. 이리하여 선비들이 다투어 연(燕)으로 모였

---

109) 醯 해 : 젓갈 담그다, 소금에 절여 죽이다

110) 涓人 연인 : 임금 좌우에서 소제를 맡은 사람, 내시, 환관

다. 악의(樂毅)는 위(魏)에서, 극신(劇辛)은 조(趙)나라에서 왔다. 소왕이 악의를 아경(亞卿)으로 삼아 국정을 맡겼다.

경술(庚戌) 4년(기원전 311)

장의가 초(楚) 왕에게 "합종을 하는 자는 여러 양들을 몰아 사나운 호랑이를 공격하는 것과 다를 바 없어, 분명히 상대가 안 될 것입니다.111) 지금 왕이 진(秦)을 섬기지 않으면, 진은 한(韓)을 위협하고 위(魏)를 몰아서 초(楚)를 공격할 것입니다. 초(楚)나라가 위태롭게 됩니다"라고 유세했다. 초(楚)왕이 허락했다.

장의는 이어서 한(韓)나라로 가서 한(韓)왕에게 유세했다.

"전쟁에서 맹분(孟賁)과 오획(烏獲)같은[之] 병사로 복종하지 않는 약한 나라를 공격하는 것은 3만 근112)의 무게로 새 알 위를 누르는 것과 다르지 않습니다. 요행이 없을 것입니다. 대왕께서 진(秦)을 섬기지 않으면, 진나라는 병사를 내어 의양(宜陽)을 점거하고 성고(成皐)를 막을 것이니, 왕의 나라는 분할될 것입니다. 대왕을 위한 계책으로는 진을 섬겨 초를 공격하는 것이 제일 좋습니다"

한(韓)왕이 허락했다.

장의가 진(秦)왕에게 보고하고 다시 사신이 되어 동쪽으로 가서 제(齊)왕에게 유세했다.

"합종을 주장해 대왕에게 유세하는 자는 반드시 제나라

---

111) 不格 불격 : 주(註) 상대가 안 된다. 격(格)은 대적하다

112) 鈞 균 : 30근, 천균(千鈞)은 3만근이다

는 3진(三晉)에 가려져 있고, 땅은 넓고 병사들이 강해 비록 백 개의 진(秦)나라가 있어도 제나라를 어찌하지 못할 것이라고 할 것입니다. 지금 진과 초는 딸을 시집보내고 며느리를 얻어 형제의 나라[113]가 되었고, 한나라는 의양을 바치고, 위나라는 하외(河外)를 바치고,[114] 조(趙)왕은 조회에 참석하고, 하간(河間)을 할양해주어 진나라를 섬깁니다. 대왕이 진나라를 섬기지 않으면, 진나라는 한 위 조를 몰아 공격할 것입니다. 그렇게 되면 진나라를 섬기고자 해도 할 수 없을 것입니다"

제(齊)왕이 허락했다.

장의가 제를 떠나 서쪽으로 가서 조(趙)왕에게 유세했다.

"대왕이 천하를 거두어 거느리고 진나라를 따돌려서, 진나라 병사가 감히 함곡관을 나오지 못한 지가 15년이나 되고, 대왕의 위엄을 산동에서 떨쳤습니다. 지금 초와 진은 형제의 나라가 되고, 한과 위는 동쪽의 신하를 칭하고, 제나라는 해변 가 땅을 바쳤습니다.

이는 조나라의 오른쪽 어깨를 끊은 것입니다. 오른쪽 어깨가 끊겼는데, 그와 싸우면 그 무리를 잃고 고립될 것이니, 위태롭지 않고자 해도 할 수 있겠습니까? 대왕을 위한 계책으로는 진나라 왕과 만나 약속을 해 형제의 나라가 되는 것이 제일 좋습니다"

조(趙)왕이 허락했다.

113) 昆弟之國 곤제지국 : 형제의 나라

114) 效 효 : 바치다

장의가 곧 북으로 가서 연(燕)왕에게 유세했다.

"대왕이 진나라를 섬기지 않으면, 진나라는 운중(雲中)과 구원(九原)에 군사를 내고, 조(趙)를 몰아서 연나라를 공격할 것입니다. 이렇게 되면 역수(易水)와 장성(長城)은 대왕의 것이 아닐 것입니다"

연(燕)왕이 상산 끝에 있는 다섯 성(城)을 바쳐 화의할 것을 청했다.

장의가 보고하러 돌아가는데, 함양에 이르기 전에 진(秦) 혜왕(惠王)이 죽고, 아들 무왕(武王)이 즉위했다. 무왕은 태자 때부터 장의를 좋아하지 않았는데, 즉위하자 여러 신하들이 그를 많이 헐뜯었다. 제후들이 장의와 진(秦) 왕 사이에 틈이 있다는 소식을 듣고, 모두 연횡을 배반하고 다시 합종했다.

신해(辛亥) 5년(기원전 310)

장의가 위(魏)의 재상이 된지 1년 만에 죽었다. 장의와 소진은 모두 종횡지술로 제후에게 유세해 치부하고 높은 벼슬자리에 이르렀다. 천하가 다투어 그들을 부러워하고 본받았다. 또 위(魏) 사람 공손연(公孫衍)은 서수(犀首)라 불리었는데, 이야기와 유세로 이름이 알려졌다.

그 외에도 소대(蘇代) 소려(蘇厲) 주최(周最) 누완(樓緩)의 무리가 어지럽게 천하에 두루 다니면서, 변론과 속임으로 서로 경쟁하느라 힘썼는데, 너무 많아 다 기록할 수 없다.[115] 그래도 장의 소진 공손연이 제일 뛰어났다.

임술(壬戌) 10년(기원전 305)

진(秦)왕이 초(楚)왕과 무관(武關)에서 회맹하기로 약속했다. 초왕이 진에 들어가니, 진나라 사람들이 그를 억류했다.

계해(癸亥) 17년(기원전 298)

진(秦)왕이 맹상군의 능력을 듣고, 경양군(涇陽君)을 제(齊)에 인질이 되게 하고 맹상군을 청했다. 맹상군이 진에 들어가니 진(秦)왕이 그를 승상으로 삼았다. 어떤 사람이 진(秦)왕에게 "맹상군이 진나라에서 재상을 하면, 반드시 제나라를 우선하고 진나라는 뒤로 할 것이니, 진나라가 위태롭지 않겠습니까?"[116]라고 말했다. 진(秦)왕이 곧 누완(樓緩)을 승상으로 삼고, 맹상군을 가두고 그를 죽이려 했다.

맹상군이 사람을 시켜 진(秦)왕의 사랑을 받는 애첩에게 풀어줄 것을 요청했다. 애첩은 "당신의 흰 여우 털로 만든 겉옷[弧白裘][117]을 갖고 싶습니다"라고 말했다. 맹상군에게는 흰 여우털 겉옷이 있었는데, 이미 진왕에게 바쳐서 애첩의 요구에 응할 수가 없었다. 식객 중에 개 가죽을 쓰고 도둑질을 잘하는 자[狗盜]가 있었다. 그가 진나라 창고에 들어가 흰 여우 털 겉옷을 훔쳐 애첩에게 바쳤다. 애첩이 왕에게 말해 맹상군을 보내 주게 했다.

왕이 곧 후회하고 그를 추격하게 했다. 맹상군이 관문에

115) 不可勝A 불가승A : 너무 많아서 A를 다 이겨낼 수가 없다

116) 其~哉 기~재 : ~하지 않겠는가?

117) 弧白裘 호백구 : 흰여우 겨드랑이 털로 만든 겉옷

이르렀는데, 관문 법에는 닭이 울어야 객을 내보내게 되어 있었다. 시간은 아직 이른데, 추격대는 곧 도착할 것이었다. 객 중에 닭 울음소리[鷄鳴]를 잘 내는 자가 있었다. 들의 닭들이 그의 소리을 듣고 모두 울었고, 맹상군은 관문을 벗어나서 살아 돌아갈 수 있었다.

조(趙)왕이 그 아우 승(勝)을 평원군(平原君)에 봉했다. 평원군이 선비를 좋아하니, 식객이 항상 수천 명이었다.

을축(乙丑) 19년(기원전 296)

초(楚) 회왕(懷王)이 병이 나서 진(秦)에서 죽었다. 초나라 사람이 모두 그를 불쌍하게 여겨 친척처럼 슬퍼했다. 제후들이 이 때문에 진나라를 옳지 않다고 여겼다.

병자(丙子) 30년(기원전 285)

제(齊) 민왕(湣王)이 송(宋)을 멸망시키고 나서 교만해졌다. 곧 남쪽으로 초(楚)를 침범하고, 서쪽으로 3진(三晉:韓 魏 趙)를 침범하고, 2주(東周 西周)를 병합해 천자가 되려고 했다. 연(燕) 소왕은 밤낮으로 그의 사람들을 위무하면서, 악의(樂毅)와 제(齊)나라 정벌을 모의 했다. 왕이 병사를 일으켜 악의를 상장군으로 삼고, 진(秦) 위(魏) 한(韓) 조(趙)의 병사들을 모두 이끌고 제나라를 정벌했다.

제(齊) 민왕은 나라 사람들을 모두 이끌고 제수(濟水)의 서쪽에서 싸웠다. 제의 군사가 대패했다. 이들 군대가 진격하니 제나라 사람들이 크게 어지러워져서 어찌할 줄을 몰랐다.[118] 민왕이 성을 나가 도망하니, 악의가 임치에 들어

가서 보물과 제기를 거두어 연(燕)나라로 보냈다.

연(燕)왕이 악의에게 작위를 주어 창국군(昌國君)으로 삼고, 그곳에 머무르면서 제(齊)나라 성 중에 아직 항복하지 않은 곳을 공격하게 했다. 제(齊)왕이 거(莒)로 도망가니, 초(楚)가 요치(淖齒)를 시켜 병사를 이끌고 제나라를 구하게 하고, 그 기회에 그를 제나라 재상으로 삼았다. 요치가 연(燕)과 제(齊) 땅을 나누어 가지려고 왕을 고리(鼓里)에서 시해했다.

악의가 주읍(晝邑) 사람 왕촉(王蠋)이 현자라는 소식을 듣고, 군에 명령해 주읍 삼십 리를 둘러싸고 사람을 들여보내지 않았다. 사람을 시켜 왕촉을 청하니 왕촉이 사양하고 가지 않았다. 연(燕)나라 사람들이 "오지 않으면 우리가 마을을 도륙119)할 것"이라고 했다.

왕촉은 "충신은 두 임금을 섬기지 않고, 열녀는 두 지아비를 섬기지 않습니다. 제왕(齊王)이 나의 간언을 쓰지 않았기에 나는 물러나서 들에서 농사를 짓고 있습니다. 나라가 격파되고 임금이 죽었는데, 어찌 내가 살 수 있겠습니까? 그런데 또 병사로써 협박을 하려 하니, 불의한 채로 사느니 차라리 죽는 것이 낫습니다"120)라고 하고는, 마침내 목을 매고 죽었다.

---

118) 失度 실도 : 헤아릴 바를 잃다, 즉 어찌할 바를 모르다, 또는 법도를 잃다
119) 屠戮 도륙 : 가축 잡듯이[屠殺] 그 백성을 죽이다
120) 與其A 不若B 여기A 불약B : A하느니 차라리 B하는 것이 낫다

○ 연(燕)나라 군대가 승승장구하니, 제(齊)나라 성들은 먼데서 보기만 해도 모두 무너졌다.[121] 악의가 연(燕)나라 군대를 정비하고 노략질을 금지하며, 제(齊)나라에서 절행이 뛰어난 사람[122]을 구해 벼슬을 주고 예로 대했다. 부세를 관대하게 하고, 포악한 법령을 제거하고, 옛 정치를 닦으니, 제(齊)나라 백성이 좋아했다.

환공(桓公)과 관중(管仲)을 교외에서 제사 지내고, 현자의 마을을 표창하고, 왕촉(王蠋)의 묘에 제단을 쌓고 제사 지냈다.[123] 6개월 사이에 제(齊)나라 70여 성을 항복시켜 모두 군현으로 삼았다.

무인(戊寅) 32년(기원전 283)

제(齊)나라 요치(淖齒)의 난 때 왕손가(王孫賈)가 민왕(湣王)을 수행했는데, 왕이 있는 곳을 잃어버렸다. 그 어머니가 "네가 아침에 나가서 저녁에 오면 나는 문에 기대서 기다리고, 네가 저녁에 나가서 돌아오지 않으면 마을 입구에서 기다린다. 너는 지금 왕을 섬기고 있다. 왕이 달아나서 그가 계신 곳을 알지 못하는데, 너는 그래도 돌아왔는가?"라고 꾸짖었다.

왕손가가 곧 요치를 공격해 죽였다. 그리하여 제(齊)나라

---

121) 望風 망풍 : 먼 데서 보다, 기세를 보다. 망풍이미(望風而靡) 멀리서 보고 싸우지도 않고 달아남

122) 逸民 일민 : =준민(俊民), 절행이 뛰어난 사람, 속세를 버리고 은거한 사람

123) 封 봉 : 제단을 쌓고 제사 지내는 것

의 도망간 신하들이 서로 함께 민왕의 아들 법장(法章)을 찾아 즉위시켜 제왕으로 삼고, 거성을 근거지로 연(燕)나라에 항거했다.

○ 조(趙)왕이 초(楚)의 화씨벽(和氏璧)[124]을 얻었다. 진(秦) 소왕(昭王)이 그것을 가지고 싶어 15개의 성(城)과 바꾸자고 요청했다. 조(趙)왕이 그 문제를 인상여(藺相如)에게 물었다. 인상여(藺相如)는 "진(秦)이 성(城)을 가지고 벽옥을 요구하는데, 왕이 허락하지 않으면 잘못은 우리에게 있게 됩니다. 우리가 그들에게 벽옥을 주었는데, 진(秦)이 우리에게 성을 주지 않는다면, 잘못은 진(秦)에 있게 됩니다. 신이 벽옥을 받들고 가겠습니다. 만약[125] 진(秦)이 성을 주지 않으면, 신이 벽옥을 온전하게 가지고 돌아오겠습니다"라고 대답했다.

인상여가 진(秦)에 갔다. 진(秦)왕은 조(趙)에 성으로 보상할 생각이 없었다.[126] 상여가 진(秦)왕을 속여 다시 벽옥을 받아 사자에게 품고 조(趙)로 돌아가게 하고, 자신은 진

---

124) 和氏璧 화씨벽 : 주(註) 변화(卞和)는 초(楚)나라의 야인이다. 한비자가 이르기를 "변화가 초나라 산중에서 박옥(璞玉)을 얻어 무왕에게 바쳤다. 왕이 옥공을 시켜서 그것을 보게 했는데, 돌이라고 했다. 그의 왼쪽 발꿈치를 잘랐다. 문왕이 즉위하자 변화가 또 박옥을 받들어서 바쳤다. 옥공이 또 돌이라고 했다. 왕이 그의 오른 쪽 발꿈치를 잘랐다. 성왕(成王)이 즉위하자, 변화가 그 박옥을 보듬고 울었다. 왕이 옥공을 시켜서 그것을 깨서 보물을 얻었다

125) 使 사 : 가령, 만약, 시키다, ~하게 하다의 사역동사

126) 無意償 무의상 : 무의(無意) 생각이 없다. 상(償) 갚다, 보상하다

나라에서 명령을 기다렸다. 진(秦)왕이 현명하다고 해 죽이지 않고 예로 대우해주고, 그를 돌려보냈다. 조(趙)왕이 인상여를 상대부로 삼았다.

임오(壬午) 36년(기원전 279)

진(秦)왕이 조(趙)왕을 하외(河外)의 면지(澠池)에서 만났다. 진왕과 조왕이 함께 술을 마시고 거나하게 취했다. 진왕이 조왕에게 거문고[瑟]를 타라고 요청하니, 조왕이 연주했다. 인상여가 진왕에게 질그릇으로 만든 장구[127]를 칠 것을 요청했는데, 진왕이 하려고 하지 않았다.[128]

상여가 진왕에게 "(제가) 다섯 걸음 안에 있습니다. 신이 원하면 목의 피로 대왕을 더럽힐 수 있습니다"라고 말했다. 측근들이 상여를 베고자 했으나, 상여가 눈을 부릅뜨고 소리를 지르니 측근들이 모두 잠잠해졌다. 진왕은 불쾌했지만 한번 장구를 쳤다. 술자리가 끝났는데, 진은 끝내 조에게 가해할 수 없었다. 조나라 사람들도 또한 그에 대비를 잘 해, 진이 함부로 움직일 수 없었다.

조왕이 귀국해 인상여를 상경(上卿)으로 삼았는데, 지위가 염파(廉頗)보다 위였다.[129] 염파는 "내가 상여를 보면 반드시 그를 욕보이겠다"고 말했다. 상여가 그 말을 듣고, 조회 때마다 항상 병을 핑계대고 자리를 다투려고 하지 않

---

127) 缶 부 : 질그릇으로 만든 장구

128) 不肯 불긍 : ~하려고 하지 않다

129) 右 우 : 더 높은 자리

았다. 외출해서도 염파가 멀리서 보이면, 번번이 수레를 끌고 피해 숨었다. 그 집 사람들이 모두 그 행동을 부끄러워했는데, 상여가 그들에게 "자네들이 보기에 염장군은 진왕과 비교하면 어떤가?"고 물었다. 그들은 "진왕만 못합니다"라고 대답하니, 상여가 말했다.

"진왕의 위엄 앞에서도 나는 조정[廷]에서 그에게 소리를 지르고, 그 신하들을 욕보였다. 내가 비록 노둔하다고는 하나 오직 염장군 만을 두려워하겠는가? 다만 내가 생각하기에 강한 진나라가 감히 조나라에 병사를 보내지 못하는 까닭은 우리 두 사람이 있기 때문일 것이다. 지금 두 호랑이가 함께 싸우면, 그 형세는 모두 살 수 없게 된다. 내가 이렇게 하는 이유는 국가의 급함이 먼저이고, 사사로운 원한은 뒷일이기 때문이다"

염파가 그 말을 듣고 웃통을 벗고 가시나무를 지고[130], 문에 와서 사죄했다. 드디어 생사를 같이 하는 사이[131]가 되었다.

○ 이때 제(齊) 땅이 모두 연(燕)에 속했는데, 오직 거(莒)와 즉묵(卽墨) 만이 항복하지 않았다. 악의가 즉묵을 포위하니, 즉묵대부가 나와서 싸우다 죽었다. 즉묵 사람들이 "안평(安平)전투에서 전단(田單)과 종인[132]이 철롱을 가지

---

130) 肉袒負荊 육단부형 : 웃옷을 벗어 맨몸으로 가시나무를 등에 지고 매질해 주길 바란다는 뜻

131) 刎頸之交 문경지우 : 생사를 함께 하는 친한 사이

132) 宗人 종인 : 동족의 사람, 일가, 제왕(帝王)의 일가, 벼슬이름, 종친의 일을

고 싸워서 온전할 수 있었다. 이는 지혜가 많고 병법에 익숙하기 때문이다"라고 하고, 함께 세워 장군으로 삼고 연(燕)에 항거했다.

○ 악의가 두 읍을 포위한지 3년이 되었는데, 항복하지 않았다. 어떤 사람이 연(燕) 소왕(昭王)에게 "악의의 지모는 보통사람을 넘습니다. 제(齊)를 정벌해 순식간[133]에 70여 성을 함락시켰습니다. 지금 항복하지 않은 것은 두 성 뿐입니다. 그의 힘으로 뺏을 수 없는 것이 아니고, 오랫동안 전쟁을 한 위세로 제(齊)나라 사람들을 복종시켜 왕이 되고자 하는 것일 뿐일 것입니다"라고 그를 참소했다.

소왕은 큰 연회를 베풀어 말한 자를 끌어다가 참수하고, 국상(國相)을 보내 악의를 제(齊)왕으로 삼았다. 악의가 황공해 하며 임명장[134]을 받지 않고, 죽음으로 스스로 맹세하겠다고 했다. 이로 인해 제(齊)나라 사람들이 그 의로움에 감복하고, 제후들은 그 신의를 두려워 해 감히 다시 도모하는 자가 없었다. 얼마 후에 소왕이 죽고 혜왕(惠王)이 즉위했다.

혜왕은 일찍이 태자 때부터 악의를 좋아하지 않았다. 전단이 그 소식을 듣고는 곧 첩자를 풀어 "악의가 연(燕)의 새로운 왕과 틈이 있다. 죽임을 당할 것이 두려워 돌아가지

맡음

133) 呼吸之間 호흡지간 : 호흡을 하는 사이, 아주 짧은 시간

134) 拜書 배서 : 임명장

못하고 있다. 제(齊)나라 정벌을 명분으로 삼지만, 제(齊)나라 사람들이 두려워하는 것은 다른 장수가 와서 즉묵을 도륙하는 것이다"라고 이간질 했다.

연(燕)왕은 (악의를) 의심하고 있었는데, 제(齊)의 이간질을 듣고 곧 기겁(騎劫)에게 장수를 대신하게 하고 악의를 불렀다. 악의가 드디어 조(趙)나라로 도망갔다. 연(燕)나라 장수와 병사들은 이 때문에 분해하고 한탄하며[135], 불만이 가득했다.

전단은 몸소 흙 나르는 판과 가래[136]를 잡고 병사들과 함께 일을 하고, 처와 첩들을 모두 군대의 대오[137]에 편제하고, 음식을 모두 나누어서 군사들을 먹였다. 병사들에게는 모두 숨게 하고 노약자와 여자를 성 위에 올려놓고 항복을 약속하니, 연군이 더욱 해이해졌다.

전단은 성 안에서 소 천여마리를 얻어 붉은 비단옷[138]을 입히고, 다섯 가지 색으로 용무늬를 그리고, 그 뿔에 칼을 묶고, 그 꼬리에 갈대를 묶고 기름을 부었다. 전단은 성에 수십 개의 구멍을 뚫어 놓고, 밤에 꼬리 끝에 불을 붙인 소를 풀어 놓고 장사 5천 명이 그 뒤를 따르게 했다. 소는 꼬리가 뜨거우니 성질이 나서 연(燕)나라 군으로 달려갔다.

---

135) 憤惋 분완 : 분해서 한탄함

136) 版鍤 판삽 : 흙 뜨는 도구. 판(版)은 흙을 넣을 때 양 쪽에 쓰는 판대기. 삽(鍤)은 가래

137) 行伍 항오 : 대오, 항(行) 25명, 오(伍) 5명

138) 絳繒 강증 : 붉은 비단

연나라 군이 크게 놀랐다. 소를 보니 모두 용무늬였는데, 닿으면 모두 죽거나 다쳤다. 성 안에서 북을 치며 함성을 지르면서 노약자가 모두 동기(銅器)를 두들겨 소리를 내니, 그 소리가 천지에 진동했다.

연나라 군이 크게 패해 달아나니, 제나라 사람이 기겁(騎劫)을 죽이고 패배해 도망하는 자들을 추격했다. 지나가는 성읍이 모두 연나라를 배반하고 다시 제나라 편이 되었다. 제나라 70여 성이 모두 회복되었다. 이에 양왕(襄王)을 거(莒)에서 맞아 임치(臨淄)로 들어갔다. 전단에게 안평군(安平君)의 작위를 주었다.

전단이 적(狄)을 공격하려고 진군하는 도중 노중연(魯仲連)을 만났다. 중연은 "장군이 적(狄)을 공격해도 항복 시킬 수 없습니다"라고 말했다. 전단은 "신이 즉묵의 패잔병을 가지고도 큰 제후국인 연나라를 이기고, 제나라 땅을 회복했습니다. 지금 적(狄)을 공격하는데 항복시키지 못한다니 무슨 말입니까?" 하고는, 수레에 올라 인사도 하지 않고 떠났다.

드디어 적(狄)을 공격했는데, 3개월 동안 이기지 못했다. 전단이 두려워서 노중연에게 물으니 중연이 대답했다.

"장군이 즉묵에 있을 때는 앉으면 삼태기를 짰고, 서면 삽을 잡았습니다. 병사를 위해 노래를 불렀으니, 그때에는 장군에게 죽을 각오가 있었고, 병사들은 살 기세가 없었습니다. 그것이 연나라를 깨뜨린 이유입니다. 지금 장군은 동쪽 야읍(夜邑)에서 공물을 받고[奉], 서쪽으로 치수(淄水) 가의 즐거움이 있습니다. 황금 허리띠를 하고, 치수(淄水)와

면수(澠水)의 사이를 말 타고 달리니[139], 삶의 즐거움이 있고, 죽으려는 각오는 없습니다. 이것이 이기지 못하는 까닭입니다"

전단은 "저의 마음에 있는 것을 선생이 아시는군요" 하고는, 다음날 곧 분기해 성을 돌아보고, 화살과 돌이 떨어지는 곳에 서서 북채를 당겨서 북을 치니 적(狄)인들이 곧 항복했다.

신묘(辛卯) 45년(기원전 270)

위(魏)나라 사람 범수(范睢)가 도망쳐 진(秦)에 들어가 진(秦)왕에게 "진은 큰 나라이고 병사는 용맹스럽습니다. 그것으로 제후들에 군림하는 것을 비유하자면, 한(韓)나라의 사냥개[140]를 풀어 절름발이 토끼를 잡는 것과 같습니다. 그런데 관문을 닫고 15년 동안 감히 산동으로 병사를 보내지[141] 못했습니다. 양후(穰侯)의 진(秦)을 위한 계책이 성실하지 못하고, 대왕의 계책 또한 잘못된 것이 있기 때문입니다"[142]라고 유세했다.

---

139) 騁 빙 : 말을 타고 달리다, 사냥

140) 韓盧 한로 : 한나라의 사냥개, 사냥을 잘하기로 유명함

141) 窺 규 : 엿보다, 즉 병사를 보내서 땅을 빼앗으려고 하다

142) 양후(穰侯) 위염(魏冉)은 진(秦) 소왕(昭王)의 모친 선태후(宣太侯)의 동생이다. 무왕이 죽자 소왕은 그의 여러 동생들과 왕위 쟁탈전을 벌였는데, 위염의 힘을 업어 왕이 되었다. 백기를 시켜 초나라의 수도 영(郢)를 점령하고, 거기에 남군을 두었다. 이 공로로 백기는 무안군(武安君)에 봉해졌고, 양후와 가깝게 지냈다. 사마천(司馬遷)은 "진나라가 동쪽으로 영토를 확장해 제후들의 세력을 약화시키고, 일찍이 천하에서 제(帝)라고 칭하면서 천

왕이 꿇어앉아서 "원컨대 잘못된 계책을 지적해 주십시오" 하니, 범수가 말했다.

"양후(穰侯)의 계책인, 한(韓)과 위(魏)를 넘어 제(齊)를 공격하는 것은 잘못된 계책입니다. 지금 왕께서는 먼 곳과 친하게 지내고 가까운 곳을 공격하는 것이 낫습니다. 한 치의 땅을 얻으면 왕의 한 치 땅이고, 한 자의 땅을 얻으면 왕의 한 자 땅이 됩니다.

지금 한과 위는 가운데 땅에 위치해 있어 천하의 중심에 있습니다. 왕이 만약 패자가 되고자 한다면, 반드시 가운데 땅으로 가까이 가서 천하의 중심이 되어야 합니다. 그래서 초와 조나라를 위협하면, 초와 조는 모두 귀의 할 것이고, 제나라 역시 두려워할 것입니다. 제나라가 귀의하면, 한과 위나라는 그로 인해 잡을 수 있습니다"

왕은 "좋다"고 하고, 범수를 객경으로 삼아 함께 국사를 논의했다.

신축(辛丑) 55년(기원전 260)

진(秦)의 좌서장(左庶長) 왕흘(王齕)이 한(韓)나라를 정벌했다. 상당(上黨)을 공격해 빼앗으니, 상당의 백성들이 조(趙)나라로 도망갔다. 조(趙)의 염파(廉頗) 군대가 장평(長

하 사람들에게 서쪽을 향해 머리를 조아리게 했던 것은 모두 양후의 공 때문이었다. 그러나 그의 부귀가 절정에 이르렀을 때, 한 사내의 말 한마디 때문에 실권(失權)해 울분 속에서 죽었다"고 했는데, 이 사내가 범수이다(『사기(史記)』「양후열전(穰侯列傳)」)

平)에 주둔하면서, 상당의 백성들을 잘 위무하고, 그곳을 근거지로 했다.[143] 왕흘이 그 때문에 조(趙)를 공격했는데, 조나라 군대가 싸움에서 자주 이기지 못하자, 염파는 보루를 굳게 지키고 나가지 않았다. 조(趙)왕은 염파가 손실과 사망이 많자, 더욱 두려워 해 싸우려 하지 않는다고 여기고, 화를 내면서 그를 자주 꾸짖었다.

응후(應侯)가 사람을 시켜 "진(秦)이 두려워하는 것은 오직 마복군(馬服君)의 아들 조괄(趙括)이 장군이 되는 것일 뿐입니다. 염파는 상대하기 쉽고, 앞으로 항복할 것입니다"라고 이간질 했다. 조(趙) 왕이 마침내 조괄(趙括)을 염파를 대신해 장수가 되게 했다. 인상여가 "왕께서 소문만 가지고 조괄을 쓰는 것은 변통할 줄 모르는[144] 행동입니다. 괄은 다만 그 아버지가 전한 것만을 배울 수 있었고, 임기응변[145]을 알지 못합니다"라고 건의했지만, 왕이 듣지 않았다.

조괄은 어릴 적부터 병법을 배워 천하에 당해낼 자가 없었다. 일찍이 그 아버지 사(奢)와 전쟁에 대해 토론을 하는데, 사가 그를 힐난하지도[146] 않았지만, 잘 한다고 칭찬하지도 않았다. 괄의 어머니가 그 이유를 물으니, 사가 "전쟁이란 사지(死地)이다. 그런데 괄은 그것을 쉽게 말하니, 조

---

143) 按據 안거 : 안(按) 잘 위무하다. 거(據) 거점으로 삼다

144) 膠柱鼓瑟 교주고슬 : 거문고 기둥에 풀칠을 하고 거문고를 타는 것으로, 한 가지 소리 밖에 못냄, 변통을 알지 못함

145) 合變 합변 : 임기응변(臨機應變)

146) 難 난 : 힐난하다

(趙)가 만약 괄을 장수로 쓴다면, 조(趙)의 군대를 망하게 할 자는 반드시 괄일 것이다"라고 대답했다.

괄이 출정할 때가 되자, 그 어머니가 글을 올려 괄을 시켜서는 안된다고 했다. 왕이 "내가 이미 결정했다"고 하니, 괄의 어머니가 "조(趙)의 군대가 패배하는 일147)이 있더라도 저를 연좌[隨坐]시키지 말아 주십시오"라고 했다.

진(秦)왕은 괄(括)이 조(趙)나라 장수가 되었다는 소식을 듣고, 몰래 무안군(武安君)을 상장군으로 삼고, 왕흘을 비장(裨將)으로 삼았다. 군중에 영을 내려 무안군이 장군이 된 것을 누설하는 자는 참수하겠다고 했다.

조괄이 부대에 이르자 군령[約束]을 다 고치고, 군리(軍吏)148)를 바꾸고, 출병해 진(秦)을 공격했다. 무안군이 거짓으로 패해 달아나면서, 두 부대의 복병[奇兵]149)을 배치해 그를 위협했다. 조괄이 승세를 타고 쫒아서 진(秦)의 성에 도착했는데, 굳게 항거하니 들어갈 수 없었다. 날쎈군사[奇兵]로 조군의 뒤를 끊었다. 식량이 끊긴지 46일에 몰래 서로 죽이고 먹었다.

조괄이 정예병을 출전시켜 육박전을 벌이니, 진(秦)나라 군사들이 그를 활로 쏘아 죽였다. 조(趙)나라 군사들이 크게 패해 40만명이 모두 항복했다. 무안군이 그들을 속여 모두 땅에 묻어 죽이고, 어린 병사 240명만 남겨 조(趙)나라

---

147) 不稱 불칭 : 말할 수 없다, 임무를 이겨내지 못하다[不勝任]
148) 軍吏 군리 : 군대 안에 있는 문관, 군대의 대장, 군감(軍監)
149) 奇兵 기병 : 뜻하지 않는 군대, 날쎈 군사, 기이한 병기

로 돌려 보냈다.

임인(壬寅) 56년(기원전 259)

진(秦)나라가 처음으로 조(趙)를 정벌했다.

위(魏)왕이 여러 대부들에게[150] 물으니, 모두 진이 조를 정벌하는 것은 위에 이롭다고 했다. 공빈(孔斌)이 말했다.

"그렇지 않습니다. 진나라는 탐욕스럽고, 사나운 나라입니다. 조나라를 이기면, 다시 다른 것을 구할 텐데, 저는 그때 위나라가 그 병사들을 받을까 두렵습니다. 선인(先人)의 말에 '제비와 참새가 처마에 집을 짓고, 새끼와 어미가 서로 먹이며 구구 하고 서로 즐거워하면서 스스로 편안하다고 여긴답니다. 아궁이의 굴뚝에 불꽃이 올라오면, 마룻대와 추녀 끝[151]이 불탈 것인데도, 제비와 참새의 안색이 변하지 않는 것은 그 화가 장차 자기들에게 미칠 것을 알지 못하기 때문'이라고 했습니다.

지금 그대들은 조나라가 격파되어, 환란이 장차 우리에게 미칠 것을 깨닫지 못하고 있습니다. 사람이 되어 어찌 제비나 참새[燕雀]와 같을 수 있겠습니까? 지금 산동의 나라는 피폐해서 기를 펴지 못합니다. 한(韓) 위(魏) 조(趙)는 땅을 떼어서 안녕을 구했고, 동주(東周)와 서주(西周)는 숙이고 진(秦)에 입조했고, 연(燕) 제(齊) 초(楚)는 이미 굴복했습니다. 이것으로 보건데 20년이 지나지 않아 천하는 다 진(秦)

150) 諸 제 : 지어(之於)의 합자(合字)

151) 棟宇 동우 : 마룻대와 추녀 끝

나라 것이 되지 않겠습니까?"152)

계묘(癸卯) 57년(기원전 258)

진(秦)이 왕릉(王陵)에게 한단(邯鄲)을 공격하게 했다. 무안군은 "한단은 튼튼해 정말로 공격하기가 쉽지 않다. 또 제후의 구원병이 도착하면, 반드시 우리 군대가 패배할 것"이라고 말하고는, 병을 핑계대고 가지 않았다. 이에 왕흘을 왕릉으로 대체했다.

조(趙)왕이 평원군(平原君)에게 초나라에 구원병을 요청하도록 했다. 평원군은 그 문하의 식객 중 문무를 겸비한 자 20인과 함께 가기로 약속했다. 19인은 얻었는데, 나머지는 적당한 사람이 없었다.

모수(毛遂)가 자기 자신을 평원군에게 추천하니, 평원군이 "능력 있는 선비가 세상에 있는 것은 비유하건데 송곳이 주머니 속에 있는153) 것과 같아서, 그 끝이 곧 나타납니다. 지금 선생이 저[勝]의 문하에 있은 지가 3년인데, 저는 아직 들은 바가 없습니다. 이것은 선생이 가진 것이 없기 때문입니다"라고 말했다.

모수는 "신은 오늘 주머니 속에 있기를 청할 뿐입니다. 가령 제가 일찍 주머니 속에 있을 수 있었다면, 뾰쪽한 끝

152) 其~乎 기~호 : ~이지 않겠습니까? (의문반어) 또는 ~이다(긍정문의 강조)

153) 囊中之錐 낭중지추 : 주머니 속의 송곳이 뾰족해 밖으로 뚫고 나오듯이, 뛰어난 사람은 많은 사람 속에 섞여 있더라도 그 재능이 저절로 드러난다는 뜻

이 삐져나오는 것154)이 단지 끝만 보일 뿐이 아니었을 것입니다"라고 대답했다. 평원군이 곧 그와 함께 했다. 19인이 서로 눈짓하며 웃었다.

평원군이 초나라에 도착해 초왕과 함께 합종의 이해를 말하는데, 해가 뜨면서 말을 시작했지만, 해가 중천에 있는 데도 결정이 나지 않았다. 모수가 검을 어루만지며 계단을 밟고 올라가서, 평원군에게 "합종의 이해는 두마디 말이면 결정될 수 있습니다. 지금 해가 뜨자 말을 시작했는데, 해가 중천에 와도 결정하지 못하니, 왜 그렇습니까?"라고 말했다.

초왕이 노해 "이 놈!155) 내려가지 못하겠느냐? 내가 지금 너의 주군156)과 말하고 있는데, 네가 무슨 짓을 하는 거냐?"라고 소리를 질렀다. 모수가 검을 어루만지면서 앞으로 나가서 말했다.

"왕이 저에게 소리 지르는 까닭은 초나라의 많은 사람들 때문인데, 지금 열 걸음 안에서는 많은 사람을 믿을 수가 없습니다. 왕의 목숨은 저에게 달려 있는데, 왜 나의 주군 앞에서 소리 지릅니까?

지금 초의 강함은 천하가 당해낼 수 없고, (진나라) 백기(白起=武安君)는 어린아이일 뿐인데, 한번 싸움에서 언(鄢)과 영(郢)을 뺏기고, 두번째 전투에서 왕의 조상 묘가 불태워지고, 세번째 전투에서 왕의 선조들을 욕보였습니다. 이

---

154) 穎脫 영탈 : 송곳 끝이 나옴

155) 胡 호 : 너의 비속어, 이 놈!

156) 而君 이군 : 이(而) 너를 나타내는 2인칭 대명사. 군(君) 주군, 임금

것은 백세의 원한이어서, 조(趙)도 부끄러워하는데, 왕은 잘못을 알지 못하십니까? 합종은 초나라를 위해서이지, 조(趙)를 위해서가 아닙니다"

초왕이 "네, 네,[157] 참으로 선생의 말과 같소! 삼가 나라를 들어서 따르겠습니다"라고 했다.

모수가 초왕의 측근들에게 "닭과 개와 말의 피를 가져오라"고 청하고는, 모수가 동 쟁반을 받들고 초왕에게 나아가 무릎 꿇고 "왕은 피를 마셔서[158] 합종을 정하십시오. 다음은 우리 주군이고 다음은 저입니다"라고 말했다.

드디어 궁전 위에서 합종이 정해지자, 모수가 왼손으로 피가 든 쟁반을 들고, 오른손으로 19인을 불러 단상 아래[堂下]에서 피를 마시게 하면서 "그대들은 변변치 못한 사람들로[159], 말하자면 남 때문에 일을 성사시키는 자들이다"라고 질책했다.

평원군은 합종이 정해지자 조(趙)에 돌아와서 "나는 다시는 천하 선비를 관상으로 판단하지[160] 않겠다"고 말하고는, 모수를 상객으로 삼았다.

초왕이 춘신군(春申君)에게 병사를 이끌고 조나라를 구원하게 했다.

---

157) 唯 유 : '네'라고 말하며 긍정하는 것

158) 歃血 삽혈 : 맹세를 다짐하며 희생의 피를 마시다

159) 碌碌 녹록 : 용렬하다, 주관 없이 남을 추종하다

160) 相 상 : 상보다, 점치다

원 문

卷之一

周紀

威烈王 在位二十四年

戊寅二十三年
初 命晉大夫魏斯 趙籍 韓虔 為諸侯。

溫公曰:「天子之職莫大於禮，禮莫大於分，分莫大於名。何謂禮? 紀綱是也。何謂分? 君臣是也。何謂名? 公 侯 卿 大夫 是也。夫以四海之廣，兆民之衆，受制於一人，雖有絶倫之力，高世之智，莫不奔走而服役者，豈非以禮為之紀綱哉！是故天子統三公，三公率諸侯，諸侯制卿大夫，卿大夫治士庶人，貴以臨賤，賤以承貴。上之使下， 猶心腹之運手足，根本之制支葉。下之事上， 猶手足之衛心腹，支葉之庇本根。然後 能上下相保而國家治安。故曰天子之職， 莫大於禮也。文王序易，以乾坤為首。孔子繫之曰：「天尊地卑，乾坤定矣。卑高以陳，貴賤位矣。」言君臣之位， 猶天地之不可易也。春秋抑諸侯，尊周室。王人雖微，序於諸侯之上。以是， 見聖人於君臣之際，未嘗不惓惓也。非有桀紂之暴 湯武之仁，人歸之，天命之。君臣之分， 當守節伏死而已矣。故曰禮莫大於分也。夫禮，辨貴賤，序親疎，裁羣物，制庶事。非名不著，非器不形。名以命之，器以別之，然後 上下粲然有倫。此禮之大經也。名器旣亡， 則禮安得獨在哉！ 昔仲叔于奚有功於衛，辭邑而請繁纓。孔子以為不如多與之邑。惟名與器不可以假人，君之所司也。政亡則國家從之。衛君待孔子而為政，孔子欲先正名，以為名不正，則民無所措手足。夫繁纓小物也，而孔子惜之。正名細務也，而孔子先之。誠以名器旣亂 則上下無以相有故也。故曰分莫大於名也。嗚呼！幽厲失德，周道日衰，綱紀散壞，下陵上替，諸侯專征，大夫擅政，禮之大體什喪七八矣，文武之祀猶緜緜相屬者，盖以周之子孫尚能守其名分故也。何以言之？ 昔晉文公有大功於王室，請隧於襄王，襄王不許曰：「王章也。未有代德。而有二王，亦叔父之所惡也。不然，叔父有地，而隧又何請焉?」文公於是乎懼而不敢違。是故，以周之地則不大於曹滕，以周之民 則不衆於邾莒。然歷數百年，宗主天下。雖以晉 楚 齊 秦之彊，不敢加兵者，何哉？ 徒以名分尚存故也。至於季氏之於魯，田常之於齊，白公之於楚，智伯之於晉，其勢皆足以逐君而自為，然而　卒不敢者，豈其力不足而心不忍哉？ 乃畏奸名犯分而天下共誅之也。今晉大夫暴蔑其君，剖分晉國，天子旣不能討，又寵秩之，使列於諸侯。是區區之名分，　復不能守而幷棄之也。先王之禮，於斯盡矣。或者以為當是之時，周室微弱，三晉彊盛，雖欲勿許，其可得乎？ 是大不然。夫三晉雖彊，苟不顧天下之誅，而犯義侵禮，則不請於天子而自立矣。不請於天子而自立，　則為悖逆之臣。天下苟有桓文之君，必奉禮義而征之。今請於天子，而天子許之，是受天子之命，而為諸侯也。誰得而討之！ 故三晉之列於諸侯，非三晉之壞禮，乃天子自壞之也。」

初趙簡子使尹鐸為晉陽，請曰：「以為繭絲乎，　抑為保障乎？」簡子曰：「保障哉。」尹鐸損其戶數。簡子謂無恤曰：「晉國有難，而無以尹鐸為少，無以晉陽為遠，必以為歸。」及智宣子卒，智襄子為政，請地於韓康子，康子致萬家之邑。智伯悅，又求地於魏桓子。桓子復與之萬家之邑。智伯又求蔡皐狼之地於趙襄子，襄子弗與。智伯怒，帥韓魏之甲，　以攻趙氏。襄子將出曰：「吾何走乎？」從者曰：「長子近，且城厚完。」襄子曰：「民罷力以完之，又斃死以守之，其誰與我！」從者曰：「邯鄲之倉庫實。」襄子曰：「浚民之膏澤以實之，又因而殺之，其誰與我。其晉陽乎。先主之所屬也，尹鐸之所寬也，民必和矣。」乃走晉陽。三家以國人圍而灌之。城不浸者三版，竈産鼃，民無叛意。趙襄子使張孟談潛出，見二子曰：「臣聞脣亡則齒寒。今智伯帥韓魏而攻趙，趙亡則韓魏為之次矣。」二子乃陰與張孟談約，為之期日而遣之。襄子夜使人殺守隄之吏，而決水灌智伯軍。智伯軍救而亂，韓魏翼而擊之，襄子將卒犯其前，大敗智伯之衆。遂殺智伯，盡滅智氏之族。

溫公曰：「智伯之亡也，才勝德也。夫才與德異，而世俗莫之能辨，通謂之賢。此其所以失人也。夫聰察彊毅之謂才，正直中和之謂德。才者德之資也，德者才之帥也。是故才德全盡謂之「聖人」，才德兼亡謂之「愚人」，德勝才謂之「君子」，才勝德謂之「小人」。凡取人之術，苟不得聖人君子而與之，與其得小人 不若得愚人。何則？君子挾才以為善，小人挾才以為惡。挾才以為善者，善無不至矣。挾才以為惡者，惡亦無不至矣。愚者雖欲為不善，智不能周，力不能勝。譬之， 乳狗搏人，人得而制之。小人智足以遂其姦，勇足以決其暴，是虎而翼者也，其為害豈不多哉！ 自古昔以來，國之亂臣，家之敗子，才有餘而德不足，以至於顚覆者多矣。豈特智伯哉！」

趙襄子漆智伯之頭，以為飲器。智伯之臣豫讓欲為之報仇。乃詐為刑人，挾匕首，入襄子宮中，塗廁。襄子如廁心動，索之，獲豫讓。左右欲殺之。襄曰：「義士也，吾謹避之耳。」乃舍之。豫讓又漆身為癩，呑炭為啞。行乞於市，其妻不識也。其友識之，為之泣曰：「以子之才，臣事趙孟，得近幸，子乃為所欲為，顧不易耶？ 何乃自苦如此？」豫讓曰：「不可。旣已委質為臣，而又求殺之，是二心也。凡吾所為者，極難耳。然所以為此者，將以愧天下後世之為人臣懷二心者也。」襄子出，豫讓伏於橋下。襄子至橋，馬驚，索之，得豫讓，遂殺之。

◯魏斯者桓子之孫也，是為文侯。文侯以卜子夏田子方為師。每過段干木之廬，必式。四方賢士多歸之。文侯與羣臣飮酒樂，而天雨，命駕將適野。左右曰：「今日飮酒樂，天又雨，君將安之？」文侯曰：「吾與虞人期獵，雖樂，豈可無一會期哉？」乃往，身自罷之。文侯使樂羊伐中山，克之，　封其子擊。文侯問於羣臣曰：「我何如主？」皆曰：「仁君。」任座曰：「君得中山，不以封君之弟，而以封君之子，何謂仁君！」文侯怒，任座趨出。次問翟璜，對曰：「仁君也。」文侯曰：「何以知之？」對曰：「君仁則臣直。嚮者任座之言直，是以知之。」文侯悅，使翟璜召任座而反之，親下堂迎之，以為上客。

◯子擊出，遭田子方於道，下車伏謁。子方不為禮。子擊怒，謂子方曰:「富貴者驕人乎？　貧賤者驕人乎？」子方曰：「亦貧賤者驕人耳，富貴者安敢驕人！ 國君而驕人，則失其國，大夫而驕人，則失其家。失其國者，未聞有以國待之者也。失其家者，未聞有以家待之者也。夫士貧賤者，言不用，,行不合 則納履而去耳。安往而不得貧賤哉！」子擊乃謝之。

◯文侯謂李克曰：「先生嘗有言曰，『家貧思良妻，國亂思良相。』今所置非成則璜，二子何如？」對曰：「居視其所親，富視其所與，達視其所擧，窮視其所不為，貧視其所不取，五者足以定之矣！」文侯曰：「先生就舍，吾之相定矣。」李克出。翟璜曰：「君召卜相，果誰為之？」克曰：「魏成。」璜忿然曰：「西河守吳起，臣所進也。君內以鄴為憂，臣進西門豹。君欲伐中山，臣進樂羊。中山已拔，無使守之，臣進先生。君之子無傅，臣進屈侯鮒，以耳目之所睹記。臣何負於魏成！」克曰：「魏成食祿千鍾，什九在外，什一在內。 是以 東得卜子夏 田子方 段干木。此三人者，君皆師之。子所進五人，君皆臣之。子惡得與魏成比也！」璜再拜曰：「璜 鄙人也，失對。願卒為弟子！」

◯吳起者 衛人，仕於魯。齊人伐魯，魯人欲以為將。起取齊女為妻，魯人疑之，起殺妻以求將。大破齊師。或譖之魯侯曰：「起始事曾參，母死不奔喪，曾參絶之。今又殺妻，以求為君將。起殘忍薄行人也！且以魯國區區，而有勝敵之名，則諸侯圖魯矣。」起恐得罪，聞魏文侯賢，乃往歸之。文侯問諸李克。克曰：「起貪而好色，然 用兵，司馬穰苴弗能過也。」於是 文侯以為將。擊秦拔五城。起之為將，與士卒最下者，同衣食，臥不設席，行不騎乘，親裹贏糧，與士卒分勞苦。卒有病疽者，起為吮之。卒母聞而哭之。人曰：「子卒也，而將軍自吮其疽，何哭為？」母曰：「往年吳公吮其父，其父戰不旋踵，遂死於敵。吳公今又吮其子，妾不知其死所矣，是以哭之。」

己卯二十四年

王崩，子安王驕立。安王在位二十六年。

庚寅十一年

田和遷齊康公於海上，使食一城，奉先祀。

壬辰十三年

齊田和求為諸侯。魏文侯為之 請於王及諸侯，王許之。

甲午十五年

魏文侯薨，太子擊立，是為武侯。武侯浮西河而下。中流顧謂吳起曰：「美哉山河之固，此魏國之寶也！」對曰：「在德不在險。昔三苗氏，左洞庭，右彭蠡，德義不修，禹滅之。夏桀之居，左河濟，右泰華，伊闕在其南，羊腸在其北，修政不仁，湯放之。商紂之國，左孟門，右太行，常山在其北，大河經其南，修政不德，武王殺之。由此觀之，在德不在險。若君不修德，舟中之人皆敵國也！」武侯曰：「善。」

◯魏置相，相田文。吳起不悅。謂田文曰：「請與子論功可乎？」田文曰：「可。」起曰：「將三軍，使士卒樂死，敵國不敢謀，子孰與起？」文曰：「不如子。」起曰：「治百官，親萬民，實府庫，子孰與起？」文曰：「不如子。」起曰：「守西河，而秦兵不敢東鄉，韓趙賓從，子孰與起？」

文曰：「不如子。」起曰：「此三者子皆出吾下，而位加吾上，何也？」文曰：「主少國疑，大臣未附，百姓不信。方是之時，屬之子乎，屬之我乎？」起默然良久曰：「屬之子矣！」久之，魏武侯疑之。起懼誅，遂奔楚。楚悼王素聞其賢，至則任之為相。起明法審令，捐不急之官，廢公族疏遠者，以撫養戰鬪之士，要在彊兵，破遊說之言從橫者。於是南平百越，北却三晉，西伐秦。諸侯皆患楚之彊，而楚之貴戚大臣多怨吳起者。

乙未十六年

初命齊大夫田和為諸侯。

庚子二十一年

楚悼王薨。貴戚大臣作亂，攻殺起。

壬寅二十三年

齊康公薨，無子，田氏遂幷齊而有之。

甲辰二十五年

子思言苟變於衛侯曰：「其材可將五百乘。」公曰：「吾知其可將，然變也，嘗為吏，賦於民，而食人二雞子，故弗用也。」子思曰：「夫聖人之官人，猶匠之用木也，取其所長，棄其所短，故杞梓連抱，而有數尺之朽，良工不棄。今君處戰國之世，選爪牙之士，而以二卵，棄干城之將。此不可使聞於鄰國也。」公再拜曰：「謹受教矣！」

◯衛侯言計非是，而羣臣和者，如出一口。子思曰：「以吾觀衛，所謂 君不君，臣不臣者也。夫不察事之是非，而悅人讚己，闇莫甚焉。不度理之所在，　而阿諛求容，諂莫甚焉。君闇臣諂，以居百姓之上，民不與也。若此不已，國無類矣！」子思言於衛侯曰：「君之國事將日非矣。君出言，自以為是，而卿大夫莫敢矯其非，卿大夫出言，自以為是，而士庶人莫敢矯其非。君臣旣自賢矣，而羣下同聲賢之，賢之則順而有福，矯之則逆而有禍。如此則善安從生！　詩曰：『具曰予聖，誰知烏之雌雄』抑 亦似君之君臣乎！」

乙巳二十六年

王崩，子烈王喜立。

◯韓魏趙共廢晉靖公，　為家人，　而分其地。烈王在位七年。

辛亥六年

齊威王來朝。是時周室微弱，諸侯莫朝，而齊獨朝之，天下以此益賢威王。

◯威王召卽墨大夫。語之曰：「自子之居卽墨也，毀言日至。吾使人視卽墨，田野闢，人民給，官無事，東方以寧。是子不事吾左右　以求助也！」封之萬家。召阿大夫。語之曰：「自子守阿，譽言日至。吾使人視阿，田野不闢，人民貧餒。昔日　趙攻鄄，子不救，衛取薛陵，子不知。是子厚幣，事吾左右，以求譽也！」是日 烹阿大夫及左右嘗譽者。

於是群臣悚懼，莫敢飾詐，務盡其情，齊國大治，彊於天下。

壬子七年
王崩，弟顯王扁立。顯王在位四十八年。

己未七年
秦孝公立。是時 河山以東 彊國六，淮泗之間 小國十餘，楚魏與秦接界。皆以夷狄遇秦，擯斥之，不得與中國之會盟。於是孝公發憤，布德修政，欲以彊秦。

庚申八年
孝公令國中曰：「賓客羣臣有能出奇計彊秦者，吾且尊官，與之分土。」於是 衛公孫鞅聞是令，乃西入秦。因嬖臣景監，以求見孝公，說以富國彊兵之術，公大悅，與議國事。

壬戌十年
衛鞅欲變法，秦人不悅。衛鞅言於秦孝公曰：「夫民不可與慮始，而可與樂成。論至德者不和於俗，成大功者不謀於衆。是以聖人苟可以彊國，不法其故。」甘龍曰：「不然，緣法而治者，吏習而民安之。」衛鞅曰：「常人安於故俗，學者溺於所聞。以此兩者，居官守法可也，非所與論於法之外也。智者作法，愚者制焉，賢者更禮，不肖者拘焉。」公曰：「善!」以衛鞅為左庶長。卒定變法之令。令民為什伍，而相收司連坐，告姦者，與斬敵首同賞，不告姦者，與降敵同罰。有軍功者，各以率受上爵。為私鬪者，各以輕重被刑。大小僇力本業，耕織 致粟帛多者，復其身。事末利及怠而貧者，擧以為收孥。有功者顯榮，無功者雖富，無所芬華。令旣具未布，恐民之不信，乃立三丈之木於國都市南門，募民 有能徙置北門者 予十金。民怪之，莫敢徙。復曰：「能徙者予五十金。」有一人徙之，輒予五十金。乃下令。令行朞年，秦民之國都，言新令之不便者 以千數。於是太子犯法。衛鞅曰：「法之不行，自上犯之。太子君嗣也，不可施刑，刑其傅公子虔，黥其師公孫賈。」明日，秦人皆趍令。行之十年，秦國道不拾遺，山無盜賊，民勇於公戰，怯於私鬪，鄕邑大治。秦民初言令不便者，有來言令便者。衛鞅曰：「此皆亂法之民也！」盡遷之於邊。其後民莫敢議令。

溫公曰：「夫信者，人君之大寶也。國保於民，民保於信，非信無以使民，非民無以守國。是故 古之王者不欺四海，霸者不欺四鄰，善為國者不欺其民，善為家者不欺其親。不善者反之。欺其鄰國，欺其百姓，甚者欺其兄弟，欺其父子。上不信下，下不信上，上下離心，以至於敗。所利不能藥其所傷，所獲不能補其所亡。豈不哀哉！ 昔齊桓公不背曹沫之盟，晉文公不貪伐原之利，魏文侯不棄虞人之期，秦孝公不廢徙木之賞。此四君者，道非粹白，而商君尤稱刻薄。又處戰攻之世，天下趍於詐力，猶且不敢忘信以畜其民，況為四海治平之政者哉！」

丙寅十四年

齊威王、魏惠王會田於郊。惠王曰：「齊亦有寶乎？」威王曰：「無有。」惠王曰：「寡人國雖小，尚有徑寸之珠，照車前後各十二乘者 十枚。豈以齊大國 而無寶乎？」威王曰：「寡人之所以為寶者與王異。吾臣有檀子者，使守南城，則楚人不敢為寇，泗上十二諸侯皆來朝。吾臣有盼子者，使守高唐，則趙人不敢東漁於河。吾吏有黔夫者，使守徐州，則燕人祭北門，趙人祭西門，徙而從者七千餘家。吾臣有種首者，使備盜賊，則道不拾遺。此四臣者，將照千里，豈特十二乘哉！」惠王有慚色。

庚午十八年

韓昭侯以申不害為相。申不害者，鄭之賤臣也，學黃老刑名，以干昭侯。昭侯用為相，內修政教，外應諸侯。十五年，終申子之身，國治兵强。韓昭侯有弊袴，命藏之。侍者曰：「君亦不仁者矣，不賜左右，而藏之！」昭侯曰：「吾聞明主愛一嚬一咲，今袴豈特嚬咲哉！吾必待有功者。」

辛未十九年

秦商鞅築冀闕宮庭於咸陽，徙都之。幷諸小鄉 聚，集為一縣，縣置令丞，凡三十一縣。廢井田，開阡陌。

庚辰二十八年

魏龐涓伐韓。韓請救於齊。齊威王因起兵，使田忌田嬰田盼將之，孫臏為師，以救韓，直走魏都。龐涓聞之，去韓而歸魏。魏大發兵，以太子申為將，以禦齊師。孫子謂田忌曰：「彼三晉之兵素悍勇， 而輕齊，齊號為怯。善戰者因其勢 而利導之。兵法：『百里而趣利者 蹶上將，五十里而趣利者 軍半至。』」乃使齊軍入魏地，為十萬竈，明日為五萬竈，又明日為二萬竈。龐涓行三日，大喜曰：「我固知齊軍怯，入吾地三日，士卒亡者過半矣！」乃棄其步軍，與其輕銳， 倍日幷行逐之。孫子度其行，暮當至馬陵。馬陵道陿而旁多阻隘，可伏兵。乃斫大樹，白而書之曰：「龐涓死此樹下！」於是令齊師善射者萬弩， 夾道而伏，期日暮見火擧而俱發。龐涓果夜到斫木下，見白書，以火燭之，讀未畢，萬弩俱發，魏師大亂相失。龐涓自知智窮兵敗，乃自剄。齊因乘勝，大破魏師。

辛巳二十九年

秦封衛鞅商於十五邑。號曰商君。

癸未三十一年

秦孝公薨，子惠文王立。公子虔之徒告商君欲反，發吏捕之。商君亡之魏， 魏人不受，復內之秦。商君與其徒之商於。秦人攻殺之，車裂以徇，盡滅其家。初 商君相秦，用法嚴酷，嘗臨渭論囚，渭水盡赤。為相十年，人多怨之。

○趙良見商君。商君問曰：「子觀我治秦，孰與五羖大夫賢？」趙良曰：「千人之諾諾，不如一士之諤諤。僕請終日正言　而無誅，可乎？」商君曰：「諾。」趙良曰：「五羖大夫，荊之鄙人也。穆公擧之牛口之下，而加之百姓之上，秦國莫敢望焉。相秦六七年，而東伐鄭，三置晉君，一救荊禍。其為相也，勞不坐乘，暑不張盖。五羖大夫死，秦國男女流涕，童子不歌謠，舂者不相杵。今君之從政也，陵轢公族，殘傷百姓。公子虔杜門不出 已八年矣。君又殺祝驩，而黥公孫賈。詩曰：『得人者興，失人者崩。』此數者，非所以得人也。君之危若朝露，而尚貪商於之富，寵秦國之政，畜百姓之怨。秦王一旦捐賓客，而不立朝，秦國之所以收君者 豈其微哉！」商君弗從。居五月而難作。

乙酉三十三年

鄒人孟軻見魏惠王。王曰：「叟不遠千里而來，亦有以利吾國乎？」

孟子曰：「君何必曰利，仁義而已矣！」初　孟子師子思，嘗問牧民之道　何先。子思曰：「先利之。」孟子曰：「君子所以敎民，亦仁義而已矣，何必利！」子思曰：「仁義固所以利之也，上不仁 則下不得其所。上不義 則下樂為詐也，此為不利大矣。故易曰：『利者，　義之和也。』又曰：『利用安身，以崇德也。』此 皆利之大者也。」

溫公曰：「子思 孟子之言 一也。夫唯 仁者為知仁義之利，不仁者不知也。故孟子對梁王，　直以仁

義 而不及利者，所與言之人 異故也。」

戊子三十六年

初　洛陽人蘇秦說秦王以兼天下之術，秦王不用其言。蘇秦乃去　說燕文公曰：「燕之所以不犯寇被兵者，以趙為之蔽也。願大王與趙從親。天下為一　則燕國必無患矣。」文公從之，資蘇秦車馬。以說趙肅侯曰：「當今，山東之國莫强於趙，秦之所害亦莫如趙。然而 秦不敢伐趙者，畏韓魏之議其後也。秦之攻韓魏也，無有名山大川之限，稍蠶食之，韓魏不能支，必入臣於秦。秦無韓魏之規，則禍中於趙矣。夫衡人者 皆欲割諸侯之地，以與秦。秦成 則其身富榮，國被秦患，而不與其憂。竊為大王計，莫若一韓 魏 齊 楚 燕 趙為從親，以擯秦。令天下之將相會於洹水之上，約曰：『秦攻一國，五國各出銳師，或撓秦，或救之。有不如約者，五國共伐之。』則秦甲必不敢出於函谷　以害山東矣。」肅侯大說，厚待蘇秦。尊寵賜賚之，以約於諸侯。於是　蘇秦說韓王曰：「韓地方九百餘里，帶甲數十萬，天下之强弓　勁弩 利劒 皆從韓出。今大王事秦，秦必求宜陽 成皐，今茲效之，明年又復求割地。地有盡，而秦之求無已。鄙諺曰：『寧為雞口，無為牛後。』以大王之賢，挾彊韓之兵，而有牛後之名，竊為大王羞之!」韓王從其言。蘇秦說魏王曰：「大王之地方千里，武士二十萬，蒼頭二十萬，奮擊二十萬，厮徒十萬，車六百乘，騎五千匹。乃　聽羣臣之說，而欲臣事秦，願大王熟察之！」魏王聽之。蘇秦說齊王曰：「齊　四塞之國，地方二千餘里，帶甲數十萬，粟如丘山。臨淄之塗，車轂擊，人肩摩，連袵成帷，揮汗成雨。夫　韓魏之所以重畏秦者，為與秦接境也。今秦之攻齊則不然。雖欲深入，則恐韓魏之議其後，秦之不能害齊亦明矣。夫不料秦之無柰齊何，而欲西面，而事之，是羣臣之計過也。」齊王許之。乃南說楚王曰：「楚天下之彊國也，地方六千餘里，帶甲百萬，粟支十年，此霸王之資也。楚强則秦弱，秦强則楚弱，其勢不兩立。故為大王計，莫如從親以孤秦。故　從親則諸侯割地　以事楚，衡合則楚割地　以事秦。此兩策者相去遠矣，大王何居焉？」楚王亦許之。於是　蘇秦為從約長，幷相六國。北報趙。車騎輜重擬於王者。

己丑三十七年

秦惠王使犀首欺齊魏與共伐趙，以敗從約。趙肅侯讓蘇秦，秦恐，請使燕，必報齊。蘇秦去趙，而從約皆解。

丙申四十四年

夏四月，秦初稱王。

丁酉四十五年

蘇秦說燕易王曰：「臣居燕不能使燕重，而在齊則燕重。」易王許之。乃僞得罪於燕而奔齊，齊宣王以為客卿。蘇秦說齊王高宮室，大苑囿，以明得意，欲以敝齊而為燕。

己亥四十七年

秦張儀免相，相魏。欲使魏　先事秦而諸侯效之。魏王不聽。秦王復陰厚張儀益甚。

庚子四十八年

王崩。子愼靚王立。齊田文嗣為薛公，號曰孟嘗君。招致諸侯遊士及有罪亡人，皆厚遇之，食客嘗數千人，各自以為孟嘗君親己，由是孟嘗君之名重天下。

溫公曰：「君子之養士 以為民也。易曰：「聖人養賢 以及萬民。」夫賢者，其德足以敦化正俗，其才足以頓綱振紀，其明足以燭微慮遠，其強足以結仁固義。大則利天下，小則利一國。是以君子豐祿以富之，隆爵以尊之。養一人而及萬人者 養賢之道也。今孟嘗君之養士也，不恤智愚，不擇臧否，盜其君之祿，以立私黨，張虛譽。上以侮其君，下以蠹其民，是奸人之雄也，烏足尚哉！ 書曰：「受為天下逋逃主 萃淵藪。」此之謂也。

愼靚王在位七年

癸卯三年

楚 趙 魏 韓 燕 同伐秦，攻函谷關。秦人出兵逆之，五國之師皆敗走。

甲辰四年

齊大夫與蘇秦爭寵，刺秦殺之。張儀說魏襄王曰：「梁地四平，無名山大川之限，卒戍楚 韓 齊 趙之境，守亭障者不下十萬，梁之地勢固戰場也。夫諸侯之約從，盟洹水之上，結為兄弟， 以相堅也。今親兄弟同父母　尚有爭錢財　相殺傷，而欲恃反覆蘇秦之餘謀，其不可成　亦明矣。」魏王乃倍從約，而因儀以請成于秦。張儀歸，復相秦。

乙巳五年

蘇秦弟代厲亦以遊說　顯於諸侯。燕相子之與蘇代婚，欲得燕權。蘇代使於齊而還，燕王噲問曰：「齊王其霸乎。」對曰：「不能。」王曰：「何故？」對曰：「不信其臣。」於是　燕王屬國於子之。子之南面行王事，而噲老，不聽政，顧為臣。國事皆決於子之。

丙午六年

王崩，子赧王延立。

赧王 在位五十九年

丁未元年

燕子之為王三年，國內大亂。齊王伐燕，取子之醢之，遂殺燕王噲。

己酉三年

燕人共立太子平，是為昭王。昭王於破燕之後，卽位。吊死問孤，與百姓同甘苦，卑身厚幣，以招賢者。謂郭隗曰：

「齊因孤之國亂，而襲破燕。孤極知燕小力少，不足以報。然誠得賢士，與共國，以雪先王之恥，孤之願也。先生視可者，得身事之！」郭隗曰：「古之人君，有以千金 使涓人求千里馬者，馬已死，買其骨五百金而返。君大怒，涓人曰：『死馬且買之，況生者乎！馬今至矣。』不期年，千里之馬至者三。今王必欲致士，先從隗始，況賢於隗者，豈遠千里哉！」於是 昭王為隗改築宮，而師事之。於是士爭趣燕。樂毅自魏往，劇辛自趙往。昭王以樂毅為亞卿，任以國政。

庚戌四年。

張儀說楚王曰：「夫為從者，無以異於驅羣羊而攻猛虎，不格明矣。今王不事秦，秦劫韓驅梁而攻楚，則楚危矣。」楚王許之。張儀遂之韓，說韓王曰：「夫戰 孟賁烏獲之士以攻不服之弱國，無異垂千勻之重於鳥卵之上，必無幸矣。大王不事秦，秦下甲，據宜陽，塞成皐，則王之國分矣。為大王計，莫如事秦而攻楚。」韓王許之。張儀歸報秦王。復使東，說齊王曰：「從人說大王者必曰：『齊蔽於三晉，地廣兵彊，雖有百秦，將無柰齊何。』今秦楚嫁女娶婦，為昆弟之國。韓獻宜陽，梁效河外，趙王入朝，割河間以事秦。大王不事秦，秦驅韓梁趙攻之，雖欲事秦，不可得也！」齊王許之。張儀去，西說趙王曰：「大王收率天下 以擯秦，秦兵不敢出函谷關十五年。大王之威行於山東。今楚與秦為昆弟之國，而韓梁稱東藩之臣，齊獻魚鹽之地。此斷趙之右肩也。夫斷右肩而與人鬬，失其黨而孤居，求欲無危 得乎？

為大王計，莫如與秦王面約，常為兄弟之國。」趙王許之。張儀乃北。說燕王曰：「大王不事秦，秦下甲雲中九原，驅趙而攻燕，則易水長城非大王之有也！」燕王請獻常山之尾五城　以和。張儀歸報，未至咸陽，秦惠王薨，子武王立。武王自為太子時不說張儀。及卽位，羣臣多毁短之。諸侯聞儀與秦王有隙，皆畔衡，復合從。

辛亥五年

張儀相魏一歲　卒。儀與蘇秦皆以縱横之術，遊諸侯，致位富貴，天下爭慕效之。又有魏人公孫衍者，號曰犀首，亦以談說顯名。其餘蘇代 蘇厲 周最 樓緩之徒，紛紜徧於天下，務以辯詐相高，不可勝紀，而儀 秦 衍 最著。

壬戌十六年

秦王約楚王會盟於武關，楚王入秦，秦人留之。

癸亥十七年

秦王聞孟嘗君之賢，使涇陽君為質於齊　以請。孟嘗君來入秦，秦王以為丞相。或謂秦王曰：「孟嘗君相秦，必先齊而後秦。秦其危哉！」秦王乃以樓緩為相，囚孟嘗君，欲殺之。孟嘗君使人求解於秦王幸姬。姬曰：「願得君狐白裘。」孟嘗君有狐白裘，已獻之秦王，無以應姬求。客有善為狗盜者，入秦藏中，盜狐白裘以獻姬。姬乃　為之言於王而遣之。王後悔，使追之。孟嘗君至關，關法，雞鳴而出客，時尚早，追者將至。客有善為雞鳴者，野雞聞之皆鳴，孟嘗君乃得脫歸。

○趙王封其弟勝為平原君。平原君好士，食客常數千人。

乙丑十九年

楚懷王發病，薨於秦，楚人皆憐之，如悲親戚。諸侯由是不直秦。

丙子三十年

齊湣王旣滅宋而驕。乃南侵楚，西侵三晉，欲幷二周　為天子。燕昭王日夜撫循其人，乃與樂毅謀伐齊。王悉起兵，以樂毅為上將軍。幷將秦 魏 韓 趙之兵，以伐齊。齊湣王悉國中之衆，以拒之，戰于濟西，齊師大敗。遂進軍，齊人大亂失度，湣王出走。樂毅入臨淄，取寶物祭器，輸之於燕。燕王封樂毅為昌國君。遂使留徇齊城之未下者。齊王走莒。楚使淖齒將兵救齊，因為齊相。淖齒欲與燕分齊地，乃遂弑王於鼓里。

○毅聞畫邑人王蠋賢，令軍中 環畫邑三十里　無入。使人請蠋，蠋謝不往。燕人曰：「不來，吾且屠邑！」蠋曰：「忠臣不事二君，烈女不更二夫。齊王不用吾諫，故退而耕於野。國破君亡，吾不能存，而又欲劫之以兵，吾與其不義而生，不若死！」遂經其頸 而死。

○燕師乘勝長驅，齊城皆望風奔潰。樂毅修整燕軍，禁止侵掠，求齊之逸民，顯而禮之。寬其賦斂，除其暴令，修其舊政，齊民喜悅。祀桓公管仲於郊，表賢者之閭，封王蠋之墓。六月之間 下齊七十餘城，皆為郡縣。

戊寅三十二年

齊淖齒之亂，王孫賈從湣王，失王之處。其母曰：「汝朝出而晚來，則吾倚門而望。汝暮出而不還，則吾倚閭而望。汝今事王，王走，汝不知其處，汝尚何歸焉！」王孫賈乃攻淖齒，殺之。於是 齊亡臣相與 求湣王子法章，立以為齊王，保莒城 以拒燕。

○趙王得楚和氏璧，秦昭王欲之，請易以十五城。趙王以問藺相如。對曰：「秦以城求璧，而王不許，曲在我矣。我與之璧，而秦不與我城，則曲在秦。臣願奉璧而往，使秦城不入，臣請完璧而歸。」相如至秦，秦王無意償趙城。相如乃紿秦王，復取璧，遣使者懷　歸趙。而以身待命於秦。秦王賢而弗誅，禮而歸之。趙王以相如為上大夫。

壬午三十六年

秦王會趙王於河外澠池，王與趙王飲，酒酣。秦王請趙王鼓瑟，趙王鼓之。藺相如復請秦王擊缶，秦王不肯。相如曰：「五步之內，臣請得以頸血濺大王矣！」左右欲刃相如，相如張目叱之，左右皆靡。王不豫，為一擊缶。罷酒，秦終不能有加於趙。趙人亦盛為之備，秦不敢動。趙王歸國，以藺相如為上卿，位在廉頗之右。廉頗曰：「我見相如，必辱之！」相如聞之，每朝，常稱病，不欲爭列。出而望見，輒引車避匿。其舍人皆以為恥。相如曰：「子視廉將軍 孰與秦王？」曰：「不若。」相如曰：「夫以秦王之威，而相如廷叱之，辱其羣臣。相如雖駑，獨畏廉將軍哉！ 顧吾念之，彊秦之 所以不敢加兵於趙者，徒以吾兩人在也。今兩虎共鬭，其勢不俱生。吾所以為此者，先國家之急，而後私讎也！」廉頗聞之，肉袒負荊 至門 謝罪，遂為刎頸之交。

○是時齊地皆屬燕，獨莒卽墨未下，樂毅圍卽墨。卽墨大夫出戰而死。卽墨人曰：「安平之戰，田單宗人以鐵籠得全，是多智習兵。」因共立以為將，以拒燕。

○樂毅圍二邑，三年未下。或讒之於燕昭王曰：「樂毅智謀過人，伐齊 呼吸之間，剋七十餘城。今不下者兩城爾，非其力不能拔，欲久仗兵威。以服齊人，南面而王爾。」昭王於是置酒大會，引言者斬之。遣國相，立樂毅為齊王。毅惶恐 不受拜書，以死自誓。由是齊人服其義，諸侯畏其信，莫敢復有謀者。頃之，昭王薨，惠王立。惠王自為太子時，嘗不快於樂毅。田單聞之， 乃縱反間曰：「樂毅與燕新王有隙，畏誅而不敢歸，以伐齊為名。齊人唯恐他將來 卽墨殘矣。」燕王已疑，得齊反間，乃使騎劫代將，而召樂毅。毅遂犇趙。燕將士由是憤惋不和。田單乃身操版鍤，與士卒分功，妻妾編於行伍之間，盡散飮食饗士。令甲卒皆伏，使老弱女子乘城，約降。燕軍益懈。田單乃收城中，得牛千餘，為絳繒衣，畫以五采龍文，束兵刃於其角，而灌脂 束葦於其尾，燒其端。鑿城數十穴，夜縱牛，壯士五千人隨其後。牛尾熱，怒而犇燕軍。燕軍大驚，視牛，　皆龍文，所觸盡死傷。而城中鼓譟從之，老弱皆擊銅器為聲，聲動天地。燕軍大敗走。齊人殺騎劫，追亡逐北。所過城邑皆叛燕，　復為齊。齊七十餘城皆復焉。乃迎襄王於莒，入臨淄，封田單為安平君。

○田單將攻狄，往見魯仲連。仲連曰：「將軍攻狄，不能下也。」田單曰：「臣以卽墨破亡餘卒，破萬乘之燕，復齊之墟，今攻狄而不下，何也？」上車，弗謝而去。遂攻狄。三月不克。田單乃懼。問魯仲連。仲連曰：「將軍之在卽墨，坐則織蕢，立則杖鍤，為士卒倡。當此之時，將軍有死之心，士卒無生之氣，所以破燕也。今　將軍東有夜邑之奉，西有淄上之娛，黃金橫帶，而騁乎淄澠之間，有生之樂，無死之心，所以不勝也。」田單曰：「單之有心，先生志之矣。」明日乃厲氣循城，立於矢石之所，援枹鼓之。狄人乃下。

辛卯四十五年

魏人范雎亡入秦。說秦王曰：「以秦國之大，士卒之勇，以治諸侯 譬如走韓盧 而搏蹇兎也。而閉關十五年，不敢窺兵於山東者，是穰侯為秦謀　不忠，而大王之計　亦有所失也。」王跽曰：「願聞失計！」雎曰：「夫 穰侯越韓魏 而攻齊，非計也。今王不如遠交而近攻。得寸則王之寸也，得尺則王之尺也。今夫韓魏中國之處，而天下之樞也。王若欲霸，必親中國，以為天下樞，以威楚趙。楚趙皆附，齊必懼矣，齊附則韓魏因可虜也。」王曰：「善。」乃以范睢為客卿，與謀兵事。

辛丑五十五年

秦左庶長王齕伐韓，攻上黨　拔之。上黨民走趙，趙廉頗軍於長平，以按據上黨民。王齕因伐趙，趙軍數戰不勝，廉頗堅壁不出。趙王以頗失亡多，而更怯不戰，怒，數讓之。應侯又使人反間曰：「秦之所畏，獨畏馬服君之子趙括為將爾。廉頗易與，且降矣！」趙王遂以趙括代頗將。藺相如曰：「王以名使括，若膠柱鼓瑟。括徒能讀其父書傳，不知合變也。」王不聽。

○初　趙括自少時學兵法，以天下莫能當。嘗與其父奢言兵事，奢不能難，然不謂善。括母問其故。奢曰：「兵，死地也，而括易言之。趙若將括，破趙軍者必括也。」及括將行，其母上書，言括不可使。王曰：「吾已決矣。」母曰：「卽有不稱，妾請無隨坐！」王許之。

○秦王聞括為趙將。乃陰使武安君為上將，　而王齕為裨將。令軍中：「有敢泄武安君將者 斬！」

○趙括至軍，悉更約束，易置軍吏，出兵擊秦。武安君佯敗而走，張二奇兵　以劫之。趙括乘勝追造秦壁。堅拒不得入，奇兵絶趙軍之後。趙軍食絶四十六日，皆內陰相殺食。趙括自出銳卒搏戰，秦人射殺之。趙師大敗，卒四十萬人皆降。武安君乃挾詐，而盡坑殺之，遺其小者二百四十人，歸趙。

壬寅五十六年

秦之始伐趙也，魏王問諸大夫，皆以為秦伐趙，於魏便。孔斌曰：「不然。秦貪暴之國也，勝趙，必復他求。吾恐於時 魏受其師也。先人有言:『燕雀處堂，子母相哺，呴呴焉相樂也，自以為安。竈突炎上，棟宇將焚，燕雀顏不變，不知禍之將及己也。』今 子不悟趙破 患將及己。可以人而同於燕雀乎！當今 山東之國敝 而不振，三晉割地 以求安，二周折而入秦，燕齊楚已屈服矣。以此觀之，不出二十年，天下其盡為秦乎！」

癸卯五十七年

秦以王陵攻邯鄲。武安君曰：「邯鄲實未易攻也。且諸侯之救日至，破秦軍必矣。」辭疾不行。乃以王齕代王陵。趙王使平原君　求救於楚。平原君約其門下食客文武備具者二十人與之俱，得十九人，餘無可取者。毛遂自薦於平原君。平原君曰：「夫賢士之處世也，譬若錐之處囊中，其末立見。今先生處勝之門下三年於此矣，勝未有所聞，是先生無所有也。」毛遂曰：「臣乃今日請處囊中爾！使遂蚤得處囊中，乃脫穎而出，非特其末見而已！」平原君乃與之俱，十九人相與目笑之。平原君至楚，與楚王言合從之利害。日出而言之，日中不決。毛遂按劍，　歷階而上。謂平原君曰：「從之利害，兩言而決爾！今日出而言，日中不決，何也？」楚王怒叱曰：「胡不下！吾乃與而君言，汝何為者也？」遂按劍而前曰：「王之所以叱遂者，以楚國之衆。今十步之內，不得恃衆也！王之命懸於遂手。吾君在前，叱者何也？ 今以楚之彊，天下弗能當。白起，小豎子爾，一戰而擧鄢郢，再戰而燒夷陵，三戰而辱王之先人。此百世之怨而趙之所羞，而王弗知惡焉。合從者為楚，非為趙也。」楚王曰：「唯唯，誠若先生之言，謹奉社稷以從。」毛遂謂楚王之左右曰：「取雞狗馬之血來！」毛遂奉銅盤而跪，進之楚王曰:「王當歃血而定從，次者吾君，次者遂。」遂定從於殿上。毛遂左手持盤血， 而右手招十九人，歃血於堂下曰：「公等碌碌，所謂因人成事者也。」平原君已定從而歸。至於趙曰：「勝不敢復相天下士矣！」遂以毛遂為上客。於是 楚王使春申君將兵救趙。

통감절요 2권

주기(周紀) 난왕(赧王) 하(下)

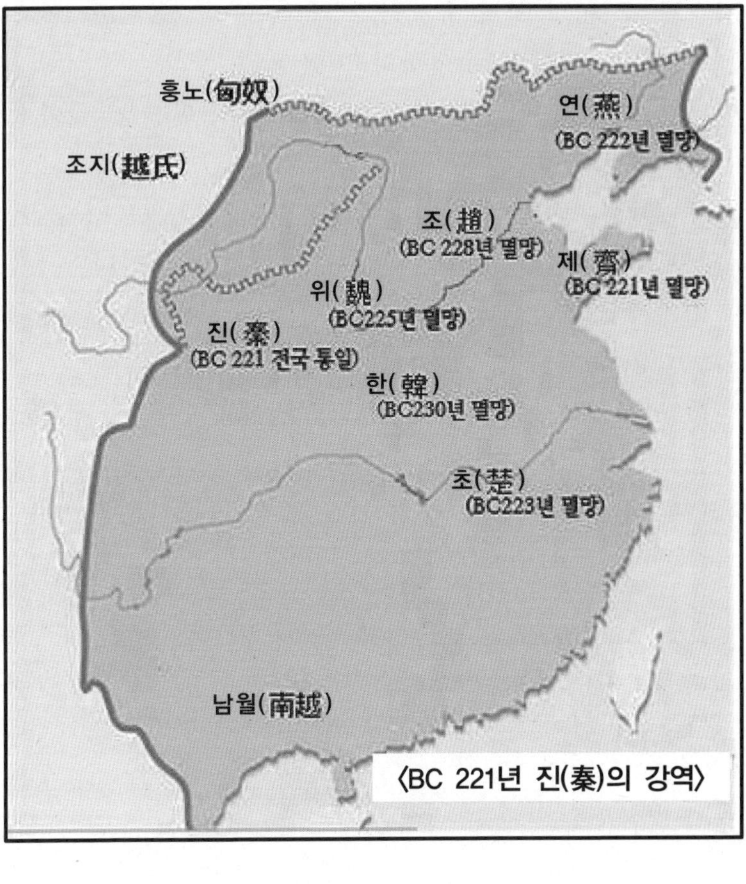

〈BC 221년 진(秦)의 강역〉

갑진(甲辰) 58년(기원전 257년)

위(魏)왕이 진비(晉鄙)를 시켜 조(趙)나라를 구원하는데, 진(秦)왕의 사자가 위(魏)왕에게 "내가 조(趙)를 공격하면, 조석[1]간에 항복시킬 것이다. 제후들 중 감히 (조나라를) 구원하는 자가 있으면, 반드시 병사를 옮겨 그를 먼저 공격할 것"이라고 말했다. 위(魏)왕이 두려워 진비(晉鄙)를 멈추게 하고, 업(鄴)에서 성을 지키게 했다. 또 장군 신원연(新垣衍)에게 조(趙)왕에게 유세하게 해서 함께 진(秦)을 황제로 받들어 그 침략에서 벗어나자고 했다.

노중연(魯仲連)이 이 소식을 듣고는 신원연을 찾아가서 만났다.

"저 진(秦)이라는 나라는 예의를 버리고, 싸움터에서 적군의 머리를 베는 공로[2]를 높이 여기는 나라입니다. 저들이 이렇게 방자한데[3], 황제가 되면 저는 동해를 밟고 죽는 일이 있을 뿐입니다. 그 백성이 되고 싶지 않습니다.

지금 진(秦)은 큰 제후국[4]이고, 위(魏) 역시 큰 제후국입니다. 추종해 그를 황제로 하면, 진(秦)은 곧 천자의 예를 행하고 천하를 호령할 것입니다. 제후의 대신들을 바꾸고,

---

1) 旦暮 단모 : 아침저녁, 조석, 절박함

2) 首功 수공 : 싸움터에서 적군의 머리를 베는 공로, 1등 공신
肆然 사연 : 방자할, 펼, 베풀

3) 萬乘之國 만승지국 : 천자의 나라, 큰 제후국

4) 晏然 안연 : 편안할, 늦을

그들이 못났다고 생각하는 자에게서 빼앗아 그들이 능력 있다고 생각하는 자에게 주고, 그들이 미워하는 자에게서 빼앗아 그들이 총애하는 자에게 줄 것이니, 위(魏)왕이 어찌 편안하기만 하겠습니까?"

신원연이 일어나서 재배하며 "내가 지금에야 선생이 천하의 선비임을 알았습니다. 감히 다시는 진(秦)을 황제로 하자고 말하지 않겠습니다"고 말했다.

○ 옛날에 위(魏)의 공자(公子) 무기(無忌)가 사람들을 아끼고 선비들에게 자신을 낮추니[5], 식객이 3천명에 이르렀다. 위(魏)에 후영(侯嬴)이라는 숨은 선비가 있었다. 나이가 70인데, 집이 가난해 이문(夷門)을 지키는 문지기를 했다. 어느 날 공자(公子)가 술자리를 크게 열었다. 손님들이 정한 자리에 앉았다. 공자(公子)가 수레로 모시러 가면서, 왼쪽 자리를 비워놓고[6] 스스로 후생을 맞이했다. 후생이 이르자 윗자리에 모셨다. 빈객들이 모두 놀랐다.

진(秦)이 조(趙)를 포위했다. 조나라 평원군의 부인은 공자 무기의 누이이다. 평원군의 사자가 계속해서[7] 위나라에 와서 "내가 혼인을 통해 스스로 친근해지려고[附] 한 까닭은 공자의 높은 의리 때문으로, 남의 곤란함을 급히 도와줄

---

5) 下 하 : 자기를 낮추다, 예로서 대우하다

6) 虛左 허좌 : 좌측(상좌) 자리를 비어두다. 조정에서는 우(右)를 숭상해서, 우가 상좌이고, 재야에서는 좌(左)가 상좌이다

7) 冠蓋相屬 관개상속 : 수레의 지붕이 이어질 정도로 사신(使者)이 계속 오가는 것

수 있다고 여겼기 때문이었습니다. 지금 한단(邯鄲)이 조만간 진나라에 항복할 상황인데, 위나라는 구원하러 오지 않고 있습니다"라며 공자를 꾸짖었다. 공자가 위왕과 진비에게 "칙령을 내려 조나라를 구해줄 것"을 여러 번 요청하고, 또 빈객과 변사들이 여러 방면으로 유세했으나 왕이 끝내 듣지 않았다.

공자가 빈객들에게 부탁해 수레 1백여대를 약속받고, 조나라의 전쟁 터에 가서 죽으려고 했다. 지나가는 길에 후생을 만났다. 후생은 "공자가 다른 살피는 일[8] 없이 진나라 군(軍)에게 달려가려고 하는 것은 굶주린 호랑이에게 고기를 던져주는 것과 같습니다. 무슨 공이 있겠습니까?"라고 말했다. 공자가 재배하고 계책을 물었다.

생은 "내가 듣건대 진비의 병부[9]는 왕의 침실 안에 있습니다. 그것을 훔칠 수 있습니다. 여희(如姬)가 가장 (왕의) 사랑을 받고 있는데, 공자께서 일찍이 그녀 아버지의 복수를 해주었으니, 여희는 공자를 위해서라면 죽음도 사양하지 않을 것입니다. 입을 한번 열어 부탁하면, 병부를 얻어 진비의 병사를 빼앗아 북으로 가서 조나라를 구하고 서쪽으로 진나라를 쫓아낼 것이니, 이는 춘추 5패[10]의 공입니다"

---

8) 端 단 : =심(審). 바를, 비롯할, 살필

9) 兵符 병부 : 호랑이 모양이 새겨진 병권을 나타내는 동으로 만든 신표. 반쪽은 장군이 가지고 나가고 반쪽은 왕이 가지고 있어 왕이 군령을 내리면, 서로 맞추어보고 진위를 파악한다

10) 五伯 오백 : =5패(五霸). 제(齊)의 환공(桓公), 진(晉)의 문공(文公), 송(宋)의 양왕(襄王), 초(楚)의 장왕(莊王), 진(秦)의 목공(穆公)

라고 말했다.

공자가 그 말과 같이 해서 병부를 얻었다. 후생이 "장수가 밖에 있으면 임금의 명령도 받지 않을 수 있습니다. 만약 진비가 의심해 그것을 다시 요청한다면 일이 위태롭게 됩니다. 신의 식객 중에 주해(朱亥)라는 자는 힘이 장사인데, 함께 가서 진비가 듣지 않으면 그를 치게 하십시오"라고 했다.

공자가 업(鄴)에 도착하니, 진비가 병부를 합쳐보고 나서 과연 의심했다. 손을 들어 공자에게 보이면서 말하기를 "제가 10만의 병사를 거느리고 국경에 주둔한 것은 나라의 중대한 임무입니다. 지금 수레 한 대로 와서 그것을 대신한다고 하니, 어떻게 된 일입니까?[11)]"라고 했다. 주해가 소매 속의 40근 철추로 진비를 쳐서 죽였다.

공자는 "아비와 아들이 군중에 함께 있는 자는 아버지가 귀가하고, 형제가 군중에 함께 있는 자는 형이 귀가하고, 독자로 형제가 없는 자는 돌아가서 봉양하라"는 명을 내렸다. 그런 후에 선발된 병사 8만 명을 이끌고 진군했다.

왕흘이 한단을 포위한지 오래되었는데, 빼앗지 못했다. 제후들의 구원병이 오니 자주 싸웠고, 불리했다. 무안군이 그 소식을 듣고 "왕이 내 말을 듣지 않더니 지금은 어떻게 되었는가?"라고 했다. 진왕이 그 말을 듣고 화를 냈다. 무안군을 면직시켜 병사가 되게 하고, 그를 음밀(陰密)로 옮

---

11) 如何哉 여하재 : 어떻게 된 일입니까?

겨가게 했다. 무안군이 두우(杜郵)에 이르렀을 때, 사자를 시켜 그에게 검을 내리니, 무안군이 결국 자살했다. 진나라 사람들이 그를 불쌍하게 여겼다.

위나라 공자 무기가 진나라 군대를 한단 아래에서 크게 이기니, 왕흘이 한단의 포위를 풀고 도망갔다. 공자 무기가 조나라를 보존시키고 나서, 위나라로 돌아가지 못하고 장수를 시켜 그 군을 이끌고 돌아가게 했다.

○ 진(秦) 태자의 아들 이인(異人)이 조나라에서 도망쳐 진으로 돌아갔다. 태자비는 화양부인인데, 아들이 없었다. 하희(夏姬)가 아들 이인을 낳았는데 조나라에 인질로 갔었다. 진이 자주 조나라를 침범하자, 조나라에서는 그를 예우하지 않아 곤경을 겪고 뜻을 펼 수가 없었다.

양적(陽翟)의 큰 상인 여불위(呂不韋)가 한단에 갔다가 그를 만나고 "이는 기이한 물건이구나! 잘 두면 후일에 부귀를 도모할 수 있겠구나[12)]"라고 했다. 곧 그에게 "진(秦)왕은 늙었습니다. 태자는 화양부인을 사랑하는데 아들이 없고, 그대의 형제는 20여 명인데, 그대는 그 중간에 있고, 그다지 총애받지 못하니, 태자가 즉위하더라도 그대는 후계를 다툴 수 없을 것입니다"라고 했다.

이인이 "어떻게 할까요?" 하고 물으니, 불위가 "후계자를 세울 수 있는 자는 오직 화양부인 뿐입니다"라고 말하고, "제가 비록 가난하나 천금을 가지고 그대를 위해 서쪽으로

---

12) 可居 가거 : 잘 두어서, 나중에 부귀를 도모할 만하다

가서, 그대를 계승자로 세우겠습니다"라고 했다. 이인은 "반드시 당신의 계책대로 된다면, 진나라는 당신과 함께 할 것입니다"라고 약속했다.

여불위가 곧 5백금을 주고 빈객들과 (관계를) 맺게 하고, 5백금을 가지고 진기한 물건[奇物]과 노리개[玩好]를 사서 서쪽으로 갔다. 부인의 언니를 만나서 부인에게 바치고, 그 기회를 이용해 이인의 현명함을 칭찬하면서 "(그의) 빈객이 천하에 두루 있으며, 밤낮으로 울며 태자와 부인을 그리워 하더군요. 이인이란 사람은 부인을 하늘로 여깁니다"라고 말했다. 부인이 좋아했다.

여불위가 그 언니를 통해 화양부인을 설득했다.

"부인은 사랑을 받으나 자식이 없습니다. 한창 고울[13] 때 여러 아들 중에서 현명하고 효성스러운 자를 찾아 그를 적장자로 삼지 않으면, 미모가 쇠하고 사랑이 시들면, 비록 입을 열어 한마디 하려고 해도 할 수가 있겠습니까?

지금 이인은 능력이 있지만, 가운데 아들이라 뒤를 이을 적사(適嗣)가 될 수 없음을 스스로 압니다. 이 때 그를 발탁하면, 이인은 나라가 없는데 나라가 생기게 되고, 부인은 자식이 없는데 자식이 생기는 것이니, 종신토록 진나라에서 영화[14]를 누릴 것입니다"

부인이 그렇다고 생각하고, 틈을 타서 그것을 (태자에게) 말했다. 태자가 부인과 함께 옥으로 신표[15]를 새겨 약속해

---

13) 繁華 번화 : 초목이 무성하고 꽃이 화려하게 핌. 청장년의 시절. 화려함

14) 寵 총 : 사랑 받는 사람, 총애, 은혜, 영화

후계자로 삼고, 여불위에게 그의 스승이 되도록 요청했다.

불위는 한단의 절세미녀를 얻어 함께 살았다. 이인은 처음 그녀를 보고, 그녀가 임신한 것을 알았으나, 그녀를 달라고 했다. 불위가 처음에는 거짓으로 화를 내고, 조금 후에[16] 그녀를 바쳤다. 만 일년 후에 아들 정(政)을 낳았고, 이인이 드디어 그녀를 부인으로 삼았다.

한단이 포위되자 조(趙)나라 사람들이 그들을 죽이려 했다. 여불위가 지키는 자에게 뇌물을 주고 도망치게 해서, 진나라 진영으로 가 드디어 귀국했다.

이인은 초(楚)나라 의복을 입고 부인을 뵈었다. 부인은 "나는 초나라 사람이다. 마땅히 그를 후사로 할 것이다" 하고는, (그의) 이름을 고쳐 초(楚)라고 했다.

을사(乙巳) 59년(기원전 256)

진나라가 한(韓)나라를 정벌해, 양성(陽城)과 부서(負黍)를 빼앗고 4만 명을 참수했다. 조(趙)를 정벌하고 20여 현을 빼앗고 9만 명을 참수했다. 난왕(赧王)이 두려워 진을 등지고 제후들과 합종을 약속한 뒤 진을 정벌하려고 했는데, 진이 장군 규(樛)를 시켜 서주(西周)를 공격하니, 난왕이 진에 들어가 머리를 조아리고 죄를 빌며, 그 읍 36개와 백성 3만을 다 바쳤다. 진왕은 그 바친 것들을 받고, 난왕을 주(周)로 돌려보냈다. 이 해에 난왕이 죽었다.

---

15) 玉符 옥부 : 옥으로 만든 부신, 신표

16) 旣而 기이 : 조금 후에

○ 이보다 먼저 주나라는 동, 서주(東, 西周)로 나뉘어져 다스려졌다. 난왕이 서주(西周)로 도읍을 옮겼는데, 미약해 회맹을 주관할 수 없었다. 무공(武公)[17]과 회합해 의지했다.

동주군(東周君)

동주(東周)는 고왕(考王) 때부터 그 동생을 하남(河南)에 분봉했다. 이가 환공(桓公)인데, 주공(周公)의 관직을 이었다. 환공이 죽자 아들 위공(威公)이 즉위하고, 위공이 죽자 아들 혜공(惠公)이 즉위했다. 혜공이 그의 막내아들에게 공(鞏)땅을 분봉해주면서 왕을 받들게 해서, 동주 혜공(東周 惠公)이라 불렀다.

○ 남궁(南宮)씨는 "주(周)는 무왕 때부터 동주군(東周君)이 멸망할 때까지가 처음이고 끝이며, 이것이 실록(實錄)이다. 후에 춘추의 필법을 마음으로 지키는[秉][18] 자들이 어찌 모두 따라서 고치지 않겠는가?"[19]라고 말했다.

---

17) 武公 무공 : 서주군(西周君)이다

18) 주(註) 구본(舊本) 온공(溫公)의 글에 의하면, "난왕(赧王)이 진(秦)나라에 들어간 이후부터를, 곧 진(秦)의 소양왕(昭襄王)이 주(周)의 왕통을 계승한 것으로 해서, 그것으로 진(秦)의 기년[秦紀]으로 삼았다. 이미[旣] 『통감강목(通鑑綱目)』의 예에 따라 그것을 바로 잡았는데, 또 그것을 바르게 잡으라는 남궁(南宮氏)의 말을 들었다[得]"

19) 盍 합 : 하불(何不)의 합자(合字). 어찌~하지 않겠는가? 의문의 반어

병오(丙午) 원년(元年)(기원전 255)

주(周)나라 백성이 동쪽으로 도망하니, 진(秦)나라가 그 보기(寶器)를 가져갔고, 서주공(西周公)을 탄호취(憚狐聚)로 옮겼다.

○ 진(秦) 승상 범수(范睢)가 면직되었다.

정미(丁未) 2년(기원전 254)

진(秦)이 위(魏)를 정벌하고 오성(吳城)을 빼앗았다.

○ 한(韓)왕이 진나라에 들어가 조회했다.

경술(庚戌) 5년(기원전 251)

진(秦) 소양왕(昭襄王)이 죽고, 아들 효문왕(孝文王) 주(柱)가 즉위했다.

○ 조(趙)나라 공자 승(勝)이 죽었다.

신해(辛亥) 6년(기원전 250)

10월 진(秦)왕 주(柱)가 즉위 3일 만에 죽고, 아들 초(楚)가 즉위하니, 이가 장양왕(莊襄王)이다.

○ 연(燕)나라 장수가 제(齊)의 요성(聊城)을 공격해 빼앗았다. 어떤 사람이 그를 연(燕)왕에게 참소하니, 연나라 장수가 요성을 지키면서 감히 연나라로 돌아가지 못했다. 제나라 전단(田單)이 그를 공격했으나, 1년이 지나도록 항복시키지 못했다.

노중연(魯仲連)이 글을 써서 그것을 화살에 묶어 성중으로 쏘았다. 연나라 장수에게 이로움과 해로움을 설명하는 내용이었다. 연나라 장수가 글을 보고 3일을 울다가 드디어 자살했다. 요성이 혼란해졌고, 전단이 요성을 빼앗았다.

전단이 돌아와서 제(齊)왕에게 말해 노중연에게 작위를 주고자 했다. 중연이 바다로 도망가면서 "내가 부귀해서 남에게 굽히느니, 차라리 가난하고 천하게 살면서 세상을 가볍게 여기고 뜻대로 하겠다"[20]고 말했다.

○ 위(魏)나라 안희왕(安釐王)이 자순(子順)에게 천하의 높은 선비를 물었다. 자순은 "세상에 그런 사람은 없습니다. 억지로 다음을 말할 수 있다면, 노중연이 아닐까요?"라고 대답했다. 왕이 말하기를 "노중연은 억지로 만든[作爲] 사람이고, 그 자체[21]가 자연히 그런 것이 아닙니다"라고 했다. 자순이 "사람은 모두 그것을 만듭니다. 만들다가 그치지 않으면 곧 군자가 되는 것입니다. 그것을 만들다가 변하지 않으면 습관이 되고, 체득하여 완성되면 자연스럽게 됩니다"라고 대답했다.

임자(壬子) 7년(기원전 249)

진(秦)나라가 여불위를 상국으로 삼고 문신후(文信侯)에

---

20) 與A 寧B 여A 녕B : A하느니 차라리 B 하는 것이 낫다. 여기(與其)~불약(不若)과 같다

21) 體 체 : 몸, 몸소, 본디, 그 모양, 그 자체

봉했다. 동주군(東周君)이 제후들과 진나라 정벌을 모의했다. 진왕은 여불위에게 군사를 이끌어 가게 했다. 여불위가 그를 멸망시켰다. 동주군(東周君)을 양인취(陽人聚)로 옮기니, 드디어 주(周)나라의 제사가 끊겼다. 주(周)가 망할 때에는[比] 7읍 만이 있었다.

위[右]의 주(周)는 37왕과 동주군(東周君)을 합한 것이다. 경세서에 의하면 시작은 무왕 기묘(己卯), 끝은 동주군 임자(壬子)이다. 이 기간이 873년이다.

진기(秦記)

장양왕(莊襄王)

계축(癸丑, 기원전 248)

일식이 있었다.

○ 진(秦)이 조(趙)를 정벌하고, 태원(太原)을 평정해 37성을 빼앗았다.

갑인(甲寅, 기원전 247)

몽오(蒙驁)가 군사를 이끌고 위(魏)를 정벌했다. 위(魏)나라 군사가 자주 패하니, 위왕이 그것을 근심해 사람을 시켜 조(趙)나라에 있던 신릉군(信陵君)을 불렀다.

신릉군은 벌을 받을까 두려워 돌아가려 하지 않았다. 모공(毛公) 설공(薛公)이 신릉군에게 "공자께서 제후들에게 중용되는 이유는 바로 위나라가 있기 때문입니다. 지금 위나라가 급한데 공자가 돕지 않는다면, 진나라 사람들이 위나라를 하루아침에 공격해 이기고, 선왕의 종묘를 도륙할 것입니다. 공자께서 무슨 면목으로 천하에 서겠습니까?"라고 설득했다.

말이 끝나기도 전에 신릉군의 얼굴색이 변해 수레를 재촉해 위나라로 돌아갔다. 위왕이 신릉군을 붙잡고 울었다. 그를 상장군으로 삼으니 신릉군이 사람을 시켜 제후들에게 구원을 요청했다. 제후들은 신릉군이 다시 위의 장수가 됐다는 소식을 듣고, 모두 병사를 보내 위를 구원했다. 신릉군이 5국의 병사를 이끌고 황하 밖에서 몽오를 물리쳤다.

○ 5월에 진(秦)왕이 죽었다. 즉위한지 3년만이었다. 그 아들 정(政)이 즉위해, 상국 여불위를 문신후에 봉하고, 중부(仲父)라[22] 불렀다.

후진기(後秦紀)[23]

---

22) 仲父 중부 : 작은 아버지

23) 시대개관 : 秦王朝(B.C221-B.C206) 진나라는 상앙의 변법으로 개혁을 단행해 강국으로 부상했고, 진왕 정(政:시황제)이 즉위해 강력한 제후국으로 거듭났다. 기원전 221년에 진(秦)은 제(齊)를 마지막으로 멸망시키고 마침내 천하를 통일했다. 진의 통일은 춘추 이래 5백여년 동안의 분열의 형세를 마감하고 중국역사에서 최초로 통일제국을 완성한 것이다. 전국을 통일한 시황제는 주(周)왕조가 실시한 봉건제를 채택하지 않고, 군현제(郡縣制)를 채택했다. 전국을 36군(郡)으로 나누고 그 밑에 현(縣)을 설치해 황제가 직접 파견한 관리를 두어 중앙에서 지방을 직접 통치했다. 시황제는 영토의 통일뿐만 아니라 문자, 도량형, 화폐를 통일해 중앙집권의 통치제도를 수립했다.

시황제(始皇帝) 상(上)

즉위 25년에 천하를 병합했다. 황제에 즉위해 12년 있었고, 수(壽)는 50.

정사(丁巳, 기원전 244)

조(趙)왕이 이목(李牧)을 장수로 삼아 연(燕)을 정벌해 무수(武遂)와 방성(方城)을 빼앗았다. 이목은 조나라 북쪽 변방의 좋은 장수인데, 일찍이 대(代)의 안문(鴈門)에 살면서 흉노를 방비했다. 형편을 살펴서[24] 관리를 두고, 시장에서 거둔 세금을 모두 군부로 들여와 사졸을 위한 비용으로 썼다. 매일 소 몇 마리씩 잡아 병사들을 먹이고, 말타기와 활쏘기를 익히게 하고, 봉화 올리는 것을 삼가하게 하고, 첩자를 많이 풀었다.

군령[25]을 내려 "흉노가 들어와서 도둑질 하면 급히 들어와 (가축들을) 거둬서 지켜라. 감히 오랑캐를 잡는 자는 참수하겠다"고 했다. 흉노가 여러번 쳐들어왔지만, 봉화를 삼가고, 번번이 들어와 지키고 싸우지 않았다. 이와 같이 몇 년을 하니 잃거나 없어진 것이 없었다. 흉노들이 모두 그를

그러나 통일제국 진 왕조는 무리한 토목공사, 법가(法家)에 의한 가혹한 통치, 흉노와의 전쟁 등으로 인해 피폐해졌고, 진승·오광의 농민봉기를 시작으로 각지에서 농민봉기가 발생해 멸망했다.

24) 便宜 편의 : 편리하고 마땅함, 형편을 살핌

25) 爲約 위약 : 약속을 하다, 군이나 국가에서는 법령의 뜻, 즉 군령을 내리다

겁쟁이라 여겼다.

변방의 병사들이 날마다 내린 상을 받으나 쓰이지 않으니 모두 한번 싸우기를 원했다. 그리하여 한번 크게 이겼다. 흉노 10여만 기를 죽이고, 담랑(襜襤)을 멸망시키고, 동호(東胡)를 격파하니, 선우가 도망가서 10여년 동안 감히 조나라 변경에 가까이 오지 못했다.

○ 이때 천하에 예의를 아는 나라[26]는 7개인데, 세 나라가 서북 오랑캐[戎狄]와 변경을 접하고 있었다. 진(秦)이 의거(義渠)를 멸망시키고, 처음으로 농서(隴西)의 북지군(北地郡)과 상군(上郡)에 장성을 쌓고, 오랑캐에 대비했다.

조(趙) 무령왕(武靈王)이 북으로 임호(林胡) 누번(樓煩)을 격파하고 장성을 쌓았다. 대(代)에서부터 음산(陰山)에 의거하고[並], 아래에 내려와서 고궐(高闕)에 이르게 해 요새로 삼았다. 그 뒤에 연(燕)이 동호를 격파하고 천여 리를 물러나게 해 역시 장성을 쌓아서 오랑캐를 막았다. 전국의 말기에 와서야 흉노가 비로소 커졌다.

경신(庚申, 기원전 241)

초 조 위 한 연(楚 趙 魏 韓 燕)이 합종을 해 진(秦)나라를 정벌했다. 초(楚)왕이 종약장이 되어 춘신군(春申君)에게 일을 주관하게 했다. 수릉(壽陵)을 빼앗고, 함곡관에 도착하니 진(秦)나라 군사가 나왔다. 5국의 군사가 모두 패배해

26) 冠帶之國 관대지국 : 관대(冠帶) 갓과 끈. 예의가 바른 나라

도망갔다. 초왕이 춘신군을 탓하니, 춘신군이 이 때문에 더욱 멀어졌다.

갑자(甲子, 기원전 237)

종실대신이 "다른 나라 사람[27]으로 와서 벼슬하는 자들은 모두 그 주인을 위해 유세하고 이간질 할 뿐입니다. 청컨대 그들을 모두 쫓아내소서"라고 간언했다. 이리하여 대대적으로 색출해 객들을 쫓아냈다. 객경(客卿)인 초나라 사람 이사(李斯)가 쫓겨가는 사람 중에 있었는데, 가면서 글을 올렸다.

"옛날 목공(穆公)은 인재를 구해 서쪽으로는 융(戎)에서 유여(由余)를 얻었고, 동으로는 완(宛)에서 백리해(百里奚)를 얻었고, 송(宋)에서 건숙(蹇叔)을 맞이하고, 진(晉)에서 비표(丕豹)와 공손지(公孫支)를 얻어 20개 나라를 병합해 드디어 서쪽 오랑캐 땅에서 패자가 되었습니다.

효공(孝公)이 상앙(商鞅)의 법을 쓰니, 제후들이 스스로 복속해서 지금까지 잘 다스려지고 강해졌습니다. 혜왕(惠王)은 장의(張儀)의 계책을 써서 6국의 합종을 흩어지게 했고, 그들로 하여금 진나라를 섬기게 했습니다. 소왕(昭王)은 범수(范雎)를 얻어 정부를 강하게 하고, 세도가의 집안[私門]을 막았습니다. 이 네 임금의 성공은 모두 객들의 공적 때문입니다. 이것으로 보면 객이 어찌 진나라를 저버리겠습

---

27) 諸侯人 제후인 : 다른 제후국의 사람

니까?

신이 듣건대 태산(泰山)은 한줌의 흙도 사양하지 않아서 그 크기를 이룰 수 있었고, 하해(河海)는 가는 물줄기도 가리지 않아서 그 깊이를 이룰 수 있었습니다. 왕이란 많은 사람들을 물리치지 않아서 그 덕을 밝힐 수 있었으니, 이것이 삼황오제(三皇五帝)가 무적(無敵)인 까닭입니다.

지금 하시는 일은 백성들을 버려서 적국을 돕고[資], 빈객을 쫓아 제후들을 돕는[業] 것이니, 말하자면 강도에게 무기를 빌려주고[藉], 도둑에게 양식을 싸주는[齎] 것과 같습니다"

왕이 곧 이사를 불러 관직을 회복시키고 축객령(逐客令)을 없앴다. 이사의 계책을 써서 마침내 천하를 통일했다.

무진(戊辰, 기원전 233)

한(韓)왕이 땅을 바치고 번신(藩臣)이 될 것을 청했다. 한비(韓非子)를 사신으로 보냈는데, 한비는 한(韓)나라의 여러 공자 중 한사람이다. 인재등용과 형명학을 잘했는데, 한나라 땅이 줄어들고 약해지는 것을 보고 자주 글로써 한왕에게 간언했으나 한왕이 쓰지 않았다. 한비는 「세난(說難)」「고분(孤憤)」「오두(五蠹)」「세림(說林)」등 56편 10여만 자의 글을 지었다.

기사(己巳, 기원전 232)

예전에 연(燕)나라 태자 단(丹)이 일찍이 조(趙)에 인질로 있었는데, 왕[秦始皇]과 사이가 좋았었다. 왕이 즉위하고 단이 진나라의 인질이 되었는데, 왕이 예로써 대우하지 않으니, 단이 노해 도망갔다.

신미(辛未, 기원전 230)

내사(內史)인 승(勝)이 한(韓)을 멸망시키고, 한(韓)왕 안(安)을 포로로 잡았다. 그 땅에 영천군을 설치했다.

계유(癸酉, 기원전 228)

왕전(王翦)이 조(趙) 군대를 쳐서 크게 이겼다. 드디어 한단(邯鄲)을 점령하고, 조(趙)왕 천(遷)을 포로로 잡았다.

○ 연나라 태자 단(丹)이 왕[秦王]을 원망해 복수를 하고 싶어 했다. 장군 번오기(樊於期)가 죄를 짓고 도망쳐서 오니, 연 태자가 받아서 살게 했다.

태자가 위(衛) 사람 형가(荊軻)가 능력 있다는 말을 듣고, 말을 겸손히 하고 크게 예우를 해서 만나보기를 청했다. 만나서 진(秦)왕을 위협해 빼앗아간 땅을 제후들에게 돌려주도록 하고, 불가하면 찔러죽이라고 부탁했다.

형가는 "지금 가면 신표가 없으므로, 진왕을 가까이 할 수 없습니다. 번오기장군의 목과 연나라 독항(督亢)의 지도[28]를 얻어 진왕에게 바치면, 진왕이 반드시 기뻐하고 신

---

28) 주(註) 유향(劉向)은 "독항은 연나라의 비옥한 땅이다"라고 했다. 지금 탁주(涿州) 남쪽 신성현(新城縣)이다. 예전에는 독항정(督亢亭)이었다. 연나라가 진에 바치려고 그 땅을 그려서 바친 것이다.

을 만날 것이니, 신이 곧 보답할 수 있겠습니다"라고 말했다.

이에[乃] 형가는 개인적으로 번오기를 만나 "장군의 목에 천근의 금과 만가의 고을이 걸려있다고 들었습니다. 장군의 목과 연나라 독항의 지도를 얻기를 원합니다. 그것을 진왕에게 바치면 진왕은 반드시 기뻐해서 저를 만날 것입니다. 신이 왼손으로 그 소매를 잡고 오른 손으로 그 가슴을 찌르겠습니다. 장군은 원수를 갚고, 연나라는 능욕당한[29] 부끄러움을 없앨 것입니다"라고 말했다. 번오기는 "이것은 제가 밤낮으로 이를 갈고 속을 썩히는 일입니다"[30]하고는, 스스로 목을 찔렀다. 상자에 그 머리를 담았다.

태자가 미리 천하의 날카로운 비수를 구해 장인으로 하여금 약으로 그것을 담금질[31] 하게 했다. 그 비수를 사람에게 시험하니, 피가 실처럼 가늘게 흐르면서[32] 모두 즉사했다. 곧 형가를 보내 진나라로 들어가게 했다.

갑술(甲戌, 기원전 227)

형가가 함양(咸陽)에 도착하니, 왕이 크게 기뻐하며 조복을 입고 구빈[33]의 예를 갖추어 그를 만났다. 형가가 지도를

29) 見 견 : 피동사 당하다
30) 切齒腐心 절치부심 : 원통하고 분해 이를 갈고 속을 썩힘
31) 焠 쉬 : 담금질하다, 불에 태우다, 물들이다
32) 濡縷 유루 : 유(濡) 적실. 루(縷) 실처럼 가늘고 길게 계속되는 모양
33) 九賓 구빈 : 천자가 귀빈을 예우할 때의 예

받들고 왕에게 나아갔다. [지도를 펼치는데] 지도의 끝에 비수가 나타났다. 그래서 왕의 소매를 잡고 그를 찔렀으나,[34] 몸에 닿기 전에 왕이 놀라 일어나는 바람에 소매가 끊어졌다. 형가가 왕을 쫓으니 왕이 기둥을 돌아 도망갔다.

진나라 법에 의하면, 신하들이 전상(殿上)[35]에서 (왕을) 모실 때에는 조그마한 무기[36]도 지닐 수 없었다. 측근들이 맨손으로 그를 치며 "왕은 검을 등에 지십시오. 등에 지십시오"라고 말했다. 왕이 드디어 칼을 뽑아 형가를 쳐서 그 왼쪽 다리를 잘랐다. 드디어 몸을 조각내서 사람들에게 두루 보여줬다.

그리하여 병사를 더 일으켜서 연나라를 정벌했다. 역수(易水)의 서쪽에서 싸웠는데 크게 이겼다. 연왕이 단의 목을 베어 왕에게 바쳤으나, 왕은 다시 진군해 공격했다.

○ 진왕이 장군 이신(李信)에게 "내가 초나라를 빼앗으려고 하는데, 장군의 계산에는 몇 명이면 충분하겠는가?"라고 물었다. 이신은 "20만을 쓰면 됩니다"라고 대답했다. 왕전(王翦)에게 물으니 왕전은 "60만이 아니면 불가합니다"라고 대답했다. 왕은 "왕장군이 늙었구려. 무엇을 겁내시오?" 하더니, 드디어 이신과 몽염(蒙恬)을 시켜 20만을 이끌고 초나라를 공격하게 했다.

---

34) 揕 침 : 찌를
35) 殿上 전상 : 궁궐, 천자의 거처
36) 尺寸之兵 척촌지병 : 조그마한 무기

병자년(丙子年, 기원전 225)

왕분(王賁)이 위(魏)를 공격하니 위왕 가(假)가 항복했다. 그를 죽이고 위를 멸망시켰다.

초(楚)나라 사람들이 이신을 크게 이기니, 이신이 도망왔다. 왕전이 "부득이하게 신을 쓰실 것이면, 반드시 60만 명이 아니면 불가합니다"라고 했다. 왕전이 60만 명을 이끌고 초(楚)를 정벌했다.

무인년(戊寅年, 기원전 223)

왕전이 초왕 부추(負芻)를 포로로 잡고, 그 땅에 초군(楚郡)을 설치했다.

기묘년(己卯年, 기원전 222)

왕분(王賁)이 요동(遼東)을 공격해 연(燕)왕 희(喜)를 포로로 잡았다.

온공(溫公)이 말했다.

"연(燕)나라 단(丹)은 하루아침의 분노를 이기지 못하고, 호랑이와 승냥이 같은 진(秦)을 건드렸다. 가벼운 생각과 얕은 계책으로 원한을 돋우고 화를 재촉해서, 소공(召公)의 사당에는 제사가 끊기고 홀연히 사라지게[37] 했으니, 죄가 얼마나 큰가? 그러나 논하는 사람들이 간혹 그를 현명하다

37) 忽諸 홀저 : 소멸하는 모양. 저(諸)는 무의미한 조사(助辭)

고 하는데, 어찌 잘못된 것이 아니겠는가?

무릇 나라와 가문을 다스리는 자는 그 재능으로 관직을 임명하고, 예로 정치를 세우고, 인으로 백성을 품고, 신의로 이웃과 사귀어야 한다. 이렇게 하면 관직은 그 적임자를 얻고, 정치는 절도를 얻고, 백성은 그 덕을 품고, 사방의 나라는 그 의로움을 사모할 것이다.

이와 같이 하면 국가와 가문은 반석[38]처럼 안정되고, 불꽃[焱火]처럼 타오를 것이다. 건드리는 자는 부서지고[碎], 범하는 자는 타버릴[焦] 것이다. 비록 강폭한 나라가 있더라도 무엇이 두렵겠는가?

단은 이런 방안을 놔두고[39] 돌아보지 않고, 큰 제후국으로서 필부(匹夫)같은 분노를 터트렸고, 도적 같은[之] 지모를 펼쳤으니, 공(功)은 무너지고[隳] 몸은 죽임을 당하고[僇], 사직은 폐허가 되었다. 어찌 슬프지 아니한가?

무릎으로 기고 엎드리는 것[40]이 공손함은 아니고, 거듭 말을 하면서 계속 네, 네 하는 것이 신의가 아니며, 금과 옥을 흩트려서 주는 것이 은혜가 아니고, 목을 찌르고 배를 가르는 것이 용기가 아니다. 요컨대 계획은 원대하지 못했고, 행동은 의롭지 못했다. 초(楚) 백공(白公, 春申君)이나 승(勝, 趙의 平原君)과 같은 무리가 아니겠는가?

형가는 잘 먹여준 사적인 은혜[41]를 품고 7족을 돌보지

---

38) 磐石 반석 : 넓고 평평한 큰 돌, 썩 견고한 것의 비유

39) 釋 석 : 놓을, 내버려 두다

40) 膝行 蒲伏 슬행 포복 : 무릎으로 기어가고 땅에 엎드리는 것

않고, 한자 여덟치의 비수를 가지고 연나라를 강하게 하고 진나라를 약하게 하려고 했으니, 어찌 어리석지 아니한가?"

예전에 제(齊)는 진(秦)나라를 정중하게[謹] 섬겼고, 제후들과도 신의가 있었다. 제는 또한 동쪽 변경이 바다 가에 있었는데, 진나라가 밤낮으로 한 위 조 연 초(韓 魏 趙 燕 楚)를 공격하자, 5국은 각각 스스로를 지키기에 바빴다.

이 때문에 제왕 건(建)이 즉위하고, 40여년 동안 병사를 받지 않았다. 뒤에는 제나라 재상 및 빈객들이 진(秦)나라에서 뇌물을 받은 게 많아, 왕에게 진나라에 가서 조회할 것을 권하니, 전쟁의 준비도 하지 않았고, 5국이 진나라를 공격하는 것을 돕지 않았다. 진(秦)이 이 때문에 5국을 멸망시킬 수 있었다.

41) 豢養 환양 : 가축을 기름

원 문

卷之二

周紀

赧王下

甲辰五十八年
魏王使晉鄙救趙。秦王使謂魏王曰：「吾攻趙，旦暮且下，諸侯敢救者，必移兵先擊之！」魏王恐，止晉鄙壁鄴。又使將軍新垣衍，說趙王，欲共尊秦為帝，以却其兵。魯仲連聞之。往見衍曰：「彼秦者，棄禮義，而上首功之國也。彼卽肆然而為帝，則連有蹈東海而死耳，不願為之民也。今秦萬乘之國也，梁亦萬乘之國也。從而帝之，秦將行天子之禮，以號令於天下，變易諸侯之大臣，彼將奪其所不肖，而與其所賢，奪其所憎，而與其所愛，梁王安得晏然而已乎！」衍起再拜曰：「吾乃今知先生天下之士也，不敢復言帝秦矣！」

◯初　魏公子無忌愛人下士，致食客三千人。魏有隱士曰侯嬴，年七十，家貧，為夷門監者。公子置酒大會，賓客坐定。公子從車騎，虛左，自迎侯生。侯生至，引坐上坐，賓客皆驚。及秦圍趙。趙平原君之夫人，公子無忌之姊也。平原君使者冠盖相屬於魏。讓公子曰：「勝所以自附於婚姻者，以公子之高義，能急人之困也。今邯鄲旦暮降秦，而魏救不至！」公子數請魏王敕晉鄙救趙，及賓客辯士遊說萬端，王終不聽。公子乃屬賓客，約車騎百餘乘，欲赴鬬　以死於趙。過見侯生。生曰：「公子無他端，而欲赴秦軍，如以肉投餒虎。何功之有！」公子再拜問計。生曰：「吾聞晉鄙兵符在王臥內，而如姬最幸，力能竊之。且公子嘗為報其父仇，如姬欲為公子死無所辭。誠一開口，則得虎符，奪鄙兵，北救趙，西却秦。此五伯之功也。」公子如其言，得兵符。侯生曰：「將在外，君令有所不受。有如鄙疑而復請之，則事危矣。臣客朱亥力士，可與俱，鄙不聽，使擊之！」公子至鄴，晉鄙合符，果疑之。舉手視公子曰：「吾擧十萬之衆，屯於境上，國之重任。今單車來代之，何如哉？」亥袖四十斤鐵椎，椎殺鄙。公子下令曰：「父子俱在軍中者，父歸，兄弟俱在軍中者，兄歸！獨子無兄弟者，歸養！」得選兵八萬人，將之而進。王齕久圍邯鄲不拔，諸侯來救，數戰不利。武安君聞之曰：「王不聽吾計，今何如矣？」秦王聞之怒，免武安君為士伍，遷之陰密，至杜郵，使使者賜之劒。武安君遂自殺。秦人憐之。魏公子無忌大破秦師於邯鄲下，王齕解邯鄲圍走。公子無忌旣存趙，遂不敢歸魏，使將將其軍以還。

○秦太子之子異人，自趙逃歸秦。太子妃曰華陽夫人，無子。夏姬生子異人，質於趙。秦數伐趙，趙不禮之，困不得意。陽翟大賈呂不韋適邯鄲，見之曰：「此奇貨可居！」乃說之曰：「秦王老矣。太子愛華陽夫人，而無子，子之兄弟二十餘人，子居中，不甚見幸，太子卽位，子不得爭為嗣矣。」異人曰：「柰何？」不韋曰：「能立適嗣者，獨華陽夫人耳。不韋雖貧，請以千金，為子西游，立子為嗣。」異人曰：「必如君策，秦國與子共之。」不韋乃與五百金，令結賓客。復以五百金，買奇物玩好，自奉而西，見夫人姊而以獻於夫人。因譽異人之賢 ：「賓客遍天下，日夜泣，思太子及夫人。」曰：「異人也，以夫人為天！」夫人喜。不韋因使其姊說曰：「夫人愛而無子，不以繁華時 蚤自結於諸子中賢孝者 擧以為適，卽色衰愛弛，雖欲開一言，尚可得乎！今異人賢，而自知中子不得為適，誠以此時拔之，是異人無國而有國，夫人無子而有子也，則終身有寵於秦矣。」夫人以為然，乘間言之，太子與夫人刻玉符，約以為嗣，因請不韋傅之。不韋娶邯鄲姬絶美者與居，知其有娠，異人見而請之，不韋佯怒，旣而獻之。期年而生子政，異人遂以為夫人。邯鄲之圍，趙人欲殺之，不韋賂守者，得脫亡赴秦軍，遂歸。異人楚服而見夫人。夫人曰：「吾楚人也，當自子之。」更名曰楚。

乙巳五十九年

秦伐韓，取陽城 負黍，斬首四萬。伐趙，取二十餘縣，斬首九萬。赧王恐，倍秦，與諸侯約從，欲伐秦。秦使將軍摎攻西周，赧王入秦，頓首受罪，盡獻其邑三十六，口三萬。秦受其獻，而歸赧王於周。是歲，赧王崩。

○先是東西周分治，赧王徙都西周，蓋以微弱不能主盟，會武公依焉。

東周君

東周，自考王封其弟于河南，是為桓公，以續周公之官職。桓公卒，子威公立，威公卒，子惠公立，惠公乃封其少子於鞏以奉王，號東周惠公。

○南宮氏曰：「周自武王至東周君滅而始亡，此實錄也，後有秉春秋之筆者，盍從而改諸。」

丙午元年

周民東亡。秦取其寶器。遷西周公於憚狐聚。

○秦丞相范雎免。

丁未二年

秦伐魏，取吳城。

○韓王入朝於秦。

庚戌五年

秋，秦昭襄王薨，子孝文王柱立。

○趙公子勝卒。

辛亥六年

十月，秦王柱卽位三日薨。子楚立，是為莊襄王。

○燕將攻齊聊城，拔之。或譖之燕王，燕將保聊城，不敢歸。齊田單攻之，歲餘不下。魯仲連乃為書，約之矢以射城中，遺燕將陳利害，燕將見書，泣三日，遂自殺。聊城亂，田單克聊城。歸，言魯仲連於齊，王欲爵之。仲連逃之海上曰：「吾與富貴而詘於人，寧貧賤而輕世肆志焉！」

○魏安釐王問天下之高士於子順。子順曰：「世無其人也。抑可以為次，其魯仲連乎！」。王曰：「魯仲連彊作之者，非體自然也。」子順曰：「人皆作之。作之不止，乃成君子。作之不變，習與體成，則自然也。」

壬子七年

秦以呂不韋為相國，封文信侯。

○東周君與諸侯謀伐秦。秦王使相國呂不韋，帥師滅之。遷東周君於陽人聚，周遂不祀。周比亡，凡有七邑。

右(上)周三十七王，幷東周君。
按經世書，始武王己卯 終東周君壬子，
該八百七十三年。

秦紀

莊襄王

癸丑。

日食。

○秦伐趙，定太原，取三十七城。

甲寅

蒙驁帥師伐魏，魏師數敗，魏王患之，乃使人請信陵君於趙。信陵君畏得罪，不肯還。毛公薛公見信陵君曰：「公子所重於諸侯者，徒以有魏也。今魏急而公子不恤，一旦秦人克大梁，夷先王之宗廟，公子何面目立天下乎！」語未畢，信陵君色變，趣駕還魏。魏王持信陵君而泣，以為上將軍。信陵君使人求援於諸侯。諸侯聞信陵君復為魏將，皆遣兵救魏。信陵君率五國之師，敗蒙驁於河外。

○五月，秦王薨，立三年。

其子政立，封相國呂不韋，為文信侯，號稱仲父。

後秦紀

始皇帝上。

卽王位二十五年，幷天下 卽帝位凡十二年，壽五十。

丁巳

趙王以李牧為將，伐燕，取武遂方城。李牧者，趙之北邊良將也。嘗居代鴈門，備匈奴，以便宜置吏，市租皆輸入莫府，為士卒費，日擊數牛饗士，習騎射，謹烽火，多間諜。為約曰：「匈奴卽入盜，急入收保。有敢捕虜者斬！」匈奴每入，烽火謹，輒入收保不戰。如是數歲，亦不亡失。匈奴皆以為怯。邊士日得賞賜而不用，皆願一戰。於是大破殺匈奴十餘萬騎。滅襜襤，破東胡，單于犇走，十餘歲不敢近趙邊。

◯是時，天下冠帶之國七，而三國邊於戎狄。秦滅義渠，始於隴西 北地 上郡，築長城以拒胡。趙武靈王北破林胡、樓煩築長城，自代並陰山下，至高闕為塞。其後燕破東胡，却千餘里。亦築長城以拒胡。及戰國之末，而匈奴始大。

庚申

楚趙魏韓衛合從，以伐秦，楚王為從長，而春申君用事，取壽陵。至函谷，秦師出，五國之師皆敗走。楚王以咎春申君，春申君以此益踈。

甲子

宗室大臣諫曰：「諸侯人來仕者，皆為其主遊間耳，請一切逐之。」於是 大索，逐客。客卿楚人李斯亦在逐中，行 且上書曰：「昔穆公求士，西取由余於戎，東得百里奚於宛，迎蹇叔於宋，求丕豹公孫支於晉，幷國二十，遂霸西戎。孝公用商鞅之法，諸侯親服，至今治彊。惠王用張儀之計，散六國之從，使之事秦。昭王得范雎，彊公室，杜私門。此四君者，皆以客之功。由此觀之，客何負於秦哉！ 臣聞太山不讓土壤，故能成其大。河海不擇細流，故能就其深。王者不却衆庶，故能明其德。此五帝 三王之所以無敵也。今乃棄黔首，以資敵國，却賓客以業諸侯，所謂藉寇兵，而齎盜糧者也。」王乃召李斯，復其官，除逐客之令。卒用李斯之謀，兼天下。

戊辰

韓王納地，請為藩臣，使韓非來聘。韓非者，韓之諸公子也。善刑名法術之學。見韓之削弱，數以書干韓王，韓王不能用。於是 韓非作說難 孤憤 五蠹 說林五十六篇，十餘萬言。

己巳

初，燕太子丹嘗質於趙，與王善。王卽位，丹為質於秦，王不禮焉丹怒，亡歸。

辛未

內史勝滅韓，虜韓王安，以其地置穎川郡。

癸酉

王翦擊趙軍，大破之，遂克邯鄲，虜趙王遷。

◯燕太子丹怨王，欲報之。將軍樊於期得罪，亡之燕，太子受而舍之。太子聞衛人荊軻之賢，卑辭厚禮而請見之。欲使劫秦王，反諸侯侵地。不可，因刺殺之。軻曰：「今行而無信，則秦未可親也。誠得樊將軍首　與燕督亢之地圖，奉獻秦王，秦王必說見臣，臣乃有以報。」乃私見樊於期曰：「聞購將軍首，金千斤，邑萬家。願得將軍之首，　以獻秦王，秦王必喜而見臣，臣左手把其袖，右手揕其胸，則將軍之仇報，而燕見陵之愧除矣！」樊於期曰：「此臣之日夜切齒腐心也！」遂自刎。以函盛其首。太子豫求天下之利匕首，使工以藥焠之，以試人。血濡縷，人無不立死者。乃遣入秦。

甲戌

荊軻至咸陽。王大喜，朝服，設九賓而見之。荊軻奉圖以進於王，圖窮而匕首見，因把王袖而揕之。未至身，王驚起，袖絕。荊軻逐王，王環柱而走。秦法，羣臣侍殿上者，不得操尺寸之兵。左右以手共搏之。且曰：「王負劍！」負劍，王遂拔以擊荊軻，斷其左股。遂體解以徇。於是益發兵伐燕。戰於易水之西，大破之。燕王斬丹獻王，王復進兵攻之。

◯王問於將軍李信　曰：「吾欲取荊，於將軍度用幾何人而足？」李信曰：「不過用二十萬。」問王翦，王翦曰：「非六十萬人不可。」曰：「王將軍老矣，何怯也！」遂使李信、蒙恬將二十萬人伐楚。

丙子

王賁伐魏，魏王假降，殺之，遂滅魏。楚人大敗李信，李信犇還。王翦曰：「必不得已用臣，非六十萬人不可！」於是將六十萬人伐楚。

戊寅

王翦虜楚王負芻，以其地置楚郡。

己卯
王賁攻遼東，虜燕王喜。

溫公曰：燕丹不勝一朝之忿，以犯虎狼之秦。輕慮淺謀，挑怨速禍，使召公之廟不祀忽諸，罪孰大焉！ 而論者或謂之賢，豈不過哉！ 夫為國家者，任官以才，立政以禮，懷民以仁，交鄰以信。是以官得其人，政得其節，百姓懷其德，四鄰親其義。夫如是，則國家安如磐石，熾如焱火，觸之者碎，犯之者焦。雖有彊暴之國，尚何足畏哉！ 丹釋此 不為顧，以萬乘之國，決匹夫之怒，逞盜賊之謀，功隳身僇，社稷為墟，不亦悲哉！夫其膝行蒲伏，非恭也。復言重諾、非信也。糜金散玉，非惠也。刎頸決腹，非勇也。要之，謀不遠而動不義。其楚白公，勝之流乎！荊軻懷其豢養之私，不顧七族，欲以尺八匕首，彊燕而弱秦，不亦愚乎！

初 齊事秦謹，與諸侯信。齊亦東邊海上。秦日夜攻三晉燕 楚，五國各自救。以故齊王建立四十餘年不受兵。後齊相及賓客，多受秦間金，勸王朝秦，不修攻戰之備，不助五國攻秦。秦以故 得滅五國。

통감절요 3권

후진기(後秦紀) 시황제(始皇帝) 하(下)

경진(庚辰) 26년(기원전 221년)

왕분(王賁)이 연(燕)에서 남쪽으로 가서 제(齊)나라를 공격해 갑자기 도성인 임치(臨淄)에 들어가니, 백성들이 감히 대적하지 못했다. 진(秦)나라에서 사람을 시켜 제왕(齊王)을 달래 5백 리의 땅을 주겠다고 약속하자, 제왕이 마침내 항복했다. 진나라가 그를 공(共) 땅으로 옮겨 소나무와 잣나무 사이에 살게 했는데, 굶어 죽었다.

온공(溫公)이 말했다.

“합종[1]과 연횡[2]의 유세가 백 가지로 엎어지고 뒤집어졌

---

1) 合從 합종 : 합종책(合從策). 전국시대 때 소진(蘇秦)의 주장. 연 조 제 한 위 초(燕 趙 齊 韓 魏 楚)의 6국이 연합해 진(秦)을 물리치기 위한 계책

으나[3], 큰 요점은 합종하는 것이 6국(六國)의 이익이라는 것이다. 옛날에 선왕(先王)이 만국(萬國)을 세우고 제후와 가까이 해 그들로 하여금 내조(來朝)해 천자를 알현[4]하게 하고 서로 사귀게 하며, 향연을 베풀어 서로 즐기게 하고, 회맹[5]해 서로 굳건히 결합하게 한 것은, 다름이 아니라 마음을 합하고 힘을 합해 가문과 나라를 보전하려는 것이었다.

전에[鄕] 가령[使] 6국이 신의를 지켜 서로 친하게 지냈더라면, 진(秦)이 비록 강하고 포악하나, 어찌 6국을 멸망시킬 수 있었겠는가. 3진(三晉)은 제나라와 초나라의 울타리[6]이고, 제나라와 초나라는 3진의 뿌리이니, 형세는 서로 도와주고 겉과 안이 되어 서로 의지했다.

그러므로 3진이 제와 초를 공격하는 것은 스스로 그 뿌리를 제거하는 것이고, 제와 초가 삼진을 공격하는 것은 스스로 그 울타리를 철거하는 것이다. 어찌 울타리를 철거하면서, 도적에게 아양 떨며[媚] '도적이 우리를 사랑하니 공격하지 않을 것이다'라고 한단 말인가. 어찌 잘못된 것[7]이

---

2) 連横(衡) 연횡(형) : 전국시대 장의(張儀)의 정책으로, 연 조 제 한 위 초(燕 趙 齊 韓 魏 楚) 6국을 연합해 진(秦)에 복속시키려 했다

3) 反覆 반복 : 배반함, 되풀이함, 엎어지고 뒤집어짐

4) 朝聘 조빙 : 제후가 내조해 천자를 알현함

5) 會盟 회맹 : 모여서 맹세함

6) 藩蔽 번폐 : 번(藩) 울타리, 한 지방을 진정해 왕실을 수호하는 제후의 나라. 폐(蔽) 울타리

7) 悖 패 : 어그러질

아니겠는가?"

왕이 처음으로 천하를 겸병하자 스스로 덕은 삼황(三皇)을 겸하고 공은 오제(五帝)를 넘는다고 했다. 이에 호칭을 고쳐 황제(皇帝)라 하고, 명(命)을 제(制)라 하고, 령(令)을 조(詔)라 했다. "지금 이후 시법(諡法)[8]을 없애겠다. 짐이 시황제(始皇帝)가 되니, 후세에는 숫자를 세어서 2세, 3세라 하고, 만세에까지 이르게 해 무궁토록 전하라"고 했다.

○ 제나라 위왕(威王)과 선왕(宣王) 때 추연(鄒衍)이 종시오덕(終始五德)[9]의 운수를 저술했는데, 시황이 천하를 병합하자 제나라 사람이 이것을 아뢰었다. 시황이 그 말을 채택해 "주(周)나라는 화덕(火德)으로 천하를 얻었다. 진나라는 주나라를 대신하니, 이기지 못하는 것을 따르겠다"라고 하고, 수덕(水德)으로 했다. 처음으로 연호를 고쳐 조회와 하례를 모두 10월 초하루[10]부터 시작하고, 의복과 깃발[11]은 모두 흑색을 숭상하고, 숫자는 6을 기준으로 삼았다.

○ 승상 왕관(王綰) 등이 말하기를 "연과 제, 초나라는

---

8) 諡法 시법 : 시호를 논의해 정하는 법. 시호(諡號)는 제왕, 공경(公卿), 유현(儒賢)의 공덕을 칭송해 추증(追贈)하는 칭호

9) 五德 오덕 : 수 화 목 금 토(水 火 木 金 土). 수(水)는 화(火)를 이기고, 화(火)는 금(金)을 이기고, 금(金)은 목(木)을 이기고, 목(木)은 토(土)를 이기고, 토(土)는 수(水)를 이긴다고 했다

10) 朔 삭 : 초하루

11) 旌旄節旗 정모절기 : 모두 깃발. 정(旌)은 천자가 사기를 돋울 때 쓰는 기. 모(旄)는 깃대. 절(節)은 왕명을 받은 사자에게 신임을 표시하기 위해 주는 기. 기(旗)는 곰과 범을 그린 붉은 기

땅이 멀어서 왕을 두지 않게 되면 다스릴 수가 없습니다. 여러 아들들을 왕으로 세우소서"라고 했다. 시황이 이 문제를 의논하라고 했다. 정위(廷尉) 이사(李斯)가 말했다.

"주(周)나라 문왕(文王)과 무왕(武王)이 자제와 동성들에게 땅을 나누어 준 바가 많았으나, 후손[12]들이 소원해져서 서로 공격하기를 원수와 같이 했고, 주나라 천자가 이를 금지해 그치게 할 수가 없었습니다.

지금 온 나라가 폐하의 신령스러움에 의지해 하나로 통일되어 모두 군현을 만들었습니다. 여러 아들과 공신들에게 나라의 부세로 큰 상을 내려주시면, 심히 만족해하고, 제어하기 쉬울 것입니다. 천하에 다른 뜻이 없으면, 곧 안녕의 방법입니다. 제후를 두는 것은 불편합니다"

시황이 "천하가 함께 고초를 겪고, 전투가 그치지 않은 것은 제후 왕이 있었기 때문이었다. 종묘의 힘 덕택에 천하가 처음으로 평정되었는데, 또 다시 나라를 세우면 이것은 화근[兵]을 심는 것이다. 그런데도 안녕과 휴식을 구한다면, 어찌 어렵지 않겠는가. 정위의 의견이 옳다"고 말했다.

이에 천하를 나누어 36개 군으로 만들고, 군마다 수(守) 위(尉) 감(監)[13]을 두었다. 천하의 병기를 거두어 함양에 모아 녹여 종과 종 받침, 동상[金人] 12개를 만드니, 무게가 각각 천석이었다. 이것을 궁정의 가운데에 두었다.

---

12) 後屬 후속 : 후손(後孫)

13) 주(註) 수(守)는 군수, 위(尉)는 승위, 감(監)은 어사

임오(壬午) 28년(기원전 219)

시황이 동쪽으로 군현을 순행할 때 추역산(鄒嶧山)에 올라 비석을 세워 공적을 칭송하고, 태산(泰山)의 남쪽[14]으로 올라가 정상에 이르러 비석을 세워 덕을 칭송했다. 태산의 북쪽 길을 따라 내려와 양보(梁父)[15]에서 신에게 제사를 드렸다.

마침내 동쪽으로 해상으로 갔는데, 방사[16] 서시(徐市) 등이 글을 올려 "동남동녀(童男童女)와 바다를 건너가 삼신산(三神山)의 불사약을 구해오겠습니다"라고 청했다.

배를 타고 강을 지나서 상산[湘山祠]에 이르러 제사를 올렸다. 큰 바람을 만나 거의 건널 수가 없었다. 상(上)이 "상군은 어떤 신인가?"하고 물으니, "요(堯)임금의 딸이고 순(舜) 임금의 아내입니다"라고 대답했다. 시황이 크게 노해 상산의 나무를 모두 베어 민둥산으로 만들어 버렸다.[17]

○ 한(韓)나라 사람 장량(張良)은 아버지와 할아버지 위로 5대에 걸쳐 한(韓)의 정승이었다. 한(韓)이 망하자, 장량은 한나라를 위해 원수를 갚고자 했다. 시황이 동쪽을 순행할 때 양무(陽武)의 박랑사(博浪沙) 가운데에 이르니, 장량이 역사(力士)를 시켜 철퇴를 휘둘러 시황을 저격하게 했

---

14) 陽 양 : 산의 남쪽, 물의 북쪽
15) 梁父 양보 : 태산 아래의 작은 산
16) 方士 방사 : 신선의 술법을 닦는 사람, 도사(道士)
17) 赭 자 : 붉은 흙, 산 붉게 할, 민둥산으로 만듦

다. 잘못하여 다음 수레에 맞았다. 시황이 놀라 찾았으나 잡지 못하자, 천하에 명령해 열흘 동안 크게 수색하게 했다.

병술(丙戌) 32년(기원전 215)

시황이 북쪽 변경을 순행할 때 노생(盧生)이 바다에 갔다 돌아와, 「녹도서(錄圖書)」[18]로 아뢰기를 "진나라를 멸망하게 할 자는 호(胡)이다"라고 했다. 시황이 마침내 몽염(蒙恬)을 보내 군대 30만명을 징발해 북쪽으로 흉노를 정벌하게 하고, 하남 땅을 거두어 44개의 현을 만들었다.

또 장성(長城)을 쌓았는데, 지형을 따라 험하고 막힌 곳을 이용해 만들었다. 임조(臨洮)에서 시작해 요동(遼東)에 이르니, 뻗고 뻗어서 만여 리였다. 위세가 흉노에 떨쳤다.

무자(戊子) 34년(기원전 213)

승상 이사가 글을 올렸다.

"지난 날에는 제후들이 모두 다투어서 돌아다니는 학자들을 후하게 초청했지만, 지금 천하가 이미 평정되어 법령이 하나로 나오니, 백성들은 마땅히 집에 있으면서 농공에 힘쓰고, 선비는 법령을 배워 익혀야 합니다. (그런데도) 지금 여러 유생들은 지금 것을 배우지 않고, 옛것을 배워 당세를 비난하고, 백성들을 미혹시키고 혼란하게 하며, 더불

---

18) 錄圖書 녹도서 : 미래를 예측하는 비결이 쓰여진 책

어 법이 그르다고 남을 가르칩니다. 명령이 내려졌다는 말을 들으면 각기 자신의 학문을 가지고 이러쿵저러쿵 비판합니다. 들어가서는 마음으로 그르다 하고, 나와서는 거리에 모여 이러쿵저러쿵 비판합니다.

큰 소리로 주장하는 것[19]을 명예로 여기고, 정취가 다른 것[20]을 높다고 여기고, 제자들[群下][21]을 거느려 비방을 조성합니다. 이와 같이 하는 것을 금하지 않으면, 군주의 권세는 위에서 떨어지고, 아래에서는 패거리를 만들어 한편이 만들어질 것이니, 그것을 금하는 것이 유리할[22] 것입니다.

신은 청컨대 사관(史官)이 진나라의 기록이 아니면 모두 불태우고, 박사의 관직을 맡은 자가 아니면서 천하에 『시경(詩經)』과 『서경(書經)』, 백가(百家)의 서적을 보관하는 자가 있으면, 수(守)와 위(尉)에게 가서 모두 불태우게 하고, 마주하고 『시경』과 『서경』을 말하는 자가 있으면, 기시(棄市)[23]하고, 옛날 법을 가지고 지금을 비판하는 자는 삼족을 멸해야 합니다.

없애지 않을 것은 의약책과 거북의 등과 나무로 점치는 책, 그리고 씨 뿌리고 나무 심는 방법에 대한 책입니다. 만약 법령을 배우고자 하는 자가 있으면, 관리를 스승으로 삼

---

19) 誇主 과주 : 큰 소리로 주장하는 것
20) 異趣 이취 : 정취가 다른 것. 취미가 다름
21) 群下 군하 : 많은 부하나 제자, 또는 신하
22) 便 편 : 편할, 유리한, 편리한
23) 棄市 기시 : 저자에서 죄인의 목을 베어 내걸음

게 하소서"

상이 그렇게 하라고 명령했다.

기축(己丑) 35년(기원전 212)

몽염을 시켜 직도(直道)[24]를 닦게 했다. 구원(九原)을 경유해 운양(雲陽)에 다다르게 했다. 산을 파서 골짜기를 메우니[25], 길이가 1천8백리였다. 수년이 되도록 완성하지 못했다.

○ 시황이 "함양에는 사람이 많고 선왕(先王)의 궁정은 좁다"고 여겨서 마침내 조궁(朝宮)을 위수의 남쪽 상림원(上林苑) 가운데에 지었다.

먼저 앞 궁전인 아방궁(阿房宮)을 지으니, 동서가 5백보(步)이고, 남북으로 50장(丈)[26]이어서, 위에는 만 명이 앉을 수 있었고, 아래에는 5장(丈)의 깃발을 세울 수 있었다.

빙 둘러 누각[閣道=棚]을 만들고, 궁전 아래로부터 곧바로 남산에까지 이르게 하고, 남산의 꼭대기를 기점으로 문[闕]을 만들고, 두 겹의 낭하(複道)를 만들어서 아방궁으로부터 위수를 건너가 함양까지 잇게 했다. 이는 하늘[天極]의 각도성(閣道星)이 은하수를 건너 영실성(營室星)에 이르는 것을 본뜬 것이다.[27]

---

24) 直道 직도 : 곧게 통하는 길

25) 塹山堙谷 참산인곡 : 산을 파고, 골짜기를 메우다

26) 丈 장 : 길이를 재는 단위, 10척(尺). 1척(尺)=10촌(寸), 1촌(寸)= 손가락 하나 크기의 폭

거세형[隱宮]과 노역형[徒刑]을 당한 자가 70여만 명이었다. 이에 이들을 나누어 아방궁을 짓고, 혹은 여산에서 일하게 했다. 북산의 돌을 파오고[發], 촉(蜀)과 형(荊) 지방의 재목을 날라다가[寫] 건축했다. 관중(關中)에는 궁궐이 3백 개이고, 관외(關外)에는 궁궐이 4백여 개였다.

동해 가에 있는 구(朐)현 경계에 비석을 세워 진(秦)의 동문으로 삼았다. 그리고 3만 가호를 여읍(驪邑)으로 이주시키고, 5만 가호를 운양(雲陽)으로 이주시켜, 모두 부역을 면제해주고 10년 동안 노역하지 않게 했다.

○ 후생(侯生)과 노생(盧生)이 서로 시황을 비난하고 도망갔다. 시황이 이 말을 듣고 크게 노해 "후생 등을 짐이 높이 우대하고 매우 후하게 하사했는데, 이제는 나를 비방하다니! 내가 사람을 시켜 함양에 있는 여러 선비들을 염탐하게 해 (그 행태를) 물어보니, 혹자는 요망한 말을 해 백성을 어지럽히더라"고 말하고, 어사(御使)로 하여금 여러 유생들을 모두 조사하게 했다.

여러 유생들이 진술하면서, 자신들은 빼고 서로 끌어들이고 고발했다. 그리하여 금한 것을 범한 자가 4백60여명이었는데, 이들을 모두 함양에 파묻어 죽였다.

시황의 장자인 부소(扶蘇)가 간언하기를 "여러 유생들은

---

27) "중궁(中宮)에는 천극성(天極星)이 있는데, 그 중 가장 밝은 별 태일(太一)이 항상 거주하는 곳이다…뒤에 여섯별은 은하수를 가로질러 영실(營室)에 이르는데, 각도(閣道)라고 한다"(『사기(史記)』「천관서(天官書)」)

모두 공자를 외우고 본받고 있는데, 지금 상(上)[28]께서 모두 무거운 법으로 다스리시니, 신은 천하가 불안해질까 두렵습니다" 하자, 시황이 화를 내고는, 부소에게 북으로 가서 상군(上郡)에 있는 몽염의 군대를 감독하게 했다.

신묘(辛卯) 37년(기원전 210년)

겨울 10월에 시황이 순행할 때 좌승상 이사(李斯)가 수행했는데, 가장 총애를 받았던 작은 아들 호해(胡亥)가 수행할 것을 청하자 상(上)이 이를 허락했다.

서쪽으로 가서 평원진(平原津)에 이르러 시황이 병이 들어 가을 7월 병인(丙寅)일에 사구(砂丘)의 평대(平臺)에서 죽었다. 승상 이사는 밖에서 상이 사망했기 때문에, 여러 공자(公子) 및 천하에 변고가 있을까 두려워해 그것을 비밀로 하고, 사망[喪] 사실을 알리지 않았다. 오직 호해와 조고(趙高) 및 총애하는 환관 5, 6명만이 그것을 알았다.

조고가 승상 이사와 모의해 거짓으로 시황의 명령을 받았다 하고, 호해를 세워 태자로 삼고, 다시 편지를 써서 부소(扶蘇)에게 보내 '땅을 개척해 공을 세우지 못하고, 글을 올려 비방했다'고 비난하고, 장군 몽염은 '이것을 바로잡지 않았으니, 그 모의를 알 만하다'고 세어가며 비난하고[數], 모두에게 자살을 명하니[29], 부소가 자살했다. 호해가 함양에 이르러 발상[30]하고 황제의 지위를 계승하고, 9월에 시황

---

28) 上 상 : 천자, 군주

29) 賜死 사사 : 군왕이 신하에게 자살을 명함

을 여산 아래에 장사지냈다.

2세 황제 재위 3년, 수(壽) 24

임진(壬辰) 원년(元年)(기원전 209)

봄에 2세(二世)가 동쪽으로 군현을 순행하고 여름에 함양에 왔다. 조고에게 "사람이 세상에 사는 것을 비유하자면, 여섯필의 천리마를 몰아 갈라진 틈을 지나가는 것과 같다. 나는 귀와 눈이 좋아하는 바를 다하고, 마음과 뜻이 즐거워하는 바를 다해 나의 수명을 마치고자 하는데, 할 수 있겠는가?"라고 말했다.

조고가 "폐하께서 법을 엄하게 하시고 형벌을 각박하게 하시고, 선제의 옛 신하들을 모두 제거하시고, 폐하께서 친애하고 믿는 사람으로 바꾸어 두신다면, 베개를 높게 하고 뜻을 펼치고 영화와 즐거움을 누릴 것입니다"라고 대답했다. 2세가 그것을 옳게 여기고, 이에 법을 변경해 더욱 가혹하고 심하게 하는 데에 힘쓰니, 대신과 공자들이 죄가 있으면 번번이 죽임을 당했다.

○ 다시 아방궁을 지었다. 재주 있고 힘있는 용사[材士] 5만 명을 징발해서 함양에 주둔해 지키게 했다.

---

30) 發喪 발상 : 초상(初喪, 사람이 죽어서 장사 지낼 때까지의 기간) 난 것을 곡을 해 알림

○ 가을에 양성(陽城)사람 진승(陳勝)과 양하(陽夏)사람 오광(吳廣)이 기(蘄)땅에서 기병했다. 이때 마을 왼쪽의 사람들[31]을 징발해 어양(漁陽)을 지키게 했는데, 9백 명이 대택향(大澤鄕)에 주둔했다.

진승과 오광은 모두 둔장(屯長)이었다. 마침 하늘에서 큰 비가 내려 길이 통하지 못했다. 헤아려보니 이미 정한 날짜를 놓쳤다. 이에 노역형을 받은 무리들을 불러모아 놓고, "여러분들은 모두 정한 날짜를 놓쳤으니, 참형을 당하게 되었소! 장사란 죽지 않는다면 그만이지만, 죽는다면 이름이라도 크게 날려야 하오! 왕후와 장상이 어찌 종자가 있겠소?" 하니, 무리들이 모두 그를 따랐다.

마침내 자기들이 공자 부소(扶蘇)와 항연(項燕)이라고 사칭하고는 단을 만들어 맹세하고, 대초(大楚)라 칭했다. 진승은 스스로 장군이 되고, 오광은 도위가 되어 진(陳)땅에 들어가 점거했다.

진(陳)땅의 어르신들이 진섭(陳涉=陳勝)을 초(楚)왕으로 세울 것을 청하자, 장이(張耳)와 진여(陳餘)가 말했다.

"진(秦)나라가 무도한 짓을 하고, 백성들에게 포악하게 했습니다. 장군이 만 번 죽을 계책을 내어 천하를 위해 포악한 자들을 제거하려 하는데, 이제 처음으로 진(陳)땅에 이르러 왕이 되면 천하에 사사로운 마음을 보이는 것입니다. 원컨대 장군은 왕이 되지 말고, 급히 군대를 이끌고 서

---

31) 閭左 여좌 : 진(秦)에서는 징발이 많아 마을의 오른 쪽을 다 징발하고, 다시 왼 쪽을 징발한 것이다

쪽으로 가서 사람을 보내어 6국의 후손을 세우십시오.

자신들에게는 자기 무리를 만드는 것이고, 진(秦)에게는 적이 더 많아지게 하는 것입니다. 적이 많아지면 힘이 분산되고, 같은 무리가 많아지면 우리 군대가 강해질 것이니, 포악한 진(秦)을 주벌하고 함양을 점거한 후에 제후들에게 명령한다면, 황제의 업적은 이루어질 것입니다"

진섭이 듣지 않고 스스로 서서 왕이 되었다. 여러 군현들이 진(秦)나라 법에 고통을 겪고 있다가 앞 다투어 관리들을 죽이고 진섭에게 호응했다.

○ 알자(謁者)[32]가 사신으로 나갔다가 동방으로부터 와서 모반한 자가 있다고 알려주니, 2세가 노해 그 사자(使者)를 가두게 했다. 뒤에 사자가 오자 상이 물었는데, "여러 도적들은 모두 좀도둑[33]이니, 족히 근심할 것이 못됩니다"라고 대답하니, 상이 기뻐했다.

○ 진왕(陳王)이 진(陳) 땅 사람 무신(武臣)을 장군으로 삼고, 장이와 진여를 좌우 교위로 삼아 병졸 2천명을 주어 조(趙)를 순행하게 하고, 주문(周文)을 시켜 서쪽으로 진(秦)나라를 공격하게 했다. 무신 등이 지방을 순행하며 병력을 거두어 수만명을 거두니, 이에 무신을 무신군(武信君)이라 불렀다. 조(趙)지방 30여 성을 함락시키고, 8월에 무신

32) 謁者 알자 : 응접을 맡은 벼슬, 사방에 사신 가는 벼슬

33) 鼠竊狗偸 서절구투 : 쥐가 도둑질하고 개가 도둑질하는 정도의 좀도둑

군이 스스로 서서 조왕(趙王)이 되었다.

○ 9월에 패(沛) 사람 유방(劉邦)은 패에서 기병하고, 하상(下相) 사람 항량(項梁)은 오(吳)현에서 기병하고, 적(狄) 사람 전담(田儋)은 제(濟)에서 기병했다.

○ 유방의 자(字)[34]는 계(季)이다. 사람 생김이 높은 코에 용의 얼굴이고, 왼쪽 다리에 72개의 검은 사마귀가 있으며, 사람을 사랑하고 베풀기를 좋아하고, 뜻이 넓고 화통했다. 항상 큰 도량을 가지고 있었고, 집안사람의 생산 작업에는 종사하지 않았다.

『사기(史記)』「본기(本紀)」에 "함양에서 요역할 때 항상 진나라 황제를 마음대로 바라보면서[35], 탄식하고 크게 한숨 쉬며 '아! 대장부는 마땅히 이와 같아야 한다'고 했다"고 기록되고 있다.

○ 선보(單父) 사람 여공(呂公)은 사람의 관상 보기를 좋아했다. 유계(劉季)의 모습을 보고 대단히 공경하며 말하기를 "신이 많은 사람의 관상을 보았으나, 계의 관상만한 이는 없었으니, 계는 스스로를 아끼십시오. 신이 여식이 있으니 집안일 하는 아내[36]로 삼아주기를 원합니다"라고 했다. 마침내 (딸을) 유계에게 주니, 그녀가 곧 여후(呂后)이다.

---

34) 字 자 : 본 이름 외에 부르는 이름

35) 縱觀 종관 : =종람(縱覽). 마음대로 봄

36) 箕帚妾 기추첩 : 기(箕) 키. 수(帚) 빗자루. 첩(妾) 종. 아내의 비칭(卑稱)

○ 진시황제가 일찍이 "동남쪽에 천자의 기운이 있다"고 말했다. 이에 동쪽지방을 순행해 그 기운을 누르고자 했다. (그 소식을 들은) 유계가 스스로 자기일지 모른다고 생각하고[疑], 도망쳐 망탕현(芒碭縣)의 산과 연못 사이에 숨었다.

여후가 사람과 함께 찾으려 하면, 항상 그를 찾아냈다. 계가 이상하게 여겨 물으니, 여후는 "계가 머무는 곳 위에는 항상 구름 기운이 있기 때문에 그것을 따라가서 항상 계를 찾아냅니다"라고 말했다. 패의 젊은이들 중 그 말을 듣고 따르고자 하는 자가 많았다.

처음에 사수(泗水) 가의 정장(亭長)이었다. 현을 위해 노역형을 받은 무리를 여산으로 호송했는데, 무리들 중 길에서 도망치는 자가 많았다. 스스로 헤아려 보니 목적지에 이를 때쯤 되면[比至], 이들이 모두 도망칠 것이라 예상되었다. 마침내 호송하던 무리들을 풀어놓아주며 "공들은 모두 떠나라. 나 또한 여기서 [따로] 가겠다"고 말하니, 무리 가운데 따르기를 원하는 장사들이 10여 명이었다.

○ 유계가 밤에 술에 취해 연못을 지나는데, 큰 뱀이 길을 막고 있으므로 유계가 검을 뽑아 뱀을 베었다. 얼마 뒤 사람이 오다가 뱀이 있던 곳에 왔는데, 통곡하는 늙은 할미를 만났다. 그 할미는 통곡하면서 "내 아들은 백제(白帝)의 아들이다. 뱀으로 변해서 길을 막고 있었는데, 지금 적제(赤帝)의 아들이 그를 베었다"고 말하고는 홀연히 사라졌다. 뒷사람이 이 사실을 유계에게 알리니, 유계는 혼자 마음 속으로 기뻐하며 자부했다. 여러 따르는 자들은 날로 더

욱 경외하는 마음을 가졌다.

○ 진섭이 군사를 일으키자, 패현(沛縣)의 현령이 패현을 들어 호응하고자 했다. 주리(主吏) 소하(蕭何)와 연리(椽吏) 조삼(曹參)이 "군께서는 진(秦)의 관리인데, 진나라를 배반하고 패의 젊은이들을 거느리고자 하면 이들이 듣지 않을까 두렵습니다. 원컨대 군께서는 밖에 있는 여러 도망자들을 부르십시오. 수백 명을 얻을 수 있을 것입니다. 그런 후 부하들을 위협하면 부하들이 감히 듣지 않을 수 없을 것입니다"라고 건의했다.

이에 번쾌(樊噲)를 시켜 유계를 부르게 했다. 이때 유계의 무리가 이미 수십 수백 명이었다. 패의 현령이 후회했다. 마침내 어르신들이 젊은이들을 거느리고 함께 패의 현령을 죽이고 문을 열어 유계를 맞이해, 그를 세워 패공(沛公)으로 삼았다. 기치(旗幟)를 모두 적색으로 했는데, 이는 뱀을 죽인 사람이 적제의 아들이기 때문이었다. 소하와 조삼 등이 패의 자제를 거두어 3천 명을 얻게 되니, 그것으로 제후에게 호응했다.

○ 항량(項梁)이란 자는 초(楚)나라 장수 항연(項燕)의 아들이다. 일찍이 사람을 죽이고 형의 아들 항적(項籍=항우項羽)과 함께 원수를 피해 오중(吳中)으로 갔다. 항적은 젊었을 때 글을 배웠으나 이루지 못해 그만 두고, 검술을 배웠으나 그것 역시 이루지 못했다.

항량이 화를 냈는데, 항적은 "글은 이름과 성을 기록하면 충분할 뿐이요, 검술은 한 사람을 대적하는 것이니 배울 만하지 못합니다. 만 사람을 대적하는 것을 배우겠습니다"라고 대답했다. 이에 항량이 항적에게 병법을 가르쳤다. 항적은 신장이 8척이 넘고, 힘은 세 발 쇠솥[鼎]을 들 수 있었으며, 재주와 기량이 보통 사람을 뛰어넘었다.

진섭이 군사를 일으켰다는 소식을 들은 회계(會稽)태수 은통(殷通)이 군대를 내어 진섭에게 호응하려고 항량을 장수로 삼았다. 항량이 항적에게 검을 뽑아 태수의 머리를 베게 하고, 그 관리의 인장[37]을 차니, 문(門) 안이 크게 놀라고 어지러워졌다. 항적이 쳐 죽인 자가 수십 수백 명이나 되니, 온 관내가 모두 두려워해, 엎드려서 감히 일어나지 못했다.

항량이 마침내 오중의 병력을 모두 들고, 사람을 시켜 소속 현을 거두어 정예병 8천 명을 얻었다. 항량은 회계태수가 되고, 항적은 비장이 되어 소속 현을 순행하니, 이때 항적의 나이 24세였다.

○ 전담(田儋)이란 자는 옛 제(齊)의 왕족이었다. 스스로 서서 제왕(齊王)이 되고, 군대를 인솔해 동쪽으로 가서 제(齊)땅을 공략해 평정했다.

한광(韓廣)이 스스로 서서 연왕(燕王)이 되었다.

○ 주시(周市)가 위(魏)나라 공자 구(咎)를 세워 위왕(魏王)으로 삼았다.

---

37) 印綬 인수 : 인장과 인끈. 벼슬아치로 임명되어 임금으로부터 받는 표장(標章)

계사(癸巳) 2년(기원전 208)

2세(二世)황제가 자주 이사(李斯)를 꾸짖기[38]를 "삼공의 지위에 있으면서 어찌하여 도적들로 하여금 이렇게까지 하게 두는가?" 하니, 이사가 두려워했다. 마침내 2세의 뜻에 아첨해 글로써 대답하기를 "어진 군주는 반드시 심하게 책망하는[督責][39] 방법을 잘 써서 위에서 독재할 수 있어야 합니다. 여러 신하와 백성들이 자신의 과실을 고치기에도 여유가 없는데, 어찌 변란을 감히 도모할 수 있겠습니까?" 라고 했다. 2세가 기뻐했다.

이리하여 독책(督責)을 더욱 엄하게 했다. 백성들에게 세금을 많이 거두는 자를 현명한 관리라 하고, 사람을 많이 죽이는 자를 충신이라 하니, 형벌 받으러 가는 자가 길가는 사람의 반이 되었고, 죽은 사람이 날마다 저자에 쌓였다. 진나라 백성들이 더욱 놀라고 두려워해 반란 일으킬 것을 생각하게 되었다.

○ 조(趙)나라 장수 이량(李良)이 조왕(趙王)을 습격해 죽이자, 장이(張耳)와 진여(陳餘)가 흩어진 병력을 수습해 이량을 공격하고, 조나라 후손 조갈(趙渴)을 찾아 세워 조왕으로 삼았다.

○ 2세가 사마흔(司馬欣)과 동예(董翳)를 더 보내어 장한

---

38) 誚讓 초양 : 초(誚) 꾸짖을. 양(讓) 꾸짖을

39) 督責 독책 : 몹시 독촉함, 몹시 책망함

(章邯)을 도와 도적을 치게 하니, 진(陳)왕이 패주했다. 그 아랫사람 장가(莊賈)가 진(陳)왕을 죽이고 항복했다.

○ 진(陳) 사람 진가(秦嘉)가 담(郯)에서 기병했는데, 진(陳)왕의 군대가 패했다는 말을 듣고, 경구(景駒)를 세워 초왕(楚王)으로 삼았다. 경구가 유(留)에 있을 때 패공이 가서 따랐다. 장량 또한 젊은이 1백여 명을 모았는데, 길에서 패공을 만나 마침내 그에게 소속되었다.

장량이 자주 태공(太公)의 병법을 가지고 패공을 설득하니, 패공이 그를 좋게 여겨 항상 그의 계책을 따랐다. 장량은 (이전에) 다른 사람에게도 (병법을) 말했지만, 모두 듣지 않았었다. 장량이 "패공은 아마도 하늘이 내려 주신 듯하다. 그러므로 끝까지 따르고 떠나가지 않을 것"이라고 말했다.

○ 항량이 8천 명을 거느리고 강을 건너 서쪽으로 갔다.

경포(黥布)란 자는 육(六)사람으로, 성이 영씨(英氏)이다. 강중(江中=江東)의 섬 가운데로 도망해 군도(群盜)가 되었는데, 항량이 회수(淮水)를 건넌다는 말을 듣고, 병력을 끌고가 그에게 소속되었다.

○ 항량의 군대가 6, 7만 명에 이르렀다. 하비(下邳)에 주둔했는데, 진가(秦嘉)와 경구(景駒)를 공격해 죽였다.

○ 패공이 찾아가 항량을 만났다. 항량이 패공에게 병졸 5천 명을 주었다.

○ 항량이 항우를 시켜 별도로 양성(襄城)을 공격하게 했는데, 양성이 굳게 수비하고 항복하지 않았다. 성을 함락시킨 뒤 고을 사람들을 모두 묻어 죽였다.

○ 항량은 진(陳)왕 정(定=陳涉)40)이 죽었다는 말을 듣고, 여러 별장들을 불러 설(薛) 땅에 모여 (장래의) 일을 계획했는데, 패공도 또한 갔다.

거소(居鄛)사람 범증(范增)은 나이가 70이었다. 평소 집에 있으면서 기이한 계책내기를 좋아했는데, 항량을 찾아가서 "진승이 첫번째로 거사했는데, 초(楚)나라 후손을 세우지 않고 스스로 서니, 그 형세가 길지 못했습니다. 이제 군이 강동에서 기병하자, 초 지방에서 봉기한 장수들이 모두 앞다투어 군을 따르는 까닭은, 군이 대대로 초나라 장군이어서 다시 초나라의 후손을 세울 것이라고 생각해서 입니다"라고 말했다.

항량이 그의 말을 옳게 여겨 초나라 회왕(懷王)의 손자인 심(心)을 찾아서, 마침내 그를 세워 초(楚)나라 회왕(懷王)이라 하니, 이는 백성들의 바람을 따른 것이다.

항량이 스스로를 무신군(武信君)이라 칭했다.

○ 장량이 항량에게 "군이 이미 초나라 후손을 세웠는데, 한(韓)나라 여러 공자 중에는 횡양군(橫陽君) 성(成)이 가장 현명하니, 그를 세워 왕을 삼아 자기 편을 더욱 심으소서"

---

40) 陳王 涉 진왕 섭 : 왕이 되어 이름을 정(定)이라 고침

라고 말했다. 항량이 장량에게 한성(韓成)을 찾게 해 그를 세워 한왕으로 삼았다.

○ 장한(章邯)이 위(魏)나라를 공격하자, 제왕 전담과 초나라 장수 항타(項它)가 모두 병력을 거느리고 위를 구원하러 갔다. 장한이 제와 초의 군대를 크게 격파하고 제왕 전담을 죽였다. 위(魏)왕 구(咎)는 스스로 불타 죽었다. 그 아우 위표(魏豹)가 초나라로 도망가자, 초나라 회왕(懷王)이 병력 수천명을 주어 다시 위나라 땅을 순행하게 하고, 그를 세워 위(魏)왕으로 삼았다.

전영(田榮)이 형 전담의 남은 병력을 수습해 동쪽의 동아(東阿)로 달아나니, 장한이 추격해 그를 포위했다. 무신군(武信君) 항량이 병력을 인솔해 장한의 군대를 동아(東阿) 아래에서 격파하고, 추격해서 복양(濮陽)에 이르러 또다시 격파했다.

○ 낭중령(郎中令) 조고(趙高)가 총애를 믿고 전횡하고 방자[41]해져 사사로운 원한으로 사람을 죽이는 일이 심히 많았다. 대신들이 조정에 들어가 일을 아뢰다가 이것(자신의 비위사실)을 말할까 두려워 2세에게 "천자가 귀한 까닭은 다만 음성만 들을 수 있고, 여러 신하들이 그 얼굴을 볼 수 없기 때문입니다. 폐하께서는 궁정의 깊숙한 곳에서 팔짱을 끼고[拱手] 계시면, 신(臣)과 시중들 중에 법에 익숙한

---

41) 專恣 전자 : 제멋대로 함, 전횡, 방자함

자들이 일을 기다리고 있다가, 일이 오면 이를 살펴보도록 하는 것이 낫겠습니다. 이렇게 하면 대신들이 감히 의심스러운 일을 아뢰지 못할 것이고, 천하에서는 성주(聖主)라고 칭송할 것입니다"라고 했다. 2세가 그 계책을 따라 조정에 앉아서 대신을 만나지 않고 항상 궁중의 깊숙한 곳에 있었고, 일은 모두 조고에게서 결정되었다.

조고는 이사가 그것을 말할 것이라는 소식을 듣고, 이에 아뢰기를 "승상의 장남인 이유(李由)는 삼천(三川)태수인데, 도둑들과 내통했습니다. 또 승상은 밖에 있으면서 권력이 폐하보다 높습니다"라고 참소했다. 2세가 그 말을 옳게 여겨 사람을 시켜 삼천태수가 도적과 내통한 상황을 조사하게 하고, 이사를 하옥시켰다.

이사가 옥에 갇히자, 2세가 이사를 조고에게 맡겨 다스리게 했다. 조고는 이사를 논죄해서 오형(五刑)[42]을 갖추어 함양의 시장에서 요참(腰斬)하게 했다. 드디어 부자가 서로 통곡했고, 삼족[43]이 멸족되었다. 2세는 조고를 승상으로 삼아 일의 크고 작음에 상관없이 모두 결정하게 했다.

○ 항량(項梁)이 장한(章邯)을 격파하고, 병력을 인솔해 정도(定陶)에 이르러서 다시 진(秦)군을 격파했다. 항우와 패공은 진(秦)군과 옹구(雍丘)에서 싸워 크게 격파하고, 이

---

42) 五刑 오형 : 자자하는 비형(墨刑), 코 베는 비형(劓刑), 발꿈치 베는월형(刖刑), 거세하는 궁형(宮刑), 사형(死刑)이다

43) 三族 삼족 : 부모 형제 처자 혹은 부족(父族) 모족(母族) 처족(妻族)

유(李由)를 목 베었다.

항량에게 진(秦)나라를 가볍게 여기고 교만한 기색이 있었다. 송의(宋義)가 "전쟁에 싸워 이기고 나서 장수가 교만해지고 병졸이 나태해지면 패하게 됩니다. 신은 군을 위해 이 점을 두려워 합니다"고 간언했으나 항량이 듣지 않았다.

2세가 군대를 모두 일으켜 장한(章邯)에 증원군으로 보내 초군을 공격해 정도(定陶)에서 대파했다. 항량이 전사했다.

○ 장한(章邯)이 항량을 격파하고, 황하를 건너 북쪽으로 가 조(趙)를 공격하니, 조나라가 여러 번 초나라에 구원을 요청했다. 초왕이 송의(宋義)를 상장군으로, 항우를 차장으로 삼아 조나라를 구원하게 했다. 여러 별장들을 모두 송의에게 소속되게 해서, 경자관군(卿子冠軍)[44]이라고 불렀다.

○ 처음에 초나라 회왕이 여러 장수들과 약속하기를 "먼저 관중(關中)에 들어가서 평정하는 자를 그곳의 왕으로 삼겠다"고 했다. 이때는 진(秦)나라 군대가 강해 항상 승세를 타고 패배하는 자를 추격했다. 여러 장수들 중 먼저 관중에 들어가는 것을 이롭게 여기는 자가 없었으나, 오직 항우만은 진(秦)나라가 항량을 죽인 것을 원망하고 분격해 패공과 함께 서쪽으로 가서 관중에 들어가기를 희망했다.

여러 노장(老將)들이 모두 회왕에게 말했다.

---

44) 주(註) 왕의 손자를 왕손(王孫), 공의 아들을 공자(公子), 경(卿)의 아들을 경자(卿子)라 했고, 그 당시 사람들이 그를 높여 상장(上將)으로 불렀기 때문에 관군(冠軍)이라고 말한 것이다

"항우는 사람됨이 날래고 용감하지만[45], 사람을 함부로 잔인하게 해 사람입니다.[46] 일찍이 양성을 공격할 때 양성에 남은 것이 없었고, 지나가는 곳마다 죽이고 없애지 않은 것이 없었습니다. 그를 바꾸어 장자(長者)[47]를 보내 정의로움을 내세워 서쪽으로 가서 진나라 부형들에게 알게 하고 깨우쳐주는 것이 낫습니다.

진나라 부형들이 그 군주를 고통스럽게 여긴 지가 오래되었습니다. 지금 진실로 장자를 구해 그곳에 가게하고, 해치거나 포악하지 않으면, 마땅히 항복시킬 수 있을 것입니다. 항우를 보내서는 안 됩니다. 오직 패공은 본래 관대한 장자이니 보낼 만합니다"

이에 회왕이 항우를 허락하지 않고, 패공에게 서쪽으로 가서 그 곳을 공략하게 했다.

갑오(甲午) 3년(기원전 207)

겨울 10월 송의(宋義)가 행군해 안양(安陽)에 이르렀는데, 46일 동안 머물며 진군하지 않았다. 항우가 "나라의 군대가 새로 격파됨에 왕이 좌불안석해서, 나라 안을 다 동원해서 장군에게 맡기셨습니다. 국가의 안위가 이 한 번의 조치에 달려 있습니다. 그런데 지금 사졸을 불쌍히 여기지 않고 사

45) 慓悍 표한 : 날래고 용감하다

46) 猾賊 활적 : 교활하여 남을 해침, 어지럽게 해침

47) 長者 장자 : 연장자, 나이 먹은 사람, 윗사람, 덕망 있는 사람, 신분이 높은 사람, 관대한 사람

사로움을 따르니, 사직(社稷)의 신하가 아닙니다"라고 했다.

11월에 항우가 그의 장막으로 들어가 송의(宋義)를 베고, 병력을 모두 이끌고 황하를 건너갔다. 모든 배를 침몰시키고, 가마솥과 시루를 부수고, 막사를 불태운 다음, 3일분의 양식만을 가지고 출전해, 사졸들에게 필사적으로 싸워야 함을 보였다. 이후 진(秦)나라 군대와 아홉 번 싸워 모두 크게 격파하고, 왕리(王離)를 사로잡았다.

○ 이때 초나라 군대가 제후들 중 으뜸이었다. 이리하여 항우가 비로소 제후들의 상장군이 되니, 제후들이 모두 그에게 소속되었다.

○ 봄 2월에 패공이 북쪽으로 창읍(昌邑)을 공격할 때 팽월(彭越)을 방문하니, 팽월이 그의 병력을 거느리고 패공을 따랐다. 패공이 팽월을 위나라 재상으로 삼고, 병력을 거느리고 위나라 땅을 공략해 평정하게 했다.

○ 패공이 병력을 인솔하고 서쪽으로 고양(高陽)을 지날 때 고양 사람 역이기(酈食其)가 마을의 문지기[里門監]였다. 패공 휘하의 기사(騎士)가 마침 역이기의 마을 사람이었다. 역이기가 그를 보고 "내가 들으니 패공은 거만해 사람을 쉽게 대하나 큰 지략이 많다 하니, 이는 진실로 내가 따르기를 원하는 바이다"고 말했다.

기사가 "패공은 유생을 좋아하지 아니합니다. 여러 빈객 중에 유학자의 관을 쓰고 오는 사람이 있으면, 패공은 번번이 그 관을 벗겨 그 속에다 오줌을 누니, 유생으로서는 설득한 사람이 없습니다"라고 대답했다. 역생(酈生=酈食其)이 "다만 (패공에게) 말이나 해보라"고 말했다.

기사가 조용히 보고했더니, 패공은 고양의 역사(驛舍)에 이르러 사람을 시켜 역생을 불렀다. 역생이 들어와 뵈었는데, 패공은 평상에 걸터앉아 두 여자로 하여금 발을 씻게 하면서 역생을 만나는 것이었다.

역생이 길게 읍만 하고 절하지 않으면서 "족하께서 무도한 진나라를 주벌하고자 하신다면, 거만하게 장자를 만나서는 안됩니다"라고 말했다. 이러자 패공은 씻던 일을 그만두고, 일어나 옷매무새를 단정히 하고, 역생을 맞이해 윗자리에 앉히고 사과했다.

역생이 6국이 합종과 연횡하던 때를 말하자, 패공이 기뻐하며 묻기를 "장차 어떤 계책을 써야 되겠습니까?" 하니, 역생이 대답했다.

"족하께서 규합한 무리들을 일으키고, 흩어져서 혼란한 군사를 거둔 것이 만 명이 못됩니다. 이들을 데리고 곧바로 강한 진나라로 들어가고자 하시니, 이는 이른바 범의 아가리를 더듬는 것과 같습니다. 진류(陳留)는 천하의 요충지이고, 사통오달(四通五達)한 땅[48]입니다. 또 그 성 안에는 쌓아놓은 곡식도 많습니다.

그런데 신이 그 현령과 친하니, 청컨대 신이 사자로 가서 족하께 항복하게 하겠습니다. 만일 듣지 않으면 족하께서

48) 郊 교 : 국도의 교외 50리 이내의 땅, 들, 제사지낼

군대를 들어 공격하면 신이 안에서 호응하겠습니다"

이에 역생을 보내고, 패공이 병력을 이끌고 뒤따라가서, 마침내 진류를 항복시켰다. 역이기를 광야군(廣野君)이라고 했다. 이후로 역생이 항상 유세객이 되어 제후에게 사신으로 갔다.

○ 여름 4월에 패공이 남쪽으로 영천(潁川)을 공격해 도륙하고, 장량이 마침내 한(韓)나라 땅을 공략했다. 장량이 병력을 인솔하고 패공을 따라 남양군(南陽郡)을 공략하니, 남양태수 기(齮)가 항복했다. 패공이 병력을 인솔하고 서쪽으로 향하니 항복하지 않는 곳이 없었다. 지나가는 곳에서 노략질하지 않으니 진(秦)나라 백성들이 모두 기뻐했다.

○ 왕리(王離)의 군대가 패하자, 장한이 극원(棘原)에 군대를 주둔시켰다. 항우는 장수(漳水)의 남쪽에 군대를 주둔시켰는데, 진나라 군대가 자주 퇴각했다.

2세가 사람을 시켜 장한을 꾸짖으니, 장한이 이를 두려워해 장사(長史)인 사마흔(司馬欣)에게 함양에 가서 전후사정을 아뢰도록[事] 요청했다. 사마흔은 사마문(司馬門)[49]에 3일 동안 머물러 있었으나, 조고가 만나주지 않았다. 불신의 마음이 생겼다.

사마흔이 군에 돌아와 "조고가 중앙의 요로에 있으면서 정권을 장악해[50] 아래에는 말할 수 있는 사람이 없습니다.

---

49) 司馬門 사마문 : 궁원(宮垣)에 있는 위병소(衛兵所)

이제 싸워서 승리하면 조고는 반드시 우리들의 공을 질투할 것이고, 이기지 못하면 죽음을 면치 못할 것입니다"라고 보고했다.

장한이 마침내 항우와 원수(洹水) 가에서 맹약을 맺었다. 맹약이 끝나자, 장한이 항우를 보고 눈물을 흘리며 조고에 대해 말하니, 항우가 장한을 옹왕(雍王)으로 삼아 초나라 군중에 두고, 장사 사마흔을 상장군으로 삼아, 진나라 군대를 거느리고 선봉에 서게 했다.

○ 처음에 조고가 진나라 권력을 오로지 하고자 했으나, 여러 신하들이 따르지 않을까 두려워 해 먼저 시험을 했다. 사슴을 가져다 2세에게 바치면서 "말입니다"라고 말했다. 2세가 웃으며 "승상이 잘못 아는가? 사슴을 일러 말이라 하는구나"라고 말하고, 좌우에게 물으니, 어떤 사람은 침묵하고, 또 어떤 사람은 말이라 했다. 조고는 사슴이라고 말한 자들을 은밀히 법으로 다스리니, 군신들이 모두 조고를 두려워 해 이후 감히 그의 잘못을 말하는 자가 없었다.

○ 조고가 전에 여러번 "관동(關東)의 도둑은 아무 것도 할 수 없을 것"이라고 말했다. 그런데 항우가 왕리 등을 사로잡고, 장한 등의 군대가 자주 패하자, 관동이 모두 배반했다. 조고는 2세가 노해 자신에게 주벌이 미칠까 두려워 마침내 병을 핑계대고 조회에 나가지 않았다. 그러면서 은

---

50) 用事 용사 : 요로에 있어 정권을 좌지우지함, 권세를 마음대로 부림, 해야 할 일, 용건

밀히 그 사위인 함양령(咸陽令) 염락(閻樂)과 함께 임금을 바꿔 자영(子嬰)[51]을 세울 것을 모의했다.

염락이 관리와 병졸을 거느리고 망이궁(望夷宮)에 들어가 2세에게 "승상의 명령을 받아 족하를 죽이겠다" 하고는 군사들을 지휘해 나아가니, 2세가 자살했다. 조고는 마침내 자영을 세워 진왕으로 삼고, 자영에게 재계[52]해 묘당에 알현하고, 옥새를 받으라고 했다.

자영이 그의 아들 두 명과 모의하기를 "승상 조고가 2세를 시해하고, 또 여러 신하들이 자기를 죽일까 두려워 해, 거짓 도리로 나를 세우고는, 나에게 재계하고 묘당에 알현하라고 한다. 내가 병을 핑계대고 가지 않으면, 승상이 반드시 스스로 올 것이다. 오면 그를 죽이자"고 했다. 조고가 과연 스스로 오자, 자영이 조고를 재궁(齋宮)[53]에서 찔러 죽이고, 조고의 삼족을 멸했다.

○ 자영이 장수를 보내 군대를 거느리고 요관(嶢關)을 막게 하자, 패공이 그들을 공격하고자 했다. 장량이 "진나라 군대가 아직 강성해 가볍게 여길 수 없습니다. 원컨대 먼저 사람을 보내 깃발을 산 위에 늘어놓는 등 거짓 군대[54]를

---

51) 주(註) 자영은 2세 황제의 형의 아들이다.

52) 齋戒 재계 : 제사 전 며칠 동안 심신을 깨끗이 해 부정한 일에 가까이 하지 않는 일

53) 齋宮 재궁 : 천자가 대묘(大廟)에 제사하기 전에 재계(齋戒)하는 궁전

54) 疑兵 의병 : 적을 속이기 위한 가짜 병사, 군사가 있는 것처럼 보여서 적을 현혹시킴

만들고, 역이기와 육가(陸賈)에게 진나라 장수를 설득해, 이익을 주는 것으로 유혹하게 하십시오"라고 건의했다.

진나라 장수가 과연 연합해 화해하고자 했다. 패공이 이를 허락하려 하니, 장량이 "이는 그 장수 혼자서 배반하고자 하는 것이니, 그의 사졸들이 따르지 않을까 두렵습니다. 그들이 해이해짐을 틈 타 공격하는 것이 낫습니다"라고 건의했다. 패공이 병력을 인솔해 요관(嶢關)을 에워싸고, 궤산(蕢山)을 넘어 진나라 군대를 공격해서 크게 격파했다. 마침내 남전(藍田)에 이르러, 또다시 그 북쪽에서 싸웠는데, 진나라 군대가 크게 패배했다.

위(右)의 진나라는 장양왕(莊襄王)으로부터 자영(子嬰)에 이르기까지 모두 43년이니, 자영은 왕이 된지 46일 만에 한(漢)나라에 항복했다.

원 문

卷之三

後秦紀

始皇帝下

庚辰二十六年

王賁自燕南攻齊。猝入臨淄，民莫敢格者。秦使人誘齊王，約封以五百里之地，齊王遂降。秦遷之共，處之松栢之間，餓而死。

溫公曰：從衡之說 雖反覆百端，然大要合從者，六國之利也。昔先王建萬國，親諸侯，使之朝聘以相交，饗宴以相樂，會盟以相結者，無他，欲其同心戮力，以保家國也。鄉使六國能以信義相親，則秦雖彊暴，安得而亡之哉！夫三晉者 齊楚之藩蔽。齊楚者 三晉之根柢。形勢相資，表裏相依。故以三晉，而攻齊楚，自絕其根柢也，以齊楚，而攻三晉，自撤其藩蔽也。安有撤其藩蔽，以媚盜，曰：「盜將愛我而不攻。」豈不悖哉！

王初幷天下，自以為德兼三皇，功過五帝，乃更號曰皇帝。命為制，令為詔。「自今以來 除謚法，朕為始皇帝，後世以計數，二世三世 至于萬世，傳之無窮。」

◯初　　齊威宣之時，鄒衍論著終始五德之運。及始皇幷天下，齊人奏之。始皇采用其說，以為周得火德，秦代周，從所不勝，為水德。始改年，朝賀皆自十月朔。衣服 旌旄 節旗 皆尚黑。數以六為紀。

◯丞相綰等言：「燕齊荊地遠，不為置王，無以鎮之。請立諸子。」始皇下其議。廷尉斯曰：「周文武所封子弟同姓甚衆。然後屬疏遠，相攻擊如仇讎，周天子弗能禁止。今海內賴陛下神靈 一統，皆為郡縣，諸子功臣 以公賦稅，重賞賜之，甚足易制。天下無異意，則安寧之術也。置諸侯不便。」始皇曰：「天下共苦戰鬪不休，以有侯王。賴宗廟，天下初定，又復立國，是樹兵也。而求其寧息，豈不難哉！廷尉議是。」於是 分天下為三十六郡，郡置守 尉 監。收天下兵聚咸陽。銷以為鍾鐻金人十二。重各千石，置宮庭中。

壬午二十八年

始皇東行郡縣，上鄒嶧山，立石頌功業。上太山陽至顚，立石頌德。從陰道下，禪於梁父。遂東遊海上。方士徐市等上書，請得與童男女，入海，求三神山不死藥。浮江至湘山祠，逢大風，幾不能渡。上問：「湘君何神？」對曰：「堯女 舜妻。」始皇大怒，使伐湘山樹，赭其山。

○初 韓人張良，父祖以上五世相韓。韓亡，良欲為韓報仇。始皇東遊，至陽武博浪沙中。張良令力士 操鐵椎 狙擊始皇，誤中副車。始皇驚，求弗得。
令天下大索十日。

丙戌三十二年
始皇巡北邊，盧生入海還。因奏錄圖書曰：「亡秦者胡也。」始皇乃遣蒙恬 發兵三十萬人，北伐匈奴。收河南地為四十四縣。築長城，因地形，用制險塞。起臨洮至遼東，延袤萬餘里。威振匈奴。

戊子三十四年
丞相李斯上書曰：「異時諸侯並爭，厚招遊學。今天下已定，法令出一。百姓當家，則力農工，士則學習法令。今諸生不師今，而學古，以非當世，惑亂黔首，相與非法 教人。聞令下，則各以其學議之，入則心非，出則巷議，誇主以為名，異趣以為高，率羣下以造謗。如此弗禁，則主勢降乎上，黨與成乎下。禁之便！ 臣請 史官非秦記 皆燒之，非博士官所職，天下有藏詩書百家語者，皆詣守尉雜燒之。有偶語詩書者棄市，以古非今者族。所不去者，醫藥 卜筮 種樹之書。若欲學法令，以吏為師。」制曰：「可。」

己丑三十五年
使蒙恬除直道，道九原，抵雲陽。塹山堙谷，千八百里。數年不就。

◯始皇以為咸陽人多，先王之宮庭小。乃營作朝宮　渭南上林苑中。先作前殿阿房。東西五百步，南北五十丈，上可以坐萬人，下可以建五丈旗。周馳為閣道，自殿下直抵南山，表南山之顚　以為闕。為複道，自阿房渡渭，屬之咸陽。以象天極閣道 絶漢 抵營室也。隱宮徒刑者 七十餘萬人，乃分作阿房宮或作驪山。發北山石槨，寫蜀荊地材，皆至。關中計宮三百，關外四百餘。於是　立石東海上朐界中，以為秦東門。因徙三萬家驪邑，五萬家雲陽，皆復不事十歲。

◯侯生盧生相與譏議始皇，因亡去。始皇聞之。大怒曰：「盧生等吾尊賜之甚厚，今乃誹謗我！諸生在咸陽者，吾使人廉問，或為妖言以亂黔首。」於是　使御史悉按問諸生。諸生傳相告引，乃自除。犯禁者四百六十餘人，皆坑之咸陽。始皇長子扶蘇諫曰：「諸生皆誦法孔子。今上皆重法繩之，臣恐天下不安。」始皇怒，使扶蘇北監蒙恬軍於上郡。

辛卯三十七年

冬 十月，始皇出遊。左丞相斯從，少子胡亥最愛，請從，上許之。西至平原津而病。秋，七月丙寅，始皇崩於沙丘平臺。丞相斯為上崩在外，恐諸公子及天下有變。乃秘之不發喪。獨胡亥 趙高 及幸宦者五六人 知之。趙高乃與丞相斯，詐為受始皇詔，立胡亥為太子。更為書賜扶蘇，數以不能闢地立功，上書誹謗。將軍恬不矯正，知其謀，皆賜死。扶蘇自殺。胡亥至咸陽，發喪襲位。九月 葬始皇於驪山下。

二世皇帝 在位三年 壽二十四

壬辰元年

春　二世東行郡縣，夏至咸陽。謂趙高曰：「人生世間，譬猶騁六驥過決隙也。吾欲悉耳目之所好，窮心志之所樂，以終吾年壽，可乎？」高曰：「陛下嚴法而刻刑，盡除先帝之故臣，更置陛下之所親信，則高枕肆志寵樂矣。」二世然之。乃更為法律，務益刻深，大臣諸公子有罪，輒僇死。

○復作阿房宮，盡徵材士五萬人，屯衛咸陽。

○秋 陽城人陳勝 陽夏人吳廣 起兵於蘄。是時 發閭左戍漁陽，九百人屯大澤鄉。勝廣皆為屯長。會天大雨，道不通，度已失期。乃召令徒屬曰：「公等皆失期當斬，且壯士不死則已，死則擧大名耳！ 王侯將相 寧有種乎！」衆皆從之。乃詐稱公子扶蘇項燕，為壇而盟，稱大楚。勝自立為將軍，廣為都尉，入據陳。陳中父老請立涉為楚王。張耳陳餘曰：「秦為無道暴虐百姓，將軍出萬死之計，為天下除殘。今始至陳而王之，示天下私。願將軍毋王，急引兵而西，遣人立六國後，自為樹黨，為秦益敵。敵多則力分，與衆則兵强，誅暴秦，據咸陽，以令諸侯，則帝業成矣！」涉不聽，自立為王。諸郡縣苦秦法，爭殺長吏以應涉。

○謁者使從東方來，以反者聞。二世怒，下之吏。後使者至，上問之。對曰：「羣盜鼠竊狗偸，不足憂也。」上悅。

○陳王以陳人武臣為將軍，以張耳　陳餘為左右校尉。予卒二千人徇趙，使周文西擊秦。武臣等行收兵，得數萬人。號武臣為武信君，下趙三十餘城。八月武信君自立為趙王。

○九月　沛人劉邦起兵於沛。下相人項梁起兵於吳。狄人田儋起兵於齊。

○劉邦字季。為人隆準龍顏，左股有七十二黑子。愛人喜施，意豁如也。常有大度，不事家人生產作業。史記本紀曰，常繇咸陽，縱觀秦皇帝。喟然太息曰 ：「嗟乎，大丈夫當如此也！」

○單父人呂公，好相人，見季狀貌。因重敬之曰：「臣相人多矣，無如季相，願季自愛。臣有息女，願為箕帚妾。」卒與劉季，乃呂后也。

○秦始皇帝常曰：「東南有天子氣。」於是 因東游以猒之。季卽自疑，亡匿，隱於芒碭山澤間。呂后與人俱求，常得之。季怪問之。呂后曰：「季所居上常有雲氣，故從往常得季。」沛中子弟聞之，多欲附者。初為泗上亭長，為縣送徒驪山，徒多道亡。自度比至皆亡之。乃解縱所送徒曰：「公等皆去，吾亦從此逝矣！」徒中壯士 願從者十餘人。

○劉季被酒，夜徑澤中。有大蛇當徑，季拔劒斬蛇。後人來至蛇所。有老嫗夜哭曰：「吾子白帝子也，化為蛇當道。今赤帝子殺之！」嫗因忽不見。後人告劉季，季乃心獨喜自負。諸從者日益畏之。

○及陳涉起，沛令欲以沛應之。

掾主吏 蕭何曹參曰：「君為秦吏，今欲背之，率沛子弟，恐不聽。願君召諸亡在外者，可得數百人。因劫衆，衆不敢不聽。」乃令樊噲召劉季。時 劉季之衆已數十百人矣，沛令後悔。父老乃率子弟共殺沛令，開門迎劉季，立以為沛公。旗幟皆赤，由所殺蛇者 赤帝子故也。蕭曹等為收沛子弟，得三千人，以應諸侯。

◯項梁者，楚將項燕子也。嘗殺人，與兄子籍避仇吳中。籍少時學書不成 去，學劒，又不成。項梁怒之。籍曰：「書足以記名姓而已，劒一人敵，不足學，學萬人敵！」於是 項梁乃教籍兵法。籍長八尺餘，力能扛鼎，才器過人。會稽守殷通，聞陳涉起，欲發兵以應涉。使項梁將。梁乃使籍，拔劒斬守頭，佩其印綬。門下大驚，擾亂。籍所擊殺數十百人，一府中皆慴伏，莫敢起。梁乃擧吳中兵，使人收下縣，得精兵八千人。梁為會稽守，籍為裨將，徇下縣。籍是時年二十四。

◯田儋者 故齊王族也。
自立為齊王，率兵 東略定齊地。

◯韓廣自立為燕王。

◯周市立魏公子咎 為魏王。

癸巳二年
二世數誚讓李斯：「居三公位，如何令盜如此！」李斯恐懼乃阿二世意，以書對曰：「賢主必能行督責之術，以獨斷於上, 群臣百姓救過不給, 何變之敢圖！」二世說, 於是 行督責益嚴。稅民深者為明吏, 殺人衆者為忠臣。刑者相半於道, 而死人日成積於市。秦民益駭懼 思亂。

◯趙將李良襲殺趙王。張耳陳餘收散兵　擊良。乃求趙後, 立趙歇為趙王。

◯二世益遣司馬欣董翳, 佐章邯擊盜。陳王敗走, 其御莊賈殺陳王以降。

◯陳人秦嘉起兵於郯。聞陳王軍敗, 乃立景駒為楚王。景駒在留, 沛公往從之。張良亦聚少年百餘人, 道遇沛公, 遂屬焉。良數以太公兵法　說沛公, 沛公善之, 常用其策。良為他人言, 皆不省。良曰：「沛公殆天授。故遂從不去」。

◯項梁以八千人, 渡江而西。

◯黥布者六人也。姓英氏, 亡之江中為羣盜, 聞項梁渡淮, 引兵屬焉。

◯項梁衆至六七萬人, 軍下邳。進擊秦嘉、景駒殺之。

◯沛公往見梁。梁予沛公卒五千人。

◯項梁使項羽 別攻襄城, 襄城堅守不下。已拔, 皆坑之。

◯梁聞陳王定死。召諸別將會薛　計事, 沛公亦往焉。居鄛人范增年七十, 素居家好奇計。往說項梁曰：「陳勝首事, 不立楚後而自立, 其勢不長。今君起江東, 楚蜂起之將　皆爭附君者，以君世世楚將，能復立楚之後也。」於是 項梁然其言。乃求得楚懷王孫心，立以為楚懷王，從民望也。項梁自號武信君。

◯張良說項梁曰：「君已立楚後。而韓諸公子 橫陽君成 最賢，可立為王，益樹黨。」梁使良求韓成，立以為韓王。

◯章邯擊魏。齊王儋 及楚將項它 皆將兵救魏。章邯大破齊楚軍，殺齊王儋。魏王咎自燒死。其弟豹亡之楚。楚懷王予兵數千人，復徇魏地，立為魏王。田榮收兄儋餘兵，東走東阿。章邯追圍之。武信君引兵，擊破章邯軍於東阿下。追至濮陽又破之。

◯郎中令 趙高恃恩專恣。以私怨誅殺人衆多，恐大臣入朝奏事言之。乃說二世曰：「天子所以貴者，但以聞聲，羣臣莫得見其面也。陛下不如深拱禁中，與臣及侍中習法者，待事 事來，有以揆之。如此則大臣不敢奏疑事，天下稱聖主矣。」二世用其計。乃不坐朝廷見大臣，常居禁中。事皆決於趙高。高聞李斯以為言。乃曰：「丞相長男李由為三川守，與盜通，且丞相居外，權重於陛下。」二世以為然。乃使人 按驗三川守 與盜通狀。下斯吏。斯就獄。二世以屬趙高 治之。具斯五刑論，腰斬咸陽市。遂父子相哭，而夷三族。二世以趙高為丞相，事無大小皆決焉。

◯項梁已破章邯。引兵至定陶，再破秦軍。項羽沛公又與秦軍戰於雍丘，大破之，斬李由。梁益輕秦，有驕色。宋義諫曰：「戰勝而將驕卒惰者敗。臣為君畏之！」梁弗聽。二世悉起兵, 益章邯擊楚軍, 大破之定陶, 項梁死。

◯章邯已破項梁。乃渡河, 北擊趙, 趙數請救於楚。楚王以宋義為上將軍, 項羽為次將以救趙。諸別將皆屬宋義。號為「卿子冠軍」。

◯初 楚懷王與諸將約:「先入定關中者王之。」當是時 秦兵彊, 常乘勝逐北, 諸將莫利先入關。獨項羽怨秦之殺項梁, 奮身 願與沛公西入關。懷王諸老將皆曰:「項羽為人, 慓悍猾賊。嘗攻襄城, 襄城無遺類, 諸所過無不殘滅。不如更遣長者 扶義而西 告諭秦父兄。秦父兄苦其主久矣, 今誠得長者往無侵暴, 宜可下。羽不可遣。獨沛公素寬大長者, 可遣。」懷王乃不許羽, 而遣沛公 西略地。

甲午三年

冬 十月, 宋義行至安陽, 留四十六日不進。羽曰:「國兵新破, 王坐不安席, 掃境內以屬將軍。國家安危, 在此一舉。今不恤士卒, 而徇其私, 非社稷之臣也。」十一月 項羽卽其帳中 斬宋義。乃悉引兵渡河, 皆沈船破釜甑, 燒廬舍, 持三日粮, 以示士卒必死。於是與秦軍遇, 九戰大破之, 虜王離。

◯當是時 楚兵冠諸侯。於是 始為諸侯上將軍, 諸侯皆屬焉。

◯春 二月 沛公北擊昌邑, 過彭越。越以其兵從沛公, 沛公拜越為魏相, 使將兵 略定魏地。

○沛公引兵西，過高陽。高陽人酈食其，為里監門。沛公麾下騎士適食其里中人，食其見謂曰：「吾聞沛公慢而易人，多大略。此眞吾所願從遊。」騎士曰：「沛公不好儒，諸客冠儒冠來者，沛公輒解其冠，溲溺其中。未可以儒生說也。」酈生曰：「第言之。」騎士從容言。至高陽傳舍，使人召酈生。酈生至 入謁。沛公方倨牀，使兩女子洗足，而見酈生。生長揖不拜曰：「足下必欲誅無道秦，不宜倨見長者！」於是沛公輟洗，起攝衣，延生上坐，謝之。酈生因言六國從橫時，沛公喜。問曰：「計將安出？」酈生曰：「足下起糾合之衆，收散亂之兵，不滿萬人，欲以徑入彊秦，此所謂探虎口者也。夫陳留天下之衝，四通五達之郊也。今其城中又多積粟。臣善其令。請得使之，令下足下。卽不聽，足下擧兵攻之，臣為內應。」於是 遣酈生行，沛公引兵隨之，遂下陳留。號酈食其為廣野君。酈生常為說客，使諸侯。

○夏 四月 沛公南攻潁川，屠之。因張良 遂略韓地。良引兵從沛公 略南陽郡，南陽守齮降。引兵西，無不下者。所過亡得鹵掠，秦民皆喜。

○王離軍旣沒。章邯軍棘原，項羽軍漳南。秦兵數却，二世使人讓章邯。邯恐，使長史欣請事咸陽。留司馬門三日，趙高不見。有不信之心。欣至軍。報曰：「高用事于中，下無可為者。今戰勝，高必嫉吾功，不勝，不免於死。」邯乃與羽約盟洹水之上。已盟，邯見羽流涕，為言趙高。羽乃立章邯為雍王，置楚軍中，使長史欣為上將軍，將秦軍為前行。

○初 趙高欲專秦權，恐羣臣不聽，乃先設驗。持鹿獻於二世曰：「馬也。」二世笑曰：「丞相誤耶，謂鹿為馬？」問左右，或黙，或言馬。高因陰中 諸言鹿者 以法。後羣臣皆畏高，莫敢言其過。

○高前數言「關東盜無能為也。」及項羽虜王離等，而章邯等軍數敗，關東皆畔。高恐二世怒，誅及其身。乃謝病，不朝。陰與其壻 咸陽令 閻樂，謀易置上，更立子嬰。樂將吏卒，入望夷宮。與二世曰：「受命於丞相，誅足下！」麾其兵進，二世自殺。趙高乃立子嬰為秦王，令子嬰齋當廟見，受玉璽。子嬰與其子二人謀曰：「丞相高殺二世，恐羣臣誅之，乃佯以義立我，使我齋見廟。我稱病不行，丞相必自來，來則殺之。」高果自往。子嬰遂刺殺高於齋宮，三族高家。

○子嬰遣將，將兵距嶢關，沛公欲擊之。張良曰：「秦兵尚彊，未可輕。願先遣人 益張旗幟於山上，為疑兵。使酈食其陸賈往說秦將，啗以利。」秦將果欲連和。沛公欲許之。張良曰：「此獨其將欲叛，恐其士卒不從。不如因其懈怠擊之。」沛公引兵繞嶢關，踰蕢山，擊秦軍，大破之。遂至藍田，又戰其北，秦兵大敗。

右(上)秦，自莊襄王至子嬰，合四十三年，子嬰為王四十六日，而降于漢。

통감절요 4권

한기(漢紀)[1]

태조 고황제(太祖 高皇帝) 상(上)

태조 고조황제 재위 12년, 수(壽) 53

을미(乙未, 기원전 206년)

겨울 10월에 패공(沛公)이 패상(霸上)에 이르렀다. 진왕(秦王) 자영(子嬰)이 흰 수레와 흰 말을 끌고, 끈을 목에 매고[1] 황제의 옥새와 부절(符節)[3]을 봉함해 지도(軹道) 옆에서 항복했다. 여러 장수들이 진왕을 죽일 것을 건의하자, 패공은 "처음에 회왕이 나를 보낸 것은 내가 관대하기 때문이었다. 또 사람이 이미 항복했는데, 죽이는 것은 상서롭지 못하다" 하고는 자영을 관리에게 맡겼다.

○ 패공이 서쪽으로 가서 함양에 들어가니, 여러 장수들

---

1) 시대개관 : 한(漢)왕조(B.C.206-AD.8, A.D.8-25, A.D.25-220) 한 왕조를 개창한 유방(劉邦)은 초패왕(楚霸王) 항우(項羽)를 물리치고 기원전 202년 한의 황제가 되었다. 한왕조는 전한(前漢:B.C.206-A.D.8)과 후한(後漢: A.D.25-220)으로 구분된다. 전한 말 외척 왕망(王莽)이 유씨(劉氏)의 한왕조를 찬탈해 신(新: 8-25)을 건국했지만 곧 막을 내렸고, 유방의 후손 유수(劉秀)가 혼란을 수습해 다시 한(漢)왕조를 수립했다(後漢). 전한(前漢) 고조(高祖) 유방은 군국(郡國)제도를 실시해 지방을 통치하고 농민생활의 안정을 도모했다. 경제(景帝) 시기의 오초칠국(吳楚七國)의 난을 거쳐, 무제(武帝) 시기에는 중앙집권적 황제정치가 확립되고, 지방통치에서 군현제가 확립되었다. 수도에 태학(太學)을 설립하고, 유교를 채택해 황제정치의 근간을 수립했다. 또 재정확보를 위해 염(鹽)과 철(鐵)을 전매하고, 화폐를 오수전(五銖錢)으로 통일해 재정을 강화했다. 또한 흉노와의 대대적인 전쟁으로 서쪽 경영에 힘써 동서(東西) 문물교류의 길인 실크로드 개통의 계기를 만들었다.

2) 係頸以組 계경이조 : 끈으로 목을 매다, 항복하고 자살하려는 것을 표시한다

3) 符節 부절 : =부계(符契). 신표. 군사를 동원하거나 명령을 전했다. 둘로 쪼개 조정에서 한 쪽을 보관

이 모두 앞을 다투어 금과 비단, 재물을 보관한 창고로 달려가서 이를 나누어 가졌다. 그러나 소하(蕭何)는 혼자서 먼저 진나라 승상부에 들어가 지도와 장부[圖籍]를 거두어 보관했다. 이 때문에 패공은 천하의 험하고 막힌 곳[4]과 호구의 많고 적음과, 강하고 약한 곳을 자세히 알게 되었다.

○ 패공은 진나라의 궁실과 휘장, 개, 말, 많은 보물, 부녀자가 수천인 것을 보고는, 그 곳에서 머물러 살고 싶은 생각이 들었다. 번쾌(樊噲)가 "패공께서는 장차 천하를 가지고자 하십니까? 아니면 부잣집 늙은이가 되고자 하십니까? 이 사치스럽고 화려한 물건들은 모두 진나라가 멸망하게 된 원인인데, 패공은 이를 어디에 쓰시겠습니까? 원컨대 급히 패상으로 돌아가시고, 관중에 머물지 마소서"라고 간언했다. 패공이 듣지 않았다.

또 장량이 간언했다.

"진나라가 무도했기 때문에 패공이 여기에 이를 수 있었습니다. 천하를 위해 포악한 적을 제거하려 한다면, 마땅히 검소함을 바탕으로 삼아야 할[5] 것입니다. 이제 처음으로 진나라에 들어와 그 즐거움에 안주한다면, 이는 이른바 '걸왕(桀王)의 포악한 정치를 돕는 것'[6]이 됩니다. 또 충성스

---

4) 阨塞 액색 : 험하고 막힌 곳, 요새, 요해처

5) 縞素爲資 호소위자 : 흰 것(검소)을 바탕으로 함. 호(縞) 정밀하고 흰 비단. 소(素) 채색이나 꾸밈이 없음

6) 助桀爲虐 조걸위학 : 걸(桀 하夏의 마지막 왕)의 포악한 정치를 도우니 포악한 짓을 하게 된다

러운 말은 귀에는 거슬리나 행동에는 이롭고, 독한 약은 입에는 쓰나 병에는 이로운 것입니다. 원컨대 패공께서는 번쾌의 말을 따르소서"

패공이 이에 군대를 패상으로 돌렸다.

11월에 패공이 여러 현의 어르신들과 호걸들을 모두 불러 일렀다.

"어르신들은 오랫동안 진나라의 가혹한 법 밑에서 고생했습니다. 비방하는 자는 삼족을 멸하고, 맞대고 말하는[偶語] 자는 기시(棄市) 했습니다. 내가 관중에서 왕을 할텐데, 어르신들에게 단지 3개의 법[7]만을 약속할 뿐입니다. 사람을 죽인 자는 죽이고, 사람을 상해하거나 도둑질한 자는 죄에 따라[8] 처벌하고, 나머지 진나라의 법은 모두 없애겠습니다.

여러 관리와 백성들은 모두 옛날과 같이 안심하고 지내십시오.[9] 내가 여기에 온 까닭은 어르신들을 위해 해로움을 제거하고자 하는 것입니다. 빼앗거나 포악하게 하는 일은 없을 것이니, 두려워하지 마십시오. 또 내가 패상으로 군대를 돌아가게 한 것은 제후들이 이르기를 기다려 법을 정하려고 하는 것입니다"

---

7) 約法三章 약법삼장 : '사람을 죽인 자는 죽이고, 사람을 상해하거나 도둑질을 한 자는 죄에 따라 처벌한다' 는 내용으로, 고조는 이 약법3장으로 민심을 얻었다

8) 抵罪 저죄 : 죄의 경중에 따라 거기에 상당한 형벌을 매김. 저(抵) 저촉할, 다다를, 이를, 해당할

9) 安堵如故 안도여고 : 예전처럼 편히 살다

그리고는 사람을 시켜 진나라 관리와 함께 현(縣) 향(鄕) 읍(邑)을 순행하면서, 이를 알리게 했다. 진나라 백성들이 크게 기뻐하면서 다투어 소와 양, 술과 음식을 가지고 와서, 그것들을 바쳐 군사들에게 먹이게 했다. 그러나 패공은 사양하고 받지 않으면서 "창고에 곡식이 많아 궁핍하지 않고, 또 백성들이 허비하지 않도록 하고 싶다"고 하니, 백성들이 더욱 기뻐하고, 오직 패공이 진왕이 되지 않을까봐 걱정했다.

○ 항우가 하북을 평정하고 제후들의 병력을 인솔해 서쪽으로 관중에 들어가고자 했다. 진나라의 항복한 군사들이 원망하는 말을 많이 했다. 항우는 밤에 이들을 공격해 진나라 병졸 20여만 명을 신안성(新安城) 남쪽에 묻어 죽였다.

○ 어떤 사람이 패공을 설득하기를 "진나라의 풍요로움은 천하의 열 배이고, 지형이 강합니다. 들리는 바로는 항우가 진나라의 항복한 장수 장한(章邯)을 옹(雍)왕이라 부르고, 관중에서 왕을 시킨다고 합니다. 그들이 지금 온다면, 패공이 여기를 차지하지 못할까 걱정됩니다. 급히 병력으로 함곡관을 지켜 제후의 군대가 들어오지 못하게 하고, 차츰 관중의 병력을 징발해 우리 군을 늘려서 그를 막도록 하십시오" 하니, 패공이 그 계책을 옳게 여겨 따랐다.

얼마 후 항우가 함곡관에 이르니, 관문이 닫혀 있었다. 패공이 이미 관중을 평정했다는 말을 듣고는 크게 노해 경포 등에게 함곡관을 공격해 격파하도록 했다. 12월에 항우가 진격해 희수(戲水)에 이르렀는데, 패공의 좌사마(左司馬)

조무상(曹無傷)이 사람을 보내 항우에게 "패공이 관중에서 왕을 하고자 합니다. 진귀한 보물을 다 차지했고, 분봉해줄 것을 요구하려고 합니다"라고 전했다.

항우가 크게 화를 냈다. 사졸들을 먹이고 다음날 아침 패공의 군대를 공격하기로 약속했다. 이때 항우의 병력은 40만인데, 1백만이라고 했고, 신풍(新豐)의 홍문(鴻門)에 주둔하고 있었다. 패공의 병력은 10만인데 20만이라고 했고, 패상에 있었다.

범증(范增)이 항우에게 "패공이 산동(山東)에 있을 때에는 재물을 탐하고 여색을 좋아했는데, 지금 관중에 들어와서는 재물을 갖지 않았고, 부녀자들도 총애하지를 않고 있습니다. 이는 그 뜻이 적지 않다는 것을 말합니다. 사람을 시켜 그 기운을 바라보게 했는데, 모두 '용이 다섯 색깔을 띄운 것'이 되었다고 합니다. 이는 천자의 기운입니다. 급히 공격해 놓치지 마소서"라고 했다.

항백(項伯)은 항우의 막내 작은 아버지이다. 평소 장량과 친했는데, 밤에 달려가 장량을 만나 상황을 모두 설명하고, 함께 (패공에게서) 떠나자고 호소했다. 장량은 "신은 한(韓)왕을 위해 패공에게 보내졌습니다. 패공에게 위급한 일이 생기는데, 도망가는 것은 의롭지 못합니다. 말하지 않을 수 없습니다"라고 말하고는, 패공에게 모두 보고했다. 또 간곡히 항백에게 부탁해 패공을 만나보게 했다.

패공이 술잔을 받들어 축수를 하고 혼인관계 맺기를 약속하며 말하기를 "내가 관중에 들어와 감히 털끝만큼도 가까이한 바가 없습니다. 관리와 백성을 장부에 올리고 관청의 창고를 봉(封)해 장군을 기다렸습니다. 장수를 파견해 관문을 지키게 한 것은 다른 도적을 대비하기 위한 것입니다. 어찌 감히 배반하겠습니까? 원컨대 항백께서는 내가 감히 은혜[德]를 배반하지 않았음을 분명히 말해주십시오"라고 부탁했다.

항백이 그리 하겠노라면서, 패공에게 "내일 아침 일찍 스스로 와서 사죄하지 않으면 안됩니다"라고 말했다. 패공이 이를 수락했다.

항백은 그 밤에 다시 돌아와 항우에게 패공의 말을 모두 전하면서, "패공이 먼저 관중을 격파하지 않았다면, 공이 어찌 감히 들어올 수 있었겠습니까? 이 사람에게 큰 공이 있는데, 그를 공격하는 것은 의롭지 못합니다. 잘 대우하는 게 낫습니다"고 진언했다. 항우가 허락했다.

패공이 다음날 아침 백여명의 기병과 함께 홍문에 왔다. 항우를 만나 사죄하기를 "신이 장군과 힘을 다해[10] 진나라를 공격할 때, 장군은 하북에서 싸우고 신은 하남에서 싸웠습니다. 그런데 뜻하지 않게[不自意] 먼저 관중에 들어와 진나라를 격파하고, 다시 장군을 이곳에서 뵙게 되었습니다. 이번에 소인배의 이간질하는 말이 있어 장군과 신 사이에 틈이 있게 했습니다"라고 했다. 항우가 "이는 패공의 좌사마(左司馬)인 조무상(曹無傷)이 말한 것이오. 그렇지 않았다면 내가 어찌 이렇게까지 했겠는가?"라고 했다.

10) 戮力 육력 : 죽을힘을 다하다, 힘쓰다

항우가 패공을 머물게[留] 해서 술을 마셨다. 범증이 여러 번 항우에게 눈짓[目]을 하고, 세 번이나 차고 있던 옥결(玉玦)[11]을 들어서 보였으나, 항우가 응하지 않았다.

범증이 자리에서 나와 항장(項莊)을 불러서 "군왕의 사람됨이 차마 하지 못하니, 그대가 들어가 앞에 나가서 축수하고, 축수가 끝나거든 검무를 출 것을 청하라. 그리고 틈을 타서 패공을 그 자리에서 쳐서 죽여라. 그렇지 않으면 그대들은 모두 장차 사로잡히게 될 것이다"라고 말했다.

항장이 들어가 축수하고, 축수가 끝나자 "군중에 즐길 것이 없으니, 검무를 청합니다"라고 했다. 항우가 이를 허락했다. 항장이 검을 뽑아 춤을 추자, 항백 또한 일어나 검을 뽑아 춤을 추었는데, 항상 패공을 날개처럼 감싸니[翼蔽][12] 항장이 칠 수가 없었다.

이에 장량이 군문(軍門)으로 나와 번쾌를 보고 "지금 항장이 검을 뽑아 춤을 추는데, 그 뜻이 패공에게 있다" 하니, 번쾌가 "이것, 급박하군요" 하고는 즉시 검을 차고 방패를 끼고 군문에 들어가 휘장을 헤치고 서서, 성난 눈으로 항우를 보았다. 머리카락은 위로 뻗었고 눈가장자리가 다 찢어졌다.

항우가 말하기를 "장사로다! 그에게 술잔을 주어라" 하니, 말 술잔[13]을 주었다. 번쾌가 이를 마시자, 항우가 "돼지

---

11) 玉玦 옥결 : 옥으로 된 장식품, 고리처럼 되어 있고 한 부분이 비어 있다

12) 翼蔽 익폐 : 익(翼) 새의 날개. 폐(蔽) 덮다, 싸다, 가리다, 숨기다

13) 斗巵酒 두치주 : 말(斗)들이 술잔의 술

어깨를 주어라" 하니, 즉시 생 돼지 어깨 하나를 주었다. 번쾌가 검을 뽑아 이것을 베어 먹자[啗], 항우가 말하기를 "장사로다! 다시 더 마실 수 있겠는가?"고 물었다. 번쾌가 대답했다.

"신이 죽는 것도 피하지 않는데, 술잔을 어찌 사양하겠습니까? 진나라는 호랑이와 승냥이의 마음[14]이 있어 사람 죽이기를 다 열거하지 못할 정도였고, 사람에게 형벌주기를 다 해내지 못할까봐 걱정하듯이 하므로, 천하가 모두 진나라에 반란을 일으켰습니다. 회왕이 여러 장수들과 약속하기를 '먼저 진나라 군대를 격파하고 함양에 들어가는 자를 그곳의 왕으로 하겠다'고 했습니다.

지금 패공께서는 먼저 진나라를 격파하고 함양에 들어갔지만, 털끝만큼도 감히 가까이한 바가 없고, 패상으로 돌아와서 장군을 기다렸습니다. 노고가 많고 공이 이와 같이 높은데도, 분봉하고 관작을 주는 상은 없고, 소인의 말을 듣고서 공이 있는 사람을 죽이려고 하시니, 이는 망한 진나라의 계속일 뿐입니다. 생각하건데, 장군께서 해서는 안될 일을 하십니다"

얼마 후[15] 패공이 일어나 측간에 가면서 번쾌를 불러내어 샛길로 패상으로 달려가고, 장량을 남겨서 항우에게 사죄하게 했다.

---

14) 虎狼之心 호랑지심 : 호랑이와 승냥이처럼 사납고 욕심 많다는 뜻

15) 須臾 수유 : 잠시, 종용(從容)한 모양

○ 며칠 머문 뒤 항우가 병력을 이끌고 서쪽으로 가서 함양을 도륙한 다음, 진나라의 항복한 왕 자영을 죽이고, 진나라 궁실을 불태우니, 불이 3개월 동안 꺼지지 않았다. 보화와 부녀자들을 거두어 동쪽으로 가니, 진나라 백성들이 크게 실망했다.

○ 한생(韓生)이 항우를 설득하기를 "관중은 산으로 막혀 있고 황하(黃河)가 띠처럼 둘러 있어, 사방이 요새가 되는 땅[16]입니다. 또 토지가 비옥하니 도읍을 삼아 패자가 될 수 있습니다"라고 했다. 그러나 항우는 진나라 궁실이 모두 불타고 심하게 파괴된 것을 보고, 또 마음속으로 동쪽으로 돌아가고 싶어서 "부귀해진 뒤에 고향에 돌아가지 않으면, 이는 수놓은 비단옷을 입고 밤에 다니는 것[17]과 같으니, 누가 그것을 알겠는가"라고 대답했다.

한생이 물러나서 "사람들이 초나라 사람은 원숭이에게 관모를 씌운 것[18]일 뿐이라고 말하더니, 과연 그렇구나"라고 한탄했다. 항우가 이 말을 듣고 한생을 삶아 죽였다.

○ 항우가 사람을 시켜 회왕에게 일의 결과를 보고[19]했다. 회왕이 "약속과 같이 하라"고 말했다. 항우가 말하기를

---

16) 四塞之地 사색지지 : 사방이 산과 강으로 막힌 군사적 요해처, 사방이 험준한 요해처

17) 衣繡夜行 의수야행 : 수놓은 비단옷을 입고 밤길을 가다

18) 沐猴而冠 목후이관 : 주(註) 비록 사람의 의관을 갖추어 착용했지만, 마음은 사람 같지 않다

19) 復命 복명 : 일을 맡은 자가 일의 결과를 보고함

“회왕은 우리 집안에서 세웠을 뿐이고, 정벌의 공로도 없으면서, 어떻게 약속만을 주장할 수 있겠는가?”라고 했다. 봄 정월에 항우가 겉으로는 회왕을 높여 의제(義帝)라 했으나, 실제로는 그 명령을 받지 않았다.

○ 2월에 항우가 천하를 나누어 여러 장수들을 왕으로 삼고, 스스로는 서초패왕(西楚霸王)이 되어 양(梁)과 초(楚) 땅 9군의 왕이 되어 팽성(彭城)을 도읍으로 했다. 항우가 범증과 함께 패공을 의심했으나, 이미 화해를 했고, 또 약속을 저버리는 것은 싫었다.

이에 은밀히 모의하기를 “파(巴) 촉(蜀)은 길이 험하고, 진나라에서 사람들을 옮겨서 모두 거기에 살게 했다”고 하고, “파 촉도 관중의 땅”이라고 한 다음, 일부러 패공을 세워 한왕(漢王)으로 삼아 파 촉과 한중(漢中)의 왕을 시키고, 남정(南鄭)에 도읍하게 했다. 그리고는 관중을 셋으로 나누어 진나라의 항복한 장수인 장한과 사마흔과 동예를 왕으로 삼아 한나라의 길을 막고 대치하게 했다.

한왕이 노해서 항우를 공격하려 했다. 주발(周勃) 관영(灌嬰) 번쾌가 모두 이를 권했다. 그러나 소하(蕭何)는 “한중 왕을 하는 것이 싫겠지만, 그래도 죽는 것보다는 낫지 않겠습니까? 한 사람의 아래에서 굴복했지만, 천하의 위에서 신의를 얻는 것은 탕왕과 무왕이 그러했습니다. 신은 대왕께서 한중왕을 하시기를 원합니다. 그 백성을 기르고, 현자를 오도록 하고, 파 촉에서 거두고 쓰시다가, 돌아가서 삼진(三秦)을 평정하신다면 천하를 가히 도모할 수 있을 것입니다"라고 간언했다. 한왕이 "좋다" 하고, 봉국에 가서 소하를 승상으로 삼았다.

○ 여름 4월에 제후가 희하(戲下)의 군대를 해산하고 각기 분봉받은 나라로 갈 때, 항왕(項王)은 병졸 3만명에게 한왕(漢王)을 따라 봉국으로 가게 했다. 장량이 포중(褒中)까지 호송해 왔다. 한왕이 장량을 한(韓)나라로 돌아가게 했다. 장량이 그 기회에 한왕(漢王)을 설득했다. 지나온 잔도(棧道)[20]를 불태워 끊어 제후의 침략을 대비하게 하고, 또 항우에게 동쪽으로 진출할 뜻이 없음을 보이게 했다.

○ 회음(淮陰)사람 한신(韓信)은 처음에 집이 가난해서 성(城) 아래에서 낚시를 하며 살았다. 빨래하던 아주머니[漂母]가 한신이 굶주린 것을 보고 한신에게 밥을 먹였다. 한신이 기뻐하며 아주머니에게 "내가 반드시 아주머니에게 크게 보답하겠소"라고 말하니, 아주머니가 화를 내며 "대장부가 스스로 밥을 먹을 수 없으므로 내 도령을 딱하게 여겨 음식을 대접한 것인데, 어찌 보답을 바라겠는가"라고 했다.

회음의 백정 소년 중에 한신을 업신여기는 자가 있었다. 여러 사람이 있는 곳에서 그를 욕보이며 "한신아, 죽일 수 있거든 나를 찌르고, 죽일 수 없거든 내 가랑이 아래로 지나가라"고 말했다. 그러자 한신이 고개를 숙이고 가랑이 아

---

20) 棧道 잔도 : 험한 골짜기에 나무를 높이 질러 만든 다리

래로[21] 엎드려 엉금엉금 기어가니[22], 온 시장 사람들이 모두 한신을 겁쟁이라고 비웃었다.

항량이 회수(淮水)를 건너가자, 한신이 검을 차고 따라가 휘하에 있었으나, 이름이 알려진 바가 없었다. 항량이 패하자 또다시 항우에게 소속되었다. 항우가 낭중(郎中)으로 삼았는데, 여러 번 계책을 가지고 항우에게 써줄 것을 요구했으나 항우가 써주지 않았다.

한왕이 촉으로 들어갈 때 한신은 초나라에서 도망쳐 한나라에 귀의했다. 한왕이 치속도위(治粟都尉)로 삼았으나, 또한 뛰어나게 여기지 않았다. 한신이 자주 소하와 대화했는데, 소하는 그를 범상하지 않게 여겼다.

한왕이 남정(南鄭)에 이르니, 여러 장수와 사졸들이 모두 동쪽으로 돌아가고 싶다고 노래했다[23]. 도중에 도망하는 자도 많았다. 한신이 도망가자, 소하는 한신의 도망 소식을 듣고 미처 왕에게 알리지도 못하고 직접 한신을 쫓아갔다.

어떤 사람이 왕에게 "승상 소하가 도망갔습니다"고 보고했다. 왕이 크게 노하며 좌우의 손을 잃은 것처럼 여겼는데, 하루 이틀이 지나서 소하가 와서 왕을 뵙자, 왕이 한편으로는 화내고 한편으로는 기뻐했다. 소하를 꾸짖으며 "장수 중에 도망한 자가 열 몇인데, 공(公)은 이들을 쫓아간

---

21) 俛出袴下 부출과하 : 몸을 숙여 사타구니(가랑이) 아래로 나오다

22) 蒲伏 포복 : =포포(匍匐) =포복(匍腹) =포복(蒲腹). 배를 땅에 대고 엉금엉금 기다

23) 謳歌 구가 : 노래하다

적이 없다. 한신을 좇아갔다는 것은 거짓"이라 말했다.

소하는 "여러 장수들이야 얻기 쉽지만, 한신과 같은 사람은 나라의 인재이자, 둘도 없는 존재입니다. 왕께서 오래도록 한중에서 왕을 하고자 하신다면 한신을 쓸 일이 없겠지만, 천하를 다투고자 하신다면, 한신이 아니고는 더불어 일을 계획할 사람이 없습니다. 왕의 계책이 어디에 있느냐로 결정될 뿐입니다"라고 대답했다.

왕이 말하기를 "나도 또한 동쪽으로 가고 싶다. 어찌 답답하게 오랫동안 이곳에 머물러 있겠는가?" 하고는, 한신을 불러 대장에 임명하려고 했다. 소하가 "왕이 평소 거만하고 무례하시어, 대장 임명하기를 어린 아이 부르듯 하시니, 이것이 바로 한신이 떠나간 이유입니다. 왕께서 그를 대장으로 임명하고자 하신다면, 좋은 날을 가려 재계하시고, 단장[24]을 마련하고 예를 갖추어야만 비로소 될 것입니다"라고 건의했다. 왕이 이를 허락했다.

여러 장수들은 모두 (대장 임명 소식을) 기뻐하며, 사람마다 각각 자신이 (대장이) 될 것이라 여겼다. 대장을 임명했는데, 한신이었다. 전군이 모두 놀랐다.

한신을 임명하는 예가 끝나자 왕이 (그를) 윗자리에 앉게 하고, "승상이 여러 번 장군을 말했는데, 장군은 어떻게 과인에게 계책을 가르쳐 주겠는가?"고 물었다. 한신이 사례하고 왕에게 "지금 동쪽을 향해 천하에서 권력을 다툴 자가

---

24) 壇場 단장 : 마당에 흙을 쌓아 만든 단

어찌 항왕이 아니겠습니까?"라고 물으니, 한왕이 "그렇다"고 대답했다.

한신이 "대왕이 자신을 헤아려 보건대, 용맹과 사나움과 인자함과 강함을 항왕과 비교했을 때 누가 더 낫습니까?" 하고 물으니, 한왕이 한동안 있다가 "내가 그만 못하다"고 대답했다. 한신이 "저도 또한 대왕이 그만 못하다고 여깁니다"라면서, 그의 계책을 말했다.

"신은 일찍이 항왕을 섬겼습니다. 청하건데, 항왕의 사람됨을 말하겠습니다. 항왕이 노해서 큰소리로 꾸짖으면[25], 천 사람이 스스로 쓰러집니다. 그러나 현명한 장수에게 임무를 주어서 맡기지 못하니, 이는 다만 필부의 용맹일 뿐입니다. 항왕은 사람을 만날 때 공경하고 자애롭게 대하며, 말을 온화하게 합니다.[26] 사람들에게 질병이 있으면, 눈물을 흘리고 음식을 나누어 줍니다. (그러나) 다른 사람이 공을 세워 봉작을 해야 되는 경우에는 인장의 모서리가 깎이고 닳아도[27] 차마 주지를 못합니다. 이는 이른바 부인의 사랑[仁]입니다.

항왕은 천하의 패왕이 되어 제후들을 신하로 삼고 있으나, 관중에 거주하지 않고 팽성을 도읍으로 하고, 의제(義帝)를 내쫓고, 지나가는 곳마다 남김없이 없애버렸으니, 이름은 패왕이지만 실제로는 천하의 인심을 잃었습니다. 그러

---

25) 喑噁叱咤 음오질타 : 노여움을 품고 큰 소리로 꾸짖는 것

26) 嘔嘔 구구 : 온화한 모양

27) 刓敝 완폐 : 완(刓) 깎을, 닳을. 폐(敝) 해질, 깨질, 부서질

므로 그의 강함은 약해지기 쉽습니다.

이제 대왕은 그 방법을 반대로 할 수 있습니다. 천하를 굳세고 용감한 자에게 맡기시면, 주벌하지 못할 것이 무엇이겠습니까? 천하의 성과 읍을 공신들에게 분봉하시면, 굴복시키지 못할 것이 무엇이겠습니까? 의병으로써 동쪽으로 돌아갈 것을 생각하는 군사들을 따르게 하시면, 흩어지게 해서 패배시키지 못할 것이 무엇이겠습니까?

또 삼진(三秦)의 왕들은 장수가 되어 진나라 젊은이들을 거느린 지가 여러 해였습니다. 그들은 부하들을 속이고 제후에게 항복했는데, 신안(新安)에 이르자 항왕이 진나라의 항복한 군사 20여만 명을 속여 구덩이에 묻어 죽일 때, 유독 장한(章邯)과 사마흔(司馬欣)과 동예(董翳)만이 빠져 나왔습니다. 진나라 어르신들이 이 세 사람을 원망하고, 아픔은 골수에 스며 있습니다. 지금 초나라가 강해서 위력으로 이 세 사람이 왕이 되었지만, 진나라 백성들은 좋아하지 않습니다.

그런데 대왕께서는 관중에 들어가 털끝만큼도 해친 바 없고, 진나라의 가혹한 법을 제거하시니, 진나라 백성 중에 대왕이 진나라에서 왕이 되기를 바라지 않은 사람이 없습니다. 이제 대왕이 군대를 일으켜 동쪽으로 가신다면 삼진(三秦)은 격문만 돌려도 평정할 수 있을 것입니다"

이에 한왕이 크게 기뻐하며, 자신이 한신을 늦게 얻었다고 여기고, 한신의 계책을 따랐다.

○ 8월에 병력을 인솔하고 고도(故道)로부터 나와 옹(雍)

을 습격하니, 옹왕(雍王) 장한은 싸우다가 패주하고, 새왕(塞王) 사마흔과 적왕(翟王) 동예는 모두 항복했다.

○ 왕릉(王陵)은 패(沛) 사람이다. 일찍이 무리 수천 명을 모아 남양에 있었다. 이때에 이르러 병력을 인솔해 한나라에 합류했다. 항왕이 왕릉의 어머니를 데려다가 군중에 두었다. 왕릉의 사자가 이르자, 왕릉의 어머니를 상석[東向=上席]에 앉혀서 왕릉을 부르려 했다. 왕릉의 어머니가 은밀히 사자를 만나 울면서 "원컨대 나를 위해 한왕을 잘 섬기라고 하시오. 한왕은 장자이니 늙은 저 때문에 두 마음을 갖지 말라고 왕릉에게 말해주시오. 저는 죽음으로 사자를 보냅니다"고 말하고 칼에 엎드려 죽었다.

○ 장량이 항왕에게 편지를 보내 "한왕이 직(職)을 잃어 관중을 얻고자 했지만, 약속대로 관중을 얻었으니, 곧 멈추고 감히 동쪽으로 전진하지 않을 것입니다"라고 했다. 또 제나라와 양나라를 이간질하는 글[反書]을 항왕에게 보내, "제나라가 조나라와 함께 합병해 초나라를 멸망시키려고 합니다"라고 했다. 항왕이 이 때문에 서쪽으로 갈 뜻이 없었고, 북쪽으로 제나라를 공격했다.

병신(丙申) 2년(기원전 205)

겨울 10월에 항왕(項王)이 몰래 구강왕(九江王) 경포 등에게 의제를 공격하게 해 강중(江中)에서 죽였다.

○ 진여(陳餘)가 습격해 상산(常山)을 격파하니, 장이(張

耳)가 패해 한(漢)으로 달아났다. 진여가 조왕을 대(代)에서 맞이해 다시 조왕으로 삼았다.

○ 한왕(漢王)이 한(韓)나라 양왕(襄王)의 손자인 신(信)을 세워 한왕(韓王)으로 삼으니, 항상 한(韓)나라 군대를 거느리고 한왕(漢王)을 따랐다.

○ 처음에 양무(陽武) 사람 진평(陳平)은 집이 가난했으나 독서하기를 좋아했다. 마을의 제사에서 진평이 고기 나누는 일을 맡아[宰] 고기와 음식을 나누어 주었는데, 매우 균등하게 했다. 어르신들이 "잘한다. 진도령이 고기를 잘 나누는구나"라고 칭찬했다. 진평은 "아, 만약 내가 천하를 관리하게 된다면[宰], 이 고기를 나누는 것과 같이 하겠는데!"라고 말했다.

제후들이 진나라에 반란을 일으키자, 진평이 위왕 구(咎)를 임제(臨濟)에서 섬겼다. 태복(太僕)이 되었는데, 위왕에게 정책을 가지고 설득했으나 듣지 않았다. 어떤 사람이 그를 참소하자 진평이 도망쳤다.

후에 항우를 섬겨 도위에 임명되었는데, 뒤에 다시 검을 잡고 한나라로 귀의해 위무지(魏無知)를 통해 한왕을 만나볼 것을 요구했다. 한왕은 진평과 함께 말해보고는 기뻐하여 묻기를 "그대가 초나라에 있을 때에 무슨 벼슬을 하였는가?"하니, 진평이 "도위(都尉)였습니다"라고 대답했다.

한왕은 이날 즉시 진평을 도위로 임명하고 함께 수레를 타게 하고[28] 군사들을 다 통솔하게 했다. 이에 여러 장수들이 모두 이런 저런 말들을 했다. "대왕은 어느 날 초나라에서 도망해 온 병졸을 얻어, 그 신분의 높고 낮음도 알지 못하고 곧바로 그와 수레를 함께 타시면서, 그에게 높은 사람[長者][29]들을 감독하고 통솔하게 하신다"는 불평이었다. 그러나 한왕은 이 말을 듣고 더욱 진평을 총애했다.

○ 한왕이 남쪽으로 평음(平陰) 나루를 건너 낙양의 신성(新城)에 이르니, 삼로(三老)[30]인 동공(董公)이 길을 가로막고 왕을 설득했다.

"신이 들으니 덕을 따르는 자는 번창하고 덕을 거스르는 자는 망한다고 했습니다. 군대를 명분 없이 내면, 하고자 하는 일을 이루지 못합니다. 그러므로 먼저 그가 도적[賊]임을 밝히십시오. 적(敵)도 이에 승복할 것입니다. 항우가 무도한 짓을 해서 그 군주를 함부로 시해했으니, 천하의 도적입니다.

무릇 인(仁)이란 용맹으로 되는 것이 아니며, 정의[義]란 힘으로 되는 것이 아닙니다. 대왕은 마땅히 삼군(三軍)의 무리를 거느리고, 그들에게 소복을 입히고, 제후들에게 알리고 정벌하소서"

이리하여 한왕이 의제(義帝)를 위해 발상을 하고, 제후들에게 "천하가 함께 의제를 세웠는데, 지금 항우가 함부로 시해했으니, 과인이 친히 의제를 위해 발상을 하고, 군사들

---

28) 驂乘 참승 : 귀인과 함께 수레를 타다

29) 長者 장자 : 연장자, 윗사람, 덕망이 있는 사람, 관대한 사람, 신분이 높은 사람, 부호, 부자

30) 三老 삼로 : 향(鄕)의 교화를 맡은 직책

에게 모두 흰옷을 입혔습니다. 관중의 병력을 총동원하고 삼하(三河)의 군사를 거두어서, 남쪽으로 배를 타고 한수 아래로 내려갈 것입니다. 원컨대 여러 제후왕께서는 따르시오! 초나라가 의제를 죽인 일을 공격[응징]합시다"라고 말했다.

항왕은 한나라가 동쪽으로 진출하고자 한다는 말을 들었으나, 먼저 제나라를 격파하고 그 다음에 한나라를 공격하기로 결정했다. 한왕이 이 때문에 제후들의 병력 56만 명을 거느리고 초나라를 정벌할 수 있었다. 팽월이 병력을 인솔하고 한나라에 귀순하자, 한나라가 마침내 팽성에 들어갔다. 그 보화와 미인을 거두고 날마다 술자리를 베풀고 크게 잔치했다.

항왕이 그 소식을 듣고 스스로 정예병 3만 명을 거느리고 팽성에 왔다. 한군을 수수(睢水)에서 크게 격파했다. 한군이 초나라에 밀려 병사 10여만 명이 모두 수수에 빠졌다. 수수가 이 때문에 흐르지 못했다.

한왕을 세 겹으로 포위했는데, 마침 큰 바람이 서북쪽에서 일어나 나무가 꺾이고 집이 뒤집혀졌으며, 돌과 모래가 날리고 캄캄해져 낮인데도 어두우니, 초나라 군사들이 크게 혼란에 빠져 무너지고 흩어졌다. 한왕이 마침내 수십 명의 기병과 함께 도망갈 수 있었다.

심이기(審食其)가 태공과 여후를 모시고 샛길로 가서 한왕을 찾다가 초나라 군사를 만났다. 항왕이 항상 이들을 군중에 두고 인질로 삼았다.

○ 한왕이 "내가 함곡관 동쪽을 맡겨서 버리듯이 하고 싶은데, 누가 공을 함께 할 자인가?" 하고 물으니 장량이 계책을 말했다.

"구강왕 경포는 초나라의 용맹한 장수지만 항왕과 틈이 있고, 팽월은 제나라와 함께 양나라 땅에서 배반했으니, 이 두 사람에게 급히 사신을 보낼 수 있습니다. 한왕의 장수 중에는 오직 한신에게만 큰 일을 맡길 수 있습니다. 한 방면을 맡겨서 그것을 잊어버리려고 하신다면, 이 세 사람에게 맡기십시오. 초나라를 격파할 수 있을 것입니다"

○ 한왕이 좌우의 신하에게 "천하의 일을 함께 계획할 자가 없구나"라고 한탄했다. 알자(謁者)인 수하(隨何)가 나아가 "폐하께서 말씀하시는 바를 자세히 알지 못하겠습니다"고 하니, "누가 나를 위해 구강에 사신으로 가서, 구강왕으로 하여금 군대를 일으켜 초나라를 배반하게 할 수 있겠는가? 항왕을 몇 달 동안만 잡아두면, 내가 천하를 차지하는데 만전을 다할 수 있을 것이다"라고 대답했다. 수하가 "신이 사신으로 가겠습니다"고 했다. 한왕이 수하로 하여금 20명과 함께 가게 했다.

○ 5월에 한왕이 형양(滎陽)에 이르니, 여러 곳에서 패한 군사들이 모두 모였다. 소하 또한 늙고 약해 병적에 올리지 않은 관중의 사람들[31]까지 징발해 모두 형양에 이르게 하

31) 未傅者 미부자 : 노약자로서 국가에 부역을 제공하는 명부에 들지 않는 자

니, 한나라 군대가 다시 크게 떨쳤다.

초나라와 한나라가 형양의 남쪽 경성(京城)과 색수(索水) 사이에서 싸웠다. 한왕이 초나라 기병을 형양의 동쪽에서 공격해 크게 격파하니, 초나라가 이 때문에 형양을 지나 서쪽으로 가지 못했다. 한나라가 형양에 군대를 주둔하고, 용도(甬道)[32]를 쌓아 황하로 연결해 오창(敖倉)의 곡식을 차지했다.

○ 주발 등이 한왕에게 "진평이 비록 아름답기가 관모를 장식한 구슬 같으나, 그 속에는 든 게 없습니다. 신이 들으니 진평이 집에 있을 때 그 형수를 훔쳤고, 위나라를 섬기다가 용납되지 못하자 초나라로 도망갔고, 맞지 않자 또 도망쳐서 한나라로 돌아왔다 합니다. 오늘날 대왕이 그로 하여금 군사들을 통솔하게 하셨는데, 여러 장수들에게서 금을 받았습니다. 원컨대 왕은 이것을 살피소서"라고 말했다.

한왕이 위무지를 불러 꾸짖으니 위무지가 "신이 말한 것은 능력이고, 폐하께서 물으신 것은 행실입니다. 지금 미생(尾生)과 효기(孝己)[33]의 행실이 있더라도 승부를 결정하는 운수에는 무익하니, 폐하께서 어떻게 그들을 쓸 겨를이 있

32) 甬道 용도 : 양측에 담을 쌓은 길

33) 尾生孝己之行 미생효기지행 : 장자(莊子) 왈(曰) "미생이 여자와 다리 아래에서 만나기로 약속했다. 여자는 안 오고 물이 차올라왔는데, 떠나지 않고 다리의 기둥을 보듬고 있다가 죽었다". 효기는 은(殷) 고종의 아들이다. 아버지를 모시면서 하루 밤에 5번 일어났다. 어머니가 일찍 죽고 고종이 후처의 말에 미혹되어 그를 쫓아내니 죽었다

겠습니까? 초나라와 한나라가 서로 대치하는 상황에서, 신이 뛰어난 계책을 내는 인재를 천거했습니다. 다만 그 계책이 진실로 국가의 일에 이로울 것인가를 볼 뿐입니다. 형수를 훔치고, 금을 받아먹은 일을 어찌 의심할 것까지 있겠습니까?"라고 말했다.

○ 8월에 한왕이 형양에 가면서 소하에게 관중을 지키게 했다. 소하는 관중의 호구를 헤아려 뱃길로 식량을 수송하고 군사를 조달해서[34] 군에 공급했다. 모자라거나 끊긴[乏絶] 적이 없었다.

한왕이 역이기로 하여금 위왕 표(豹)를 천천히 설득하게[35] 했다. 한편으로는 그를 불렀으나, 위왕 표가 따르지 않았다. 이에 한왕이 한신과 관영, 조삼에게 함께 위나라를 공격하게 했다. 한왕이 역이기에게 물었다.

"위나라 대장은 누구인가?"

"백직(栢直)입니다"

"이 사람은 입에서 아직도 젖내가 난다. 어찌 한신을 당해내겠는가. 기병의 장수는 누구인가?"

"풍경(馮敬)입니다"

"이 사람은 진나라 장수 풍무택(馮無擇)의 아들이구나. 비록 잘하나 관영을 당해내지 못할 것이다. 보병의 장군은 누구인가?"

---

34) 轉漕調兵 전조조병 : 뱃길로 식량을 수송하고 군사를 조달함

35) 緩頰 완협 : 천천히 비유를 들어 남을 설득하다

"항타입니다"
"조삼을 당해내지 못한다. 나는 걱정할 것이 없구나"

○ 드디어 한의 군대가 진군하니, 위왕이 포판(蒲坂)에 많은 병력[36]을 배치하고, 임진(臨晉) 나루를 막았다. 한신이 군사가 있는 것처럼[疑兵][37] 눈을 속이고, 배를 늘어놓고 임진 나루를 건너고자 하는 척 하면서, 군사를 매복시켜 하양(夏陽)에서 큰 나무통[木罌][38]을 엮어 군대를 건너가게 해 안읍(安邑)을 습격했다. 위왕 표가 놀라 군대를 이끌고 한신을 맞아 싸웠는데, 9월에 한신이 위왕 표를 공격해 사로잡았다. 압송해 역마로 형양으로 보내고, 위나라 땅을 다 평정했다.

○ 한신이 위나라를 평정한 뒤, 사람을 시켜 병사 3만명을 청해서 북쪽으로 연나라와 조나라를, 동쪽으로는 제나라를 공격하고, 남쪽으로는 초나라의 군량길을 끊고자 했다. 그리고는 한왕과 형양에서 만나자고 했다. 한왕이 이를 허락하고, 장이(張易)를 보내 함께 가게 했다.

정유(丁酉, 기원전 204)
겨울 10월에 한신과 장이가 수만의 병력을 거느리고, 동쪽으로 조나라를 공격했다. 조왕과 성안군(成安君) 진여(陳

---

36) 盛兵 성병 : 많은 군사
37) 疑兵 의병 : 적을 현혹시키는 군사. 적을 속여서 군사가 있는 것처럼 하는 것
38) 木罌 목앵 : 입이 작고 배가 큰 나무통

餘)가 그 소식을 듣고 정형(井陘)의 입구에 군대를 집결시켰고, 20만 대군이라고 칭했다. 광무군(廣武君) 이좌거(李左車)가 성안군을 설득했다.

"한신과 장이가 승세를 타고 멀리서 싸우러왔으니, 그 예봉을 당해낼 수가 없습니다. 신이 들으니 천리에서 군량을 보내면[39], 군사들에게 굶주린 기색이 있고, 나무와 풀을 긁어모아 불을 피워 밥을 지어 먹으면[40], 군사들이 배부르게 먹을 수[41]가 없습니다. 지금 정형의 길은 좁아서 수레가 나란히 지나갈 수 없고 기병이 대열을 이룰 수 없으니, 행렬이 수백리 입니다. 그 형세를 보면, 양식은 반드시 그 후미에 있을 것입니다.

원컨대 족하께서 신에게 날랜 병사 3만명을 빌려주십시오. 샛길을 따라 식량[42]을 끊을 것이니, 족하는 구덩이를 깊게 파고 보루를 높이 쌓아 그들과 싸우지 마십시오. 10일이 못되어 두 장수의 머리는 군부대에 이를 수 있을 것이요, 그렇지 않으면 반드시 두 사람에게 사로잡히게 될 것입니다"

성안군은 항상 스스로를 의로운 군대라 칭했고, 속임수와 사특한 계책을 쓰지 않았다.

---

39) 餽糧 궤량 : 양식을 보내다

40) 樵蘇後爨 초소후찬 : 초소(樵蘇)=취신취초(取薪取草), 나무와 풀을 긁어오다. 후찬(後爨)은 후에 불을 때서 밥 지음

41) 宿飽 숙포 : 전날 먹은 것으로 아침까지 배가 부름

42) 輜重 치중 : 군대의 짐수레

한신이 사람을 시켜 몰래 알아보았는데, 그들이 광무군의 계책을 쓰지 않음을 알고 크게 기뻐했다. 이에 병력을 인솔하고 내려갔다. 정형의 입구에서 30리가 못되는 곳에 이르러 멈춰 휴식하고, 한밤중에 전령을 보내 정예 기병 2천명을 뽑았다.

그리고는 그들에게 사람마다 붉은 깃발 하나씩을 들게 해서, 샛길을 따라가 조나라 군영을 바라보게 했다. 한신은 그들에게 "조나라 군사들은 우리가 달아나는 것을 보면 반드시 성을 비우고 우리를 추격할 것이니, 너희들은 빨리 조나라 성으로 들어가 조나라 깃발을 뽑아버리고, 우리 한나라의 붉은 깃발을 꽂으라"고 명령했다.

그리고 비장들에게 주먹밥을 돌리게[43] 하고는 "오늘 조나라를 격파하고 회식하겠다"고 말했다. 여러 장수들은 그 말을 다 믿지는 않았지만, 겉으로 "네" 하고 대답했다. 그리고 만명의 군사에게 먼저 출정해 나가서 배수진[44]을 치게 했다. 조나라 군사들이 멀리서 바라보고 크게 비웃었다.

아침에 한신이 대장군의 깃발과 북을 세우고 북을 치며 행군해 정형의 입구를 나가니, 조나라가 성문을 열고 공격했다. 한동안 크게 싸우다가 한신과 장이가 거짓으로 북과 깃발을 버리고 물가에 주둔해 있는 군대로 도망갔다. 조나라가 과연 성을 비우고 한나라의 북과 깃발을 다투어 차지하고 한신과 장이를 추격했으나, 한신과 장이는 벌써 배수

---

43) 傳餐 전찬 : 선 자리에서 식사하다. 주먹밥을 돌리다

44) 背水陣 배수진 : 물을 등지고 진을 치는 것

진 치고 있는 군대로 들어가 버렸고, 군사들은 배수진을 치고 모두 결사적으로 싸우니[45] 패배시킬 수 없었다.

그 사이에 한신이 (먼저) 내보낸 뛰어난 병사 2천 명이 조나라 성으로 달려 들어가 조나라 깃발을 모두 뽑아버리고 한나라의 붉은 깃발을 세웠다. 조나라 군사들은 한신 등을 잡을 수 없자 성으로 돌아갔는데, 성루에는 이미 한나라 깃발이 꽂혀 있었다. 이것을 보고 크게 놀란 군사들이 혼란에 빠져 도망치자, 한나라 군대가 양 옆에서 공격해 조군을 크게 격파했다. 성안군을 저수(泜水) 가에서 참수하고, 조왕 헐(歇)을 사로잡았다.

◯ 여러 장수들이 한신에게 "병법에 오른쪽과 등에는 산과 구릉을 두고, 앞과 왼쪽에는 물과 못을 두라고 했는데, 지금 장군께서는 우리들에게 배수진을 치게 해 승리했으니 어찌된 것입니까?" 하고 물으니, 한신이 대답했다.

"이는 병법에 나와 있는데, 제군들이 살피지 못했을 뿐이다. 병법에 '사지(死地)에 빠진 뒤에 살고, 망한 땅에 놓인 뒤에 보전된다'고 말하지 않았는가. 또 나는 평소에 어루만져 복종하게 된[46] 장사와 대부를 얻은 것이 아니다. 이 전투는 이른바 시장 사람들을 몰아다가 싸운 것이다. 그들에게 살 땅을 주면 모두 달아날 것이니, 어찌 그들을 뜻에 맞게 쓸 수 있겠는가?"

---

45) 殊死戰 수사전 : 결사적으로 싸우다

46) 拊循 부순 : 어루만지고 따라주다

여러 장수들이 모두 탄복했다.

한신이 광무군을 산 채로 잡는 자가 있으면 천금을 주겠다고 했는데, 그를 포박해 군부대로 데려온 자가 있었다. 한신은 그의 포박을 풀어주고 동향으로 앉혀[47] 스승으로 섬기었다.

그에게 묻기를 "내가 북쪽으로 연나라를 공격하고 동쪽으로 제나라를 정벌하고자 하는데, 어찌 하면 공이 있겠는가?" 하니, 광무군은 대답하기를 "망한 나라의 대부는 살기를 도모할 수 없고, 패한 군대의 장수는 용맹을 말할 수 없습니다"라며 대답을 사양했다.

이에 한신은 "백리해(百里奚)가 우(虞)나라에 있을 때에는 우나라가 망했고, 진나라에 가서는 진나라가 패자가 되었습니다. 이는 그가 우나라에서는 어리석었고, 진나라에서는 지혜로웠던 것이 아닙니다. 써 주느냐 써 주지 않느냐와, 따라주느냐 따라주지 않았는가의 차이일 따름입니다. 지난번에 성안군이 선생의 계책을 따랐더라면 내가 사로잡혔을 것입니다"라고 말했다. 이에 광무군이 말했다.

"지혜로운 자라도 천 번을 생각하면 반드시 한 번의 실수가 있을 수 있고, 어리석은 자라도 천 번 생각하면 반드시 한 번이라도 마땅한 것이 있습니다. 그러므로 미친 사람의 말이라도 성인이 채택하기 나름입니다.

장군이 위왕 표를 사로잡고, 성안군을 참수해 위세를 천

---

47) 東鄕(向)坐 동향좌 : 상석에 앉게 하다

하에 떨쳤습니다. 그러나 지치고 피폐한 병졸을 동원해 연나라의 견고한 성을 공격하게 하신다면, 싸우고자 해도 할 수 없고 공격해도 함락하지 못할 것입니다.

이제 장군을 위해 계책을 세워본다면, 전쟁을 그치고 병사를 쉬게 하고[48], 조나라 백성들을 어루만져 다스리는 것이 가장 낫습니다. 짧은 서신[49]을 받들게 해 변사를 보내면, 연나라가 반드시 따를 것입니다. 연나라가 따르고 난 뒤, 그때 동쪽으로 제나라에 가신다면 비록 지혜로운 자가 있더라도, 제나라를 위한 계책을 알지 못할 것입니다"

한신이 그의 계책을 따라 사자를 연나라에 보내니, 연나라가 소문만 듣고도 저절로 복종했다.[50]

○ 수하(隨何)가 구강(九江)에 가니, 구강왕 경포가 영을 받들고 한나라에 왔다. 한왕이 막 평상에 걸터앉아 발을 씻다가 경포를 불러 들어오게 해 만났다. 경포가 크게 노해 온 것을 후회하고 자살하고 싶어 했다. 그런데 나와서 자기 막사로 가보니, 장막과 내려준 음식 및 딸린 시종이 모두 한왕의 거처와 같았다. 경포는 바랐던 것보다 더해준 것에 대해 크게 기뻐했다. 한나라가 구강왕의 군사와 합세해 함께 성고(成皐)에 주둔했다.

---

48) 按甲休兵 안갑휴병 : 전쟁을 그치고 병사를 쉬게 하다

49) 咫尺之書 지척지서 : 짧은 서신. 지(咫) 여덟 치, 척(尺) 한 자

50) 從風而靡 종풍이미 : 쏠리는 힘에 저절로 좇음

○ 초나라가 자주 한나라의 용도를 침탈하니, 한나라 군대의 식량이 떨어졌다. 한왕이 역이기와 함께 초나라의 권력을 약하게 하려는 계책을 논의했다. 역이기가 말하기를 "폐하께서 다시 6국의 후손을 세울 수 있고, 덕과 의로움을 행할 수 있다면, 초나라가 반드시 옷섶을 여미고[51] 조회할 것입니다" 하니, 한왕이 "좋소! 빨리 인장을 새기시오. 그래서 선생이 가서 그것을 채우시오"라고 지시했다.

역이기가 아직 출발하지 않았을 때, 장량이 밖에서 와서 한왕을 알현했다. 한왕이 막 밥을 먹고 있다가 "객 중에 나를 위해 초나라 권력을 흔들려고 계획한 자가 있다" 하고는, 역생의 말을 장량에게 자세히 말했다. 이에 장량이 의견을 발했다.

"이 계책대로 하면 폐하의 일은 끝날 것입니다. 청컨대 앞의 젓가락을 빌려주소서. 대왕을 위해 세어 보겠습니다. 그 불가한 것이 여덟가지입니다. 천하의 돌아다니는 선비들이 친척과 헤어지고, 조상의 산소를 버리고, 또 옛 친구들을 버리고 폐하를 따라다니는 것은 밤낮으로 작은 땅[52]이라도 바라기 때문입니다.

이제 다시 6국의 후손을 세우면, 천하의 돌아다니는 선비들은 각각 돌아가 자기 군주를 섬길 것입니다. 폐하는 누구와 더불어 천하를 빼앗으시겠습니까? 객의 계책을 따른다면, 폐하의 일은 끝날 것입니다"

---

51) 斂袵 염임 : 옷섶을 여밈, 몸을 단정히 해 경의를 표함, 정금(整襟)

52) 咫尺之地 지척지지 : 작은 땅

한왕이 식사를 그만두고 씹던 밥을 뱉어 내고[53] 욕하면서 “더벅머리 유생 녀석이 하마터면 네[迺] 임금의 일을 그르칠 뻔했다” 하고는 재촉해 빨리 인장을 녹이게 했다.

○ 한왕이 진평에게 이르기를 “천하가 어지러운데[紛紛][54], 어느 때에나 평정되겠는가?” 하니, 진평이 대답했다.

“항왕의 강직한 신하[55]는 아부(亞父=범증)와 종리매(鍾離昧) 용저(龍且) 주은(周殷) 등 몇 사람에 불과합니다. 대왕이 수만근의 금을 버릴[出捐] 수 있다면, 첩자를 놓아 저들 군신 간을 이간질하고[56], 서로 의심하도록 하겠습니다. 항왕의 사람됨이 시기하고 참소하는 말을 믿으니, 반드시 안에서 서로 죽일 것입니다. 한나라가 그것을 틈타 군대를 일으켜 공격한다면 초나라를 반드시 격파할 것입니다”

한왕이 “좋다”고 했다.

한왕은 황금 4만근을 내어 진평에게 주어서 하는 일의 밑천으로 하게 하고, 그 출입을 묻지 않았다. 진평이 금을 가지고 초나라에 첩자를 많이 풀어 놓았다. 초에다가 “종리매 등은 항왕의 장수로 공이 많은데도 끝내 땅을 떼어주고 왕을 삼지 않으니, 한나라와 한통속이 되어 항씨를 멸하고, 그 땅을 나누어 왕이 되려고 한다”는 소문을 퍼뜨렸다. 항

---

53) 輟食吐哺 철식토포 : 식사를 그만두고 입안에 있는 것을 뱉어 내다

54) 紛紛 분분 : 어지러운 모양

55) 骨鯁之臣 골경지신 : 강직한 신하. 골(骨) 동물 뼈. 경(鯁) 물고기 뼈

56) 反間 반간 : 이간질 하다. 간첩

우가 과연 종리매 등을 믿지 않게 됐다.

○ 여름에 초나라가 한왕을 형양에서 포위해 위급한 상황이 되었다. 한왕이 화친하고 형양의 서쪽을 떼어 한나라로 할 것을 청했다. 아부가 항우에게 권해 급히 형양을 공격하게 하니, 한왕이 이를 걱정했다.

○ 항왕의 사자가 한나라에 왔다. 진평이 고기로 성찬[57]을 갖추어 차려서 들고 들어가게 했다. 초나라의 사자를 보고는 거짓으로 놀란 체하며 "아부의 사자인줄 알았는데, 항왕의 사자구나" 하고는, 다시 성찬을 가지고 나갔다가 바꾸어서 거친 푸성귀를 대접했다.

초나라 사자가 돌아가서 이것을 항왕에게 자세히 보고하니, 왕이 과연 아부를 크게 의심했다. 아부가 급히 형양성을 공격해 항복시키고자 했으나 항왕이 따르지 않았다. 아부는 항왕이 자신을 의심한다는 말을 듣고 마침내 화를 내며 "천하의 일이 크게 정해졌다. 군왕께서 스스로 그렇게 만든 것이다"고 하고는, 관직에서 물러나기를 청했다.[58] 고향에 돌아가다가 팽성에 못가서 등에 종기가 나서 죽었다.

○ 장군 기신(紀信)이 한왕에게 "사태가 급박합니다. 신이 청컨대 초나라를 속이겠으니, 왕께서는 이 틈을 타서 나가소서"라고 건의했다. 이에 진평이 밤에 여자 2천여 명을

57) 太牢 태뢰 : 큰 소 또는 소, 돼지와 양을 제사 또는 잔치에 잡아 쓰는 것
58) 請骸骨 청해골 : 관직을 그만두기를 청하다

동문으로 내보내니, 초나라가 공격했다. 기신이 왕의 수레[黃屋左纛][59]를 타고 "식량이 다해 한왕이 초나라에 항복한다"고 소리쳤다. 초나라 군사들이 모두 만세를 부르며 성 동쪽으로 가서 구경했다. 이 때문에 한왕이 수십 명의 기병과 함께 서문을 나가 도망할 수 있었다.

○ 한왕이 형양을 나와 성고에 도착했다. 그는 관중에 들어가 군사들을 거두어 다시 동쪽으로 가고자 했다. 원생(轅生)이 "보루를 깊게 해 싸우지 마시고, 형양과 성고 사이에서 휴식할 수 있게 하십시오"라고 한왕을 설득했다.

한왕이 그 계책을 따라 군대를 원(宛)과 섭(葉)에 내보내고, 경포와 함께 지방을 순행하며 병력을 거두었다. 항우가 한왕이 원 땅에 있다는 말을 듣고 병력을 이끌고 싸우러 왔으나, 한왕은 보루를 굳게 지키고 더불어 싸우지 않았다.

○ 팽월이 한나라 장수가 되어 유격전으로 초나라를 공격하니, 항우가 종공(終公)으로 하여금 성고를 지키게 하고, 자신은 동쪽으로 팽월을 공격했다. 한왕이 종공을 격파하고 다시 성고에 주둔했는데, 항우가 팽월을 패주시킨 뒤 군대를 이끌고 서쪽으로 가서 형양성을 함락시키고, 성고를 포위했다. 한왕이 등공(滕公)과 단 둘이 수레를 타고 성고의 옥문(玉門)을 나와 도망쳤다.

59) 黃玉左纛 황옥좌독 : 황옥(黃玉)은 천자의 수레. 좌독(左纛) 소 꼬리로 장식한 깃발을 왼쪽에 달았다

○ (한왕은) 황하를 건너 북쪽으로 가 소수무(小脩武)의 역사에서 유숙하고는, 새벽에 스스로 한나라 사신이라고 칭하고 조나라 성으로 달려 들어갔다. 장이와 한신이 아직 일어나지 않았을 때 그들의 침실로 들어가 그 인장과 부절[60]을 빼앗고, 대장 깃발[麾]로 여러 장수들을 불러서 바꾸어 배치했다.

한신과 장이는 일어난 뒤에야 한왕이 온 것을 알고 크게 놀랐다. 한왕은 두 사람의 군대를 빼앗은 다음, 즉시 장이로 하여금 순행해 조나라 땅을 수비하게 하고, 한신을 상국으로 임명해 조나라 군사 중 아직 징발하지 않은 자들을 거두어서 제나라를 공격하게 했다.

○ 여러 장수들이 성고를 나와 한왕을 따랐다. 초나라가 성고를 함락시키고 서쪽으로 공격하려 했는데, 한나라가 군사들에게 공(鞏)에서 대치하게 해 서쪽으로 오지 못하게 했다.

○ 한왕이 성고의 동쪽을 떼어 주고 공(鞏)과 낙(洛)에 주둔해 초나라와 대치하고자 했다. 역생이 말했다.

"하늘의 하늘을 아는 자는 왕의 일을 이룰 수 있습니다. 왕은 백성을 하늘로 삼고 백성은 식량을 하늘로 삼습니다. 오창은 천하에서 곡식을 옮겨온 지가 오래되었으므로, 보관된 곡식이 매우 많습니다. 초나라 사람들이 형양을 함락시

60) 印符 인부 : 인장과 부절(符信)

켰으나, 오창을 굳게 지키지 않고 병력을 이끌고 동쪽으로 갔으니, 이는 하늘이 한나라를 도운 것입니다.

원컨대 족하(足下)는 급히 진군해 형양을 빼앗아 차지한 다음, 오창의 곡식을 차지하고, 성고의 험함을 요새로 하고, 태항(太行)의 길을 막고, 비호(蜚狐)의 입구에서 대치하고, 백마(白馬)의 나루를 지켜 제후들에게 제압하는 형세[61]를 보이십시오. 천하는 누구를 따를 것인가를 알 것입니다"

왕이 그 말에 따라 다시 오창을 빼앗으려고 모의했다.

○ 역이기가 또 한왕을 설득했다.

"방금 연나라와 조나라가 평정되었지만, 오직 제나라만 아직 항복하지 않았습니다. 여러 전씨 종족이 강하고, 바다와 태산을 등지고, 황하와 제수로 막고 있으니, 비록 수만 명의 군대를 보내더라도 1년이나 몇 달[62]로는 격파할 수 없을 것입니다. 신이 청컨대 임금의 확실한 조서[詔命]를 받들고 가서 제왕을 설득해 한나라를 위해 동쪽 제후의 나라[63]를 칭하게 하겠습니다"

상이 "좋다" 하고, 역생으로 하여금 다음과 같이 제왕을 설득하게 했다.

"천하의 일이 한나라로 돌아온다는 것은 앉아서도 생각할 수 있습니다. 왕이 빨리 항복하면 제나라를 보전할 수

61) 形制之勢 형제지세 : 제압하는 형세

62) 歲月 세월 : 세(歲) 해. 월(月) 달. 흘러가는 시간. 광음(光陰)

63) 藩 번 : 제후의 나라, 울타리

있지만, 그렇지 않으면 위태로움과 멸망이 서서 기다릴 것입니다"

이보다 먼저 제나라는 한신이 동쪽으로 군대를 이끌고 오려 한다는 말을 듣고, 화무상(華無傷)과 전해(田解)에게 많은 병력을 거느리고 역하(歷下)에 주둔해 한나라와 대치하게 했었다. 역생의 말을 받아들이고 사자를 보내 한나라와 화의하게 되자, 역하를 수비하고 전투할 대비를 철회시켰다.

○ 한신이 군대를 이끌고 동쪽으로 갈 때 평원(平原) 나루를 건너기 전에 역이기가 이미 제나라를 설득해 항복 받았다는 말을 듣고 중지하려 했다. 이때 변사인 괴철이 한신에게 "장군이 명령을 받고 제나라를 공격하는데, 한나라가 단독으로 중간에 사자를 보내 제나라를 항복시켰습니다. 장군은 중지하라는 명령을 받은 일이 있었습니까? 또 역생은 한낱 선비인데, 수레에 기대서[64] 세치 혀를 놀려[65] 제나라 70여 성을 항복시켰는데, 장군은 수만 명의 병력으로 1년이 넘어서야 조나라의 50여 성만을 함락시켰습니다. 장군이 장수가 된 지 여러 해인데, 한 더벅머리 유생의 공만도 못한 겁니까?" 하니, 한신이 그 말을 옳게 여겼다.

---

64) 伏軾 복식 : 수레 타고 편안하게 가다. 복(伏) 기대다. 식(軾) 수레 앞에 가로 지른 나무.

65) 掉三寸舌 도삼촌설 : 세치의 혀를 놀려서. 변설(辨說)

무술(戊戌, 기원전 203)

한신이 제나라 역하의 군대를 습격해 격파하고 임치(臨淄)에 이르렀다. 제왕은 역생이 자신을 속였다[66] 고 여겨, 그를 삶아 죽이고 군대를 이끌고 동쪽 고밀(高密)로 도망쳤다.

○ 초나라 대사마(大司馬) 구(咎)가 성고를 지켰는데, 항왕이 조심히 수비만 하고 싸우지 말라고 명령했다. 그리하여 한나라가 여러 번 싸움을 걸어도 초나라 군대가 나오지 않았다. 이에 사람을 시켜 수일 동안 욕하니, 구(咎)가 노해 군대를 이끌고 사수(汜水)를 건넜다. 사졸이 반쯤 건넜을 때 한나라가 공격해 초군을 크게 격파하고 초나라의 보화를 모두 얻으니, 구와 사마흔이 스스로 자결했다.

한왕이 병력을 인솔해 황하를 건너 다시 성고를 점령하고, 광무(廣武)에 군을 주둔시키고 오창의 곡식을 차지했다.[67] 항우는 성고가 격파되었다는 말을 듣고는 군대를 이끌어 광무에 주둔해 한나라와 서로 대치했다.

○ 초나라 군대에 식량이 부족하니, 항왕이 그것을 근심했다. 높은 도마를 만들어 태공을 그 위에 올려놓고 한왕에게 알리기를 "빨리 항복하지 않으면 내가 태공을 삶아 죽이겠다"고 했다. 한왕이 말하기를 "내가 항우와 함께 신하

---

66) 賣 매 : 속이다, 배신하다, 팔다

67) 就 취 : 이루다, 나아가다, 좇다, 따르다

[北面][68]가 되어 회왕의 명을 받아 형제가 되기로 약속했으니, 내 아버지는 바로 네[若] 아버지다. 네[而] 아버지를 삶아 죽이고자 한다면, 부디 나에게도 한 그릇의 국을 나누어 달라"고 했다.

항왕이 노해 죽이려 했는데, 항백이 말하기를 "천하를 도모하는 자는 집안을 돌아보지 않는 법이니, 비록 죽이더라도 무익합니다"고 했다.

○ 항왕이 한왕에게 이르기를 "원하건데, 왕과 싸워 자웅(雌雄)[69]을 결단내서, 천하 백성의 부자가 된 자들을 괴롭게 하지 말자"고 했다. 한왕은 "내 차라리 지혜로 싸울지언정 힘으로 싸우지는 않겠다"고 했다.

서로 광무의 사이에서 마주 대하고 있었는데[70], 한왕이 항우의 열가지 죄를 세었다. 항우가 크게 노해 궁수(弩手)를 매복시켜 한왕을 쏘아 맞혔다. 한왕이 가슴을 다쳤으나, 발을 어루만지며 말하기를 "저 놈들이 내 발가락을 맞혔다"고 했다.

한왕이 상처로 앓아눕자, 장량이 한왕에게 억지로 일어나서 행군하며, 군사들을 위로하고 사졸들을 안심하게 하고, 초나라로 하여금 승세를 타지 못하게 하라고 청했다. 한왕이 나와 군영을 돌다가, 병이 심해져서 말을 달려 성고로

---

68) 北面 북면 : 신하가 앉는 자리, 전(轉)하여 신하가 됨

69) 雌雄 자웅 : 승부를 겨루다, 암수

70) 臨 임 : 마주 대하다

들어갔다.

○ 한신이 임치를 평정하고 동쪽으로 제왕을 추격하니, 항왕이 용저(龍且)에게 병력을 거느리고 가서 제나라를 구원하게 했다. 용저는 "내 평소 한신의 사람됨을 아는데, 상대하기 쉬울 뿐이다. 표모에게 밥을 얻어먹었으니 자신을 돌볼 계책이 없는 것이요, 바짓가랑이 아래에서 욕을 받았으니 남을 거느릴 용기가 없는 것이다. 두려워할 것이 못된다"라고 말했다.

제와 초나라 군대가 한나라와 유수(濰水)를 끼고 진을 쳤다. 한신이 밤에 사람을 시켜 만여 개의 주머니를 만들어 모래를 가득 채워 물의 상류를 막았다. 군대를 이끌고 반쯤 건너가 용저를 공격하다 거짓으로 이기지 못하는 척하고 되돌아 달아났다. 용저가 과연 기뻐하며 "참으로 한신이 겁많은 줄은 알았었다!" 하고는 한신을 추격했다.

한신이 사람을 시켜 막아놓았던 주머니를 트게 하니, 물이 크게 밀려와 용저의 군대 태반[71]이 건너지 못했다. 즉시 맹공을 가해 용저를 죽이고, 제왕을 사로잡고, 제나라 땅을 다 평정했다.

○ 장이를 세워 조왕으로 삼았다.

○ 한신이 사람을 시켜 한왕에게 "제나라는 속이기를 잘

71) 太半 태반 : 절반이 지남, 반수이상

하고 변고가 많고, 자주 엎치락뒤치락[72]하는 나라입니다. 남쪽으로 초나라와 국경이 접해 있으니, 청컨대 가짜 왕이 되어 이를 진압했으면 합니다"라고 청했다. 한왕이 크게 노하자, 장량과 진평이 한왕의 발을 밟고 귀에 대고[73] "한나라가 현재 불리하니, 어찌 한신이 스스로 왕이 되는 것을 금할 수 있겠습니까? 왕으로 세워 스스로 지키게 하는 것이 낫습니다"라고 말했다.

한왕 또한 깨닫고, 다시 꾸짖기를 "대장부가 제후를 평정했으면 즉시 진짜 왕이 될 것이지, 어찌 가짜가 된단 말인가?" 하고는 장량을 보내 인(印)을 가지고 가서 한신을 세워 제왕으로 삼고, 그 군대를 징발해 초나라를 공격하게 했다.

○ 항왕은 용저가 죽었다는 말을 듣고 크게 두려워해 우태(盱台) 사람 무섭(武涉)에게 제나라에 가서 제왕 한신을 설득하게 했다. 무섭은 한신을 만나 "지금[當今] 두 왕의 일은 족하의 저울질[權]에 달려 있습니다. 족하가 오른쪽으로 던지면 한왕이 이기고, 왼쪽으로 던지면 항왕이 이길 것입니다. 항왕이 오늘 망하면, 다음 차례는 족하의 것을 빼앗으려 할 겁니다. 족하는 항왕과 옛 정분이 있으니, 한나라를 배반하고 초나라와 연화(連和)하지 않으시겠습니까?

---

72) 反覆 반복 : 배반함, 되풀이함, 엎어짐, 뒤집어엎음, 본디로 돌아감, 언행을 이랬다저랬다 함

73) 躡足附耳 섭족부이 : 발을 밟아 제지하고 귓속말로 깨우쳐 줌

천하를 셋으로 나누어 왕이 되십시오"라고 설득했다.

한신이 사양하면서 "신이 항왕을 섬길 때 벼슬은 낭중(郎中)에 지나지 않았고, 지위는 전투병[執戟]에 지나지 않았으며, 내 말을 따르지 않고, 계책은 쓰이지 않았기 때문에 초나라를 배반하고 한나라에 돌아왔다. 한왕은 나에게 상장군의 인(印)을 주고, 나에게 수만의 병력을 주고, 옷을 벗어서 나에게 입혀주고, 밥을 밀어 나에게 먹게 해주고, 말은 따르고 계책은 썼다. 때문에 내가 여기에 이를 수 있었다. 대저 남이 나를 깊이 친애하고 믿는데, 내가 그를 배반하는 것은 상서롭지 못하다. 부디 나를 위해 항왕에게 사례해 달라"라고 말했다.

무섭이 떠나고 나서, 괴철(蒯徹)이 관상 보는 방법을 가지고 한신을 설득하기를 "제가 군주의 앞에 있는 것을 관상 보니 불과 제후에 봉해질 것이고, 군주를 등진 것을 관상 보니 귀함이 이루 말할 수 없습니다"라고 했다. 한신이 "무슨 말인가?" 하고 물으니, 괴철이 대답했다.

"초나라와 한나라는 분쟁에서 지혜와 용맹이 모두 곤궁합니다. 지금 두 군주의 운명은 족하에게 달려 있습니다. 족하가 한나라를 위하면 한나라가 이기고, 초나라와 함께 한다면 초나라가 이깁니다. 참으로 신의 계책을 따르십시오. 양쪽이 다 이롭고, 함께 사는 것이 가장 좋습니다[74]. 천하를 셋으로 나누어 세발 솥의 발[鼎足]처럼 정립한다면,

---

74) 莫若 막약 : A莫若(막약)B, A는 B만 못하다. B가 가장 낫다(不如의 최상급)

그 형세는 누구도 감히 먼저 움직이지 못할 것입니다.

제나라의 옛 땅에 자리해 교(膠)와 사(泗) 땅을 차지하고, 깊이 팔짱 끼고[75] 겸손한 예로 제후들을 대우한다면[76], 천하의 군왕들이 서로 제나라에 와서 조회할 것입니다. 하늘이 주는데 갖지 않으면 도리어 그 허물을 받고, 때가 이르렀는데 실행하지 않으면 도리어 그 재앙을 받는 법입니다. 원컨대 족하는 그것을 깊이 생각하소서"

한신이 "한왕이 나에게 심히 후하게 대우해주었는데, 내 어찌 이로움을 향하고 의리를 배반할 수 있겠는가?"라고 말하니, 괴생은 "용맹과 지략으로 군주를 떨게 하는 자는 몸이 위태롭고, 공(功)이 천하를 뒤덮는 자에게는 내릴 상이 없습니다. 지금 족하는 임금을 두렵게 하는 위세를 보이고 있고, 내릴 상이 없는 공을 가지고 있습니다. 초나라로 귀의하면 초나라 사람이 믿지 않을 것이고, 한나라로 귀의하면 한나라 사람이 두려워 할 것입니다. 족하는 어디로 귀의하시겠습니까?"라고 물었다.

한신이 "선생은 우선 쉬시오" 하니, 괴철이 다시 설득하기를 "무릇 공이란 이루기는 어렵고 무너지기는 쉬우며, 때는 얻기는 어렵고 잃기는 쉽습니다. 때여! 때여! 다시 오지 않을 것입니다"라고 했으나, 한신은 결정을 미루다가[77] 차

75) 深拱 심공 : 깊숙한 궁중에서 팔짱을 끼고 앉아 아무 일에도 관계하지 않음

76) 揖讓 읍양 : 읍하며 공손한 뜻을 표함, 천자의 지위를 양여함, 선양(禪讓). 읍(揖) 양손을 맞잡고 절함

77) 猶豫 유예 : 결정을 미루다

마 한나라를 배반하지 못하고, 마침내 괴철에게 사양했다.

○ 가을에 경포를 세워 회남(淮南)왕으로 삼았다.

○ 항우는 도와주는 이는 적고 식량이 다함을 스스로 알았다. 한신이 또 진군해 초나라를 공격했다. 항우는 걱정스러웠다. 그런데 한나라가 후공(侯公)을 보내 항우에게 태공을 보내줄 것을 청했다. 항우가 마침내 한나라와 천하를 반으로 나누기로 약속했다. 홍구(鴻溝)를 중심으로 분할해서 서쪽은 한나라로 하고, 동쪽은 초나라로 하기로 했다.

9월에 초나라가 태공과 여후를 돌려보내고, 포위를 풀어 병력을 이끌고 동쪽으로 돌아갔다.

한왕이 서쪽으로 돌아가려 하자, 장량과 진평이 "한나라는 천하의 태반(太半)을 가졌고 제후가 모두 붙었습니다. 초나라는 병사들이 피곤하고 식량이 다했으니, 이는 하늘이 그들을 멸망하게 하는 때입니다. 지금 놔주고 공격하지 않는다면, 이른바 호랑이를 길러 스스로 후환을 남긴다는 것입니다"라고 설득했다. 한왕이 그 계책을 따랐다.

원 문

漢紀

太祖高皇帝 上
在位十二年, 壽五十三

乙未
冬　十月，沛公至霸上。秦王子嬰素車白馬，係頸以組，封皇帝璽、符節，降軹道旁。諸將或言誅秦王。沛公曰：「始懷王遣我，固以能寬容。且人已降，殺之不祥。」乃以屬吏。

◯沛公西入咸陽。諸將皆爭走金帛財物之府分之，蕭何獨先入 收秦丞相府圖籍 藏之，以此 沛公得具知天下阨塞 戶口多少 彊弱之處。

◯沛公見秦宮室 帷帳 狗馬 重寶 婦女 以千數。意欲留居之。樊噲諫曰：「沛公欲有天下耶，將為富家翁耶？凡此奢麗之物，皆秦所以亡也，沛公何用焉！願急還霸上，無留宮中！」沛公不聽。張良曰：「秦為無道，故沛公得至此。夫為天下除殘賊，宜縞素為資。今始入秦，卽安其樂，此所謂

『助桀所虐。』且忠言逆耳 利於行，毒藥苦口 利於病。願沛公聽噲言！」沛公乃還軍霸上。

◯十一月，沛公悉召諸縣父老豪傑。謂曰：「父老苦秦苛法久矣！ 誹謗者族，偶語者棄市。吾當王關中，與父老約，法三章耳。殺人者死，傷人及盜抵罪。餘悉除去秦法，諸吏民皆案堵如故。凡吾所以來，為父老除害，非有所侵暴，無恐！且吾所以還軍霸上，待諸侯至而定約束耳。」乃使人與秦吏行縣鄉 邑，告諭之。秦民大喜，爭持牛羊酒食 獻饗軍士。沛公又讓不受曰:「倉粟多，非乏，不欲費民。」民又益喜，唯恐沛公不為秦王。

◯項羽旣定河北。率諸侯兵 欲西入關。秦降卒多怨言。羽乃夜擊坑秦卒二十餘萬人新安城南。

◯或說沛公曰：「秦富十倍天下，地形彊。聞 項羽號秦降將章邯為雍王，王關中。今則來，沛公恐不得有此。可急使兵守函谷關，無內諸侯軍。稍徵關中兵 以自益距之。」沛公然其計，從之。已而項羽至關，關門閉。聞沛公已定關中。大怒，使黥布等 攻破函谷關。十二月，項羽進至戲。沛公左司馬曹無傷使人言羽曰：「沛公欲王關中，珍寶盡有之，欲以求封。」羽大怒，饗士卒，期旦日擊沛公軍。當是時，羽兵四十萬，號百萬，在新豐鴻門。沛公兵十萬，號二十萬，在霸上。范增說羽曰：「沛公居山東時，貪財，好色。今入關，財物無所取，婦女無所幸。此其志不小。吾令人望其氣，皆為龍成五采，此天子氣也。急擊勿失！」項伯者，項羽季父也。素善張良。夜馳見良，具告以事，欲呼與俱去。張良曰：「臣為韓王送沛公。沛公今有急，亡去，不義，不可不語。」良乃入，具告沛公。固要項伯入見沛公。沛公奉卮酒為壽，約為婚姻。曰：「吾入關，秋毫不敢有所近。籍吏民，封府庫而待將軍。所以遣將守關者，備他盜也。豈敢反乎！願伯明言不敢倍德。」項伯許諾。謂沛公曰：「旦日不可不蚤自來謝。」沛公曰：「諾。」於是 項伯復夜去，俱以沛公言報羽。因言曰：沛公不先破關中，公豈敢入乎！今人有大功而擊之，不義也。不如因善遇之。」項羽許諾。沛公旦日從百餘騎來見羽鴻門。謝曰：「臣與將軍戮力而攻秦，將軍戰河北，臣戰河南。不自意先入關能破秦，得復見將軍於此。今者有小人之言，令將軍與臣有隙。」項羽曰：「此沛公左司馬曹無傷言之。不然，籍何以至此！」羽因留沛公 與飲。范增數目羽，擧所佩玉玦，以示之者三，　羽不應。增起，出召項莊。謂曰：「君王為人不忍。若入前為壽。壽畢，請以劒舞，因擊沛公於坐，殺之。不者，若屬皆且為所虜！」莊入為壽。壽畢曰：「軍中無以為樂，請以劒舞。」羽曰：「諾。」項莊拔劒起舞。項伯亦拔劒起舞，常以身翼蔽沛公，莊不得擊。於是張良至軍門。見樊噲曰：「今項莊拔劒舞，其意常在沛公也。」噲曰：「此迫矣！」卽帶劒擁盾入軍門，披帷立。瞋目視項羽，頭髮上指，目眦盡裂。羽曰：「壯士！　賜之卮酒。」則與斗卮酒，噲飲之。羽曰：「賜之彘肩！」則與一生彘肩，噲拔劒切而啗之。羽曰：「壯士復能飲乎？」噲曰：「臣死且不避，卮酒安足辭！夫秦有虎狼之心，殺人如不能擧，刑人如恐不勝，天下皆叛之。懷王與諸將約曰：『先破秦入咸陽者王之。』今沛公先破秦入咸陽，毫毛不敢有所近。還軍霸上以待將軍。勞苦而功高如此，未有封爵之賞而聽細人之說，欲誅有功之人，此亡秦之續耳，竊為將軍不取也！」須臾沛公起如厠，因招噲出，間行趣霸上。留張良使謝羽。

○居數日，項羽引兵西，屠咸陽，殺秦降王子嬰，燒秦宮室，火三月不滅。收其貨寶、婦女而東。秦民大失望。

○韓生說項羽曰：「關中阻山帶河，四塞之地，地肥饒，可都以霸。」羽見秦宮室皆已燒殘破，又心思東歸曰：「富貴不歸故鄉，如衣繡夜行，誰知之者！」韓生退曰：「人言楚人沐猴而冠耳，果然！」羽聞之，烹韓生。

○羽使人致命懷王。懷王曰：「如約。」羽曰：「懷王者，吾家所立爾，非有功伐，何以得專主約！」春　正月，羽陽尊懷王為義帝，實不用其命。

○二月　羽分天下　王諸將。羽自立為西楚霸王。王梁楚地九郡，都彭城。羽與范增疑沛公，而業已講解，又惡負約。乃陰謀曰：「巴蜀道險，秦之遷人皆居之。」乃曰：「巴蜀亦關中地也。」故立沛公為漢王，王巴蜀漢中，都南鄭。而三分關中，王秦降將章邯　司馬欣　董翳　以距塞漢路。

○漢王怒，欲攻項羽。周勃　灌嬰　樊噲　皆勸之。蕭何諫曰：「雖王漢中之惡，不猶愈於死乎？能詘於一人之下，而信於萬乘之上者，湯武是也。臣願大王王漢中！養其民，以致賢人,收用巴蜀，還定三秦，天下可圖也。」漢王曰：「善！」乃遂就國，以何為丞相。

◯夏 四月，諸侯罷戲下兵，各就國。項王使卒三萬人 從漢王之國。張良送至褒中，漢王遣良歸韓。良因說漢王，燒絶所過棧道，以備諸侯盜兵。且示項羽無東意。

◯初 淮陰人韓信，家貧，釣於城下。有漂母見信飢，飯信，信喜。謂漂母曰：「吾必有以重報母。」母怒曰：「大丈夫不能自食,吾哀王孫而進食，豈望報乎！」淮陰屠中少年，有侮信者。因衆辱之曰：「信能死，刺我，　不能死，出我袴下！」於是 信俛出袴下 蒲伏。一市人皆笑信，以為怯。及項梁渡淮，信杖劒從之。居麾下，無所知名。項梁敗，又屬項羽，羽以為郎中。數以策干羽，羽不用。漢王之入蜀，信亡楚歸漢，王以為治粟都尉，亦未之奇也。信數與蕭何語，何奇之。漢王至南鄭。諸將及士卒　皆歌謳思東歸，多道亡者。信亡去。何聞信亡，不及以聞，自追之。人有言王曰：「丞相何亡。」王大怒，如失左右手。居一二日，何來謁王，王且怒且喜。罵何曰:「諸將亡者以十數，公無所追。追信，詐也！」何曰：「諸將易得耳。至如信者，國士無雙。王必欲長王漢中，無所事信。必欲爭天下，非信，無可與計事者。顧王策安所決耳！」王曰：「吾亦欲東耳，安能鬱鬱久居此乎！」乃召信拜大將。何曰：「王素慢無禮，今拜大將，如呼小兒，此乃信所以去也。王必欲拜之，擇良日，齋戒，設壇場，具禮，乃可耳。」王許之。諸將皆喜，人人各自以為得大將。至拜大將，乃韓信也。一軍皆驚。信拜禮畢，上坐。王曰：「丞相數言將軍，　將軍何以　教寡人計策？」信辭謝，因問王曰：「今東鄉爭權天下，豈非項王邪？」漢王曰：「然。」曰：「大王自料，勇悍仁强　孰與項王？」漢王良久曰：「不如也。」信曰：「信亦以為大王不如也。然臣嘗事之，請言項王之為人也。項王喑噁叱咤，千人自廢。然不能任屬賢將。此特匹夫之勇耳。項王見人，恭敬慈愛，言語嘔嘔，人有疾病，涕泣分食飮。至使人有功，當封爵者，印刓敝，忍不能予。此 所謂婦人之仁也。項王雖霸天下，而臣諸侯，不居關中，而都彭城。放逐義帝，所過無不殘滅。名雖為霸，實失天下心，故其彊易弱。今大王誠能反其道。任天下武勇，何所不誅！ 以天下城邑　封功臣，何所不服！ 以義兵　從思東歸之士，何所不散！且三秦王為秦將，將秦子弟數歲矣。欺其衆，降諸侯。至新安，項王詐坑秦降卒二十餘萬。唯獨邯　欣　翳得脫。秦父兄怨此三人，痛入骨髓。今楚彊，以威，王此三人，秦民莫愛也。大王之入武關，秋毫無所害。除秦苛法，秦民無不欲得大王 王秦者。今大王擧而東，三秦可傳檄而定也。」於是漢王大喜，自以為得信晩，遂聽信計。

◯八月　引兵從故道出，襲雍。雍王邯戰敗走，塞王欣、翟王翳皆降。

◯王陵者沛人也。先聚黨數千人，居南陽。至是　始以兵屬漢。項王取陵母置軍中。陵使至，則東鄉坐陵母，欲以招陵。陵母私送使者，泣曰：「願為老妾語陵，善事漢王。漢王長者，毋以老妾故持二心。妾以死送使者！」遂伏劒而死。

◯張良遺項王書曰：「漢王失職，欲得關中。如約卽止，不敢東。」又以齊梁反書，遺項王曰：「齊欲與趙幷 滅楚。」項王以此故 無西意，而北擊齊。

丙申
冬 十月，項王密使九江王布等，擊義帝，殺之江中。

◯陳餘襲破常山。張耳敗走漢，陳餘迎趙王於代，復為趙王。

◯漢王立王孫信為韓王。常將韓兵從漢王。

◯初　陽武人陳平家貧，好讀書。里中社，平為宰，分肉食甚均。父老曰：「善，陳孺子之為宰！」平曰：「嗟乎，使平得宰天下，亦如是肉矣！」及諸侯叛秦，平事魏王咎於臨濟。為太僕，說魏王，不聽。人或讒之，平亡去。後事項羽，拜為都尉。復杖劒歸漢，因魏無知　求見漢王。王與語而說之。問曰：「子之居楚　何官？」曰：「為都尉。」是日，卽拜平為都尉，使為參乘，典護軍。諸將盡讙曰：「大王一日得楚之亡卒，未知其高下，而卽與同載，反使監護長者！」漢王聞之，愈益幸平。

◯漢王南渡平陰津，至洛陽新城。三老董公遮說王曰：「臣聞『順德者昌，逆德者亡』，『兵出無名，事故不成。』故曰：『明其為賊，敵乃可服。』項羽為無道，放殺其主，天下之賊也。夫仁不以勇，義不以力。大王宜率三軍之衆，為之素服，以告諸侯 而伐之。」於是 漢王為義帝發喪。告諸侯曰:「天下共立義帝，今項羽放殺之。寡人親為發喪，兵皆縞素。悉發關中兵，收三河士，南浮江、漢以下。願從諸侯王，擊楚之殺義帝者！」

○項王雖聞漢東，旣擊齊，欲遂破齊而後擊漢。漢王以故 得率諸侯兵　凡五十六萬人　伐楚。彭越將兵歸漢，漢遂入彭城。收其貨寶美人，日置酒高會。項王聞之，自以精兵三萬人，至彭城。大破漢軍於睢水，睢水為之不流。圍漢王三匝。會大風從西北起，折木發屋，揚沙石，窈冥晝晦，楚軍大亂壞散。漢王乃得 與數十騎 遁去。審食其從太公、呂后間行求漢王，反遇楚軍。項王常置軍中為質。

○漢王問：「吾欲捐關以東，等棄之，誰可與共功者？」張良曰：「九江王布，楚梟將，與項王有隙。彭越與齊反梁地。此 兩人可急使。而漢王之將 獨韓信可屬大事 當一面。卽欲捐之，捐之此三人，則楚可破也！」

○漢王謂左右：「無足與計天下事！」謁者隨何，進曰：「不審陛下所謂。」漢王曰：「孰能為我　使九江，令之發兵倍楚？ 留項王數月，我之取天下 可以萬全。」隨何曰：「臣請使之！」漢王使與二十人俱。

○五月，漢王至滎陽，諸敗軍皆會。蕭何亦發關中老弱未傅者，悉詣滎陽。漢軍復大振。楚與漢戰滎陽南京索間。漢王擊楚騎於滎陽東，大破之。楚以故，不能過滎陽而西。漢軍滎陽，築甬道屬之河，以取敖倉粟。

◯周勃等言於漢王曰：「陳平雖美如冠玉，其中未必有也。臣聞平居家時盜其嫂，　事魏不容，亡歸楚，　不中，又亡歸漢。今日大王令護軍，受諸將金，願王察之！」漢王召讓魏無知。無知曰：「臣所言者能也，陛下所問者行也。今有尾生、孝己之行，而無益勝負之數，陛下何暇用之乎！楚漢相距，臣進奇謀之士，顧其計誠足以利國家不耳。盜嫂、受金，何足疑乎！」

◯八月，漢王如滎陽，命蕭何守關中。計關中戶口，轉漕、調兵以給軍，未嘗乏絶。

◯漢王使酈食其緩頰往說魏王豹，且召之，豹不聽。於是漢王以韓信　　灌嬰　　曹參俱擊魏。漢王問食其：「魏大將誰也？」對曰：「柏直。」王曰：「是口尚乳臭，安能當韓信！騎將誰也？」曰：「馮敬。」曰：「是秦將馮無擇子也，雖賢不能當灌嬰。步卒將誰也？」曰：「項它。」曰：「不能當曹參。吾無患矣！」

◯遂進兵。魏王盛兵蒲坂，以塞臨晉。信乃益為疑兵，陳船欲渡臨晉，而伏兵，　從夏陽以木罌渡軍，襲安邑。魏王豹驚，引兵迎信。九月，信擊虜豹，傳詣滎陽，悉定魏地。

◯韓信旣定魏，使人請兵三萬，願以北擧燕趙，東擊齊，南絶楚粮道。西與漢王，會於滎陽，漢王許之，乃遣張耳與俱。

丁酉

冬 十月，韓信張耳以兵數萬 東擊趙。趙王及成安君陳餘聞之，聚兵井陘口，號二十萬。廣武君李左車說成安君曰：「韓信 張耳乘勝遠鬪，其鋒不可當。臣聞『千里餽粮，士有飢色， 樵蘇後爨，師不宿飽。』今井陘之道，車不得方軌，騎不得成列,行數百里，其勢糧食必在其後。願足下假臣奇兵三萬人，從間路絶其輜重。足下深溝高壘必與戰。不十日，而兩將之頭可致於麾下。否則必為二子所擒矣。」成安君常自稱義兵，不用詐謀奇計。韓信使人間視，知其不用廣武君策，大喜，乃敢引兵遂下。未至井陘口三十里，止舍。夜半，傳發，選輕騎二千人，人持一赤幟，從間道望趙軍。誡曰：「趙見我走，必空壁逐我。若疾入趙壁，拔趙幟，立漢赤幟。」令其裨將傳餐曰：「今日破趙會食！」諸將皆莫信，佯應曰「諾。」乃使萬人先行出，背水陣。趙軍望見而大笑。平朝，信建大將旗鼓，鼓行出井陘口。趙開壁擊之，大戰良久。信與張耳佯棄鼓旗，走水上軍。趙果空壁爭漢旗鼓，逐信耳。信耳已入水上軍，軍皆殊死戰，不可敗。信所出奇兵二千逐馳入趙壁，皆拔趙旗，立漢赤幟。趙軍已不能得信等，欲還歸壁。壁皆漢幟，見而大驚，兵亂遁走，漢兵夾擊，大破趙軍，斬成安君泜水上，禽趙王歇。

◯諸將問信曰：「兵法『右倍山陵，前左水澤』今者將軍令臣等反背水陣以勝，何也？」信曰：「此在兵法，顧諸君不察耳！兵法不曰『陷之死地而後生，置之亡地而後存乎？』且信非得素拊循士大夫也，此所謂『驅市人而戰之』，予之生地，皆走，寧得而用之乎！」諸將皆服。信募生得廣武君者予千金。有縛致麾下者，信解其縛，東鄉坐，師事之。問曰：「僕欲北攻燕，東伐齊，若何而有功？」廣武君曰：「亡國之大夫，不可以圖存，敗軍之將，不可以言勇。」信曰：「百里奚居虞而虞亡，之秦而秦霸，非愚於虞而智於秦也，用與不用，聽與不聽爾。向使成安君聽子計，僕亦禽矣。」廣武君曰：「智者千慮，必有一失，愚者千慮，必有一得。故曰『狂夫之言，聖人擇焉』。將軍虜魏王豹，誅成安君，威震天下，然欲擧倦敝之兵，頓之燕堅城之下，欲戰不得，攻之不拔。今為將軍計，莫如按甲休兵，鎭撫趙民，遣辯士奉咫尺之書，燕必聽從。燕已從而東臨齊，雖有智者，亦不知為齊計矣。」韓信從其策，發使使燕，燕從風而靡。

○隨何至九江，九江王布奉命至漢。漢王方踞牀洗足，召布入見。布大怒，悔來，欲自殺。及出就舍，帳御、飮食、從官皆如漢王居，布又大喜過望。漢益九江王兵，與俱屯成皐。

○楚數侵奪漢甬道，漢軍乏食。漢王與酈食其謀撓楚權。食其曰：「陛下能復立六國之後，德義已行，楚必斂衽而朝。」漢王曰：「善！趣刻印，先生因行佩之。」食其未行，張良從外來謁。漢王方食曰：「客有為我計撓楚權者。」具以酈生語告良。良曰：「畫此計，陛下事去矣！請借前箸，為大王籌之，其不可者八，天下游士，離親戚，棄墳墓，去故舊，從陛下游者，徒欲日夜望咫尺之地。今復立六國之後，天下游士各歸事其主，陛下誰與取天下乎？誠用客謀，陛下事去矣！」漢王輟食吐哺。罵曰：「豎儒幾敗迺公事！」令趣銷印。

○漢王謂陳平曰：「天下紛紛，何時定乎？」陳平曰：「項王骨鯁之臣，亞父、鍾離眛、龍且、周殷之屬，不過數人耳。大王誠能捐數萬斤金，行反間，間其君臣，以疑其心，項王為人，意忌信讒，必內相誅，漢因擧兵而攻之，破楚必矣。」漢王曰：「善！」乃出黃金四萬斤與平，資所為，不問其出入。平多以金縱反間於楚。宣言：「鍾離眛等為項王將，功多矣，然終不得裂地而王，欲與漢為一，以滅項氏而分王其地。」項羽果不信鍾離眛等。

○夏，楚圍漢王於滎陽，漢王請和，割滎陽以西者為漢。亞父勸羽急攻滎陽，漢王患之。

○項王使使至漢，陳平使為大牢具。擧進，見楚使。卽佯驚曰：「吾以為亞父使，乃項王使！」復持去，更以惡草具進。楚使歸，具以報項王。王果大疑亞父。亞父欲急攻下滎陽城，項王不聽。亞父聞項王疑之。乃怒曰：「天下事大定矣，君王自為之！」願請骸骨歸，未至彭城，疽發背而死。

○將軍紀信言於漢王曰：「事急矣！臣請誑楚，王可以間出。」於是 陳平夜出女子東門二千餘人，楚因擊之。紀信乃乘王車黃屋左纛曰：「食盡，漢王降楚。」楚皆呼萬歲，之城東觀。以故 漢王得與數十騎 出西門 遁去。

○漢王出滎陽，至成皐入關，收兵欲復東。轅生說漢王：「深壁勿戰，令滎陽、成皐間且得休息。」漢王從其計，出軍宛葉間。與黥布行收兵。羽聞漢王在宛，果引兵來。漢王堅壁不與戰。

○彭越為漢將，游兵擊楚。羽乃使終公守成皐，而自東擊彭越。漢王破終公，復軍成皐。羽已破走彭越，乃引兵西拔滎陽城，遂圍成皐。漢王逃，獨與滕公共車 出成皐玉門。

○北渡河，宿小脩武傳舍。晨，自稱漢使，馳入趙壁。張耳韓信未起，卽其臥內，奪其印符，以麾召諸將，易置之。信耳起，乃知漢王來，大驚。漢王旣奪兩人軍，卽令張耳循行，備守趙地。拜韓信為相國，收趙兵未發者 擊齊。

○諸將稍稍得出成皐從漢王。楚遂拔成皐，欲西。漢使兵距之鞏，令其不得西。

○漢王欲捐成皐以東，屯鞏洛以距楚。酈生曰：「知天之天者，王事可成。王者以民為天，民以食為天。夫敖倉，天下轉輸久矣，藏粟甚多。楚人拔滎陽，不堅守敖倉，乃引而東，此天所以資漢也。願足下急進兵，收取滎陽，據敖倉之粟，塞成皐之險，杜太行之路，距蜚狐之口，守白馬之津，以示諸侯形制之埶，則天下知所歸矣。」王從之，乃復謀取敖倉。

○食其又說王曰：「方今燕、趙已定，唯齊未下。諸田宗彊，負海岱，阻河濟，雖遣數萬師，未可以歲月破也。臣請

得奉明詔 說齊王，使為漢，而稱東藩。」上曰：「善！」乃使酈生說齊王曰：「天下之事歸漢，可坐而策也！王疾先下，齊國可得而保。不然，危亡可立而待！」先是，齊聞韓信且東兵，使華無傷、田解將重兵屯歷下，以距漢。及納酈生之言，遣使與漢平，乃罷歷下守戰備。

○韓信引兵東，未度平原，聞酈食其已說下齊，欲止。辯士蒯徹說信曰：「將軍受詔擊齊，而漢獨發間使下齊，寧有詔止將軍乎？且酈生，一士，伏軾掉三寸之舌，下齊七十餘城。將軍以數萬衆，歲餘乃下趙五十餘城。為將數歲，反不如一豎儒之功乎！」信然之。

戊戌
信襲破齊歷下軍，遂至臨淄。齊王以酈生為賣己，乃烹之。引兵東走高密。

○楚大司馬咎守成皐，項王令謹守勿戰，漢數挑戰，楚軍不出。使人辱之數日。咎怒 渡兵汜水。士卒半渡，漢擊之，大破楚軍，盡得楚國寶貨，咎及司馬欣皆剄。漢王引兵渡河，復取成皐，軍廣武，就敖倉食。項羽聞成皐破，引兵軍廣武，與漢相守。

○楚軍食少，項王患之。乃為高俎，置太公其上 告漢王曰：「今不急下，吾烹太公！」漢王曰：「吾與羽俱北面受命懷王，約為兄弟，吾翁卽若翁。必欲烹而翁，幸分我一杯羹！」項王怒，欲殺之。項伯曰：「為天下者不顧家，雖殺之無益也！」

○項王謂漢王曰：「願與王挑戰，決雌雄，毋徒苦天下之民父子為也！」漢王曰：「吾寧鬪智，不能鬪力。」相與臨廣武間，漢王數羽十罪，羽大怒，伏弩射中漢王，漢王傷胸。乃捫足曰：「虜中吾指。」漢王病創臥，張良彊請漢王起行勞軍，以安士卒，毋令楚乘勝。漢王出行軍，疾甚，因馳入成皐。

○韓信已定臨淄，遂東追齊王。項王使龍且　將兵救齊。龍且曰：「吾平生知韓信為人，易與耳！寄食於漂母，無資身之策，受辱於胯下，無兼人之勇，不足畏也。」齊楚與漢 夾濰水 而陳。韓信夜令人，為萬餘囊，盛沙，壅水上流。引軍半渡，　擊龍且，佯不勝，還走。龍且果喜曰：「固知信怯也！」遂追信。信使人決壅囊，水大至，龍且軍太半不得渡。卽急擊殺龍且，虜齊王，盡定齊地。

○立張耳為趙王。

○韓信使人言漢王曰：「齊偽詐多變，反覆之國也。南邊楚。請為假王以鎭之。」漢王大怒。張良 陳平躡漢王足，因附耳語曰：「漢方不利，寧能禁信之自王乎！不如因而立之，使自為守。」漢王亦悟。因復罵曰：「大丈夫定諸侯，卽為眞王耳，何以假為！」遣張良操印，立信為齊王，徵其兵擊楚。

○項王聞龍且死，大懼，使盱台人武涉，往說齊王信曰：

「當今二王之事，權在足下，足下右投則漢王勝，左投則項王勝。項王今日亡，則次取足下。足下與項王有故，何不反漢與楚連和，三分天下王之！」信謝曰：「臣事項王，官不過郎中，位不過執戟。言不聽，畫不用，故倍楚而歸漢。漢王授我上將軍印，予我數萬衆，解衣衣我，推食食我，言聽計用，故吾得以至於此。夫人深親信我，我倍之不祥。幸為信謝項王。」武涉已去。蒯徹以相人之術，說信曰：「僕相君之面，不過封侯，相君之背，貴不可言。」韓信曰：「何謂也？」蒯徹曰：「楚漢分爭，智勇俱困。當今兩主之命，縣於足下，為漢則漢勝。與楚則楚勝。誠能聽臣之計，莫若兩利而俱存之，參分天下，鼎足而居，其勢莫敢先動。案齊之故，有膠、泗之地，深拱揖讓，則天下之君王相率而朝於齊矣。天與弗取，反受其咎。時至 不行，反受其殃，願足下熟慮之！」信曰：「漢王遇我甚厚，吾豈可鄉利 而倍義乎！」蒯生曰：「勇略震主者身危，功蓋天下者不賞。今足下戴震主之威，挾不賞之功，歸楚，楚人不信，歸漢，漢人震恐。足下安歸乎？」信曰：「先生且休矣。」蒯徹復說曰：「夫功者，難成而易敗，時者，難得而易失也。時乎時乎，不再來！」信猶豫，不忍倍漢。遂謝蒯徹。

○秋，立黥布為淮南王。

○項羽自知少助食盡，韓信又進兵擊楚。羽患之。漢遣侯公說羽請太公。羽乃與漢約，中分天下，割鴻溝以西為漢，以東為楚。九月，楚歸太公、呂后，引兵解而東歸。漢王欲西歸。張良、陳平說曰：「漢有天下太半，而諸侯皆附，楚兵疲食盡，此天亡之時也。今釋弗擊，此所謂『養虎自遺患』也。」漢王從之。

통감절요 5권

태조 고황제(太祖 高皇帝) 하(下)

기해(己亥) 5년(기원전 202년)

겨울 10월에 한왕이 항우를 추격해 고릉(固陵)에 이르렀다. 제왕 한신과 위(魏)의 상국(相國) 팽월이 함께 만나 초나라를 공격하기로 약속했으나 오지 않았다. 초나라가 한나라 군대를 공격해 크게 격파했다. 한왕이 보루를 굳게 지키면서 장량에게 "제후들이 따르지 않으니, 어찌한단 말인가?"고 물었다.

장량은 "초나라 군대를 격파했는데도 두 사람에게 땅을 주지 않았으니, 그들이 오지 않는 것은 당연한 일입니다. 군왕께서 천하를 함께 하실 수 있다는 것을 보이면, 즉시 올 것입니다. 이제 수양(睢陽) 북쪽에서부터 곡성(穀城)까지 빼앗을 수 있다면, 그곳을 모두 팽월에게 주어 왕을 하게 하고, 진(陳) 동쪽으로부터 바다에 이르는 곳을 제왕 한신에게 주십시오. 이 땅을 떼어내 맡기고 주겠다[1]고 허락하시고, 두 사람이 각각 스스로 전투하게 한다면, 초나라를 쉽게 격파할 수 있을 것입니다"라고 대답했다.

한왕이 그의 말을 따랐다. 그러자 한신과 팽월이 모두 병력을 이끌고 왔다.

12월에 항왕이 해하(垓下)에 이르렀다. 병력은 적고 식량도 떨어졌다. 한군과 싸워 이기지 못하고 성으로 들어갔는데, 한군과 제후의 군사들이 몇 겹으로 포위했다. 항우는 밤에 한군이 사면에서 모두 초나라 노래를 부르는 것[2]을 듣고 크게 놀랐다. "한나라가 이미 초나라를 모두 얻었는가? 무슨 초나라 사람이 이토록 많은가?" 하고는, 밤에 일어나 장막에서 술을 마시면서 눈물을 흘렸다. 좌우도 모두 울고 감히 올려다보지를 못했다.

항왕이 준마(駿馬)를 타니 휘하(麾下)의 장사 중에 기병(騎兵)으로 따르는 자가 8백여 명이었다. 그 밤에 포위를 뚫고 남쪽으로 나가 말 타고 도망쳤다. 새벽에야 비로소 한군이 이를 알고, 기병장 관영(灌嬰)에게 5천 명의 기병을 인솔해 추격하게 했다. 항왕이 회수(淮水)를 건널 때 휘하 기병이 겨우 백여 명이었다.

음릉(陰陵)에 이르러 길을 잃었다. 한 농부에게 물으니, 농부가 속여서 "왼쪽으로 가시오"라고 했다. 왼쪽으로 갔다

---

1) 出捐 출연 : 내서 버림, 내서 맡김. 금품을 내어 원조함

2) 四面楚歌 사면초가 : 사방에서 초나라 노래를 부르다. 사방이 모두 적에게 둘러 싸였거나 고립무원의 상태

가 마침내 큰 늪 가운데 빠졌다. 이 때문에 한군이 그들을 추격해 따라 잡을 수 있었다.

항왕이 곧 다시 병력을 이끌고 동성(東城)에 이르니, 겨우 28명의 기병만 남았다. 항왕이 스스로 헤아려 보건데 추격을 벗어날 수 없었다. 그 기병들에게 "내가 군사를 일으킨 지 지금 8년째다. 몸소 70여 차례를 싸웠으나 일찍이 패배한 적이 없었다. 지금 마침내 이러한 곤경을 겪으니, 이는 하늘이 나를 버린 것이지, 전투를 잘못한 죄가 아니다. 오늘 참으로 죽음을 각오하고 싸우겠다. 원컨대 장수를 목 베고 깃발을 베어 세 번 이겨서 제군들에게 하늘이 나를 버린 것이지 내가 전투를 잘못한 죄가 아님을 알게 해주겠다" 하고는 한나라 장수 한 명과 도위(都尉) 한 명을 목 베고 수십 수백 명을 죽이니, 모든 기병이 다 탄복했다.

이리하여 항왕이 동쪽으로 오강(烏江)을 건너고자 했다. 오강의 정장(亭長)[3]이 언덕에 배를 대어 떠날 준비를 하고[4] 항왕에게 "강동(江東)이 비록 작으나 땅이 사방 천리이니, 역시 왕을 할 만합니다. 원컨대 대왕께서는 급히 건너소서"라고 말했다.

이에 항왕이 웃으면서 "하늘이 나를 버리는데, 내 어찌 건너가서 백성을 다스리겠는가? 또 내가 강동의 젊은이[子弟] 8천 명과 함께 강을 건너 서쪽으로 왔는데, 지금 한 사

---

3) 亭長 정장 : 진(秦)은 10리마다 정(亭)에 정장(亭長)을 두고 주로 도적 잡는 일을 관장케 했다

4) 檥船 의선 : 떠날 차비를 하고 배를 댐

람도 돌아가는 자가 없으니, 비록 강동의 어른들이 나를 불쌍히 여겨 왕을 하게 한다 한들 내 무슨 면목으로 그들을 볼 것인가? 비록 저들이 말하지 않으나 내가 마음에서 부끄럽지 않겠는가?"라고 말했다.

항우가 마침내 기병들로 하여금 모두 말에서 내려 걸어가면서 짧은 무기를 잡고 서로 맞붙어 싸우게[接戰][5] 했다. 항우 혼자 죽인 한군이 수백 명이고, 자신도 또한 수십 군데에 상처를 입었다. 항우는 "내가 들으니 한나라에서 내 머리에 천금(千金)과 만호(萬戶)의 고을을 현상금으로 걸었다[購]고 하니, 내가 너희들에게 은덕을 베풀겠다" 하고는, 마침내 스스로 목을 찔러 죽었다.

○ 초나라 땅이 모두 평정되었으나 오직 노(魯)나라만 항복하지 않았다. 한왕이 노나라를 도륙[6]하고자 그 성 아래에 이르니, 오히려 거문고 타는 소리, 글 읽는 소리[絃誦][7]가 들렸다. 노나라는 예의를 지키는 나라로서 군주를 위해 죽음으로 충절을 지키려는 것[8]으로 생각했다[謂]. 그래서 항왕의 머리를 그들에게 보여주었다. 노나라가 곧 항복했다. 한나라가 항왕을 노공(魯公)의 예로 장사지냈다. 항백(項伯)에게 제후의 작위를 주었다.

---

5) 接戰 접전 : 서로 어울려 싸움

6) 屠戮 도륙 : 무찔러 죽임

7) 絃誦之聲 현송지성 : 현악기 타는 소리와 글 읽는 소리

8) 死節 사절 : 죽음으로 절의를 지키다

○ 한왕이 돌아와 정도(定陶)에 이르러 말을 달려서 제왕 한신의 성으로 들어갔다. 그의 병력을 빼앗았다. 봄 정월에 다시 제왕 한신을 초왕(楚王)으로 삼고 회북(淮北)의 왕이 되게 하고, 하비(下邳)를 수도로 하게 했다. 위나라 상국 팽월을 봉해 양왕(梁王)으로 삼고, 위나라의 옛 땅에서 왕을 하게 하고 정도(定陶)를 수도로 하게 했다.

○ 한신이 초나라에 이르러 빨래하던 아줌마를 불러 천금(千金)을 주고, 자기를 욕보였던 소년을 불러 중위(中尉)로 삼았다. 그리고는 여러 장상(將相)들에게 "이 사람은 장사(壯士)이다. 나를 욕보였을 때 내 어찌 그를 죽일 수 없었겠는가. 그를 죽이는 것은 명분이 없었기 때문에 참았고, 여기까지 이룰 수 있었다"라고 말했다.

○ 제후 왕들이 모두 상소해 한왕에게 황제가 될 것을 청했다. 2월 갑오일에 왕이 사수(汜水)의 북쪽에서 황제로 즉위했다.

○ 여름 5월에 황제가 낙양의 남궁(南宮)에서 잔치를 베풀었다. 이 자리에서 상은 "제후 왕과 여러 장수들은 감히 짐에게 숨기지 말고, 모두 그 마음을 말하라. 내가 천하를 가지게 된 까닭은 무엇이며, 항씨가 천하를 잃은 까닭은 무엇인가?"라고 물었다.

고기(高起)와 왕릉(王陵)이 "폐하는 거만하고 남을 업신여깁니다. 항우는 인자하고 남을 아꼈습니다. 그러나 폐하는 사람을 시켜 성을 공격하고 땅을 공략하면, 그 일과 연

관해 그것을 그들에게 주었고, 천하와 그 이익을 함께 하셨습니다. 항우는 현명한 자와 능력 있는 자를 질투했고, 공이 있는 자를 해치고, 어진 자를 의심했으니, 이 때문에 천하를 잃은 것입니다"라고 대답했다.

이에 상이 말했다.

"공은 하나만 알고 둘은 알지 못하는구나. 진영[帷幄][9]의 가운데에서 작전계획을 세워 천리 밖의 승리를 판가름 내는 것에는 내가 자방(子房)만 못하다. 국가를 다스리고 백성을 어루만지며, 군량[餉饋][10]을 공급하고 식량길이 끊어지지 않게 하는 것에는 내가 소하(蕭何)만 못하다. 백만의 무리를 열지어서 싸우면 반드시 승리하고 공격하면 반드시 빼앗는 것에서는 내가 한신(韓信)만 못하다. 세 사람은 모두 인걸(人傑)인데, 내가 이들을 등용했으니, 이 때문에 내가 천하를 차지한 것이요, 항우는 범증(范增) 한 사람이 있었으나 쓰지 못한 까닭에 나에게 패한 것이다"

여러 신하들이 즐거워하며 감복했다.

○ 항우가 멸망하자, 전횡(田橫)은 자신을 죽일 것을 두려워 해 그 무리 5백여 명과 섬으로 들어가 살았다. 황제는 이들이 난을 일으킬까 염려했다. 그래서 사람을 보내 전횡의 죄를 사면해주겠다 하고 불렀다. "횡이 오면 크게는 왕

---

9) 帷幄 유악 : 장막(幕)으로 진영(陣營)에 쓰인다. 전(轉)하여 대장이 작전계획을 세우는 곳

10) 餉饋 향궤 : 군량

(王)을 시킬 것이고, 작게는 후(侯)를 시킬 것이다. 오지 않으면 장차 군대를 보내서 죽이겠다"라고 말했다.

전횡이 마침내 그 객(客) 2명과 역마를 타고 낙양에 오다가, 30리 못미친 곳에서 자살했다. 황제가 두 객을 도위로 삼고, 왕의 예로서 전횡을 장사 지냈다. 전횡의 장사가 끝났는데, 두 객이 그 무덤 옆을 뚫고 내려가서 모두 스스로 목을 찔러 그를 따라 죽었다. 황제가 그 말을 듣고 크게 놀랐다. 나머지 5백 명이 아직도 섬에 있다는 말을 듣고 사자를 보내 그들을 불렀는데, 그들 역시 전횡이 죽었다는 말을 듣고 모두 자살했다.

○ 계포(季布)가 항적의 장수가 되어 자주 황제를 곤욕스럽게 했다. 항적이 죽자, 황제가 천금을 현상금으로 걸고 계포를 찾았다. 집에 숨겨주는 자가 있으면 삼족을 멸하겠다고 했다. 계포가 마침내 머리를 깎고 목에 항쇄를 차고[11] 노예가 되어 스스로 노(魯)의 주가(朱家)에게 팔려갔다. 주가는 마음속으로 이 사람이 계포임을 알고, 그를 사서 농막에 두고는 낙양에 가서 등공(滕公)을 만났다.

주가는 "계포에게 무슨 죄가 있습니까. 신하란 각각 그 군주를 위해 일하는 것이 당연합니다. 지금 상께서 천하를 얻고 처음으로 사사로운 원한 때문에 한 사람을 찾고 계십니다. 어찌 도량이 넓지 못함을 보이신단 말입니까? 또 계포의 능력으로 봐도 한이 그를 급히 찾아야 합니다. 이렇게

---

11) 髡鉗 곤겸 : 머리를 깎고 목에 항쇄를 차다

하지 않으면 북쪽으로 호(胡)로 달아나거나, 남쪽으로 월(越)나라로 달아날 뿐입니다. 군께서는 어찌하여 조용히 상께 그것을 말씀드리지 않습니까?"라고 설득했다. 등공이 틈을 기다려 주가가 얘기한 것을 상에게 말했다. 상이 마침내 계포를 사면하고 불러 낭중(郎中)에 임명했다.

○ 계포의 동생[母弟] 정공(丁公) 또한 항우의 장수였는데, 황제를 쫓아서 괴롭혔다. 팽성(彭城)의 서쪽에서 짧은 무기로 서로 맞붙었을 때, 황제가 급해서 정공을 돌아보고 이르기를 "두 인걸이 어찌 서로를 괴롭히는가?" 하니, 정공이 군대를 끌고 돌아갔다.

항왕이 멸망하자 정공이 찾아와 뵈었다. 황제가 정공을 군중(軍中)에 데리고 다니며 두루 보이면서[12] "정공은 항왕의 신하였는데, 불충해서 항왕으로 하여금 천하를 잃게 했다"고 말하고는 그의 목을 베었다. "후세에 남의 신하가 된 자로 하여금 정공을 본받지 말게 하려는 것"이라고 했다.

온공(溫公)이 말했다.

"고조가 풍(豊)의 패(沛)읍에서 기병한 이래 호걸들을 그물로 쓸듯이 남김없이[13] 받아들였다. 도망한 자들을 불러오고, 배반한 자들을 받아들인 것 또한 많았다. 그런데 제위에 오르자, 정공이 홀로 불충하다고 해 죽임을 당했다. 어

---

12) 循 순 : 두루, 쫓을, 순행해 두루 알려 보임

13) 網羅 망라 : 그물로 훑듯이 남김없이 휘몰아 들임

째서인가? 진격해 빼앗는 것과 지키고 이루는 것은 그 형세가 같지 않기 때문이다.

군웅들이 각축(角逐)할 때에는 백성들에게 정해진 군주가 없었으니, 오는 자를 받아주는 것은 참으로 마땅하다. (그러나) 귀해져서 천자가 되었으니, 사해(四海)의 안에 신하가 되지 않은 자가 없다. 만약 예의를 밝혀 보여주지 않는다면, 가령 신하된 자가 사람마다 두 마음을 품고 큰 이익을 구할 경우 국가가 오랫동안 편안할 수 있겠는가.

이 때문에 대의(大義)로 결단한 것이다. 천하 사람들로 하여금 신하가 되어 불충한 자는 용납될 수 없으며, 사사롭게 은혜를 맺은 자이고, 비록 자기를 살려준 자일지라도 오히려 의리로서 함께 하지 않는다는 것을 모두에게 확실히 알게 한 것이다.

한 사람을 죽여 천만사람을 두렵게 했으니, 일을 배려함이 어찌 깊고 원대하지 않은가. 그의 자손들이 천록(天祿)을 4백여 년 향유한 것은 마땅한 일이다"

제나라 사람 누경(婁敬)이 농서(隴西)를 지키려 가는데, 낙양(洛陽)을 지나다가 행차[輓輅][14]를 멈추고는, 양가죽 겉옷을 입고 우장군(虞將軍)을 통해 상을 알현했다. "폐하께서 낙양에 도읍하신 것은 주나라 왕실에 비견되는 융성함을 원하시는 것이 아니겠습니까?"[15]라고 물으니, 상이 "그

14) 輓輅 만로 : 만(輓) 수레 끌. 로(輅) 큰 수레. 탈만로(脫輓輅) 행차에서 벗어나다(멈추다)

렇다"고 대답했다.

누경이 다시 "낙읍은 천하의 중앙이라 덕이 있으면 왕을 하기 쉽고, 덕이 없으면 망하기 쉽습니다. 그러나 진나라 지역은 산으로 덮여 있고, 황하(黃河)가 띠처럼 둘러 있는 등 사방이 막혀 그것 자체만으로 견고하게 되어 있습니다. 갑자기 급한 일이 있더라도 백만 명의 군대를 갖출 수 있으니, 이는 또한 천하의 목덜미[吭]를 잡고[扼] 그 등을 어루만지는 것입니다"라고 건의했다.

황제가 여러 신하들에게 물으니, 여러 신하들이 모두 산동(山東)사람이었으므로 논쟁하며 말하기를 "주(周)왕은 수백 년이었고, 진나라는 2세에 곧바로 망했습니다. 낙양은 동쪽에 성고(成皐)가 있고, 서쪽에는 효산(殽山)과 민지(澠池)가 있으며, 황하를 등지고 낙수(洛水)를 향하고 있으니, 그 견고함은 믿을 만합니다"라고 했다. 상이 장량에게 물으니, 장량이 대답했다.

"낙양이 비록 그러한 견고함이 있으나, 사면에서 적을 받으면 무력을 쓸 수 있는 땅이 아닙니다. 관중은 왼쪽에는 효산과 함곡관이 있고, 오른쪽에는 농(隴)과 촉(蜀)이 있고, 비옥한 들[沃野][16]이 천리이며, 삼면이 막혀서 굳게 지켜지고, 오직 한 면을 가지고, 동쪽으로 제후를 제어하게 됩니다. 이곳은 이른바 튼튼한 성[金城][17]이 천리이고, 하늘이

15) 豈~哉 기~재 : 어찌~이 아니겠습니까? 반어 의문

16) 沃野 옥야 : 비옥한 땅

17) 金城 금성 : 튼튼한 성

내린 비옥하고 물자가 풍부한 땅[18]입니다. 누경의 말이 옳습니다"

상이 당일로 수레를 타고 서쪽으로 가서 장안(長安)을 도읍으로 했다. 누경을 봉춘군(奉春君)이라 하고, 유씨 성(姓)을 하사했다.

장량은 본래 병이 많았다. 상을 따라 관중에 들어와서는 곧 도인(道引)[19]술로 곡식을 먹지 않았다. 그는 "집안이 대대로 한(韓)나라의 재상이었는데, 한이 멸망하자 만금(萬金)의 자본을 아끼지 않고, 한을 위해 강한 진나라에 원수를 갚으려고 했다. 천하가 진동(振動)했고, 지금 세 치의 혀로 황제의 스승이 되어 만호후(萬戶侯)에 봉해졌다. 이는 평민으로서 최고의 경지이다. 나로서는 충분하다. 원컨대 인간사를 버리고 적송자(赤松子)[20]를 따라 놀고자 한다"라고 말했다.

온공(溫公)이 말했다.

"무릇 삶에 죽음이 있음은 밤이 지나면 필연적으로 아침이 온다는 것과 같다. 예로부터 지금까지 참으로 초연히 홀로 생존한 자는 있지 않았다. 자방(子房=장량)은 명철한

---

18) 天賦之國 천부지국 : 하늘이 내린 비옥하고 물자가 풍부한 땅

19) 道引 도인 : =도인(導引). 대기(大氣)를 체내(體內)에 끌어들이는 도가(道家)의 양생법(養生法)

20) 赤松子 적송자 : 고대 신선의 이름

분별력이 있었고, 사물에 대해서 통달했으므로 '신선이란 허위임을 충분히 알 수 있었을 것'이다. 그런데도 적송자를 따라 놀고자 한다고 했다. 그 지혜로서 알 수 있었던 일이다. 공명(功名)의 시기에는 신하인 자가 처신하기 어렵다는 것을! 고제(高帝)가 말한 인걸(人傑)은 세 명뿐이었는데, 회음후(淮陰侯=한신)는 죽임을 당했고 소하(蕭何)는 옥에 갇혔다. 이는 최고의 경지를 밟고 그친 것이 아니지 않는가?

자방은 신선을 핑계대고 인간사를 버렸다. 공명(功名)을 자기와 상관없는 것[外物][21]같이 하고, 영화와 이익을 놔둬버리고 돌아보지 않았다. 이른바 명석해 몸을 보존한 자는 자방이 있음이라"

경자(庚子) 6년(기원전 201)

초왕 한신이 처음 봉국에 가서 현읍(縣邑)을 순행할 때 병력으로 진을 치게 하고 출입하니, 한신이 모반했다고 고발하는 사람이 있었다. 황제가 진평(陳平)에게 물으니, 진평이 "옛날 천자가 순행하면 제후들을 모이게 했습니다. 폐하께서 거짓으로 운몽(雲夢)으로 순행한다고 하고 나가셔서 제후들을 진(陳)에 모이게 하시면, 한신은 천자가 나와 순행한다는 말을 듣고서 반드시 교외에서 맞이해 배알할 것이니, 폐하께서 그 기회를 이용해서 사로잡으신다면 이는 다만 한 명의 역사(力士)의 일일 뿐입니다"라고 대답했다.

---

21) 外物 외물 : 자기 이외의 사물로서 물욕 부귀 명리 등

황제가 그 말을 옳게 여겨 제후들을 진(陳)에 모이게 했다. 한신이 상을 알현하자, 상이 무사를 시켜 한신을 포박해서 뒷 수레에 싣게 했다. 한신은 "과연 사람들의 말과 같도다. 교활한 토끼가 죽으면 쫓아 달리던 사냥개를 삶아 죽이고, 높이 나는 새가 다 잡히면 좋은 활은 보관하고, 적국이 격파되면 모사는 죽는다고 하더니, 천하가 이미 평정되었으니, 나는 참으로 삶아 죽임을 당하겠구나"라고 한탄했다. 상이 말하기를 "어떤 사람이 공(公)이 모반한다고 고발했다" 하고는 한신을 형틀에 묶어[械繫] 돌아갔다.

전긍(田肯)이 상에게 축하하며 말했다.

"폐하께서 한신을 잡으시고 또 진중(秦中)을 도읍으로 하셨습니다.[22] 진나라는 형세가 승리하기 편리한 지형[23]입니다. 험한 산하(山河)를 두르고 있어, 창을 잡은 군사 백만을 진나라는 1백 중 2면 당해낼 수 있습니다. 땅의 형세가 이로워서 제후들을 공격하면, 비유컨대 높은 지붕 위에 있으면서 병에 가득찬 물을 거꾸로 세우는 것[24]과 같습니다.

제나라 동쪽에는 낭야(瑯琊)와 즉묵(卽墨)의 비옥함이 있고, 남쪽으로는 대산(大山)의 견고함이 있고, 서쪽으로는 탁하(濁河)의 막힘이 있고, 북쪽으로는 발해(渤海)의 이로움이

---

22) 治秦中 치진중 : 주(註) 관중(關中)을 도읍으로 정했음을 말한다. 이때 산동 사람은 관중을 진중이라 했다

23) 形勝之國 형승지국 : 승리하기 편리한 지형의 땅

24) 建瓴水 건령수 : 주(註) 병에 물을 가득 담아 높은 옥상 위에서 병의 물을 뒤집으면, 그 아래로 내려가는 형세가 쉽다는 것을 비유한다

있습니다. 창을 잡은 군사 백만을 제나라는 10 중 2면 막아낼 수 있습니다. 그러므로 이는 동서쪽의 진나라입니다. 친자식이나 친아우가 아니면 제나라에 왕을 시켜서는 안 됩니다"

황제가 "좋다"고 했다.

○ 상이 돌아와 낙양에 이르러서 한신을 사면하고 회음후에 봉했다. 한신은 한이 자신의 능력을 두려워하고 미워한다는 것을 알고는 대부분 병을 칭하고 조정에 알현하러 가지 않았고, 주발(周勃) 관영 등과 동등한 서열이 되는 것을 부끄럽게 여겼다.

상이 일찍이 조용히 한신과 더불어 여러 장수들이 거느릴 수 있는 병력의 많고 적음에 대해 말했다. 상이 "나와 같은 자는 몇명을 거느릴 수 있는가?" 물으니, 한신은 "폐하께서는 십만 명을 거느림에 불과합니다"라고 대답했다. 상이 묻기를 "그대와 비교해서는 어떠한가?" 하니, 한신은 "신은 많으면 많을수록 더욱 좋습니다"라고 대답했다.

상이 웃으며 "많으면 많을수록 더욱 좋다면, 어찌하여 나에게 사로잡혔는가?" 하니, 한신은 "폐하는 병사들을 거느리는 것은 잘하지 못하시나 장수를 잘 거느리시니, 이것이 제가 폐하께 사로잡히게 된 이유입니다. 또 폐하에게는 이른바 하늘이 준 것이지 인력이 아닙니다"라고 대답했다.

○ 처음에 부절(符節)[25]을 나누어 여러 공신들을 봉해서 제후로 삼을 때 소하를 찬후(酇侯)에 봉하니 식읍(食邑)[26]이 다른 사람들보다 많았다. 공신들이 모두 말하기를 "신들

은 견고한 갑옷을 입고 예리한 무기를 잡고[27], 많은 자는 백여번을 싸우고 적은 자도 수십번 교전[合]을 했습니다. 지금 소하는 전쟁에서 싸운 공로[28]가 없고, 한갓 문서나 필기구[文墨][29]만 잡고 논의(議論)만 했는데도 오히려 신들의 위에 있음은 어째서입니까?"라고 했다.

황제가 말했다.

"제군들은 사냥을 아는가? 짐승과 토끼를 쫓아가 죽이는 것은 사냥개이고, 끈을 풀어놓아 짐승이 있는 곳을 지시하는 것은 사람이다. 지금 제군들은 다만 달아나는 짐승을 잡았을 뿐이니 공은 개의 공이고, 소하는 풀어주고 지시했으니 이 공로는 사람의 공이다"

여러 신하들이 모두 더 이상 말하지 못했다.

○ 장량 또한 모사로서 전투에 참여한 공로가 없었는데, 황제가 제(齊)의 3만 호를 고르게 했다. 장량은 "신이 처음 하비(下邳)에서 기병해 상과 유(留)에서 만났으니, 이는 하늘이 신을 폐하에게 준 것입니다. 폐하께서 신의 계책을 써서 다행히 때를 맞추었으니, 신은 유에 봉해지면 충분합니

---

25) 符節 부절 : =부신(符信). 목편 또는 죽편에 글을 쓰고, 증인(證印)을 찍은 후에 두 쪽으로 쪼개어, 한 조각은 상대에게 주고 다른 한쪽은 자기가 보관했다가 후일 서로 맞추어 증거로 삼는 것

26) 食邑 식읍 : 공신에게 내린 봉지

27) 執銳 집예 : 무기를 잡다

28) 汗馬之勞 한마지로 : 말이 땀을 흘리게 한 공로로, 전쟁에서 싸운 공로

29) 文墨 문묵 : 문서와 필기구

다. 감히 3만호는 감당하지 못하겠습니다"라고 말했다. 그래서 장량을 유후(留侯)로 봉했다.

○ 진평을 호유후(戶牖侯)로 봉했다. 진평은 "이는 신의 공(功)이 아닙니다"라고 사양했다. 상이 "내가 선생의 계책을 써서 싸워 승리해 적을 이겼으니, 공이 아니고 무엇이오?" 하니, 진평은 "위무지(魏無知)가 아니었으면, 신이 어찌 등용될 수 있었겠습니까?"라고 거듭 사양했다. 상은 "그대 같은 사람은 근본을 저버리지 않는다고 할 만하오" 하고는, 다시 위무지에게도 상을 내렸다.

○ 황제는 천하가 평정되고서 아들이 어리고 형제가 적은데, 진나라가 고립되어 망한 것을 돌아보고[懲][30], 같은 성씨들을 봉해 천하를 다스리고자 했다. 그리하여 봄에 종형(從兄) 가(賈)를 세워 형왕(荊王)으로 하고, 아우 교(交)를 초왕(楚王)으로 하고, 형 희(喜)를 대왕(代王)으로 하고, 미천했을 때 다른 여자[外婦]에게서 난 아들 비(肥)를 제왕(齊王)으로 봉했다.

○ 상이 공이 큰 신하 20여 명을 분봉했지만, 그 나머지는 밤낮으로 공을 다투어 결정하지 못했다. 상이 낙양의 남궁에 있으면서 여러 장수들을 바라보니, 때때로 서로 모래땅 가운데에 앉아서 함께 마주보고 대화를 했다.

상이 묻기를 "이들이 무슨 말을 하는 것인가?" 하니, 유

---

30) 懲 징 : 기왕지사를 돌아보아 장래를 삼가 함

후가 "폐하께서 평민으로 일어나셔서 이 무리들로 천하를 얻으셨는데, 지금 천자가 되어 봉한 바는 모두 옛 사람들이고, 죽인 자는 모두 원수나 원한이 있는 자들이었습니다. 그러므로 이들이 서로 모여 모반하려는 것입니다"라고 대답했다.

상이 "어찌하면 좋은가?"라고 걱정하니, 유후가 "상께서 평생 미워하는 사람으로, 여러 신하들이 함께 아는 자 중에 제일 미워하는 사람이 누구입니까?" 하니, 상이 "옹치(雍齒)가 나와 옛 원한이 있어 여러 번 나를 곤궁하게 하고 욕보였다. 내가 그를 죽이고자 했으나 공이 많기 때문에 차마 죽이지 못했다"고 했다. 유후가 "지금 급히 먼저 옹치를 봉해주시면, 여러 신하들이 사람마다 스스로 안정될 것입니다"라고 대답했다.

상이 술자리를 베풀고 옹치를 봉해 십방후(什方侯)로 하고, 급히 승상(丞相)과 어사(御使)를 재촉해 공을 결정해서 땅과 작위를 주었다. 술자리가 파하자 여러 신하들이 모두 기뻐하면서 말하기를 "옹치가 그래도 후(侯)가 되었으니, 우리들은 걱정할 것이 없다"고 했다.

온공(溫公)이 말했다.

"장량은 고제(高帝)의 모사가 되어 심복으로 따랐다.[31] 그는 마땅히 자신이 아는 것을 모두 알려야 했다. 그런데

---

31) 委以心腹 위이심복 : 심복으로 따랐다. 위(委) 맡길, 쌓을, 따를, 순종함, 버릴

어찌하여 여러 장수들이 모반하려 한다는 말을 듣고도, 고제가 여러 장수들이 만나 대화하는 것을 스스로 보기를 기다린 연후에 그것을 말했는가?

이는 고제가 처음 천하를 얻고서는 자주 (사적인) 애증(愛憎)으로 주벌과 상을 시행해, 때로는 해(害)가 공적인 부분에까지 이르게 되어, 군신들이 때때로 원망해 스스로 위태롭게 여기는 마음이 있었기 때문이다.

그러므로 장량이 일로써 충언(忠言)을 바쳐 고제의 생각을 바꾸게 했다. 상에게는 사사로움에 의한[32] 실책이 없게 하고, 아래로는 시기로 인한 모반이 없게 했다. 이로써 국가에는 근심이 없어지고, 이로움은 후세에 미쳤다. 장량 같은 사람은 간언을 잘 한다고 이를 만하다"

○ 열후가 모두 봉작(封爵)을 받자, 조칙을 내려 공이 높은 18명의 지위 순서를 정하게 하니, 모두들 말하기를 "평양후(平陽侯) 조삼(曹參)은 몸에 70군데의 상처를 입고도 성을 공격하고 땅을 공략해 공이 가장 많으니, 마땅히 제일입니다"라고 했다. 악천추(鄂千秋)가 나서서 말했다.

"여러 신하들의 의견은 모두 잘못되었습니다. 조삼이 비록 벌판에서 전투하고[野戰], 땅을 공략한 공이 있으나, 이는 다만 한 때의 일일 뿐입니다. 상이 초나라와 5년 동안 서로 대치해 군대를 잃고 무리를 잃고 단신으로 도망한 적이 여러 번이었는데, 소하가 항상 관중에서 군대를 보내 그

---

32) 阿私 아사 : 아(阿) 언덕, 아첨, 의지할. 사(私) 사사로움

빈 곳을 채웠습니다. 또 군대에 식량이 없게 되면 소하가 관중에서 식량을 배로 옮겨 공급해 결핍되지 않게 했습니다.

폐하가 여러 번 산동(山東)을 잃었으나, 소하가 항상 관중을 보전하고 폐하를 기다렸으니, 이는 만세의 공입니다. 지금 조삼 등이 백여 명 없다고 한들 한나라에 무엇이 부족하겠습니까? 어찌하여 하루아침의 공을 가지고 만세의 공을 덮으려 한단 말입니까? 소하가 제일이요, 조삼은 그 다음입니다"

상이 "옳다"고 하고, 소하에게 칼을 차고 신을 신고 대전(大殿)에 오르게 하고, 조정에 들어올 때 허리를 굽히고 빠른 걸음으로 걷지[33] 않아도 된다는 (특혜를) 내렸다.

상은 "내가 듣건대 현자를 추천하면 최고의 상을 받는다고 했으니, 소하의 공이 비록 높으나 악군(鄂君)의 말을 들으니 더욱 분명해졌다"고 하고는, 악천추를 봉해 안평후(安平侯)로 삼았다.

○ 처음에 흉노(匈奴)가 진나라를 두려워 해 북쪽으로 옮겨 간지 10여 년이었는데, 진나라가 멸망하자 흉노가 다시 점점 남쪽으로 건너왔다. 선우(單于) 두만(頭曼)에게 태자가 있었는데, 묵특(冒頓)이다. 그는 스스로 서서 선우가 되어 마침내 동호(東胡)를 멸망시키고, 월지국(月氏)을 패주시키고, 연(燕)과 대(代)를 침략했다.

---

33) 趨 추 : 입조할 때 허리를 굽히고 빨리 걷는 것

이때 한나라와 초나라가 서로 대치해 중국이 전란으로 피폐해져 있었다. 이 때문에 묵특이 스스로 강해질 수가 있었다. 강한 활을 쏘는 궁수가 30여만 명이었다. 한왕(韓王) 신(信)을 마읍(馬邑)에서 포위하자, 한왕 신은 마읍을 바치고 항복했다. 이리하여 흉노 묵특이 병력을 끌고 남쪽으로 구주(句注)를 넘어 태원(太原)을 공격해 진양(晉陽)에 이르렀다.

○ 황제가 진나라의 가혹한 의례(儀禮)와 법을 모두 제거해 간단하게 하니, 여러 신하들이 술을 마시고 공을 다투며, 취하면 혹 망령되게 고함치고, 검을 뽑아 기둥을 치기도 했다. 황제가 더욱 그것을 싫어했다.

숙손통(叔孫通)이 상을 설득하기를 "유학자는 함께 진격해 빼앗기는 어렵지만, 더불어 지키고 이루는 것은 할 수 있습니다. 신이 원컨대 노(魯)나라의 여러 유생들을 부르고, 신의 제자와 함께 조정의 의례를 일으켰으면 합니다"라고 했다. 황제가 "(그렇게) 하는게 어렵지 않겠는가?"라고 물었다.

숙손통이 대답하기를 "오제(五帝)는 음악이 달랐으며, 삼왕(三王)은 예가 같지 않았습니다. 예(禮)와 악(樂)은 시대와 세상[時世]과 인정(人情)에 따라서, 그것의 예절에 관한 규정[34]을 만든 것입니다. 신은 원컨대 옛날의 예와 진나라의 의식을 채택해 섞어서 그것을 완성시키고자 합니다"라

---

34) 節文 절문 : 예절에 관한 문장, 예절 규정

고 했다. 상이 "좋다. 시험 삼아 만들되 알기 쉽게 하고, 내가 행할 수 있는가를 헤아려서 만들도록 하라"고 했다.

노나라의 두 유생이 가려고 하지 않으며 "지금 천하가 갓 평정되어 죽은 자를 아직 장례 지내지 못했고, 부상당한 자는 일어나지 못했는데, 또 다시 예약(禮樂)을 일으키고자 합니다. 예악이란 그렇게 된 이유가 있음으로 해서 일어나는 것으로[所由][35], 덕을 쌓은 지 1백 년이 된 뒤에야 흥할 수 있는 것입니다. 나는 공이 하려고 하는 바를 감히 할 수 없으니, 공은 가시오"라고 말했다.

숙손통은 웃으면서 "시골 유학자가 시대의 변화를 알지 못하는구나" 하고는, 불러온 30명과 함께 서쪽으로 가서 상의 좌우 신하 중 학식 있는 자와 그의 제자 1백여 명과 함께 존비(尊卑)의 표식[綿蕞][36]을 만들어 야외에서 그것을 익혔다.

신축(辛丑) 7년(기원전 200)

겨울 10월에 장락궁(長樂宮)이 완성되었다. 제후와 여러 신하들이 모두 조회와서 하례할 때, 제후 왕 이하 봉록 6백석[37]을 받는 관리에 이르기까지 두려움에 떨고, 엄숙하고

---

35) 所由 소유 : 말미암을 바, 일이 그렇게 된 이유가 있음으로

36) 綿蕞 면최 : 야외에서 예를 강의 할 때 띠를 베어 묶어서 죽 세워놓고 존비의 차례를 표시하는 일, 본보기

37) 六百石 육백석 : 관직의 등급. 봉급은 월 70斛(10말의 용량), 구리 도장에 검은 인끈을 받았다

공경하지 않은 자가 없었다. 예가 끝나자 다시 법주(法酒)로 연회를 베풀었다.

대전(大殿) 위에서 모시고 앉은 여러 신하들이 모두 엎드려 머리를 숙이고 높고 낮은 차례에 따라 일어나 축수를 올리는데, 감히 떠들어 예를 잃는 자가 없었다. 이리하여 황제가 "오늘에서야 비로소 황제가 된다는 것이 귀한 것이라는 것을 알았다"고 말했다. 숙손통을 태상(太常)으로 임명했다.

○ 처음에 진나라가 천하를 차지하자 6국(六國)의 예의를 다 받아들였는데, 그 군주를 높이고 신하를 억제하는 예의를 채택해 보전했다. 숙손통이 예를 제정하면서, 대체로 진나라의 옛 것을 답습했다.

온공(溫公)이 말했다.

"예(禮)란 크게 사물을 다스린다. 자기 몸에 사용하면, 움직임과 멈춤에 법도가 있어 백가지 행실이 갖추어진다. 가정에서 사용하면 내외가 분별이 있어 9족이 화목하다. 향리에서 사용하면 어른과 아이가 질서가 있어 풍속이 바뀌어 아름답게 된다. 국가에서 사용하면 군신의 서열이 있어 정치가 이루어진다. 천하에 사용하면 제후들이 따르고 복종해 기강이 바르게 되는데, 바로 안석과 자리 위나 조정의 연회[38]에서 그것을 행할 수 있었으니, 어찌 혼란스럽지 않겠

38) 戶庭 호정 : 뜰, 조정의 연회. 조하(朝賀) 사이

는가?

고조(高祖)의 명석함과 통달함으로 육가(陸賈)의 말을 듣고 그것을 좋다고 칭찬했고, 숙손통의 의례를 보고서 감탄했다. 그러나 삼대(三代)의 왕에게 비견되지는 못했으니, 그 병폐를 배우지 않음에 있다. 이 때 큰 유학자를 얻어 보좌하게 해서 그와 더불어 예로써 천하를 다스렸다면, 그 공열(功烈)이 어찌 이와 같음에 그쳤겠는가?

애석하도다. 숙손생의 그릇이 작아서 한갓 예의 겨와 쭉정이[39]만 도둑질해 세속을 그대로 따르고, 풍속을 화해롭게[40] 해 총애만을 얻었을 뿐이다. 그리하여 마침내 선왕(先王)의 예를 몰락[41]하게 해 지금에 이르기까지 떨치지 못하게 했으니, 어찌 심히 애통하지 않겠는가"

상이 직접 군대를 거느리고 한(韓)왕 신(信)을 공격하고, 진양(晉陽)에 주둔했는데, 묵특이 대곡(代谷)에 있다는 말을 듣고 그를 공격하고자 사람을 시켜 흉노를 엿보게 했다. 묵특이 힘센 군사와 살찐 소와 말은 숨겨두고, 노약자와 파리한 가축만을 보이게 했다.

사자(使者) 10人의 무리[輩]가 갔다 와서 모두 흉노를 공격할 만 하다고 말하자, 상이 다시 유경(劉敬)[42]에게 가게

39) 糠粃 강비 : 겨와 쭉정이, 가치 없는 사물을 비유

40) 依世諧俗 의세해속 : 의세(依世) 세속의 이전 그대로. 해속(諧俗) 풍속을 화해롭게 함

41) 淪沒 윤몰 : 빠짐, 침몰함. 몰락함

했다. 유경이 돌아와서 "두 나라가 서로 공격할 때는 마땅히 뛰어난 점을 과시하고 보여주어야 하는데, 신이 가서 다만 수척한[羸] 노약자만 보았으니, 이는 단점을 보여주고 기병을 숨겨 이익을 챙기고자 하는 것입니다. 어리석은 신은 흉노를 공격해서는 안 된다고 여깁니다"라고 보고했다.

상이 노해 유경을 꾸짖기를 "제나라 포로가 말[口舌]로 벼슬을 얻더니, 이제 마침내 망언(妄言)을 해 우리 군대의 사기를 떨어지게[沮] 하는구나" 하고는 유경을 형틀에 묶어 광무(廣武)에 두었다.

황제가 먼저 평성(平城)에 도착했다. 군대가 아직 모두 도착하지 않았는데, 묵특이 정병 40만기를 풀어 백등(白登)에서 황제를 7일간 포위했다. 황제가 진평의 비계(秘計)[43]를 써서 흉노왕의 왕후[44]에게 많은 선물을 보내 겨우 포위를 풀고 광무에 도착했다. 유경을 사면해주고, 앞서 보낸 사신 10인을 참수했다. 유경을 관내후로 봉하고 건신후(建信侯)라 불렀다.

○ 황제가 남쪽으로 가다 곡역(曲逆)을 지나며서 "웅장하구나 고을(縣)이여! 내가 천하를 다녔지만 오직 낙양과 이

---

42) 劉敬 유경 : 원래는 누경(婁敬)인데, 수도를 장안으로 천도하게 해 유씨(劉氏) 성을 하사받았다

43) 秘計 비계 : 진평이 화공에게 미녀를 그리게 해 밀사를 시켜 연지에게 보내면서 "한나라에 이런 여자가 있는데, 지금 황제께서 곤욕을 겪고 계시므로, 그 여자를 바치고자 한다"고 말했다. 연지가 총애를 뺏길까 두려워 선우에게 말해 포위를 풀게했다

44) 閼氏 연지라고 읽음. 흉노왕의 왕후

곳만이 볼만하구나!"라고 말했다. 이에 다시 진평을 곡역후(曲逆侯)로 삼았다. 진평이 평소에 정벌을 따라 다니면서 6번의 뛰어난 계책[45]을 내어 번번이 봉지(封地)를 늘렸다.

○ 황제가 장안에 도착하니, 소하가 미앙궁(未央宮)을 완성시켜 놓았다. 황제가 그 장엄하고 아름다운 모습을 보고 크게 화를 냈다. 소하에게 "천하가 흉흉해 수년간 힘들며 고생하고 있고, 성패를 아직 알지 못하는데, 어찌 과도하게 궁실을 꾸몄는가?" 하니, 소하가 "천하가 아직 평정되지 않았기 때문에 궁실을 이렇게 완성한 것입니다. 무릇 천자는 천하를 집으로 하므로 장엄하고 화려하지 않으면 큰 위엄이 없습니다. 또 후세에 이보다 더한 것이 없도록 하고자 한 것입니다"라고 대답했다. 황제가 기뻐했다.

온공(溫公)이 말했다.

"왕은 인의(仁義)를 화려함으로 삼고, 도덕(道德)을 위엄으로 삼는다. 궁실로 천하를 다스리고 복종시킨다는 말은 들어보지 못했다. 천하가 아직 평정되지 않았으니, 마땅히 자기를 누르고 절약하고, 백성의 급한 일에 보내야 하는데, 도리어 궁실을 우선으로 하니 어찌 이것으로 일할 바를 안

---

45) 여섯 번의 계책은 (1) 금으로 간첩을 풀어 항우의 진영을 이간질 시킨 것. (2) 초(楚)의 사자에게 나쁜 음식을 대접해 항우가 범증을 의심하도록 한 것. (3) 밤에 여자 2천 명을 풀어 형양성에서 고조를 탈출 시킨 것. (4) 발을 밟고 귀에 대고 한신을 제왕(齊王)에 봉하라고 말해준 것. (5) 운몽으로 거짓으로 놀러가게 해 한신을 속여 잡게 한 것. (6) 지금 연지에게 선물과 아름다운 여자 그림을 보내 포위를 풀게 한 것

다고 말할 수 있겠는가?

옛날에 우(禹)는 궁실을 낮추었는데, 걸(桀)은 경궁(瓊宮)을 지었다. 나라를 세우고 이어받아 지키는 군주[46]가 몸소 절약과 검소를 실천해 자손에게 가르치고 보여주어도, 그 말엽에는 오히려 음란함과 사치함에 빠지는데, 하물며 그 사치함을 보여줌이랴!

그리고 말하기를 후세에 더 한 것이 없게 하려고 한 것이라고 했으니, 어찌 잘못되지 않았는가? 효무제 때에 와서 마침내 궁실로서 천하를 피폐하게 했으니, 반드시 소하가 그것을 시작하지 않았다고 말하지 못한다"[47]

임인(壬寅) 8년(기원전 199)

흉노 묵특이 자주 북쪽 변경을 괴롭혔다. 황제가 그것을 근심하니 유경(劉敬)이 말했다.

"천하가 처음 평정되어 병사들이 전쟁으로 피폐하니 무력으로 복종시킬 수는 없습니다. 묵특은 아버지를 살해하고 대신 즉위해 여러 아버지의 후처를 아내로 삼고[48] 힘을 위세로 삼으니, 인의(仁義)로 달랠 수는 없습니다. 장공주(長公主)를 시집보내[適] 그에게 아내로 주면 그는 반드시 사모하여 연지(閼氏)로 삼을 것이니, 아들이 태어나면 반드시

46) 創業垂統之君 창업수통지군 : 나라를 세우고 이어받아 지키는 군주

47) 由 유 : 말미암을, ~을 통해, ~으로 인해, 주격조사. 계(啓) 열다, 시작하다

48) 주(註) 선우가 죽으면 그 아내들을 아들이 거두는 것이 흉노의 풍습이다. 중국에서는 패륜으로 여긴다

태자가 될 것입니다. 묵특이 살아 있으면 사위가 되고, 죽으면 외손자가 선우(單于)가 됩니다. 일찍이 외손자가 감히 할아버지와 대등한 예를 행함을 들어보셨습니까?"

계묘(癸卯) 9년(기원전 198)

황제가 보통 집안의 딸[49]을 얻어 장공주라고 명칭하고, 선우에게 시집보내고 유경에게 화친조약을 맺게 했다.

온공(溫公)이 말했다.

"건신후(建信候)가 묵특은 잔인한 도적이어서 인의(仁義)로 달랠 수 없다고 말하고는 그와 혼인을 하고자 했다. 어찌 앞뒤가 서로 어긋나지 않은가? 무릇 골육의 은혜와 존비의 서열은 오직 인의를 아는 사람만이 그것을 알고 행할 수 있다. 어찌 이것으로 묵특을 복종시키고자 하는가? 대개 앞선 세대의 제왕들은 오랑캐들을 다스리면서 복종하면 덕으로 품고, 거역하면 위세로 누르지, 함께 혼인을 한다는 말을 들어본 적이 없다.

또 묵특은 그 아버지를 금수와 같이 여겨 그를 쏘아 죽였는데[獵], 어찌 아내의 아버지에게는 (인의의 예가) 있겠는가? 건신후의 방법은 정말 허술하다. 하물며 노원공주가 이미 조나라 왕후가 되었는데, 또 빼앗을 수 있겠는가?"

---

49) 家人子 가인자 : 보통 집안의 딸

이 해에 다시 승상 소하를 상국으로 삼았다.

갑진(甲辰) 10년(기원전 197)

척희가 황제에게 총애를 받아 조왕 여의(如意)를 낳았다. 황제가 태자는 인자하지만 나약하기 때문에 그를 폐위하고 조왕을 태자로 삼으려 했다. 대신들이 그것을 막았지만 할 수 없었다. 어사대부 주창(周昌)이 조정에서 강하게 반대했다. 황제가 그의 주장을 물었다.

주창은 말더듬이[50]인데, 또 분노가 가득해 말하기를 "신이 입으로는 말할 수 없지만, 신은 기, 기(기약컨대),[51] 그 불가함을 압니다. 폐하가 태자를 폐하고자 하시면 신은 기, 기(기약컨대), 명령을 받들지 않겠습니다"라고 했다. 황제가 흔쾌히 웃었다.

○ 처음에 황제가 양하후(陽夏侯) 진희(陳豨)를 상국으로 삼고, 조나라 변경에 있는 대(代)의 병사들을 감독하게 했다. 진희가 지나가다 회음후에게 인사했다.

회음후가 그 손을 끌면서 좌우를 물러가게 하고 탄식하며 "공이 있는 곳은 천하 정예병이 모인 곳입니다. 그리고 공은 폐하의 믿음과 총애를 받는 신하입니다. 어떤 사람이 공이 배반하다고 말하면 폐하는 반드시 믿지 않을 것이나, 3번 말하면 반드시 화를 내고 스스로 장수가 되실 것입니

---

50) 吃 흘 : 말을 더듬다

51) 期期 기기 : 말을 더듬기 때문에 반복함

다. 내가 공을 위해 안에서 기병하면 천하를 도모할 수 있습니다"라고 말했다. 진희가 "삼가 가르침을 받들겠습니다"라고 대답했다.

9월에 드디어 왕황(王黃) 등과 모반해 스스로 대(代)왕이 되었고, 조나라 대군(代郡)을 위협하고 공략했다. 황제가 몸소 그것을 공격했다. 한단(邯鄲)에 와서 기뻐하면서 "진희가 남쪽으로 와서 한단을 거점으로 해 장수(漳水)를 막지 않았으니, 나는 그의 무능함[52]을 알겠다"고 말했다. 황제가 주창(周昌)을 시켜 조나라 장사 중에 장수로 삼을 수 있는 자를 선발하게 했다. 4명이 아뢰고 알현했다. 황제가 거만하게 꾸짖으며 말하기를 "어린 녀석들이 장수가 될 수 있겠는가?" 하니, 4명이 부끄러워 모두 땅에 엎드렸다.

각각에게 천호(千戶)의 땅을 주어 장수로 삼으니, 측근들이 간언하기를 "지금 이들에게 봉지를 주는 것은 무슨 공이 있어서 입니까?"라고 했다. 황제는 "너희들이 알 수 있는 것이 아니다. 진희가 모반해 조나라 대군(代郡)의 땅을 모두 차지했다. 내가 급한 격문[羽檄][53]을 보내 천하의 병사를 소집했지만, 아직 온 자가 없다. 지금 계책은 오직 한단만으로 전쟁을 해야 할 뿐이다. 내가 어찌 4천호를 아껴 조나라 젊은이들을 달래지 못하겠는가?"라고 대답했다. 모두 좋다고 했다.

---

52) 無能爲 무능위 : 능히 할 수 있는 것이 없음

53) 羽檄 우격 : 주(註) 격(檄)은 목간에 글을 쓴 것, 길이는 두자 두 치. 급한 일이면 새의 날개를 거기에 꽂아 신속함과 긴급함을 표시했다

황제가 진희의 장수들이 모두 옛날에 상인들이었다는 말을 듣고 "내가 그들을 대적할 방법을 알겠다" 하고는, 많은 금으로 진희의 장수들을 매수하니 진희의 장수들이 많이 항복했다.

을사(乙巳) 11년(기원전 196)

진희군이 드디어 패했다. 회음후 한신이 병을 핑계대고 진희를 공격하는 데 쫓아오지 않았다. 몰래 사람을 진희가 있는 곳에 보내 서로 내통하고 모의했다. 그 집안사람의 아우 상변(上變)이 한신이 반란하고자 한다고 고발했다.

여후와 소상국이 모의해 거짓으로 '황제가 있는 곳에서 말이 내려왔는데, 진희가 이미 죽었으니 제후들과 여러 신하들은 모두 하례하라'고 사람을 시켜 전했다. 상국이 한신에게 "비록 병이 있으나 억지로라도 들어와 하례하라"고 했다.

한신이 왔다. 여후가 무사를 시켜 한신을 포박하고 그를 참수했다. 한신이 참형을 당하면서 "내가 괴철의 계책을 쓰지 않은 것이 한스럽구나. 이제 아녀자에게 속았으니[54], 어찌 하늘의 뜻이 아니겠는가?"라고 한탄했다. 드디어 한신의 삼족을 죽였다.

---

54) 위(爲)A 소(所)B의 수동태 문장. A에게 B당하다. 아녀자에게 속임을 당하다

온공(溫公)이 말했다.

"세상에서 한신에 대해 이렇게 말한다.

'먼저 큰 계책을 세워 고조와 한중에서 기병해 삼진(三秦)을 평정했고, 병사를 나누어 북쪽으로 가서 위(魏)왕을 사로잡고, 대(代)를 빼앗아서 조(趙)를 전복시키고, 연(燕)을 협박하고, 동쪽으로 가서 제(齊)를 공격해 그것을 차지하고, 남쪽으로 초(楚)를 해하(垓下)에서 멸망시켰으니, 한(漢)이 천하를 얻은 까닭은 대저 한신의 공이다. 그가 괴철의 설득을 거절하고 고조를 진(陳)에서 맞이한 것을 보면, 어찌 모반의 마음이 있었겠는가? 실로 직분을 잃고 분한 마음에서[55] 결국은 패역에 빠진 것이다. 노관(盧綰)이란 자는 마을[56]의 옛 은혜로 인해 오히려 연(燕)나라 왕이 되어 남면(南面)했는데, 한신은 제후가 되어 봄, 가을로 알현했으니,[57] 어찌 또한 고조가 한신을 저버린 점이 없었겠는가'라고 한다.

내가 생각하기에는 고조가 거짓 책략으로 한신을 진(陳)에서 사로잡았으니, 저버린 것으로 말하자면, 있기는 있다. 비록 그러하나 한신 역시 그것을 초래한 일[58]이 있다. 처음 한(漢)이 초(楚)와 형양(滎陽)에서 서로 대치했을 때, 한신은 제(齊)를 멸하고 돌아와서 보고 하지 않고, 스스로 왕이

---

55) 怏怏 앙앙 : 분한 마음

56) 里開 리개 : 리한(里閈) 마을 문, 마을

57) 朝請 조청 : 조(朝) 봄 알현. 청(請) 가을 알현

58) 取 취 : 가져오다

되었다. 그 후 한(漢)이 초(楚)를 추격할 때 고릉(固陵)에 와서 한신과 함께 초를 공격하기로 약속했는데, 한신이 오지 않았다. 그때 고조가 한신을 공격하려는 마음이 있었으나, 힘이 모자라 할 수 없었을 뿐이었다.[59)]

천하가 이미 평정되었으니 한신이 다시 무엇을 믿겠는가? 무릇 때를 타서 이익을 바라는 것은 시정잡배의 마음이고, 공을 갚고 덕에 보답하는 것은 선비와 군자의 마음이다. 한신은 시정잡배의 마음으로 그 자신을 이롭게 하고, 남에게는 선비와 군자의 마음을 바라니, 역시 어렵지 않겠는가?

이 때문에 태사공이 그를 평가해 '가령 한신이 도(道)를 배워 겸양하고 자신의 공을 자랑하지 않으며, 그 능력을 과신하지 않았으면 한가(漢家)의 공신이 되었을 것이다.[60)] 주공(周公) 소공(召公) 태공(太公)의 무리와 비견되고, 후세에 나라의 제사[血食][61)]를 받을 수 있었을 것이다. 이것에 힘쓰지 않고, 천하가 이미 하나가 되었는데도 반란을 모의했으니, 종족이 멸문당한 것 또한 마땅하지 않은가'라고 말했다"

황제가 낙양에 돌아와 회음후가 죽었다는 말을 듣고 여

59) 力不能 역불능 : 힘으로 할 수 없다

60) 庶幾~哉 서기~ 재 : 거의 ~했을 것이다. 재(哉) 단정하는 말. 어조사, 반어사

61) 血食 혈식 : 나라에서 희생을 올리고 제사를 지내 주는 것

후에게 "한신이 죽을 때 무슨 말을 했는가?"고 물으니, "한신이 말하기를 괴철의 계책을 쓰지 않은 것이 한스럽다고 했습니다"라고 대답했다. 황제가 제나라에 조서를 내려 그를 잡아오게 했다. 괴철이 잡혀 왔다.

황제가 "네가 회음후에게 반역을 가르쳤느냐?"고 물으니, 괴철이 "그렇습니다. 진(秦)이 그 사슴[62]을 잃으니, 천하가 함께 그것을 쫓았습니다. 재능이 높고 발이 빠른 자가 먼저 그것을 얻었습니다. 도척[63]의 개가 요임금을 보고 짖는 것은 요임금이 덕이 없어서가 아닙니다. 개는 그 주인이 아니면 짖습니다. 당시 신은 오직 한신 만을 알았고 폐하를 알지 못했습니다"라고 대답했다. 황제가 그를 놓아주었다.

○ 예전에 황제가 진희를 공격할 때 양(梁)에서 병사를 징집했다. 양왕(梁王=彭越)이 병을 핑계대고 장수에게 병사를 이끌고 한단에 가게 하니, 황제가 노해 사람을 시켜서 그를 꾸짖었다. 양왕이 두려워서 스스로 가서 사죄하려고 했으나, 그 장수 호첩(扈輒)이 양왕에게 반란을 권했다.

양왕이 따르지 않았는데 양의 태복(太僕)이 죄를 짓고 한으로 도망가서 양왕이 호첩과 반란을 모의한다고 고발했다. 그리하여 황제가 사자를 시켜 양왕을 엄습해 사로잡아 그를 낙양에 가두었다. 해당 관리[有司]가 조사를 하니 반란의 형세[反形]가 이미 있었다. 황제가 사면해 서민으로 만

---

62) 鹿 록 : 사슴. 사슴은 천하를 비유함

63) 盜跖(蹠) 도척 : 고대에 살았던 큰 도둑. 현인 유하혜(柳下惠)의 아우

들고, 수레에 실어 촉(蜀)으로 보내 천민[64]으로 살게 했다.

서쪽으로 가다가 여후를 만났는데, (여후는) 장안에서 오고 있었다. 팽왕(彭王=彭越)이 여후에게 울면서 스스로 무죄라 말하고, 고향 창읍(昌邑)에서 살기를 원했다. 여후가 허락하고 함께 동쪽으로 와 낙양에 도착해 황제를 배알하며 "팽왕은 장사입니다. 지금 그를 촉(蜀)으로 옮기시면 이는 후환을 남겨놓는 것입니다. 그를 결국 죽이는 것이 낫습니다. 제가 삼가 함께 왔습니다"고 했다. 여후가 곧 그 집안사람에게 팽월이 모반했음을 다시 고발하게 했다. 삼족을 멸족하고 팽월의 머리를 베어 낙양에 매달아 놓고 '거두거나 보는 자가 있으면 그 때마다 그를 체포하겠다'고 명령했다.

양(梁)의 대부(大夫) 난포(欒布)가 제(齊)에 사신으로 갔다가 돌아와 팽월의 머리 아래에서 그를 제사지내고 곡을 하니, 관리가 체포하고 보고했다.[65] 황제가 그를 삶아 죽이려고 하니 난포가 "한마디만 하고 죽기를 원합니다"라고 말했다. 황제가 "무슨 말이냐?" 하니 난포가 말했다.

"황제께서 팽성에서 곤경에 처하고, 형양과 성고의 사이에서 패하셨을 때, 팽왕이 한번 고개를 돌려 초와 함께 하면 한이 격파되고, 한과 함께 하면 초가 격파된다고 했습니다. 천하가 평정되고 난 후 팽왕이 신표를 쪼개서 봉지를 받았는데, 역시 그것을 만세에 전하고자 했습니다. 지금 폐

64) 靑衣 청의 : 푸른 옷, 천한 사람이 입는 옷, 하인
65) 聞 문 : 듣다, 들려주다

하께서 병사를 징집했을 때 팽왕이 병이 나서 가지 못했는데, 폐하께서 그를 죽이고 (삼족을) 멸했으니, 신은 공신들이 각자 스스로 위태롭다고 할까 두렵습니다. 지금 팽왕이 이미 죽었으니 신은 사는 것보다 죽는 것이 낫습니다. 청컨대 팽(烹)형을 당하겠습니다"

황제가 난포의 죄를 용서해주고 도위로 임명했다.

○ 육가가 때때로 앞에 나아가 『시경』과 『서경』을 칭송하고 말하니 황제가 그를 꾸짖으면서 "너[乃]의 임금이 말위에서 천하를 얻었는데, 어찌 시(詩)와 서(書)를 섬기겠는가?"라고 말했다. 육가가 "말위에서 천하를 얻었다고 어찌 말위에서 그것을 다스리겠습니까? 또 탕왕과 무왕은 역(逆)으로 빼앗았지만, 순리대로 그것을 지켰습니다. 문무를 함께 쓰는 것은 (나라를) 오래 유지하는 방법입니다"라고 대답했다.

황제가 "시험 삼아 나를 위해 진(秦)이 천하를 잃은 까닭과 내가 그것을 얻은 까닭, 그리고 옛날의 번성하고 망한 나라에 대해 저술하라"고 했다.

육가가 이에 존망의 조짐을 대략적으로 저술하니[66] 저서가 12편이었다. 한 편을 아뢸 때마다 황제가 좋다고 말하지 않은 적이 없었다. 그 책을 『신어(新語)』[67]라고 했다.

---

66) 粗述 조술 : 대략적으로 기록함

67) 新語 신어 : 註 고조가 일찍이 이런 말을 들어보지 못했기 때문에 '신어'라고 했다

『한서(漢書)』「본기(本紀)」를 보면, "조서에서 말하기를 '듣건대 왕도(王道)를 이룬 사람으로는 주(周) 문왕(文王)이 가장 훌륭하고,[68] 패도(霸道)를 이룬 사람으로는 제(齊) 환공(桓公)이 가장 훌륭하다. 모두 능력 있는 사람을 기다려서 명성을 이루었다. 능력 있는 선비, 대부 중에 나를 따르고자 하는 사람이 있으면, 나는 그에게 높은 벼슬을 줄 수 있다. 어사와 중집법(中執法)은 군수에게 명령을 내려 뜻이 있고 명석하고 덕 있다고 칭찬받는 자가 있으면, 반드시 몸소 가서 권하고 그를 수레에 태워서 보내라'[69]고 했다"

황제가 병이 났다. 궁궐 안에 누워 있으면서 문지기에게 명령해 아무도 들이지 못하게 했다. 여러 신하들과 강후, 관영 등이 감히 들어가지 못한 지가 10여 일 되었다. 번쾌가 궁실의 작은 문을 열어젖히고[70] 곧장 들어가니 대신들이 그를 따랐다. 황제가 홀로 한 환관을 베고 누워 있었다.

번쾌 등이 황제를 보고 울면서 "처음 폐하께서 신 등과 풍(豊)의 패(沛)읍에서 기병해 천하를 평정할 때 얼마나[71] 씩씩하셨습니까? 지금 천하가 평정되고, 또 얼마나 고달프

68) 莫高於~ 막고어~ : 비교의 최상급. ~보다 훌륭한 사람은 없다. 즉 ~이 가장 훌륭하다

69) 身勸爲之駕 신권위지가 : 註 몸소 가서 권면하고, 스스로 그에게 수레를 마련해 주어라

70) 排闥 배달 : 궁중의 소문을 밀다

71) 何其 하기 : 얼마나

고 힘드십니까? 그렇지만 폐하는 혼자 조고의 일을 보지 못하셨습니까?"[72]라고 말하니, 황제가 웃으며 일어났다.

○ 예전에 회음후(淮陰侯=韓信)가 죽었을 때 회남왕(淮南王) 경포(黥布)가 마음속으로 두려워했었다. 팽월이 죽임을 당해 그 살이 소금에 절여져서 제후들에게 내려지자, 포가 크게 두려워 해 기병해 반란을 일으켰다. 황제가 여러 장수들을 불러 계책을 물으니 모두 "어린놈이 무엇을 할 수 있겠습니까?"라고 대답했다.

여음후(汝陰侯) 등공(滕公)이 옛 초(楚)나라 영윤(令尹) 설공(薛公)에게 물어보니, 영윤은 "이것은 당연한 모반입니다. 작년에 팽월이 죽었고, 재작년에 한신이 죽었습니다. 이 3명은 공로가 한 몸 같은 사람입니다. 스스로 화가 자신에게 미칠 것을 의심해 모반했을 뿐입니다"라고 대답했다.

등공이 그것을 황제에게 말하니 황제가 곧 설공을 불러서 물었다. 설공은 "가령 경포(黥布)가 상계(上計)로 나오면 산동은 한(漢)의 차지가 아닙니다. 중계(中計)로 나오면 승패의 운수는 알 수 없습니다. 하계(下計)로 나오면 폐하는 베개를 편안히 하고 누워계셔도 됩니다"라고 대답했다.

황제가 "무엇이 상계인가?" 하고 물었다.

"동쪽으로 오(吳)를 빼앗고, 서쪽으로 초(楚)를 빼앗고,

---

72) 주(註) 진시황제(秦始皇帝)가 사망했을 때, 오직 조고(趙高)와 총애하던 신하 5, 6인만이 그것을 알았다. 조고가 거짓 조서(詔書)를 만들어 장자(長子) 부소(扶蘇)에게 자살하도록 명령했다

제(齊)를 병합하고, 노(魯)를 빼앗고, 연(燕)과 조(趙)에 격문을 보내면서, 그가 있는 곳을 굳게 지키면 산동(山東)은 한(漢)의 것이 아닙니다"

"무엇이 중계인가?"

"동쪽으로 오(吳)를 빼앗고, 서쪽으로 초(楚)를 빼앗고, 한(韓)을 병합하고, 위(魏)를 빼앗고, 오창(敖倉)의 곡식을 차지하고 성고(成皐)의 입구를 막으면, 승패의 운수를 알 수 없습니다"

"무엇이 하계인가?"

"동쪽으로 오(吳)를 빼앗고, 서쪽으로 하채(下蔡)를 빼앗고, 식량은 월(越)로 보내고, 자신은 장사(長沙)로 가면 폐하는 베개를 편안히 하고 누우셔도 됩니다"

황제가 "이 계책 중에서 (그가) 장차 어떻게 나올 것인가?" 하니, 설공은 "하계로 나올 것입니다. 경포는 옛날 여산(驪山)의 죄수[73]였습니다. 대국(大國)의 제후[74]가 되었지만, 모두 자신을 위했지, 뒤를 고려하거나 백성을 위해 만세를 생각하는 자가 아닙니다. 그러므로 하계로 나올 것입니다"라고 대답했다.

황제가 좋다고 말하고, 설공에게 천호(千戶)의 봉읍을 주었다.

---

73) 徒 도 : 죄수. 경포의 경(黥)은 얼굴에 문신을 새기는 형벌이 있다는 뜻

74) 萬乘之主 만승지주 : 주(周)나라 때에 천자는 그 영토 안에서 병거 일만 량을 내는 제도가 있었다. 따라서 천자나 천자의 자리, 또는 대국의 제후를 뜻함

(황제는) 스스로 병사를 이끌고 동쪽으로 갔다. 경포가 처음 모반할 때 그의 장수들에게 "황제는 이미 늙었다. 반드시 올 수 없을 것이다. 회음후와 팽월이 모두 죽었으니, 나머지는 두려워할 것 없다"고 말했다. 드디어 반란을 일으키니 과연 설공의 말과 같이 형(荊)을 공격하고, 초(楚)를 공격하고, 병사를 이끌고 서쪽으로 갔다.

경오(丙午) 12년(기원전 195)

겨울 시월에 황제가 경포의 병사와 기(蘄)의 서쪽에서 만나 크게 싸웠다. 경포의 군대가 패주했다. 회수를 건너 여러 번 싸웠으나 이롭지 못했다. 백여명과 강남으로 도망갔는데, 황제가 별장(別將)을 시켜 그를 추격하게 했다. 파양인이 경포를 자향(茲鄕)에 있는 백성의 농막에서 죽였다.

○ 11월에 노(魯)나라를 지나가다 태뢰(太牢)[75]를 갖추어 공자에게 제사지냈다. 황제가 돌아오다 패의 옛집[沛宮]을 지나면서 술자리를 마련해 옛 고향사람과 어르신들을 불렀다. 술이 거나해지자 황제가 스스로 노래를 짓고[76] 일어나 춤을 추었다. 울면서 패의 어른들에게 "나갔던 아들이 고향에 오니 슬퍼집니다. 짐이 패공에서 시작해 포학한 역도를

75) 太牢 태뢰 : 소, 돼지, 양을 희생으로 제사지내는 것. 가장 성대한 대접임

76) 주(註) 상(上)이 축(筑)을 치면서 노래하기를, "태풍이 불고 구름이 날리니, 위세가 천하를 덮었네. 고향에 돌아왔도다! 어찌 장사를 얻어서 사방을 지킬 것인가?" 하고, 상이 일어나 춤을 추었다

베고 드디어 천하를 차지했습니다. 패(沛)를 짐의 탕목읍[77]으로 삼겠습니다"라고 말했다.

○ 형의 아들 비(濞)를 오(吳)왕으로 삼고, 3군 53성을 다스리게 했다.

○ 황제가 경포를 이기고 돌아오고부터 병이 더욱 심해졌다.

태자를 바꾸려고 하니 장량이 간언했으나 따르지 않았다. 숙손통이 "진헌공(晉獻公)은 여희(驪姬) 때문에 태자를 폐위하고 해제(奚齊)를 세워 진(晉)의 국난이 수십 년이었습니다. 진(秦)은 일찍 부소(扶蘇)를 (태자로) 정하지 않아서 조고로 하여금 속여서 호해를 즉위시킬 수 있게끔 했고, 스스로 제사를 끝내게 했습니다. 이는 폐하께서 친히 본 것입니다. 지금 태자가 어질고 효성스럽다는 것은 천하가 모두 알고 있습니다. 폐하께서 적자(嫡子)를 폐하시고 작은 아들을 세우고자 하신다면, 신은 먼저 엎드려 죽어 목의 피로 땅을 더럽히겠습니다"라고 간언했다.

황제는 "내가 다만[直] 장난쳤을 뿐이요" 하니, 숙손통은 "태자는 천하의 근본입니다. 근본이 한번 움직이면 천하가 진동합니다. 어찌 천하를 가지고 장난치십니까?"라고 말했다. 그 때 대신들 중 강경하게 반대하는 자가 많았다. 황제가 여러 신하들의 마음이 모두 조왕(趙王)을 따르지 않음을

77) 湯沐邑 탕목읍 : 그곳의 부세를 황제의 개인 용도로 씀

알고 곧 그치고 세우지 않았다.

「장량전(張良傳)」에 이르기를, 여후가 건성후(建成候) 여택(呂澤)을 시켜 장량에게 "나를 위해 계책을 세우라"고 압박했다. 장량이 "이것은 말로써 막기[爭]가 어렵습니다. 다만 황제께서 부르셔도 오지 않는 사람이 네명 있는데, 간곡히 청하면 그들이 올 것입니다. 황제로 하여금 그들을 보시게 하면 도움이 될 것입니다"라고 말했다.

여택이 사람을 시켜 태자의 글을 받들고 말씀을 겸손히 하고 예물을 후하게 해 이 네 사람을 맞이했다. 네 사람이 와서 건성후의 거소에서 손님으로 있었다. 연회의 술자리가 있게 되자, 태자가 모셨는데, 네 사람이 태자를 따랐다. 나이가 모두 80여 세이고, 수염과 눈썹이 하얗고, 옷과 관모가 매우 위엄 있었다.

황제가 괴이하게 여기고 "무엇을 하는 자들인가?"고 물었다. 네 사람이 앞에 나가 각자의 성명을 말했다. 황제가 놀라서 "내가 공(公)들을 찾을 때는 나를 피해 도망가더니, 지금 공들은 어찌하여 스스로 내 아들을 따라 다니는가?"고 물었다.

네 사람은 "폐하는 선비를 가볍게 여기고 욕을 잘하시니, 신들의 의리로는 욕보고 싶지 않았기 때문에 걱정되어서 도망가 숨은 것입니다. 지금 듣기에 태자는 어질고 효성스럽고, 선비를 공경하고 사랑한다 하니, 천하가 목을 빼고, 다만 태자를 위해 죽으려 하지 않는 자가 없습니다. 그러므로 신들이 온 것입니다"라고 대답했다.

황제가 "공들에게 폐를 끼치겠소. 바라건대 끝까지 태자를 돌보아 주시오"라고 당부했다. 네 사람은 축수를 마치고 빠른 걸음으로 나갔다. 황제가 눈으로 그들이 가는 것을 쳐다보고는[78], 척부인을 불러서 가리켜 보이며 말하기를 "내가 바꾸고자 했으나 저 네 사람이 그를 보필하게 될 것이니, 날개가 이미 완성되어 움직이기 힘들다"고 했다.

황제가 술자리를 끝냈다. 끝내 태자를 바꾸지 못한 것은 본래[本] 장량이 이 네 사람을 부른 것 때문이었다.

상국 소하는 '장안은 땅이 좁고, 상림[79]에는 빈 땅이 많이 버려져있으므로, 백성들에게 들어가 밭을 갈게 하되, 볏집은 거두지 말게 해서 짐승들의 먹이로 하도록 하기'를 원했다. 황제가 크게 노해 말하기를 "상국이 상인 놈들에게 재물을 많이 받고 나의 사냥터를 요청하는구나" 하고는, 옥에 가두고 형구를 채우고 며칠이 지났다.

왕위위(王衛尉)가 황제를 모실 때 앞에 나가서 물었다. "상국이 무슨 큰 죄를 지었기에 폐하께서 그를 난폭하게 묶어두십니까?" 하니, 황제가 "그가 장사치들의 돈을 받고 나의 사냥터를 요청해서 백성들에게 아부했다. 그 때문에 그를 묶어놓고 조사하는 것이다"라고 대답했다.

왕위위는 "백성들에게 편리함이 있으면, 그것을 요청하는 것이 참된 재상의 일입니다. 또 폐하께서 초나라와 수년 동

---

78) 上目送之 상목송지 : 눈으로 그들을 전송하다. 즉 그들이 가는 것을 쳐다보다

79) 上林 상림 : 임금 사냥터의 이름

안 대치하셨고, 진희와 경포가 모반했을 때, 폐하는 스스로 장수가 되어 가셨습니다. 그때 상국이 관중을 지켰는데, 관중이 흔들리면 관의 서쪽은 폐하의 것이 아니었습니다. 상국이 이때에 이익을 챙기지[爲] 않고 이제 와서 상인의 금을 탐내겠습니까?"고 하니, 황제가 기뻐하지 않았다.[80)]

이날 사자를 시켜서 임금 명령의 깃발을 가지고[81)] 소하를 사면해 내보내게 하니, 소하가 들어와서 사죄했다. 황제는 "상국은 백성을 위해 사냥터를 요청했는데 내가 허락하지 않았으니, 나는 걸(桀)과 주(紂)같은 군주에 불과하고, 상국은 현명한 재상이 되었다. 내가 짐짓 상국을 체포해 백성들로 하여금 나의 과오를 듣도록 하고자 한 것"이라고 말했다.

황제가 경포를 공격할 때 나는 화살에 맞았다. 길을 가다가 병이 심해지니 여후가 좋은 의사를 데리고 들어와 알현했다. 황제가 모욕을 주면서[嫚] 꾸짖었다. "내가 평민[82)]으로 검[三尺]을 가지고 천하를 빼앗았다. 이것은 하늘의 명[天命]이 아니겠는가? 운명은 곧 하늘의 뜻에 달려 있으니, 비록 편작[83)]이라도 무슨 도움이 되겠는가?"고 말했다.

---

80) 不豫 불예 : 기뻐하지 않다

81) 持節 지절 : 임금의 명령을 알리는 깃발을 잡다

82) 布衣 포의 : 평민

83) 扁鵲 편작 : 춘추시대의 명의(名醫). 성은 진(秦) 이름은 월인(越人). 장상군(長桑君)에게서 금방(禁方) 구전(口傳)의 의서(醫書)를 물려받아 명의가 되었다

○ 여후가 묻기를 "폐하 백세 후에[84] 소상국(蕭相國)이 죽고 나면 누구로 그를 대신하게 합니까?" 하니, 황제가 "조삼이면 괜찮다"고 했다. 그 다음을 물으니 "왕릉이면 괜찮다. 그러나 조금 고지식하니 진평으로 그를 돕게 할 수 있다. 진평의 지혜는 충분하나 홀로 임무를 맡기기는 어렵다. 주발은 중후하고 꾸밈[85]이 적다. 유씨를 편안하게 할 자는 반드시 주발이니 그를 태위로 삼을만하다"고 대답했다.

여후가 다시 그 다음을 물으니 황제는 "이 후는 네[乃]가 알 바가 아니다"라고 대답했다. 여름 4월에 황제가 죽었다.

○ 옛날에 고조는 학문을 닦지 않았으나 천성이 명석하고 지혜로워서 사물에 통달했고, 계책을 좋아해서 (남의 말을) 잘 들어주었다. 문지기[監門]나 수비병[戍卒]부터 그를 보면 옛날부터 잘 아는 사이처럼 생각했다.

처음에 민심에 따라 삼장(三章)의 법[86]을 만들었고, 천하가 평정되자 소하에게 법령의 순서를 만들게 했다. 한신에게 군법을 확립하게 하고[申][87], 장창(張倉)에게 도량형[88]을

---

84) 百歲 後 백세 후 : 죽은 뒤를 말함

85) 文 문 : 꾸밈 혹은 가식

86) 約法三章 약법삼장 : 한왕이 처음 관중에 들어가서 진(秦)나라의 가혹한 법을 모두 제거하고, 진(秦)나라 백성들에게 3장(三章)의 법을 약속했다. "살인자는 죽이고 사람을 상하게 하거나 도둑질을 한 자는 죄에 따라 벌준다".

87) 申 신 : 펴다, 아뢰다, 진술하다

88) 章程 장정 : 도량형

정하게 하고, 숙손통에게 예와 의식을 제정하게 했다.

또 공신들과 함께 신표를 쪼개서 맹세하고[89], 쇠로 된 패[牌]에 (그 사람의 공적을) 붉은 글씨[90]로 써서, 금 끈으로 봉인한 궤짝에 넣고, (또 그것을) 석실(石室)에 넣어 종묘에 보관했다. 비록 날짜는 넉넉하지 않았지만, 규모는 크고 멀리 내다봤다.

---

89) 剖符作誓 부부작서 : 부절(符節)을 쪼개 공신을 봉하면서 백마의 피를 마시면서 맹세한다

90) 丹書 단서 : 붉은 색 채색 원료로 만든 재료(丹砂)로 쓴 글, 또는 그 문서

원 문

卷之五

漢紀

太祖高皇帝 下

己亥

冬 十月，漢王追項羽至固陵。與齊王信、魏相國越期會擊楚。信越不至。楚擊漢軍，大破之。漢王堅壁自守。謂張良曰：「諸侯不從，柰何？」對曰：「楚兵且破，二人未有分地，其不至固宜。君王能與共天下，可立致也。今能取睢陽以北至穀城，皆以王彭越，從陳以東傅海，與齊王信。能出捐此地， 以許兩人， 使各自為戰，則楚易破也。」漢王從之。於是韓信、彭越皆引兵來。十二月，項王至垓下，兵少食盡，與漢戰不勝，入壁。漢軍及諸侯兵圍之數重。項羽夜聞漢軍四面皆楚歌。乃大驚曰：「漢皆已得楚乎，是何楚人之多也！」乃夜起，飲帳中，因泣下，左右皆泣，莫能仰視。於是項王乘其駿馬，麾下壯士騎從者八百餘人。直夜，潰圍南出馳走。平明，漢軍乃覺之，令騎將灌嬰以五千騎追之。項王渡淮，騎能屬者纔百餘人。至陰陵，迷失道，問一田父，田父紿曰「左」。左，乃陷大澤中，以故漢追及之。項王乃復引兵而東城，乃有二十八騎。項王自度不得脫。謂其騎曰：「吾起兵至今，八歲矣。身七十餘戰，未嘗敗北，今卒困於此，此天之亡我，非戰之罪也！今日固決死，願斬將，刈旗，三勝之，令諸君知天亡我，非戰之罪。」斬漢一將一都尉，殺數十百人，諸騎皆伏。於是　項王欲東渡烏江，烏江亭長檥船待。謂項王曰：「江東雖小，地方千里，亦足王也。願大王急渡。」項王笑曰：「天之亡我，我何渡為！且籍與江東子弟八千人渡江而西，今無一人還。縱江東父兄憐而王我，我何面目見之！縱彼不言，籍獨不愧於心乎！」乃令騎皆下馬步行，持短兵接戰。獨籍所殺漢軍數百人，身亦數十餘創。乃曰：「吾聞漢購我頭千金，邑萬戶。吾為若德。」乃自刎而死。

○楚地悉定，獨魯不下。漢王欲屠之。至其城下，猶聞絃誦之聲。謂其守禮義之國，為主死節。乃持項王頭示之，魯乃降。漢以魯公禮葬項王，封項伯為列侯。

○漢王還，至定陶，馳入齊王信壁，奪其軍。春　正月，更立齊王信為楚王，王淮北，都下邳。封魏相國彭越為梁王，王魏故地，都定陶。

○韓信至楚，召漂母，賜千金。召辱己少年，以為中尉。告諸將相曰：「此壯士也。方辱我時，寧不能殺之耶？殺之無名，故忍而就此。」

○諸侯王皆上疏，請漢王為皇帝。二月甲午，王卽皇帝位于氾水之陽。

◯夏　五月，帝置酒洛陽南宮。上曰：「徹侯諸將，毋敢隱朕，皆言其情。吾所以有天下者何，　項氏之所以失天下者何」高起　王陵對曰：「陛下嫚而侮人，項羽仁而愛人。然陛下使人攻城略地，因以與之，與天下同其利。項羽妬賢嫉能，有功者害之，賢者疑之，此其所以失天下也。」上曰：「公知其一，未知其二。夫運籌帷幄之中，決勝千里之外，吾不如子房。鎭國家，撫百姓，給餉餽，不絕糧道，吾不如蕭何。連百萬之衆，戰必勝，攻必取，吾不如韓信。三者皆人傑，吾能用之，此所以取天下者也。項羽有一范增而不能用，此所以為我禽也。」群臣說服。

◯項羽已滅，田橫懼誅，與其徒五百餘人　入居海島中。帝恐其為亂，乃使人赦橫罪。而召之曰：「橫來，大者王，小者侯。不來，且擧兵加誅。」橫乃與其客二人乘傳，　詣洛陽。未至三十里，自殺。帝拜其二客為都尉，以王禮葬之。橫旣葬，二客穿其冢旁，皆自剄，下從之。帝聞之，大驚。聞其餘尙五百人在海中，使使召之。至則聞橫死，亦皆自殺。

◯季布為項籍將，數窘辱帝。項籍滅，帝購求布千金。敢舍匿，罪三族。布乃髡鉗為奴，自賣於魯朱家。朱家心知其季布也，買置田舍。身之洛陽見滕公。說曰：「季布何罪！臣各為其主用，職耳。今上始得天下，而以私怨求一人，何示不廣也！且以季布之賢，漢求之急，此不，北走胡，南走越耳。君何不從容為上言之！」滕公待間，言於上，如朱家指。上乃赦布，召拜郎中。

◯布母弟丁公，亦為項羽將，逐窘帝彭城西。短兵接，帝急，顧謂丁公曰：「兩賢豈相戹哉！」丁公引兵而還。及項王滅，丁公謁見。帝以丁公徇軍中。曰：「丁公為項王臣不忠，使項王失天下。」遂斬之曰：「使後為人臣無傚丁公也！」

溫公曰：高祖起豐、沛以來，罔羅豪桀，招亡納叛，亦已多矣。及卽帝位，而丁公獨以不忠受戮，何哉？夫進取之與守成，其勢不同。當羣雄角逐之際，民無定主。來者受之，固其宜也。及貴為天子，四海之內，無不為臣。苟不明禮義以示之，使為臣者，人懷貳心以徼大利，則國家其能久安乎！是故斷以大義，使天下曉然皆知為臣不忠者無所自容。而懷私結恩者，雖至於活己，猶以義不與也。戮一人而千萬人懼，其慮事豈不深且遠哉！子孫享有天祿四百餘年，宜矣！

齊人婁敬戍隴西，過洛陽，脫輓輅，衣羊裘，因虞將軍見上。曰：「陛下都洛陽，豈欲與周室比隆哉？」上曰：「然。」婁敬曰：「洛邑，天下之中，有德則易以王，無德則易以亡。夫秦地被山帶河，四塞以為固。卒然有急，百萬之衆可具。此亦扼天下之吭，而拊其背也。」帝問羣臣。羣臣皆山東人。爭言：「周王數百年，秦二世卽亡。洛陽東有成皐，西有殽澠，倍河，向洛，其固足恃也。」上問張良。良曰：「洛陽雖有此固，四面受敵，非用武之國也。關中左殽函，右隴蜀，沃野千里，阻三面而固守，獨以一面東制諸侯。此所謂金城千里，天府之國。婁敬說是也。」上卽日車駕西，都長安。號婁敬為奉春君，賜姓劉氏。張良素多病，從上入關，卽道引，不食穀。曰：「家世相韓。及韓滅，不愛萬金之資，為韓報讎彊秦，天下振動。今以三寸舌，為帝者師，封萬戶侯，此布衣之極，於良足矣。願棄人間事，欲從赤松子遊耳。」

溫公曰：夫生之有死，譬猶夜旦之必然。自古及今，固未嘗有超然而獨存者也。以子房之明辨達理，足以知神仙之為虛僞矣。然其欲從赤松子游者，其智可知也。夫功名之際，人臣之所難處。如高帝所稱者，三傑而已。淮陰誅夷，蕭何繫獄，非以履盛滿而不止耶！故子房託於神仙，遺棄人間，等功名於外物，置榮利而不顧。所謂「明哲保身」者，子房有焉。

庚子六年

楚王信初之國，行縣邑，陳兵出入，人有上告信反者，帝問陳平。陳平曰：「古者天子巡狩，會諸侯。陛下第出，僞游雲夢，會諸侯於陳。信聞天子出游，其執必郊迎謁。而陛下因禽之，此特一力士之事耳。」帝以為然。乃會諸侯於陳。信謁上，上令武士縛信，載後車。信曰：「果若人言，『狡兔死，走狗烹，高鳥盡，良弓藏，敵國破，謀臣亡。』天下已定，我固當烹！」上曰：「人告公反。」遂械繫信以歸。○田肯賀上曰：「陛下得韓信，又治秦中。秦，形勝之國，帶山河之險，持戟百萬，秦得百二焉。地勢便利，以其下兵於諸侯，譬猶居高屋之上建瓴水也。夫齊，東有瑯琊、卽墨之饒，南有大山之固，西有濁河之限，北有勃海之利，持戟百萬，齊得十二焉。故此東西秦也。非親子弟，莫可使王齊矣。」帝曰：「善。」

○上還，至洛陽，赦韓信，封為淮陰侯。信知漢王畏惡其能，多稱病，不朝，羞與絳、灌等列。上嘗從容與信言諸將能將兵多少。上問曰：「如我能將幾何？」信曰：「陛下不過能將十萬。」上曰：「於君何如？」曰：「臣多多益善耳。」上笑曰：「多多益善，何為為我禽？」信曰：「陛下不能將兵而善將將，此信所以為陛下禽也。且陛下，所謂『天授，非人力』也。」

○始剖符 封諸功臣 為徹侯。蕭何封酇侯，所食邑獨多。功臣皆曰：「臣等身被堅執銳，多者百餘戰，少者數十合。今蕭何未嘗有汗馬之勞，徒持文墨議論，反居臣等上，何也？」帝曰：「諸君知獵乎？追殺獸兎者，狗也。而發縱指示獸處者，人也。今諸君徒能得走獸耳，功狗也。至如蕭何，發縱指示，功人也。」羣臣皆莫敢言。

○張良為謀臣，亦無戰鬬功。帝使自擇齊三萬戶。良曰：「臣始起下邳，與上會留。此天以臣授陛下，陛下用臣計，幸而時中。臣願封留足矣，不敢當三萬戶。」乃封張良為留侯。

◯封陳平為戶牖侯。平辭曰：「此非臣之功也。」上曰：「吾用先生謀計，戰勝克敵，非功而何？」平曰：「非魏無知，臣安得進？」上曰：「若子，可謂不背本矣！」乃復賞魏無知。

◯帝以天下初定，子幼昆弟少，懲秦孤立而亡，欲大封同姓以鎭撫天下。春，立從兄賈為荊王，弟交為楚王。

◯上已封大功臣二十餘人，其餘日夜爭功不決。上在洛陽南宮，望見諸將，往往相與坐沙中偶語。上曰：「此何語？」留侯曰：「陛下起布衣，以此屬取天下。今為天子，而所封皆故人，所誅皆仇怨，故相聚謀反耳。」上憂之曰：「為之柰何？」留侯曰：「上平生所憎、羣臣所共知，誰最甚者？」上曰：「雍齒與我有故怨，數窘辱我，欲殺之，為其功多，故不忍。」留侯曰：「今急先封雍齒，則羣臣人人自堅矣。」於是上乃置酒，封雍齒為什方侯，而急趣丞相、御史定功行封。羣臣罷酒，皆喜曰：「雍齒尚為侯，我屬無患矣！」

溫公曰：張良為高帝謀臣，委以心腹，宜其知無不言。安有聞諸將謀反，必待高帝自見偶語，然後乃言之邪！盖以高帝初得天下，數用愛憎行誅賞，或時害至公，羣臣往往有觖望自危之心。故良因事納忠 以變移帝意，使上無阿私之失，下無猜忌之謀，國家無虞，利及後世。

若良者，可謂善諫矣。

列侯畢已受封，詔定元功十八人位次。皆曰：「平陽侯曹參，身被七十創，攻城略地，功最多，宜第一。」鄂千秋進曰：「羣臣議皆誤，夫曹參雖有野戰略地之功，此特一時之事。上與楚相距五歲，失軍亡衆，跳身遁者數矣。蕭何嘗從關中遣軍補其處，又軍無見糧，蕭何轉漕關中，給食不乏。陛下雖數亡山東，何常全關中，以待陛下，此萬世之功也。今雖亡參等百數，何缺於漢。柰何欲以一旦之功，而加萬世之功哉！蕭何第一，曹參次之。」上曰：「善！」於是 乃賜蕭何 帶劒 履上殿 入朝不趨。上曰：「吾聞『進賢受上賞。』蕭何功雖高，得鄂君乃益明。」於是 封鄂千秋為安平侯。

○初 匈奴畏秦，北徙十餘年。及秦滅，匈奴復稍南渡。單于頭曼有太子曰冒頓。自立為單于，遂滅東胡，走月氏，侵燕、代。是時，漢楚相距，中國罷於兵革，以故冒頓得自强，控弦之士三十餘萬。圍韓王信於馬邑。信以馬邑降，匈奴冒頓因引兵南踰句注，攻太原，至晉陽。

○帝悉去秦苛儀法為簡易。羣臣飲酒爭功，醉，或妄呼，拔劒擊柱，帝益厭之。叔孫通說上曰：「儒者難與進取，可與守成。臣願徵魯諸生，與臣弟子共起朝儀。」帝曰：「得無難乎？」通曰：「五帝異樂，三王不同禮。二者，因時世、人情為之節文者也。臣願采古禮，與秦儀雜就之。」上曰：「可試為之，令易知，度吾所能行者，為之！」魯有兩生不肯行曰：「今天下初定，死者未葬，傷者未起，又欲起禮樂。禮樂所由起，積德百年而後可興也。吾不忍為公所為，公往矣！」叔孫通笑曰：「鄙儒，不知時變！」遂與所徵三十人西，及上左右為學者，與其弟子百餘人。為緜蕞，野外習之。

辛丑七年

冬十月，長樂宮成。諸侯羣臣皆朝賀。諸侯王以下至吏六百石，莫不震恐肅敬。禮畢，復置法酒。諸侍坐殿上，皆伏抑首。以尊卑次起，上壽，無敢讙譁失禮者。於是帝曰：「吾乃今日知為皇帝之貴也！」乃拜叔孫通為太常。

○初　秦有天下，悉內六國禮儀，采其尊君抑臣者存之，及通制禮，大抵皆襲秦故。

溫公曰：禮之為物大矣！用之於身，則動靜有法　而百行備焉。用之於家，則內外有別　而九族睦焉。用之於鄉，則長幼有倫　而俗化美焉。用之於國，則君臣有叙　而政治成焉。用之於天下，則諸侯順服　而紀綱正焉。豈直几席之上、戶庭之間得之　而不亂哉！夫以高祖之明達，聞陸賈之言　而稱善，睹叔孫通之儀　而歎息。然　所以不能肩於三代之王者，病於不學而已。當是之時　得大儒而佐之，與之以禮為天下，其功烈 豈若是而止哉！ 惜夫，叔孫生之為器小也！ 徒竊禮之糠粃，以依世諧俗、取寵而已。遂使先王之禮淪沒而不振，以迄于今，豈不痛甚哉！

上自將擊韓王信，居晉陽，聞冒頓居代谷，欲擊之。使人覘匈奴，冒頓匿其壯士、肥牛馬，但見老弱及羸畜。使者十輩來，皆言匈奴可擊。上復使劉敬往。敬還曰：「兩國相擊，此宜夸矜，見所長。今臣往，徒見羸瘠老弱，此必欲見短，伏奇兵以爭利。愚以為匈奴不可擊。」上怒，罵敬曰：「齊虜以口舌得官，今乃妄言沮吾軍！」械繫敬廣武。帝先至平城，兵未盡到。冒頓縱精兵四十萬騎，圍帝於白登七日。帝用陳平秘計，厚遺閼氏，乃解圍。上至廣武，赦劉敬，斬前使十輩，封敬為關內侯，號為建信侯。

○帝南過曲逆。曰：「壯哉縣！吾行天下，獨見洛陽與是耳。」乃更封陳平為曲逆侯。平常從征伐，凡六出奇計，輒益封邑焉。

○上至長安。蕭何治未央宮，上見其壯麗，甚怒。謂何曰：「天下匈匈，勞苦數歲，成敗未可知，是何治宮室過度也！」何曰：「天下方未定，故可因以就宮室。且夫天子以四海為家，非壯麗亡以重威。且亡令後世有以加也。」上說。

溫公曰：王者以仁義為麗，道德為威，未聞以宮室鎭服天下也。天下未定，當克己節用，以趍民之急，而顧以宮室為先，豈可謂之知所務哉！昔禹卑宮室，而桀為瓊宮。創業垂統之君，躬行節儉以訓子孫，其末流猶入於淫靡，況示之以侈乎！乃云「無令後世有以加」，豈不謬哉！至於孝武，卒以宮室罷敝天下，未必不由酇侯啓之也！

壬寅八年

匈奴冒頓數苦北邊。上患之。劉敬曰：「天下初定，士卒罷於兵，未可以武服也。冒頓殺父代立，妻羣母，以力為威，未可以仁義說也。誠能以適長公主妻之，彼必慕，以為閼氏，生子必為太子。冒頓在，固為子壻，死則外孫為單于。豈嘗聞外孫敢與大父抗禮者哉！」

癸卯九年

上取家人子，名為長公主，以妻單于。使劉敬結和親約。

溫公曰：建信侯謂冒頓殘賊，不可以仁義說，而欲與為婚姻。何前後之相違也！夫骨肉之恩，尊卑之叙，唯仁義之人為能知之。奈何欲以此服冒頓哉！蓋上世帝王之御夷狄也，服則懷之以德，叛則震之以威，未聞與為婚姻也。且冒頓視其父如禽獸而獵之，奚有於婦翁！建信侯之術，固已踈矣。況魯元已為趙后，又可奪乎！

是歲，更以丞相何為相國。

甲辰十年

戚姬有寵於上，生趙王如意。上以太子仁弱，欲廢之而立趙王，大臣爭之，皆莫能得。御史大夫周昌廷爭之彊。上問其說。昌為人吃，又盛怒。曰：「臣口不能言，然臣期期知其不可！陛下欲廢太子，臣期期不奉詔！」上欣然而笑。

◯初 上以陽夏侯陳豨為相國，監趙代邊兵。豨過辭淮陰侯。淮陰侯挈其手，辟左右。嘆曰：「公所居，天下精兵處也。而公陛下之信幸臣也。人言公畔，陛下必不信。三至，必怒而自將。吾為公從中起，天下可圖也。」陳豨曰：「謹奉教！」九月，遂與王黃等反，自立為代王，劫略趙代。上自東擊之。至邯鄲。喜曰：「豨不南據邯鄲而阻漳水，吾知其無能為矣！」上令周昌選趙壯士可令將者。白見四人。上嫚罵曰：「豎子能將乎？」四人慙，皆伏地。封各千戶，以為將。左右諫曰：「今封此，何功？」上曰：「非汝所知。陳豨反，趙代地皆豨有。吾以羽檄徵天下兵，未有至者。今計唯獨邯鄲中兵耳。吾何愛四千戶，不以慰趙子弟！」皆曰：「善！」上聞豨將皆故賈人。曰：「吾知所以與之矣。」乃多以金購豨將，豨將多降。

乙巳十一年

豨軍遂敗。淮陰侯信稱病，不從擊豨，陰使人至豨所，與通謀。其舍人弟上變，告信欲反。呂后與蕭相國謀，詐令人從上所來，言豨已得死，列侯、羣臣皆賀。相國紿信曰：「雖疾，彊入賀。」信入，呂后使武士縛信，斬之。信方斬曰：「吾悔不用蒯徹之計，乃為兒女子所詐，豈非天哉！」遂夷信三族。

溫公曰：世或以韓信為首建大策。與高祖起漢中，定三秦，分兵以北，禽魏，取代，仆趙，脅燕，東擊齊而有之，南滅楚垓下。漢之所以得天下者，大抵皆信之功也。觀其距蒯徹之說，迎高祖於陳，豈有反心哉！良由失職怏怏，遂陷悖逆。夫以盧綰里閈舊恩，猶南面王燕。信乃以列侯奉朝請。豈非高祖亦有負於信哉？臣以為高祖用詐謀，禽信於陳，言負則有之。雖然，信亦有以取之也。始，漢與楚相距滎陽，信滅齊，不還報而自王。其後漢追楚至固陵，與信期共攻楚而信不至。當是之時，高祖固有取信之心矣，顧力不能耳。及天下已定，則信復何恃哉！夫乘時以徼利者，市井之志也。酬功而報德者，士君子之心也。信以市井之志，利其身，而以士君子之心，望於人，不亦難哉！是故太史公論之曰：「假令韓信學道謙讓，不伐己功，不矜其能，則庶幾哉於漢家勳，可以比周、召、太公之徒，後世血食矣！不務出此 而天下已集，乃謀畔逆，夷滅宗族，不亦宜乎！」

上還洛陽，聞淮陰侯死。問呂后曰：「信死亦何言？」后曰：「信言恨不用蒯徹計。」上詔齊捕之。蒯徹至。上曰：「若教淮陰侯反乎？」對曰：「然，秦失其鹿，天下共逐之，高材疾足者先得焉。跖之狗吠堯,堯非不仁，狗固吠非其主。當是時，臣唯獨知韓信，非知陛下。」
上曰：「置之。」

◯初　上之擊陳豨也，徵兵於梁。梁王稱病，使將將兵詣邯鄆。上怒，使人讓之，梁王恐，欲自往謝。其將扈輒勸王反，梁王不聽。梁太僕得罪，走漢，告梁王與扈輒謀反。於是上使使掩王，囚之洛陽。有司治，「反形已具。」上赦以為庶人，傳處蜀青衣。西逢呂后從長安來。彭王為呂后泣涕，自言無罪，願處故昌邑。呂后許諾，與俱東，至洛陽。白上曰：「彭王壯士，今徙之蜀，此自遺患。不如遂誅之。妾謹與俱來。」呂后乃令其舍人告彭越復謀反。夷越三族。梟越首洛陽。下詔：「有收視者，輒捕之。」梁大夫欒布使於齊，還，奏事越頭下，祠而哭之。吏捕以聞。上欲烹之。布曰:「願一言而死」上曰：「何言」布曰：「方上之困於彭城，敗滎陽、成皐間，王一顧，與楚則漢破，與漢則楚破。天下已定，彭王剖符受封，亦欲傳之萬世。今陛下一徵兵，彭王病不行，而陛下誅滅之。臣恐功臣人人自危也。今彭王已死，臣生不如死，請就烹！」上乃釋布罪，拜為都尉。

◯陸賈時時前說稱詩書。高帝罵之曰：「乃公居馬上得之，安事詩書！」賈曰:「馬上得之，寧可以馬上治之乎？且湯武逆取而順守之。文武並用，長久之術也。」帝曰：「試為我著秦所以失天下，吾所以得之者，及古成敗之國。」陸生乃粗述存亡之徵，凡著十二篇。每奏一篇，帝未嘗不稱善，號其書曰「新語」。

漢書本紀曰：「聞王者莫高於周文，霸者莫高於齊桓。皆待賢人而成名。賢士大夫有肯從我游者，吾能尊顯之。御史中執法下郡守，其有意稱明德者，必身勸，為之駕。」

帝有疾，臥禁中，詔戶者無得入，羣臣絳、灌等莫敢入，十餘日。樊噲排闥直入，大臣隨之。上獨枕一宦者臥。噲等見上，流涕曰：「始，陛下與臣等起豐、沛，定天下，何其壯也。今天下已定，又何憊也！且陛下獨不見趙高之事乎？」

◯初　淮陰侯死，淮南王黥布已心恐。及彭越誅，醢其肉以賜諸侯。布大恐發兵反。上召諸將問計。皆曰：「豎子，何能為乎！」汝陰侯滕公，召故楚令尹薛公問之。令尹曰：「是固當反。往年殺彭越，前年殺韓信。此三人者，同功一體之人也，自疑禍及身，故反耳！」滕公言之上，上乃召薛公問之。對曰：「使布出於上計，山東非漢之有也。出於中計，勝敗之數未可知也。出於下計，陛下安枕而臥矣。」上曰：「何謂上計？」對曰：「東取吳，西取楚，幷齊，取魯，傳檄燕、趙，固守其所，山東非漢有也。」「何謂中計？」「東取吳，西取楚，幷韓，取魏，據敖倉之粟，塞成皐之口，勝敗之數未可知也。」「何謂下計？」東取吳，西取下蔡，歸重於越，身歸長沙，陛下安枕而臥，漢無事矣。」上曰：「是計將安出？」對曰：「出下計。布，故麗山之徒也，致萬乘之主，皆為身，不顧後為百姓萬世慮者也。故曰出下計。」帝曰：「善！」封薛公千戶。自將兵而東。布之初反，謂其將曰：「上老矣，必不能來。淮陰、彭越皆死，餘不足畏。」遂反。果如薛公之言，擊荊，擊楚，引兵而西。

丙午十二年

冬 十月，上與布兵遇於鄿西。大戰，布軍敗走，渡淮，數戰不利，與百餘人走江南，上令別將追之。番陽人殺布兹鄉民田舍。

○十一月，過魯，以太牢祠孔子。上還，過沛宮，置酒，悉召故人父老。酒酣，上自為歌舞。泣謂沛父兄曰：「游子悲故鄉。朕自沛公以誅暴逆，遂有天下。其以沛為朕湯沐邑。」

○立兄子濞為吳王，王三郡五十三城。

○上從破布歸，疾益甚，愈欲易太子。張良諫不聽。叔孫通諫曰：「晉獻公以驪姬之故，廢太子，立奚齊，晉國亂者數十年。秦以不蚤定扶蘇，令趙高得以詐立胡亥，自使滅祀，此陛下所親見。今太子仁孝，天下皆聞之。陛下必欲廢適而立少，臣願先伏誅，以頸血汙地！」帝曰：「吾直戲耳！」叔孫通曰：「太子，天下本，本一搖，天下震動。奈何以天下戲乎？」時大臣固爭者多。上知羣臣心皆不附趙王，乃止不立。張良傳云: 呂后使建成侯呂澤劫良：「為我畫計。」良曰：「此難以口舌爭也。顧上所不能致者四人。固請，宜來。令上見之，則一助也。」呂澤使人奉太子書，卑辭厚禮，迎此四人。四人至，客建成侯所。及宴，置酒，太子侍。四人者從太子，年皆八十有餘，須眉皓白，衣冠甚偉。上怪問曰：「何為者？」四人前對，各言其姓名。上迺驚曰：「吾求公，避逃我，今公何自從吾兒游乎？」四人曰：

「陛下輕士善罵，臣等義不辱，故恐而亡匿。今聞太子仁孝恭敬愛士，天下莫不延頸願為太子死者，故臣等來。」上曰：「煩公幸卒調護太子。」四人為壽已畢趨去。上目送之。召戚夫人指視曰：「我欲易之，彼四人為之輔，羽翼已成，難動矣。」上罷酒。竟不易太子者，良本招此四人之力也。相國何以長安地陿，上林中多空地棄，願令民得入田，毋收槀，為禽獸食。上大怒曰：「相國多受賈人財物，為請吾苑！」下廷尉，械繫之。數日，王衛尉侍，前問曰：「相國胡大罪，陛下繫之暴也？」上曰：「受賈豎金，請吾苑以自媚於民，故繫治之。」王衛尉曰：「有便於民而請之，眞宰相事。且陛下距楚數歲，陳豨、黥布反，陛下自將而往。當是時，相國守關中，關中搖足，則關以西非陛下有也！相國不以此時為利，今乃利賈人之金乎？」帝不豫。是日，使使持節赦出何。何入謝。帝曰：「相國為民請苑，吾不許。我不過為桀紂主，而相國為賢相。吾故繫相國，欲令百姓聞吾過也。」

◯上擊布時，為流矢所中，行道，疾甚。呂后迎良醫，　入見。上嫚罵之曰：「吾以布衣持三尺取天下，此非天命乎！命乃在天，雖扁鵲何益！」遂不使治疾。

◯呂后問曰：「陛下百歲後，蕭相國旣死，誰令代之？」上曰：「曹參可。」問其次曰：「王陵可；然少戇，陳平可以助之。陳平知有餘，然難獨任。周勃重厚少文，然安劉氏者必勃也，可令為太尉。」呂后復問其次。上曰：「此後　亦非乃所知也。」夏 四月，帝崩。

◯初　高祖不脩文學，而性明達，好謀能聽。自監門戍卒，見之如舊。初順民心，作三章之約。天下旣定，命蕭何次律令，韓信申軍法，張倉定章程，叔孫通制禮儀。又與功臣剖符作誓，丹書鐵券，金匱、石室，藏之宗廟。雖日不暇給，規摹弘遠矣。

통감절요 6권

효혜황제(孝惠皇帝)

재위(在位) 7년, 수(壽) 24

정미(丁未) 원년(기원전 194년)

태후가 짐독[1]으로 조왕(趙王)을 살해하고, 끝내 척부인(戚夫人)의 수족을 자르고 눈을 뽑고 귀를 지지고 벙어리 약을 마시게 했다. 측간에 살게 하고 사람돼지[人彘]라 불렀다.

며칠 있다가 황제를 불러 사람돼지를 보게 했다. 황제가 보고 묻고, 그것이 척부인 임을 알고는 크게 곡하고, 그로 인해 병이 들어 1년 여를 일어나지 못했다. 사람을 시켜 태

---

1) 酖 짐 : 짐새의 독. 짐 새의 깃털에 있는 독을 술에 타서 마시면 즉시 죽는다

후에게 "이것은 사람이 할 바가 아닙니다. 신은 태후의 아들로 끝내 천하를 다스릴 수가 없습니다"라고 말했다. 황제가 이로써 날마다 술을 마시고 음란한 즐거움에 빠져 정치를 하지 않았다.

무신(戊申) 2년(기원전 193)

찬문종후(酇文終侯) 소하(蕭何)가 병이 나니 황제가 친히 가서 문병했다. 그 기회에 소하에게 "그대의 백세 후에는 누가 그대를 대신할 수 있는가?"고 물었다. 소하는 "신하를 아는 것은 군주가 제일입니다"라고 대답했다. 황제가 "조삼(曹參)은 어떠한가?"고 물으니, "황제께서 그것을 아시는군요"라고 대답했다.

(소하가) 7월에 죽었다. 소하가 전답이나 사저를 외딴 곳에 두었고,[2] 집을 지을 때 담장과 집을 꾸미지 않았다. "자손들이 현명하면 나의 절약과 검소를 배울 것이고, 현명하지 못하더라도 세도가에게 빼앗기지 말도록 함이다"라고 말했다.

○ 조삼은 소하의 사망 소식을 듣고 집안사람에게 행장을 꾸리라고 재촉했다. "내가 들어가서 재상이 될 것"이라고 말했다. 잠시 후에 과연 사자가 와서 조삼을 불렀다.

조삼이 미천할 때에는 소하와 사이가 좋았는데, 장수와 재상이 되자 틈이 생겼다. 그렇지만 소하가 죽을 때가 되어

---

2) 窮僻處 궁벽처 : 후미진 곳, 외딴 곳

능력 있는 자로 추천한 사람은 오직 조삼이었다.

조삼은 소하에 이어 재상이 되었는데, 모든 일에 바꾸는 것이 없었고, 하나같이 소하의 법령[約束]을 준수했다. 군국의 관리 중에 말과 글이 어눌하고[3] 중후한 장자를 뽑아 승상사(丞相史)에 제수하고, 관리가 법률 집행[4]을 하면서 각박하고 명성에 힘쓰고자 하는 자는 번번이 배척해 떠나게 했다. 사람의 작은 과실을 보면 숨겨주고 덮어주니 관청에 일이 없었다.

황제가 상국이 일을 하지 않으니 괴이하게 여겼다. 조삼이 "폐하께서 자신을 생각하기에 지혜와 무용[5]이 고제와 비교하면 누가 더 낫습니까?"[6]라고 물었다. 황제가 "짐이 어찌 감히 선제를 바라겠는가?"라고 대답했다. 조삼은 또 "폐하께서 신의 능력을 보건데, 소하와 비교해 누가 더 능력 있습니까?"라고 물었다. 황제가 "그대가 못 미치는 것 같네"라고 하니, 조삼이 "폐하의 말씀이 옳습니다. 고제와 소하가 천하를 평정하고 법령을 밝혀두셨으니, 폐하는 팔짱끼고 계시고, 저희는 직분을 지키며, (그것을) 따르고 잃지 않으면 또한 좋지 않겠습니까?"라고 했다. 황제가 "좋다"고 했다.

---

3) 訥於文辭 눌어문사 : 눌(訥) 말더듬을, 말 적을. 문사(文辭) 글에 쓰인 말, 문장과 사귀(辭句)

4) 言文刻深 언문각심 : 주(註) 법, 법률 집행을 각박함에 힘쓰고 심히 준엄한 자. 언문(言文) 말과 글, 언어와 문장

5) 聖武 성무 : 지덕이 뛰어나고 무용을 갖춤

6) A 숙여(孰與) B A숙여B : A는 B와 비교하여 어떤가?

조삼이 상국이 된지 3년에 백성들이 "소하가 법을 만드니 밝기가 한 일자를 그려놓은 것[7] 같더니, 조삼이 그를 이어 지키고 잃지 않도다. 그가 청렴함을 섬기니[8], 백성이 평안하네"[9]라는 노래를 지어 불렀다.

기유(己酉) 3년(기원전 192)

종실의 여자를 공주로 삼아 흉노의 묵특선우(冒頓單于)에게 시집보냈다. 이때 묵특이 강성해 글을 써서 고후(高后=呂太后)에게 보냈는데, 지극히 외설스럽고 방자[10]했다.

고후가 크게 노해 그 사자의 목을 베고 병사를 일으켜 흉노를 공격할 것을 의논했다. 번쾌(樊噲)가 "신에게 십만의 군사를 주신다면 흉노의 가운데를 거리낌 없이 휩쓸고 다니겠습니다"[11]라고 말했다.

그러나 계포(季布)는 "번쾌의 목을 베어야 합니다. 전에 흉노가 고제(高帝)를 평성에서 포위했을 때, 한(漢)의 병사가 삼십 만이었습니다. 번쾌는 상장군이었는데 포위를 풀지 못했습니다. 지금 신음소리[12]가 아직 끊이지 않았고, 부상자[13]가 겨우 일어나는데, 쾌가 망령되게 십만 군사로 횡행

---

7) 劃一 획일 : 한 일자를 긋다. 주(註) 획일(劃一)은 정리되고 가지런함이다
8) 載 재 : 섬기다, 사(事)와 같은 의미
9) 寧壹 영일 : 모두 평안하다의 의미
10) 褻慢 설만 : 외설스럽고 오만방자 함
11) 橫行 횡행 : 모로 감, 거리낌 없이 맘대로 돌아다님. 멋대로 행함
12) 歌吟之聲 가음지성 : 신음 소리
13) 傷夷者 상이자 : 부상자

한다고 말하니, 이것은 면전에서 속이는 것입니다. 또 오랑캐는 금수와 같아 그들에게 좋은 말을 들어도[14] 기뻐할 것 없고, 나쁜 말을 들어도 화낼 것이 없습니다"라고 말했다. 고후가 "좋다"고 했다.

답장에서 매우 겸손하게 그것을 사양하니, 묵특이 다시 사자를 보내 사죄하고 말[馬]을 바쳤다. 마침내 화친을 맺었다.

경술(庚戌) 4년(기원전 191)

'서적소유를 금지하는 법율[挾書律]'[15]을 폐지했다.

신해(辛亥) 5년(기원전 190)

가을에 조삼이 죽었다.

○ 왕릉(王陵)을 우승상(右丞相), 진평(陳平)을 좌승상(左丞相), 주발(周勃)을 태위로 삼았다.

계축(癸丑) 7년(기원전 188)

가을 8월에 황제가 죽었다. 태후가 조정에 나와서 황제를 대신해 정사를 봤다[臨朝稱帝].[16]

---

14) 得 득 : 얻을, 마땅할, 깨달을, 앎, 이룰, 성취, 능할, 탐할, 이득

15) 挾書律 협서율 : 진시황이 서적의 소유를 금지한 법률

16) 臨朝稱制 임조칭제 : 조정에 와서 천자를 대신해 정사를 행함. 섭정, 즉 수렴청정

갑인(甲寅, 기원전 187)

겨울에 태후가 여러 여씨(呂氏)들을 왕으로 삼고자 의논했다. 우승상 왕릉에게 물으니, 왕릉은 "고제가 백마를 죽여 맹세해 말하기를 유씨(劉氏)가 아닌데도 왕이 되면 천하가 함께 그를 공격하라고 했습니다. 지금 여씨(呂氏)가 왕이 되는 것은 맹약을 어긴 것입니다"라고 대답했다. 태후가 기뻐하지 않았다.

좌승상 진평과 태위 주발에게 물어보니 "고제가 천하를 평정하고 자제를 왕으로 삼았습니다. 지금 태후께서 정사를 보시니, 여러 여씨를 왕으로 삼는 것은 안될 것도 없습니다"라고 대답했다. 태후가 기뻐했다.

조회가 끝나니 왕릉이 진평과 주발을 꾸짖기를 "처음 고제와 피를 마시고 맹세할[17] 때 제군들은 그 자리에 없었는가? 지금 고제가 돌아가시고 태후가 여씨를 왕으로 삼고자 하는데, 제군들이 마음대로 아첨하고자 한다면 무슨 면목으로 지하에서 고제(高帝)를 보겠는가?"라고 했다.

진평과 주발은 "지금 얼굴을 맞대고 꾸짖고, 조정에서 다투는 것[18]은 우리가 그대만 못하나 사직을 보존하고 유씨(劉氏)의 후손을 안정되게 하는 일은 그대가 또한 우리보다 못하네"라고 대답했다. 왕릉이 대응하지 않았다.

---

17) 啑血 삽혈 : 삽혈(歃血)과 같은 의미. 희생의 피를 마시고 맹세하는 것

18) 面折廷爭 면절정쟁 : 앞에서 꾸짖고 조정에서 나무라고 다툼

경신(庚申, 기원전 181)

여러 여씨들이 권력을 마음대로 하고 요직에서 권력을 장악하니, 주허후(朱虛候) 유장(劉章)이 유씨가 직분을 얻지 못한 데에 분노했다. 연회의 술자리에서 (태후를) 모실 때 유장이 나서 "신은 장수 집안의 사람입니다.[19] 군법으로 술잔을 돌릴 수 있기[20]를 청합니다"라고 요청했다. 잠시 뒤에[21] 여러 여씨 중의 한 사람이 취해서 술을 피하니 유장이 검을 뽑아 그를 베었다. 태후가 이미 그 군법을 허락했으니 죄가 아니었다. 이 후로 여러 여씨들이 주허후를 꺼리니, 유씨가 더욱 강해졌다.

○ 진평이 여러 여씨의 힘을 제어할 수 없게 되면, 화가 자신에게까지 미칠까 걱정했다. 한가하게 있으면서[22] 깊이 생각하는데, 육가(陸賈)가 와서 곧장 들어와 앉으며 "천하가 편안하면 재상에게 붙고[23], 천하가 위태로우면 장수에게 붙습니다. 장수와 재상이 화합하고 화목하면, 선비들이 평상시[24]에도 좇아 따릅니다. 선비들이 평상시에도 따르면 천하에 비록 변고가 있어도 권력이 나누어지지 않습니다. 군(君)께서는 어찌 태위와 교제해 사이좋게 지내지 않으십니

---

19) 將種 장종 : 장수의 종자라는 뜻

20) 行酒 행주 : 주법(酒法)을 시행함. 연회에서 잔에 술을 부어 돌림

21) 頃之 경지 : 조금 있다가, 잠깐 있다가

22) 燕居 연거 : 안거(安居). 일이 없이 한가하게 있음

23) 注意 주의 : 뜻을 두다. 붙다. 모이다

24) 豫 예 : 소(素)의 뜻, 평상시, 본디

까?"라고 말했다. 진평이 그 계책을 썼다. 두 사람이 깊게 서로 결탁하니, 여씨의 모의가 더욱 쇠퇴했다.

신유(辛酉, 기원전 180)
가을 7월에 태후가 죽었다.

○ 여록(如祿)과 여산(呂産)이 난을 일으키려 했으나, 주발[강후降侯]과 주허후(朱虛侯=유장劉章) 등을 꺼려 미루고 결행하지 못했다.[25] 주발이 역기(酈寄)를 시켜 여록을 속여 설득해 군사를 태위에게 소속시켰다. 태위가 군문에 들어가 명령을 내리기를 "여씨 편이 될[爲] 자는 오른쪽 어깨의 옷을 내리고, 유씨 편이 될 자는 왼쪽 어깨의 옷을 내리라"[26] 고 하니, 병사들이 모두 왼쪽 어깨의 옷을 내렸다. 태위가 드디어 북군을 이끌고 부대를 나누어 배치하고[27], 여러 여씨 남녀를 체포해 아이 어른 할 것 없이 모두 목을 베었다.

○ 여러 대신들이 서로 모여 회의했는데, "소제(少帝)와 양왕(梁王), 회양왕(淮陽王), 항산왕(恒山王)은 모두 진짜 혜제(惠帝)의 아들이 아니다"라고 하고, 이에 사람을 시켜 대왕(代王)[28]을 맞이하기로 했다.

---

25) 猶豫未決 유예미결 : 미루거나, 주저하고 결행하지 못함
26) 左袒 좌단 : 왼쪽 어깨의 옷을 내리는 것이지만, 이 일로 정통을 뜻하게 됨
27) 分部 분부 : 부대를 나누어 배치 함
28) 代王 대왕 : 한고조 유방의 네 째 아들이다

(대왕 측의) 장무(張武) 등이 의논했는데, 모두가 "한(漢)의 대신들은 모두 옛날 고제(高帝) 때의 장수들이어서 전쟁에 익숙하고 속임수도 많습니다. 지금 여러 여씨들을 죽였으니, 대왕을 맞이해 명분으로 삼는 것입니다. 참으로 믿을 수 없습니다. 원컨대 병을 핑계로 가지 마시고, 그 변고를 살펴보소서!"라고 건의했다.

중위(中尉) 송창(宋昌)이 나아가 말했다.

"진나라가 그 정권을 잃으니 호걸들이 함께 일어났고, 사람마다 스스로 그것을 얻을 것이라 생각했습니다. 그런 이가 수만 명이었습니다. 그러나 마침내 천자의 자리에 오른 자는 유씨였으니, 백성들이 간절히 바란 것이 첫 번째 이유입니다.

고제가 자제를 왕으로 삼으니, 땅의 경계가 개 어금니처럼 들쭉날쭉 서로 제어되어[29], 넓고 견고한 큰 바위의 밑둥[30]이라 말할 수 있어, 천하가 그 강함에 복종한 것이 두 번째 이유입니다.

한나라가 일어나서 진나라의 번잡하고 가혹함을 제거하고, 법령을 간략히 하고, 덕과 은혜를 베풀었습니다. 사람마다 스스로 편안하게 여기니, 동요시키기 어렵습니다. 세 번째 이유입니다.

여태후가 위엄으로 권력을 마음대로 하고 뜻대로 명령했으나, 태위가 깃발[節] 하나를 들고 북군에 들어가 한번 호

29) 犬牙相制 견아상제 : 땅의 경계가 개의 어금니처럼 들쭉날쭉해 서로 제어함
30) 磐石之宗 반석지종 : 넓고 평평한 큰 바위의 밑둥. 뽑아낼 수 없다는 뜻

령하자, 병사들이 모두 좌단(左袒)하고 유씨 편이 되고[爲] 여씨를 배반했습니다.

마침내 여씨들을 멸망시켰으니, 이것은 곧 하늘이 주신 것이지 사람의 힘이 아닙니다. 대왕(大王)의 능력과 지혜와 어짐과 효성이 천하에 알려졌기 때문에, 대신들이 천하의 마음에 따라서 대왕을 맞이해 세우려는 것이니, 대왕께서는 의심하지 마소서"

대왕(代王)이 장안에 도착하니 태위 주발이 잠깐 틈[31]을 청했다. 송창(宋昌)이 "공적으로 말해야 하는 것이라면 공개적으로 그것을 말하시오. 사적으로 말하는 것이라면, 왕이란 사사로움이 없습니다"라고 말했다.

태위가 곧 꿇어 앉아 천자의 옥쇄와 신표를 올리니, 대왕이 서쪽으로 향해 세번 사양하고, 남쪽을 향해 두번 사양하고, 드디어 천자의 자리에 올랐다. 밤에 송창을 위장군(衛將軍)으로 임명해 남북군을 거느리게 하고, 장무(張武)를 낭중령(郎中令)으로 삼아 궁전 안에서 일하게 했다.

31) 請間 청간 : 잠깐 틈을 여쭙다

원 문

卷之六

孝惠皇帝 在位七年，壽二十四。

丁未元年

太后酖殺趙王，遂斷戚夫人手足，去眼煇耳，飲瘖藥，使居厠中，號曰「人彘」。居數日 乃召帝觀人彘。帝見，問知其為戚夫人，乃大哭，因病，歲餘不能起。使人請太后曰：「此非人所為。臣為太后子，終不能治天下。」帝以此日飲為淫樂，不聽政。

戊申二年

酇文終侯蕭何病，上親自臨視。因問曰：「君卽百歲後，誰可代君者？」對曰：「知臣莫如主。」帝曰：「曹參何如？」曰：「帝得之矣！」七月，薨。何置田宅，必居窮僻處，為家，不治垣屋曰：「後世賢，師吾儉；不賢，毋為勢家所奪。」

◯曹參聞何薨，告舍人「趣治行！吾將入相。」居無何，使者果召參。始，參微時，與蕭何善。及為將相，有隙。至何且死，所推賢唯參。參代何為相，擧事無所變更，壹遵何約束。擇郡國吏訥於文辭，重厚長者，卽召除為丞相史。吏之言文刻深，欲務聲名者，輒斥去之。見人有細過，專掩匿覆蓋之。府中無事。帝怪相國不治事。參曰：「陛下自察聖武孰與高帝？」上曰：「朕安敢望先帝！」又曰：「陛下觀臣能孰與蕭何賢？」上曰：「君似不及也。」參曰：「陛下言之是也。高帝與蕭何定天下，法令旣明。陛下垂拱，參等守職，遵而勿失，不亦可乎！」帝曰：「善！」參為相國，三年。百姓歌之曰：「蕭何為法，較若畫一。曹參代之，守而勿失；載其清淨，民以寧壹。」

己酉三年

以宗室女為公主，嫁匈奴冒頓單于。是時，冒頓方彊，為書，遺高后，辭極褻嫚。高后大怒，議斬其使者，發兵擊之。樊噲曰：「臣願得十萬衆橫行匈奴中！」季布曰：「噲可斬也！前匈奴圍高帝於平城，漢兵三十萬，噲為上將軍，不能解圍。今歌吟之聲未絶，傷夷者甫起，而噲妄言以十萬衆橫行，是面謾也。且夷狄譬如禽獸，得其善言不足喜，惡言不足怒也。」高后曰：「善！」報書，深自謙遜以謝之。冒頓復使使來謝，因獻馬，遂和親。

庚戌四年
除挾書律。

辛亥五年
秋 曹參薨。以王陵為右丞相，陳平為左丞相，以周勃為太尉。

癸丑七年
秋 八月，帝崩。太后臨朝稱制。

甲寅
冬，太后議欲立諸呂為王，問右丞相陵。陵曰：「高帝刑白馬盟曰，『非劉氏而王，天下共擊之。』今王呂氏，非約也。」太后不說，問左丞相平、太尉勃。對曰：「高帝定天下，王子弟。今太后稱制，王諸呂，無所不可。」太后喜。罷朝，王陵讓陳平、絳侯。曰：「始與高帝唼血盟，諸君不在邪！今高帝崩，太后欲王呂氏，諸君縱欲阿意，何面目見高帝於地下乎？」陳平、絳侯曰：「於今，面折廷爭，臣不如君，全社稷，定劉氏之後，君亦不如臣。」陵無以應之。

庚申
諸呂擅權用事。朱虛侯章，忿劉氏不得職。嘗入侍太后燕飲。章自請曰：「臣將種也，請得以軍法行酒。」頃之，諸呂有一人醉，亡酒，章追，拔劒斬之。太后業已許其軍法，無以罪也。自後，諸呂憚朱虛侯，劉氏為益彊。

◯陳平患諸呂，力不能制，恐禍及己。嘗燕居深念，陸賈往，直入坐曰：「天下安 注意相，天下危 注意將。將相和調，則士豫附。士豫附，則天下雖有變，權不分。君何不交驩太尉。」平用其計，兩人深相結，呂氏謀益衰。

辛酉
秋 七月，太后崩。

◯呂祿、呂產欲作亂，憚絳侯、朱虛等，猶豫未決。絳侯使酈寄紿說呂祿，以兵屬太尉。太尉入軍門,行令曰：「為呂氏右袒，為劉氏左袒！」軍中皆左袒。太尉遂將北軍 分部，悉捕諸呂男女，無少長，皆斬之。

◯諸大臣相與謀曰：「少帝及梁 淮陽 恆山王 皆非眞孝惠子。」乃使人迎代王。張武等議，皆曰：「漢大臣皆故高帝時將，習兵事，多謀詐。今已誅諸呂，以迎大王為名，實不可信。願稱疾無往，以觀其變。」中尉宋昌進曰：「夫秦失其政，豪桀並起，人人自以為得之者以萬數，然卒踐天子位者，劉氏也，天下絶望，一矣。高帝王子弟地，犬牙相制，所謂磐石之宗也，天下服其彊，二矣。漢興，除秦煩苛，約法令，施德惠，人人自安，難動擾，三矣。夫以呂太后之嚴，擅權專制。然而 太尉以一節 入北軍一呼，士皆左袒，為劉氏，畔諸呂，卒以滅之。此 乃天授 非人力也。大王賢聖仁孝，聞於天下，故大臣因天下之心，而迎立大王。大王勿疑也！」

代王至長安，太尉勃請間。宋昌曰：「所言公　公言之，所言私　王者無私。」太尉乃　跪上天子璽符。代王西鄉　讓者三，南鄉讓者再，遂卽天子位。夜　拜宋昌為衛將軍，領南北軍，以張武為郎中令，行殿中。

통감절요 7권

한기(漢紀)

태종 효문황제(太宗 孝文皇帝) 상(上)

재위(在位) 23년, 수(壽) 46

임술(壬戌) 원년(元年)(기원전 179년)

담당관리[有司]가 일찍 태자를 세울 것을 청하면서, "미리 태자를 세우는 것은 종묘사직을 중히 여기고 천하를 잊지 않는 것입니다. 옛날 은(殷)과 주(周)나라의 경우 나라를 편안하게 다스린 기간이 천여년이었는데, 이 방법을 썼기 때문입니다. 지금 아들 계(啓)는 장자이고, 후덕하고 인자하니, 태자로 세우기를 청합니다"라고 진언했다. 곧 허락했다.

『한서(漢書)』「본기(本紀)」에 의하면, 3월에 조서로 "바야흐로 봄이다. 화창한 시기여서 초목과 여러 살아있는 것들이 모두 스스로 즐거워한다. 그런데 나의 백성 중에 홀아비[鰥] 과부[寡] 고아[孤] 독신자[獨]와 가난한 자들이 간혹 위태롭거나 죽음에 빠지기도 하는데, 그들의 근심을 덜어줄 수가 없다. 내가 백성의 부모가 되어 어찌해야 하는가? 그들을 긍휼[1]할 방법을 의논하라"고 지시했다.

또 "노인은 비단이 아니면 따뜻하지 않고, 고기가 아니면 배부르지 않다. 지금 봄철[2]인데, 수시로 사람을 시켜 연세 많은 이들이 잘 계시나 문안하라.[3] 80세 이상 자에게는 쌀과 고기를 내리고, 90세 이상자에게는 비단 2필과 솜 3근을 각각 내리고, 연좌제[收孥相坐律][4]를 모두 없애라"고 지시했다.

○ 이때에 천리마를 바치는 자가 있었다. 황제가 "방울 단 깃발[鸞旗]이 앞에 있고, 따르는 수레[屬車]가 뒤에 있다. 좋은 행차[吉行]에는 하루에 50리를 가고, 군사 시찰[師行]은 30리를 간다. 짐이 천리마를 타고 혼자서 먼저 어디로 가겠는가?" 말하고는, 조서를 내려 받지 않겠다고 했다.

○ 황제가 국가의 일을 더욱 확실히 익혔다. 조회에서 우승상(右丞相) 주발(周勃)에게 "천하에 1년 동안 형사판결[5]

---

1) 賑貸 진대 : 빈민에게 재물을 대여 또는 진휼하다
2) 歲首 세수 : 주(註) 봄. 봄은 그 해의 시작
3) 存問 존문 : 안부를 묻다
4) 收孥相坐律 수노상좌율 : 처자식을 연좌시켜 노비로 만드는 제도
5) 決獄 결옥 : 형사사건의 판결

이 얼마인가?"고 물었다. 주발이 사죄하며 알지 못한다고 했다. 또 "한해의 돈과 곡식의 세입세출은 얼마인가?"라고 물으니, 주발이 또 사죄하며 알지 못한다고 했다. 진땀이 나와 등을 적셨다.

황제가 좌승상(左丞相) 진평(陳平)에게 물으니, 진평은 "주관하는 관리가 있습니다. 폐하께서 형사판결을 물으시려면 정위에게 물으시고, 돈과 곡식의 세입세출을 물으시려면 치속내사(治粟內史)에게 물어보소서"[6]라고 대답했다.

황제가 "그대가 주관하는 바는 무엇인가?"라고 물으니, 진평은 "황공하옵니다. 재상은 위로 천자를 보좌하고, 음양을 다스리며, 사계절에 맞추어서 일을 하고, 아래로는 만물의 마땅함을 이루게 합니다. 밖으로는 오랑캐와 제후들을 다스리고, 안으로는 백성들이 가깝게 따르도록 하고, 경과 대부가 각각 마땅히 그 직분을 수행할 수 있도록 시키는 것입니다"라고 대답했다. 황제가 잘 안다고 칭찬했다.

그리하여 강후(絳侯=周勃)가 스스로 그의 능력이 진평보다 못함을 알고, 곧 병을 핑계대고 재상의 도장을 돌려드릴 것을 청했다. 황제가 허락했다. 진평이 혼자 승상이 되었다.

○ 황제가 하남(河南) 수(守) 오공(吳公)이 정치를 잘하기[7]로 천하제일이라는 말을 듣고, 그를 불러서 정위로 삼았다. 오공이 낙양사람 가의(賈誼)를 천거하니, 황제가 불러

---

6) 責 책 : 책임 견책의 뜻 외로, 요구할 구(求)의 뜻이 있음

7) 治平 치평 : 정치를 공평하게 잘 하는 것

서 박사로 삼았다. 이 때 가의의 나이 20여 세였는데, 황제가 그의 말의 해박함을 사랑해, 한 해 동안에 관직을 뛰어 넘어 승진시켜[8] 태중대부에 이르렀다.

가의가 정삭[9]을 고치고, 관복의 색깔을 바꾸고, 관명을 정하고, 예악을 일으키자고 했다. 그래서 한(漢)의 제도를 세워 진(秦)나라 법을 바꾸자고 청했다. 황제가 겸손히 사양하며 급하지 않다[10]고 했다.

계해(癸亥) 2년(기원전 178)

겨울 11월 계묘(癸卯)일 그믐[11]에 일식이 있었다. 여러 신하에게 조서를 내려서 "짐의 과실을 모두 생각해서 짐을 깨우쳐 달라. 그리고 현량하고 품행이 단정하고[12], 지극한 간언을 할 수 있는 자를 천거해, 짐이 미치지 못하는 것을 바르게 해달라"고 했다.

○ 가산(賈山)이 글을 올려 치란(治亂)의 방법을 말하는데, 진(秦)을 빌어 비유해 이름 하기를 『지언(至言)』이라고 했다. 그 문장에서 말했다.

---

8) 超遷 초천 : 차례대로 승진하는 것이 아니고, 파격적으로 관등을 뛰어 넘어 승진하는 것

9) 正朔 정삭 : 정월과 초하루, 해의 처음과 달의 처음

10) 謙讓未遑 겸양미황 : 겸손하게 사양하고 급하지 않다고 함

11) 晦 회 : 그믐

12) 賢良・方正 현량・방정 : 어질고 품행이 방정한 사람, 한(漢)나라 관리 등용 시험의 과목

"신이 듣건대 우레와 천둥[13]이 때리면[14] 꺾이지 않는 것이 없고, 만근으로 누르면 바스러져[15] 없어지지 않는 것이 없다고 했습니다. 지금 임금의 위세는 단지 우레와 천둥 정도가 아니고[16], 권세의 무게는 단지 만근 정도가 아닙니다.

길을 열어주고, 간언을 구하고, 안색을 온화하게 해 그를 받아들이고, 그 말을 채택해 쓰고, 그에게 벼슬을 준다고 해도, 선비는 오히려 두렵고 황송해서 감히 모든 것을 진술하지 못합니다. (임금이) 하고 싶은 대로 마음대로 하고[17], 방자하고 횡포하면[18], 어찌 그 잘못을 들을 수 있겠습니까? 위엄을 떨치고 무게로 누르면, 비록 요 순(堯 舜)의 지혜와 맹분(孟賁)[19]의 용기가 있다 해도 어찌 꺾이지 않는 자가 있겠습니까? 이와 같이 되면 임금은 그 잘못을 들을 수 없으니, 사직[20]이 위태롭게 됩니다.

---

13) 雷霆 뇌정 : 우레와 천둥

14) 所 소 : 방법 또는 일이라는 뜻. 곳, 경우, 얼마, 쯤, 무의한 어조사

15) 糜 미 : 싸래기, 사라져 없어질. 미죽(糜粥) 된 죽과 묽은 죽

16) 非特 비특 : 다만 ~ 뿐 만이 아니다

17) 縱欲 종욕 : 사욕을 누르지 않고 제 맘대로 함

18) 恣暴 자폭 : 방자하고 횡포함

19) 孟賁 맹분 : 전국시대 위(衛)나라 사람이다. 일설에는 제(齊)나라 사람이라고도 한다. 하육(夏育)과 명성을 나란히 한다. 전해지는 말로는 물길을 갈 때 교룡(蛟龍)을 피하지 않았고, 길을 갈 때 호랑이나 코뿔소를 피하지 않았다고 한다. 화가 나면 눈이 옆으로 찢어지고 기세로 사람을 압박했다. 길을 가거나 물을 건널 때 감히 그보다 앞서 가지 못했다 (張撝之 主編, 『中國歷代人名大辭典』下, 上海古籍出版社, 1999, 1611쪽)

20) 社稷 사직 : 건국했을 때 천자나 제후가 단을 세워 제사지내는 토지신과 곡신. 국가 또는 조정을 말함

옛날에 주(周)나라에는 대략 1천8백 국이 있었는데, 천하의 백성들은 1천8백 국의 군주를 봉양했지만, 군주에게는 남는 재물이 있었고, 백성에게는 남는 힘이 있어 칭송하는 소리가 만들어졌습니다. 진(秦) 황제는 1천1백 국의 백성을 가지고 자기 혼자를 봉양하게 했습니다. 그런데도 힘을 다해도 그 부역을 이겨낼 수 없었고, 재물을 다해도 그 요구를 이겨낼 수 없었습니다. 그가 스스로를 봉양한 것이 말을 달리고[21] 사냥하는[22] 오락이었는데, 천하가 공급할 수 없었습니다.

지금 폐하께서 천하에 현량하고 품행이 단정한 선비를 천거하게 하니, 천하가 모두 기뻐합니다[23]. 말하기를 '장차 요순(堯舜)의 도(道)와 삼왕(三王)의 공(功)이 일어날 것'이라고 합니다. 천하의 선비들은 깨끗하고 결백함[精白]을 닦아 아름다운 덕[24]을 잇고자 하지 않은 자가 없습니다.

그런데 지금 그 현자(賢者)들을 선발해 그들과 함께 말 달리며 사냥하시고, 하루에도 두세 차례 나갑니다. 신은 조정이 해이해질까 두렵습니다. 폐하가 즉위하시고 친히 스스로 힘쓰셔서 천하에 혜택을 주고, 아껴쓰고 백성을 사랑하고, 판결을 공평하게[25]하고 형벌을 완화하니, 천하에 기뻐

---

21) 馳騁 치빙 : 말을 빨리 몸
22) 弋獵 익렵 : 익(弋) 주살, 끈 매서 쏘는 활. 렵(獵) 사냥
23) 欣欣然 흔흔연 : 기뻐하는 모양
24) 休德 휴덕 : 아름다운 덕
25) 平獄 평옥 : 판결을 공평히 함

하지 않는 자가 없습니다.

신이 듣건대 산동의 관리가 조령(詔令)을 반포하면, 비록 늙고 쇠약한 사람이나[26] 꼽추[27]라 해도, 백성들이 지팡이 짚고 와서 그것을 듣고는, 원하건대 조금이라도 더 살아서[28] 덕화가 이루어지는 것을 보고 싶다고 합니다.

지금 호걸 준걸인 신하와 품행이 단정한 선비들과 함께 매일 사냥해 토끼를 공격하고 여우를 잡아, 대업을 망치고 천하의 바람을 끊으시니, 신은 그것을 간절하게 슬퍼합니다. 선비가 집에서 수양했는데, 천자의 조정에서 그것을 무너뜨리니, 신은 진실로 그것을 근심합니다"

황제가 고맙게 그 말을 받아들였다. 황제가 매번 조정에서 낭종관이 글과 상소를 올리면, 수레를 멈추고 그 말을 받지 않은 적이 없었다. 말이 쓸 만하지 않으면 그것을 놔두고, 말이 쓸 만하면 그것을 채용했다.

○ 황제가 패릉(霸陵)으로부터 올라가 서쪽으로 말을 달려 준판(峻阪)으로 내려가고자 했다. 원앙(袁盎)이 "말이 놀라고 수레가 뒤집어지면, 폐하께서는 방종해서 스스로를 가볍게 처신했다고 치더라도, 고묘(高廟)와 태후(太后)는 어찌합니까?"라고 말하니, 황제가 곧 그쳤다.

황제가 신(愼)부인을 총애 했는데, 일찍이 궁중에 있을

26) 老羸 노리 : 늙고 쇠약함

27) 癃疾 융질 : 꼽추 병

28) 少須臾 소수유 : 잠깐

때 황후와 동석에 앉았다. 원앙이 신(愼)부인을 끌어서 물리치니 부인이 노하고 황제 역시 노했다. 원앙은 "신이 듣건대 존비의 서열이 있으면 위, 아래가 화목하다고 합니다. 지금 이미 황후가 계시니, 신부인은 첩일 뿐입니다. 어찌 자리를 같이 할 수 있겠습니까? 폐하는 사람돼지[人彘][29]를 보지 못하셨습니까?"라고 말했다. 황제가 기뻐하며 신부인을 불러서 말하니, 부인이 앙에게 금을 내렸다.

○ 가의(賈誼)가 황제에게 유세했다.

"관자(管子)가 말하기를 '창고가 차야 예절을 알고, 의식이 풍족해야 영욕을 안다'고 했습니다. 백성이 풍족하지 않은데 잘 다스려질 수 있다는 말은 예부터 지금까지 들어본 적이 없습니다. (제후국인) 한(漢)이 (천하를 통일한) 한(漢)[30]이 된 지 거의 40년인데, 관청과 개인의 비축은 오히려 애통하다고 할 수 있을 정도입니다.

세상에는 흉년과 풍년[31]이 있는데, 이는 하늘이 행하는 것입니다. 우(禹)와 탕(湯)임금도 그것을 겪었습니다.[32] 운이 없어서 사방 2, 3천리의 가뭄이 있으면, 나라에서 어떻게 도와서[33] 구휼할 수 있겠습니까? 갑자기 변경에 위급한

---

29) 人彘 인체 : 여태후(呂太后)가 정권을 잡은 뒤, 고조(高祖)의 후궁 척(戚)부인에게 했던 가혹행위

30) 漢之漢 한지한 : 앞의 한(漢)은 제후국 한(漢), 뒤의 한(漢)은 천하를 통일한 제국(帝國) 한(漢)

31) 飢穰 기양 : 흉년과 풍년

32) 被 피 : 입다, 겪다, 당하다

일이 있으면, 수십 백만의 무리를 나라에서 어찌 먹이겠습니까?

비축은 천하의 큰 사명입니다. 곡식이 많고 재물에 남음이 있으면, 무엇을 한들 이루지 못하겠습니까? 공격을 하면 빼앗을 것이고, 방어를 하면 견고할 것이고, 전쟁을 하면 승리할 것입니다. 적을 회유할 수 있고 먼 곳의 오랑캐를 따르게 할 수 있습니다. 무엇을 부른들 오지 않겠습니까?

지금 백성을 몰아서 그들을 농사로 돌아가게 해 천하로 하여금 각자 그 힘을 다해 경작해 먹고 살게 하십시오.[34] 상업과 수공업에 종사하거나[35] 놀고먹는 백성을 옮겨다 남쪽 이랑에서 경작하게[36] 하면, 비축이 충분해질 것이고, 사람들은 그가 사는 곳을 즐거워할 것입니다"

황제가 가의의 말에 공감해 봄 정월 정해(丁亥)일에 조서를 내려 황제가 친히 경작하는 밭[籍田][37]을 열게 하고, 황제가 친히 경작해 천하 백성의 모범[38]이 되었다.

○ 5월에 조서를 내려 "옛날에 천하를 다스릴 때 조정에는 선(善)을 권유하는 깃발[39]과 정치의 허물과 실책을 비방

---

33) 相 상 : 서로, 도울

34) 食其力 식기력 : 각자 힘으로 경작해 식량을 얻는 것

35) 末技 말기 : 말(末) 상업. 기(技) 수공업

36) 緣 연 : 인연을 맺어준다, 즉 일하게 하다의 의미

37) 籍田 적전 : 황제가 친히 경작하는 밭

38) 率 솔 : 모범이 되다

39) 進善之旌 진선지정 : 요(堯)임금이 오거리에 깃발을 세우고 선을 권유할 자

하는 글을 쓰게 하는 나무[40]가 있었다. 정치의 도[治道]를 백성에게 통하게 하고, 간언을 오게 하려는 이유 때문이었다. 지금 법에 비방과 요언의 죄가 있는데, 이는 여러 신하들로 하여금 감히 사정을 다 말하지 못하게끔 하고, 황제에게는 과실을 들을 실마리를 없게 한다. 장차 어찌 먼 곳에 있는 현량한 선비를 오게 하겠는가?"라고 하고는, 그것을 없앴다.

○ 9월에 조서를 내려 "농업이라는 것은 천하의 큰 근본이다. 백성이 의지해 생활하는 것이기 때문이다. 그러나 백성 중에 혹자는 농사에 힘쓰지 않고 상업에 종사하기 때문에 생활을 못한다[不遂]. 지금 여기서 친히 여러 신하를 이끌고 농사를 지어서 그것을 권하겠다"고 말했다. 백성들에게 금년 전조(田租)의 절반을 감면해주었다.

갑자(甲子) 3년(기원전 177)

예전에 남양사람 장석지(張釋之)가 기랑(騎郎)을 10년 했는데, 뽑히지(승진하지) 못하니, 벼슬을 그만두고 귀향하려고 했다. 원앙(袁盎)이 그의 능력을 알고, 그를 천거해 알자복야(謁者僕射)가 되었다. 석지가 황제의 행차를 따라가 동물원에 올라갔다.[41] 황제가 상림위(上林尉)에게 여러 동

는 깃발 아래 와서 말하게 했다

40) 誹謗之木 비방지목 : 정치의 허물과 실책에 관한 비판을 쓰게 하는 나무

41) 虎圈 호권 : 호랑이 우리, 즉 동물원. 주(註) 상림원(上林園) 중에 있고, 호권(虎圈) 위의 망루에 올라가 봄

물의 장부에 관해 물으니 모두 좌우를 보며 대답하지 못했다. 동물원의 색부(嗇夫)[42]가 옆에서 상림위를 대신해 대답하는데, 매우 상세했다.

황제가 말하기를 "관리가 마땅히 이와 같아야 하지 않겠는가?" 하고는, 석지에게 색부를 상림령(上林令)으로 임명하라고 명했다. 석지가 "주발(周勃)과 장상여(張相如)는 장자(長者)라고 불리는데, 두 사람 모두 일을 입으로 내서 말하는 일이 없었습니다. 어찌 이 색부의 수다스럽고 거침없는 말[43]과 달변[44]을 본받겠습니까? 색부의 말주변 때문에 그를 순서를 뛰어넘어 승진시킨다면, 천하가 그 분위기에 휩쓸려[45] 말주변을 만드는 것에 힘쓰고[46] 그 내실은 없을까 두렵습니다"라고 말했다. 황제가 '좋다'고 하고, 그래서 색부를 임명하지 않았다.

○ 장석지가 정위(廷尉)가 되었다. 황제의 행차가 중위교(中渭橋)의 다리 가운데로 나갔다. 어떤 사람이 다리에서 달렸다. 황제의 수레를 끄는 말이 놀랐다. 그리하여 기병을 시켜 그를 잡아 정위에게 맡겨 구속시켰다. 석지가 법을 아뢰매 이 사람은 임금의 행차 길[47]을 침범했으니 벌금에 해

---

42) 嗇夫 색부 : 하급관리
43) 喋喋利口 첩첩리구 : 수다스럽게 거침없이 말을 잘함
44) 捷給 첩급 : 빠르고 막힘 없이 말을 잘함. 능변
45) 隨風而靡 수풍이미 : =종풍이미(從風而靡). 쏠리는 힘에 저절로 좇음
46) 爭 쟁 : 다투다, 경쟁하다
47) 蹕 필 : 천자의 행차에 일반 사람들의 통행을 금지해서 길을 치우는 것

당한다고 했다.

황제가 노해 "이 사람이 나의 말을 놀라게 했는데, 말이 유순했기에 망정이지[48], 다른 말이었다면 넘어져 뒤집혀 나를 다치게 하지 않았겠는가? 그런데 정위는 그를 벌금에 해당한다고 하는구나"라고 말했다. 석지가 말했다.

"법이란 천하 모두와 함께 하는 것입니다. 지금 법이 이와 같은데, 다시 그것을 무겁게 하면, 이 법은 백성들에게 신뢰받지 못합니다. 또 그 때에 황제께서 사자(使者)를 시켜 그를 베어버렸으면 그만이었는데, 지금 이미 구속시켰습니다. 정위는 천하의 법관입니다.[49] 한번 기울어지면 천하에서 법을 적용하면서 모두 가볍게 하거나 무겁게 할 것이니[50], 백성이 어디에 손과 발을 두겠습니까?"

황제가 "정위의 법이 옳다"고 말했다.

그 후에 어떤 사람이 고묘(高廟) 좌측 앞의 옥환을 훔쳤다가 체포됐다. 정위에게 구속시켜 조사하게 하니, 석지가 법을 들어 기시(棄市)[51]라고 했다. 황제가 크게 노했다. "그 사람이 무도해 선제의 기물을 훔쳤다. 내가 그를 멸족해서 다스리고자 했다. 그런데 그대가 법을 들어 기시라고 아뢰는구나. 내가 공손하게 종묘를 받들고자 하는 이유를 생각하지 못하는구나"라고 말했다.

---

48) 賴 뢰 : 덕택에, 힘입다, 의뢰하다

49) 平 평 : 법관. 주(註) 불공평함을 공평하게 하는 사람

50) 爲之輕重 위지경중: 그것을 가볍게도 무겁게도 할 수 있을 것이다

51) 棄市 기시 : 저자에서 죄인의 목을 베어 매달아 놓는 것

석지가 관을 벗고 머리를 조아리며 사죄하면서 "법으로는 이 같이 하면 충분합니다. 지금 종묘의 기물을 도둑질했다고 그의 삼족을 멸족시킨다면, 가령 어리석은 백성이 장릉(長陵)[52]의 흙 한줌을 가져갈 때, 폐하께서는 또 어떻게 그 법을 시행하겠습니까?"[53]라고 말했다. 황제가 이에 태후에게 아뢰고 허락했다.

을축(乙丑) 4년(기원전 176)

황제가 하동(河東) 수(守) 계포(季布)를 불러 어사대부로 삼고자 했는데, 어떤 사람이 "그는 용맹하나 술주정[54]을 하면 가까이 하기 어렵다"는 말을 했다. 계포가 도착해 관사에 머무른 지 1개 월 만에 그만두게 했다.[55]

계포가 그 때문에 나아가서 "신이 공이 없이 하동에 있는데[56], 폐하께서 까닭 없이 신을 부르셨으니, 이것은 반드시 누군가가 신을 가지고 폐하를 속인 것입니다. 지금 신이 도착했는데, 일을 받는 바 없이 그만 두게 되고 물러나니, 이 역시 누군가가 신을 모함한 것입니다. 폐하께서는 한 사람의 칭찬으로 신을 부르고, 한사람의 모함으로 신을 버리시니, 천하가 폐하의 깊이[57]를 엿볼까 두렵습니다"라고 말

52) 주(註) 고제(高帝)의 능묘.

53) 加 가 : 더할, 있을, 미칠, 더욱

54) 使酒 사주 : 술 마신 김에 기세를 부림

55) 見罷 견파 : 견(見) 피동, 당하다의 의미. 파(罷)는 파직

56) 待罪 대죄 : 죄를 받는 것을 기다린다는 뜻으로, 관직에 있는 것을 겸손하게 이르는 말

했다. 황제가 한참 있다 말하기를 "하동은 내가 가장 믿는 땅이다.[58] 그래서 그대를 불렀을 뿐이다"라고 말했다.

◯ 황제가 가의를 공경의 지위에 임명하려고 의논하니 많은 대신들이 그를 헐뜯으며[59], "낙양사람이 나이도 어리고 배운 것도 얕으면서, 오로지 권력을 마음대로 하고자 하고, 여러 일에서 분란만 일으킵니다"라고 말했다. 천자가 그를 멀리하면서, 그 의견을 쓰지 않고 장사 왕의 태부로 삼았다. 뒤에 황제가 가의가 생각나서 불렀다. 와서 들어와 알현했다.

그 때 황제가 제사지낸 고기를 받고[60] 선실[61]에 앉아 있었는데, 그 때문에 귀신의 일에 느낀 바가 있어 귀신의 근본에 대해 물었다. 가의가 귀신에 대해 여러 가지를 갖추어 말했고, 그 때문에 한밤중이 되었다. 황제가 자리를 앞으로 끌어다 앉으면서 들었다.[62] 끝난 후에 말하기를 "내가 오랫동안 가의를 만나지 않고 스스로 그보다 낫다고 생각했는데, 지금 보니 미치지 못 하는구나"라고 하고는, 양(梁)왕의 스승[太傅]으로 삼았다.

---

57) 淺深 천심 : 얕음과 깊음, 깊이

58) 股肱縣 고갱현 : 고갱은 팔 다리. 임금이 가장 믿는 땅

59) 短 단 : 짧을, 흉볼, 헐어 말함, 허물

60) 受釐 수희 : 희(釐) 제육, 제사지낸 고기, 신에게 복을 받는 일. (리) 아주 작은 수나 분량

61) 宣室 선실 : 대청, 귀신과 교감하는 방

62) 前席 전석 : 자리를 앞으로 끌어당겨 가까이 가서 경청함을 말한다

○ 강후(絳侯) 주발(周勃)이 봉국(封國)에 갔는데, 매번 하동의 태수와 위(尉)가 현을 순행하면 강(絳)[63]현에 왔다. 주발이 스스로 죽임 당할까 두려워하고 걱정해 항상 갑옷을 입고 집안사람들에게 병기를 잡게 한 뒤 그들을 만났다. 누군가 글을 올려 주발이 반역하려 한다고 고발했다. 정위에게 명령해 주발을 체포해 취조하게 했다.

박태후(薄太后)가 말하기를 "강후가 처음 여러 여씨를 죽이고 황제의 옥새를 꿰어서[綰] 북군에서 병사를 거느렸는데, 그 때에 반역하지 않고 지금 한 작은 현에 살면서 반역하려고 하겠습니까?"라고 했다. 황제가 곧 사자를 시켜 깃발을 가지고 가서 강후를 사면하고 작위와 봉읍을 회복시켰다.

병인(丙寅) 5년(기원전 175)

예전에 진(秦)이 반량전(半兩錢)을 사용했는데, 무거워 쓰기 힘든 것이 싫어서 고조가 다시 협전(莢錢)을 만들었다. 그런데 물가가 올라 쌀 1석(石)이 만전(萬錢)이 되었다. 여름 4월에 다시 사수전(四銖錢)을 만들고, 도주전령(盜鑄錢令)을 폐지해 백성들이 스스로 돈을 주조할 수 있게 했다. 가의가 간언했다.

"법은 천하로 하여금 공공연하게 일꾼을 얻어서[64] 구리와 주석을 녹여 돈을 만들게 했습니다. 감히 납과 철을 섞

---

63) 絳 강 : 주발의 영지, 주발을 강후(絳侯)라 함

64) 雇租 고조 : 고(雇) 품삯으로 남을 부림. 조(租) 구실, 빌릴, 세(차용)

어 다른 교묘한 것을 만들면, 그 죄가 경형(黥刑)[65]에 해당합니다. 그러나 돈을 만드는 현실은 섞어서 교묘하게 만들지 않으면, 이익을 얻을 수 없습니다. 그런데 섞는 것이 매우 조금이어도 이익은 매우 큽니다. 일에 화를 부름이 있고, 법에는 범법을 부추김[起]이 있습니다.

지금 미천한 백성에게 사람마다 화폐를 주조하는 권력을 잡게 했으니, 각자 숨기고 가려서 주조해 화폐를 만듭니다. 이 때문에 이익이 많은 미미한 범죄를 금하려고 합니다만, 비록 경죄(黥罪)를 날마다 알린다 해도 그 기세는 멈추지 않을 것입니다. 그것을 거두는 것이 낫습니다"

가산(賈山) 역시 글을 올려 간언하기를 "생각하건데 돈이란 용량이 없는 그릇[66]입니다. 그래서 부귀와 바꿀 수 있습니다. 부귀란 임금의 권력을 잡는 것[67]입니다. 백성에게 그것을 만들게 한다면, 이것은 임금과 권력을 함께 잡는 것입니다. 길게 하게 할 수 없습니다"라고 했다. 황제가 듣지 않았다.

정묘(丁卯) 6년(기원전 174)

회남(淮南) 여왕(厲王) 장(長)이 모반했다. 폐위해 촉군에 살게 했더니, 분해서 음식을 먹지 않고 죽었다.

---

65) 黥刑 경형 : 형벌의 하나. 얼굴이나 팔뚝의 살을 따고 홈을 내어 먹물로 죄명을 적어 넣던 형벌

66) 亡用器 무용기 : 용량 없는 그릇

67) 操柄 조병 : 권력을 잡다

○ 양(梁) 태부(太傅) 가의가 상소를 올려 말했다.

“신이 가만히 지금 일의 형세를 생각하건데 통곡할 만한 것이 하나요, 눈물 흘릴 만한 일이 둘이요, 긴 탄식을 할 만한 일이 여섯이요, 기타 사리에 어긋나고 도(道)를 상하게 하는 일은 상소로 두루 들기 어렵습니다.

진언하는 사람들은 모두 말하기를 천하가 이미 안정됐고, 이미 잘 다스려진다고 하는데, 신만 홀로 아니라고 생각합니다. 불을 쌓은 장작을 아래에 두고, 그 위에 누워서 불이 아직 타오르지 않는다며 그로 인해 안전하다고 말합니다. 바야흐로 지금의 형세가 어찌 이와 다르겠습니까?

폐하께서는 신에게 어전에서 한번 치안의 계책을 자세히 하나하나 세어서[68] 진술하게 하고, 시험 삼아 선택해보지 않으시겠습니까? 오랫동안 안정될 형세를 세우고, 길게 잘 다스릴 계책을 완성해야 천하를 행복하게 하고, 많은 사람[69]을 기를 수 있으며, 법을 세우고 기강을 펼쳐서 작은 일과 큰 일[70]이 함께 마땅해진 후에야 만세의 법식[71]을 만들 수 있음은 지극이 명백한 일입니다. 폐하께서는 명석하고 통달하시므로, 세상을 다스리는 도리[體]를 조금 아는 자로 하여금 아래에서 보좌하게[72] 하면, 거기에 이르는 것

68) 數 수 : 하나하나 세다. 숫자, 운수

69) 群生 군생 : 많은 사람, 떼를 지어 무더기로 남

70) 輕重 경중 : 가벼움과 무거움, 경시할 것과 중시할 것, 작은 일과 큰 일, 무게, 중량, 돈, 금전

71) 法程 법정 : 법, 법식

72) 佐下風 좌하풍 : 모두 아래에서 돕다. 보좌의 의미

은 어렵지 않습니다.

제후국을 세우는 것은 정말로 서로를 의심하는 형세입니다. 임금을 편안하게 하고 천하를 안전하게 하는 바가 아닙니다. 지금 혹 친동생이 모반해 동쪽의 황제가 되고, 친형의 아들이 서쪽을 향해 공격하며, 지금 오(吳)는 고발을 당했습니다. 천자의 나이가 한창이고, 행동과 도리에 잘못이 없고, 덕과 은혜를 베풀고 있는 데도 이와 같은데, 막대한 제후의 권력이 이것의 10배이면 어떠하겠습니까?

백정[屠牛] 단(坦)은 하루아침에 12마리의 소를 해체하지만, 칼날이 무뎌지지 않습니다.[73] 밀치고 내리치고 벗기고 나누는데[74], 여러 가지 방법[75]으로 해체합니다. 엉덩이뼈와 넓적다리[76]를 해체할 때는 큰 도끼 아니면 작은 도끼를 씁니다.

무릇 인의은후(仁義恩厚)는 임금의 칼날이고, 권세법제(權勢法制)는 임금의 도끼입니다. 지금 제후 왕들은 모두 여러 엉덩이뼈와 넓적다리뼈입니다. 도끼 사용을 놔두고 칼날을 가하고자[77] 하시니, 신이 생각하건데 칼날의 이가 빠지지[78] 않으면 부러집니다. 천하를 잘 다스리고 평안하고자 한다

---

73) 鋩刃不鈍 망인불둔 : 칼날이 둔해지지 않다

74) 排擊剝割 배격박할 : 밀치고 내리치고 벗기고 나누는 것

75) 衆理 중리 : 여러 가지 방법, 많은 이치

76) 髖髀 관비 : 엉덩이 뼈와 넓적다리 뼈

77) 嬰 영 : 가(加)의 뜻

78) 缺 결 : 칼날의 이가 빠지는 것

면, 여러 제후를 세워 그 힘을 약화시키는 것이 가장 좋습니다. 힘이 적어지면 정의[義]로 부리기 쉽고, 땅이 작아지면 사특한 마음이 없습니다.

천하의 형세를 몸이 팔뚝을 부리고, 팔뚝이 손가락을 부리는 것과 같게 하시면, 제어해 복종하지 않을 것이 없습니다. 제후의 군주들이 감히 다른 마음을 갖지 못하고, 수레바퀴살이 가운데의 바퀴통으로 모이듯이[79] 함께 나아가서 천자에게 귀의하고 명을 따를 것입니다.

땅을 분할하는 것을 법으로 정하소서. 땅의 제도가 한번 정해지면 종실 자손은 왕이 되지 못함을 걱정하지 않을 것이고, 아래에는 배반의 뜻이 없을 것이고, 위로는 죽이고 정벌하려는 뜻이 없을 것입니다. 법이 세워지고 범하지 않을 것이고, 영(令)이 행해지고 반역하지 않을 것이니, 갓난아기[赤子]를 천하의 위에 뉘어놓아도 편안할 것이고, 유복자(遺腹子)를 세우거나 임금의 겉옷을 매어놓고[80] 조회를 해도 천하에는 반란이 없을 것입니다. 폐하께서는 누구를 꺼려서 오랫동안 이것을 하지 않으십니까?

천하의 형세는 바야흐로 큰 종기를 앓고 있는 것 같아서, 정강이 하나의 크기가 거의 허리와 같고 손가락 하나의 크기가 거의 넓적다리와 같습니다. 평소[81]에 굽히거나 펼 수

---

79) 輻輳並進 폭주병진 : 수레바퀴의 살이 모두 가운데 바퀴통으로 모이듯이 한 곳으로 모인다

80) 委 위 : 맡기다. 걸어놓다의 의미

81) 平居 평거 : 편안히 있는 것, 여기서는 '평소'의 뜻

없습니다. 지금 (그것을) 놓치고 다스리지 못하면, 반드시 고질병이 되어 후에 편작(扁鵲)[82]이 있어도 고칠 수 없을 뿐이니, 통곡할 만한 것이 이것입니다.

천하의 형세가 바야흐로 거꾸로 매달려 있습니다. 천자는 천하의 머리입니다. 왜입니까? 윗사람이기 때문입니다.[83] 오랑캐는 천하의 발입니다. 왜입니까? 아랫것들이기 때문입니다. 지금 흉노가 오만하게 침략하고 지극히 불경합니다. 그런데 한(漢)은 해마다 금과 솜과 채색 비단을 바쳐 그들을 받드니, 발이 오히려 위에 있고, 머리가 도리어 아래에 있습니다. 거꾸로 매달린 것이 이와 같은데, 그것을 능히 해결할 수 없으니 그래도 나라에 사람이 있다고 하겠습니까? 눈물을 흘릴만한 일이 이것입니다.

신이 가만히 흉노의 무리를 헤아려 보면, 한(漢)의 큰 현(縣) 하나에 불과합니다. 큰 천하가 한 현(縣)의 무리에게 곤궁을 당하니, 일을 맡은 사람으로서 그것이 매우 수치스럽습니다. 폐하께서 시험 삼아 신을 속국의 관리로 임명해 흉노를 관리하게 하고, 신의 계책을 시행해보시지 않으시겠습니까? 청컨대 반드시 선우의 목을 매어 그 생명을 제어하고, 중항열(中行說)[84]을 엎어놓고 그 등에 매질을 하고,

---

82) 扁鵲 편작 : 전국시대 명의. 이름은 진월인(秦越人)

83) 以~也 이~야 : ~때문이다

84) 中行說 중항열 : 한(漢) 문제(文帝)가 공주를 흉노선우에게 시집보낼 때 수행한 환관. 도착해서 선우에게 투항했고, 이후로 흉노를 위해 여러 가지 계책을 내어 한(漢)을 괴롭혔다(『사기(史記)』「흉노전(匈奴傳)」)

흉노의 무리가 황제의 명령을 따르도록 만들겠습니다.

지금 사나운 적을 사냥하지 않고 밭의 돼지를 사냥하고, 반란한 도적을 잡지 않고 기르는 토끼를 잡으며, 작은 오락을 즐기면서 큰 우환을 도모하지 않습니다. 은혜[德]가 멀리까지 베풀어지고, 위세가 멀리까지 가해질 수 있는데도, 수백리 밖에서마저 명령이 위엄 있게 펼쳐지지 못하니, 눈물 흘릴 만한 일이 이것입니다.

지금 백성들은 집과 벽을 황제의 옷색으로 만들 수 있고, 광대[倡優]와 천민[下賤]이 황후의 장식을 할 수 있습니다. 또 황제는 스스로 검은 비단[85]을 입는데, 부유한 백성은 담과 집을 수놓은 비단으로 덮고, 황후는 그 옷깃에 선을 두르는데[86], 서민의 첩들은 그 신발에 선을 두르니, 이는 신이 혼란스럽다고 말하는 것입니다.

무릇 백사람이 만들어서 한 사람을 입힐 수 없으니, 천하가 춥지 않고자 하나 어찌 할 수 있겠습니까? 한 사람이 경작하는데 열 사람이 모여서 먹으니, 천하가 배고프지 않게 하고자 하나 할 수 없습니다. 춥고 배고픈 것이 백성의 피부에 간절합니다. 그들이 범죄를 저지르지 않게 하고자 하나 할 수 없습니다. 길게 탄식할 일이 이것입니다.

상군(商君=상앙)은 예의인의(禮義仁義)를 버리고 오로지 진취(進取)[87]에만 힘쓰니, 시행된 지 2년에 진(秦)나라 풍속

---

85) 皀綈 흡제 : 검은 비단, 검소함을 표시

86) 緣 연 : 가의 선, 의복의 가장자리를 싸서 돌린 선. 두를, 말미암을, 좇을, 연줄, 연분

은 날로 쇠퇴해졌습니다. 그러므로 진나라 사람은 집이 부자일 경우 아들이 장성하면 분가시키고, 집이 가난할 경우 아들이 장성하면 데릴사위88)로 내보냈습니다.

아버지에게 농기구와 호미를 빌려주고 은혜를 베풀었다고 생각하고89), 어머니가 키와 빗자루를 잡아도 서서 잔소리 하며90), 그 아들을 보듬고 젖먹이면서 시아버지에게 맞서고91), 며느리와 시어머니가 서로 좋아하지 않으면 입을 삐쭉이고92) 비교하고 견줍니다.93) 그들은 자식만을 사랑하고 이익만을 좋아하니, 짐승과 다를 바가 거의 없습니다.

지금 버려진 기풍과 남은 풍속이 아직도 고쳐지지 않았고, 예의염치가 버려지는 것이 날로 심해져서, 한 달이 다르고 한 해가 다르다고 말할 수 있습니다. 지금 도둑은 묘실94)의 발[簾]을 자르고95), 양묘(兩墓)의 기물을 빼내고96), 대낮에 도시에서 관리를 습격해 그의 금을 빼앗으니, 이것이 정의가 행해지지 않음의 극치97)입니다.

---

87) 進取 진취 : 부국강병을 최고로 치는 것
88) 出贅 출췌 : 데릴사위로 내보내다
89) 慮有德色 여유덕색 : 생각에 은혜를 베푼 기색이 있다
90) 誶語 수어 : 욕하다
91) 倂倨 병거 : 나란히 서로 대항해 조금도 굽히지 않는 것
92) 反脣 반순 : 입을 삐쭉이는 것
93) 相稽 상계 : 서로 함께 계산하고 비교하는
94) 寢戶 묘호 : 고묘의 능묘에 있는 묘실을 말함
95) 剟 철 : 깎을, 찌를
96) 搴 건 : 빼낼

그러나 대신들은 단지 장부를 제출하기로 정한 날짜[98]에 보고하지 않는 것을 큰일이라고 생각합니다. 그러므로 풍속이 유실되고 세태가 붕괴됨에 이르렀는데도, 편안함[99]으로 인해 이상함을 알지 못합니다. 근심이 눈앞에서 움직이지 않으나, 이것을 항상 그러했을 뿐[100]이라고 생각합니다.

무릇 풍속을 바꾸고 천하의 마음을 돌리게 해 도(道)로 향하게 하는 것은 그런 부류의 속리가 할 수 있는 일이 아닙니다. 속리가 힘쓰는 것은 칼과 붓과 문서[101]에 있으니, 대체(大體)를 알지 못합니다. 정말로 폐하를 위해 그것을 안타까워합니다.

『관자(管子)』[102]가 이르기를 '예의염치(禮義廉恥)는 네 개의 기본도리[103]이다. 네 개의 기본도리가 펼쳐지지 않으면 나라가 곧 멸망할 것'이라고 했습니다. 관자가 어리석은 사람이라면 어쩔 수 없겠지만, 관자가 다스리는 방법을 조금이라도 안다고 여긴다면, 이러한 것을 어찌 한심하다 하지 않겠습니까?

지금 네 개의 기본도리가 아직 갖추어지지 않았으니, 바라건대[豈] 지금 법과 제도를 정할 것 같으면[104], 임금을

---

97) 尤至 우지 : 더욱 지극함. 즉 극치임
98) 期會 기회 : 만나기로 정한 기간
99) 恬 염 : 편안할
100) 適然 적연 : 우연히 그러함, 항상 그러함, 당연함
101) 筐篋 광협 : 광주리, 상자, 주(註) 문서
102) 管子 관자 : 주(註) 관중이 쓴 저서명
103) 維 유 : 바, 벼리, 밧줄, 맬, 지탱할

임금답게 하고, 신하는 신하답게 해 상하에 서열이 있게 하고, 부자 육친이 각자 그 마땅함을 얻을 수 있게끔 해야 합니다. 이 일이 한번 정해지면 대대로 항상 평안하고 이후에 지키고 따를 바[105]가 있을 것입니다.

무릇[106] 법과 제도가 정해지지 않는다면, 이는 강과 하천을 건너면서 노를 매는 밧줄과 노[107]가 없는 것과 같습니다. 중류에서 바람과 파도를 만나면 배는 반드시 뒤집힐 것입니다. 길게 탄식할 일이 이것입니다.

하 은 주(夏 殷 周)는 모두 수십 대가 천자를 했는데, 진(秦)은 천자가 된 지 2대에 망했습니다. 인성(人性)은 서로 크게 다르지 않은데, 삼대(三代)의 임금은 도가 있어서 오래가고, 진(秦)은 도가 없어 갑자기[108] 망했으니, 무엇 때문이냐 하면[109], 그 이유는 알 수 있습니다.

옛날의 왕은 태자가 태어나면 참으로 예(禮)를 거행했습니다. 예를 담당하는 관리가 몸과 마음을 깨끗이 하고[110], 검은 예복과 면류관[111]을 쓰고, 남쪽 교외에서 태자를 하늘

---

104) 豈如 기여 : 기(豈) 바라건대. 여(如) 할 것 같으면

105) 持循 지순 : 지키고 따를 바

106) 若夫 약부 : 말을 바꿀 때 쓰는 접속사, 무릇, 그러므로, 대저, 진실로

107) 維楫 유집(즙) : 배를 매는 바와 배를 젓는 노. 주(註) 유(維)는 배의 노를 묶어 배를 앞으로 나가게 함

108) 暴 폭 : 갑자기, 사납다, 해치다

109) 何也 하야 : 무엇 때문이냐 , 왜 그러냐 , 무엇 때문이냐 하면, 왜 그러냐 하면

110) 齊肅 제숙 : 주(註) 몸과 마음을 깨끗이 하고 엄숙히 함. 제계(齊戒) 부정을 피하고 몸을 깨끗이 함

에 보이고[112], 궁궐을 지나게 되면 (탈것에서) 내리고, 종묘를 지나게 되면 고개를 숙이고 빠른 걸음으로 걸어가니[趨], 갓난아기 때부터 가르침이 이미 행해졌습니다.

2, 3살[113]이 되어 아는 것이 조금 생기면, 삼공(三公)과 삼소(三少)[114]가 효인예의(孝仁禮義)를 밝혀서 인도하고, 그것을 익히게 하며, 사악한 사람을 쫓아버리고 악행을 보지 못하게끔 합니다. 그리하여 천하의 단정한 선비와 효성스럽고 우애 있는 자, 견문이 넓은 자, 도(道)와 술(術)이 있는 자를 모두 선발해 그를 보호하고 호위하게 하고, 태자와 함께 살며 출입하게끔 합니다.

때문에 태자는 나면서부터 바른 일을 보고, 바른 말을 듣고, 바른 도를 행하게 됩니다. 전후좌우가 모두 바른 사람들입니다. 삼대가 오래 지속된 까닭은 태자를 보좌하고 돕는 것에 이러한 갖춤이 있었기 때문입니다.

진(秦)에 이르면 그렇지 못했습니다. 조고(趙高)에게 호해(胡亥)의 스승을 시키니, 그에게 옥사를 가르치고, 익히는 것이 남의 목을 베거나 코를 베는 것, 아니면 남의 삼족을 멸족시키는 것이었습니다. 그러므로 호해가 오늘 즉위했는데 내일 사람을 싫어하고[115], 충심으로 간언하는 자는 비방

---

111) 冕 면 : 면류관

112) 見 현 : 하늘에 보이다

113) 孩提 해제 : 2~3살 먹은 어린아이

114) 三公三少 삼공삼소 : 삼공(三公)은 주(周)대의 태사(太師) 태보(太保) 태부(太傅). 삼소(三少)는 소사(少師) 소보(少保) 소부(少傅)

115) 射 역(사) : 싫어할, 염오함. 쏠(사)

한다고 말하고, 깊이 계획하는 자는 요사스러운 말을 한다고 말하고, 살인을 풀과 왕골을 베는 것과 같이 여겼습니다. 그러나 어찌 오직 호해의 성품이 악하다고만 하겠습니까? 그것은 스승으로 그를 인도하는 자가 스승의 도리를 하지 않았기 때문입니다.

사람의 지혜는 이미 그렇게 된 것을 볼 수 있지, 장차 그렇게 될 것을 볼 수 없습니다. 예란 것은 그렇게 되기 전에 금하는 것이고, 법은 그렇게 된 이후에 금하는 것입니다. 이 때문에 법이 쓰이는 바는 쉽게 보지만, 예가 생겨나는 바는 알기 어렵습니다.

칭찬하고 상을 주는 것으로 선을 권하고, 형벌로 악을 징계합니다. 선왕께서 이러한 정치를 집행하니, 굳건하기가 금석과 같았고, 이러한 명령을 실행하니, 믿음이 4계절과 같이 확실했습니다. 이러한 공평함에 의거하니, 천지처럼 사사로움이 없었습니다. 어찌 돌아보고 쓰지 않겠습니까?

그러나 말하기를, 예란 것은, 예란 것은, 싹이 나기도 전에 악을 끊어버리고, 아주 미미한 데에서 가르침을 일으켜, 백성으로 하여금 날마다 선으로 옮겨가고, 허물에서 멀어지게 하고도 스스로는 알지 못하는 것을 귀하게 여깁니다. 공자께서 말씀하시기를 '송사를 듣는 것은 내가 남과 같으나 반드시 송사를 없게끔 할지어다'[116]라고 했습니다.

임금을 위한 계책은, 취하고 버림을 먼저 살피는 것이 제

---

116) 也 야 : 문장 중간에서는 강조, 문장 끝에서는 단정, 의문사

일입니다. 취하고 버림의 근본[117]이 안에서 정해지면, 안전과 위태로움의 싹이 밖에서 따르는 것입니다. 진(秦)왕이 종묘를 높이고 자손을 안정시키고자 한 것은 탕(湯)왕, 무(武)왕과 같았습니다. 그러나 탕왕과 무왕은 그 덕을 광대하게 해 6, 7백년을 행하고도 잃지 않았는데, 진왕은 천하를 다스린 지 10여년 만에 크게 망했으니, 이것은 다른 이유 때문이 아닙니다.

탕왕과 무왕은 취하고 버림을 정할 때 심사숙고[118] 했고, 진왕은 쓰고 버림을 정할 때 심사숙고하지 않았습니다. 천하는 큰 그릇입니다. 이제 사람이 그릇을 놓는데, 안정된 곳에다 그것을 놓으면[119] 안정되고, 위태로운 곳에 그것을 놓으면 위태롭습니다.

천하의 사정도 그릇과 다르지 않습니다. 천자가 그것을 놓는 것에 달려 있습니다. 탕왕과 무왕이 천하를 인의예악(仁義禮樂)에 놓으니 자손이 수십 대가 계속되었습니다.[120] 이것은 천하가 함께 들은 바입니다. 진왕은 천하를 법령과 형벌에 놓으니 화가 거의 자신에게 미쳤고, 자손은 죽임을 당하고 끊어졌습니다. 이것은 천하가 함께 본 것입니다. 이것이 확실한 본보기이고 큰 증험이 아니겠습니까?

사람들은 말합니다. 말을 듣는 방법에서 반드시 그의 행

---

117) 極 극 : 사물의 최상, 지극함. 진선, 도덕의 근본
118) 審 심 : 살피다. 심사숙고하다
119) 諸 제 : =지어(之於)의 합자
120) 累 루 : 포갤, 축적, 허물, 잇따라, 여러번

동을 가지고 그의 말을 관찰하면, 말하는 자가 감히 망언을 하지 못한다고 합니다. 지금 혹자는 예의보다 법령이 낫고, 교화보다 형벌이 낫다고 말하는데, 황제께서는 어찌 은 주(殷 周)와 진(秦)의 일을 가져다가 그것을 보지 않으십니까?

임금의 높음은 마루에 비유할 수 있고, 여러 신하는 섬돌에 비유할 수 있으며, 백성들은 땅에 비유할 수 있습니다. 그러므로 아홉 계단 위의 마루의 모서리[廉][121]는 땅에서 멀기 때문에 마루가 높습니다. 계단에 층이 없으면 모서리가 땅에 가까우니 마루가 낮습니다. 높은 곳은 오르기[122] 어렵고, 낮은 곳은 쉽게 올라갑니다.[123]

다스림의 형세가 그렇습니다. 그러므로 옛날 지덕이 있는 왕은 법으로 등급과 서열을 만들었습니다. 안으로 공경 대부 사(公卿 大夫 士)가 있고, 밖으로 공 후 백 자 남(公 侯 伯 子 男) 등의 제후가 있고, 그 다음에 관청의 작은 관리들이 있고, 서민에게까지 뻗칩니다. 등급이 분명하고, 천자가 그 위에 계시니, 고로 (천자의) 존귀함은 미칠 수가 없습니다.

속담에 말하기를 쥐에게 던지려고 하나 그릇이 (깨질까봐)꺼려진다고 했습니다. 이것은 좋은 비유입니다. 쥐가 그릇에 가까이 있으니, 오히려 꺼리고 던지지 못하는 것은 그

---

121) 廉 렴 : 모서리
122) 攀 반 : 무엇을 붙잡고 오르다
123) 陵 능 : 가벼이 여길, 오를, 넘을, 언덕, 무덤

그릇이 깨질까봐 걱정하는 것입니다.

하물며 귀한 신하로서 임금 가까이에 있다면 어떻겠습니까? 염치예절로 군자를 다스리기 때문에 죽음을 내리더라도 육시[戮屍]를 당하거나 욕보이지는 않습니다. 이 때문에 경형(黥刑)[124]과 코를 베는 형벌은 대부에게 미치지 않습니다. 그가 임금과 멀지 않기 때문입니다. 신이 듣건대 '신발이 비록 고와도 베개 위에 놓지 않고, 관모가 비록 낡아도 신발 밑에 깔지 않는다'고 했습니다.

일찍이 귀하고 총애 받는 자리에 있었고, 천자가 용모를 고치고 몸소 그를 예로 대했고, 관리와 백성들은 엎드려서 그를 공경하고 두려워하던 사람인데, 지금 그에게 잘못이 있으면 황제가 그의 지위를 없애도 되고, 물러가게 해도 되고, 죽음을 내려도 되고, 삼족을 멸해도 됩니다.

그런데 그를 묶고, 긴 포승으로 줄줄이 엮어[125] 사구(司寇)에게 보내고, 그를 죄수 명부에 차례대로 적고[編], 관부에서 징역살게 하고[126], 사구(司寇)와 소리(小吏)들이 욕하고 꾸짖고 그를 매질합니다. 서민들에게 보게 할 것이 못됩니다. 비천한 자들이 존귀한 자의 하루아침을 익히 알게 되어, 나도 또한 이들에게 (그렇게) 가할 수 있다고 생각한다면, 높은 것을 높이고 귀한 것을 귀하게 여기도록 하는 교화가 안됩니다.

124) 黥刑 경형 : 얼굴에 죄명을 자자(刺字)함, 묵형(墨刑)

125) 係緤 계설 : 주(註) 긴 밧줄로 그들을 연이어서 묶는다

126) 編之徒官 편지도관 : 편(編) 도(徒) 징역 죄수, 관부에서 징역살게 함

옛날에 대신에게 청렴하지 못한 죄가 있으면, 파직당할 때 불렴(不廉)이라 하지 않고, 제기를 꾸미지 않았다[127]고 했습니다. 더럽고 음란하거나 남녀의 일을 분별하지 못하는 죄를 지으면, 오예(汚穢)라 하지 않고 휘장과 발을 치지 않았다[128]고 했습니다. 무능해[129] 임무를 감당하지 못한 자는 파련(罷軟)이라 하지 않고, 밑의 관리가 직분을 다하지 않았다고 했습니다.

그러므로 귀한 대신은 반드시[定] 그 죄가 있어도 오히려 그렇게 드러내서[斥然] 바로 부르지 않았습니다. 임금이 염치예의를 세워서 그 신하를 대우하는데, 신하가 절개 있는 행동으로 그 임금에게 보답하지 않는다면, 인간이 아닙니다. 때문에 교화가 이루어지고 풍속이 바르게 되면, 신하가 된 자는 모두 행동을 돌아보고, 이익을 잊고 절개를 지키고 도리를 지킵니다.

그 때문에 제어할 수 없는 권력을 맡길 수 있고, 6척의 고아를 맡길 수 있습니다. 이는 염치에 힘쓰고 예의로 행동해서 이루어지는 것이기 때문입니다. 이런 일을 하지 않고, 다만 저것을 오래 시행했으니, 길게 탄식할 일이 바로 이것입니다"

가의는 강후(絳侯)가 전에 체포되어 묶였으나 결국 사실

---

127) 簠簋不飾 보궤불식 : 보궤(簠簋) 제사 때 쓰는 제기. 불식(不飾) 꾸미지 못했다

128) 帷薄不修 유박불수 : 휘장, 발[竹簾]을 치지 않았다

129) 罷軟 파련 : 파(罷) 고달플, 둔할. 연(軟) 부드러울, 약한, 지조가 굳지 않음

이 아니었기 때문에, 이것으로 황제를 나무란 것이다. 황제가 깊이 그 말을 받아들여 신하를 대하는데 예절이 있었다. 이후로 대신들은 죄가 있으면 모두 자살하고, 형을 받지 않았다.

신미(辛未) 10년(기원전 170)

장군 박소(薄昭)가 한(漢)의 사자를 죽였다. 황제가 차마 죽일 수 없어 공경들에게 그에게 가서 술 마시게 하고 스스로 자결[130]하게 하려고 했으나, 박소가 자결하려 하지 않았다. 여러 신하에게 상복을 입고 가서 곡하게 하니, 곧 자결했다.

온공(溫公)이 말했다.

"이덕유(李德裕)는 '한(漢) 문제(文帝)가 박소를 죽인 것은 단호하고 확실했지만, 도리로는 편치 않는 일이라고 했다. 진(秦) 강공(康公)이 진(晉) 문공(文公)을 전송할 때 그의 누이가 살아 있는 것 같은 느낌이 일어났다는데, 하물며 태후가 아직 살아있고, 동생이 오직 박소 하나인데, 결단함에 주저함이 없었으니, 이것은 어머니를 위로하는 마음이 아니다'라고 했다.

어리석은 내가 생각하기에 법이란 천하에서 공공의 도구이다. 오직 법을 잘 유지하는 자는 친척과 먼 사람을 하나

130) 引分 인분 : 자결하다

같이 여기니, 실행하지 못할 것이 없다. 그런 즉, 누구라도 믿는 것이 있다고 해도 감히 그것을 범하지 못한다.

박소가 비록 평소에 장자라고 불리었으나, 문제가 현명한 스승을 두게 하지 않고 병사를 관장하도록 맡겼으니, 교만해져서 위를 범하고, 한(漢)의 사자를 죽이기에 이르렀다. 믿는 것이 있어서 그런 것이 아니겠는가? 만약 또 놔주고 그를 사면한다면 성제(成帝)나 애제(哀帝)시대와 무엇이 다르겠는가?

위(魏) 문제(文帝)[131]가 항상 한(漢) 문제(文帝)의 아름다움을 칭찬했는데, 그가 박소를 죽인 것은 칭찬하지 않았다. 말하기를 "외가와 처가는 단지 은혜로 보살펴야지 권력을 빌려주어서는 안된다. 죄를 짓고 법에 저촉되고 난 후에는 해치지 않을 수 없다"고 했다. 문제가 처음에 박소를 막지[132] 못한 것을 나무란 것이다. 이 말은 마땅하다[得]. 그런즉 어머니를 위로하고자 했다면 처음부터 신중했어야 하는 것이 아닌가[乎]?"

131) 魏 文帝 위 문제 : 삼국시대 조조(曹操)의 아들 조비(曹丕)를 말한다

132) 防閑 방한 : 방(防) 막을. 한(閑) 막을, 방지할

원 문

卷之七

太宗孝文皇帝 上 在位二十三年，壽四十六

壬戌元年
有司請蚤建太子曰：「豫建太子，所以重宗廟社稷，不忘天下也。古者殷周有國，治安皆千餘歲，用此道也。今子啓最長，純厚慈仁，請建以為太子。」乃許之。

漢書本紀曰：「三月，詔曰：『方春和時，草木羣生之物，皆有以自樂，而吾百姓鰥寡孤獨困窮之人，或阽於危亡，而莫之省憂。為民父母將何如？其議所以振貸之。』又曰：『老者非帛不煖，非肉不飽。今歲首，不時使人存問長老，八十已上，賜米肉，九十已上，賜帛各二匹，絮三斤。盡除收孥相坐律。』」

○時有獻千里馬者。帝曰：「鸞旗在前，屬車在後，吉行日五十里，師行三十里。朕乘千里馬，獨先安之？」下詔不受。

○帝益明習國家事。朝而問右丞相勃曰：「天下一歲決獄幾何？」勃謝不知。又問：「一歲錢穀出入幾何？」勃又謝不知，汗出沾背。上問左丞相平。平曰：「有主者。陛下卽問決獄，責廷尉，　問錢穀，責治粟內史。」上曰：「君所主者，何事也？」平謝曰：「宰相，上佐天子，理陰陽，順四時,下遂萬物之宜。外鎭撫四夷諸侯,內親附百姓，使卿大夫各得任其職焉。」帝稱善。於是絳侯自知其能不如平。乃謝病，請歸相印，上許之。平專為丞相。

○上聞河南守吳公治平為天下第一，召以為廷尉。吳公薦洛陽人賈誼，帝召以為博士。是時賈生年二十餘。帝愛其辭博，一歲中，超遷至太中大夫。賈生請改正朔，易服色，定官名，興禮樂，以立漢制，更秦法。帝謙讓未遑也。

癸亥二年

冬　十一月，癸卯晦，日有食之。詔：「羣臣悉思朕之過失，以啓告朕。及擧賢良、方正、能直極諫者，以匡朕之不逮。」

○賈山上書，言治亂之道，借秦為喩，名曰：「至言。」其辭曰：「臣聞雷霆之所擊，無不摧折者。萬斤之所壓，無不糜滅者。今人主之威，非特雷霆也。埶重，非特萬斤也。開道而求諫，和顔色而受之，用其言而顯其身，士猶恐懼而不敢自盡。又況於縱欲恣暴，惡聞其過乎！震之以威，壓之以重，雖有堯舜之智，孟賁之勇，豈有不摧折者哉！如此　人主不得聞其過，社稷危矣。昔者周蓋千八百國，以九州之民，養千八百國之君，君有餘財，民有餘力，而頌聲作。秦皇帝以千八百國之民自養，力罷 不能勝其役，財盡 不能勝其求。其所自養者 馳騁弋獵之娛，天下弗能供也。今陛下使天下舉賢良方正之士，天下皆訢訢然曰：『將興堯舜之道、三王之功矣。』天下之士，莫不精白以承休德。今選其賢者，與之馳驅射獵，一日再三出。臣恐朝廷之懈弛也。陛下卽位，親自勉以厚天下，節用愛民，平獄緩刑,天下莫不說喜。臣聞山東吏布詔令，民雖老羸癃疾，扶杖而往聽之，願少須臾毋死，思見德化之成也。今豪俊之臣，方正之士，直與之日日獵射，擊兎伐狐，以傷大業，絶天下之望，臣切悼之！夫士，脩之於家 而壞之於天子之庭，臣切愍之。」上嘉納其言。上每朝，郎從官上書疏，未嘗不止輦受其言。言不可用 置之，言可用 采之。

○帝從霸陵上，欲西馳下峻阪。袁盎曰：「馬驚車敗，陛下縱自輕，奈高廟、太后何！」上乃止。

○上所幸愼夫人，在禁中，嘗與皇后同席坐。袁盎引卻愼夫人。夫人怒，上亦怒。盎曰：「臣聞『尊卑有序，則上下和。』今旣已立后，愼夫人乃妾耳。豈可同坐！陛下獨不見『人彘』乎！」上說，乃召語愼夫人，夫人賜盎金五十斤。

○賈誼說上曰：「管子曰：『倉廩實而知禮節，衣食足 而知榮辱。』民不足而可治者，自古及今，未之嘗聞。漢之為漢，幾四十年，公私之積，猶可哀痛。世之有饑穰，天之行也。禹湯被之矣。卽不幸有方二三千里之旱，國胡以相恤？

卒然邊境有急，數十百萬之衆，國胡以餽之？夫積貯者，天下之大命也。苟粟多而財有餘，何為而不成！以攻則取，以守則固，以戰則勝，懷敵附遠，何招而不至！今敺民而歸之農，使天下各食其力，末技游食之民，轉而緣南畝，則蓄積足 而人樂其所矣。」上感誼言。春 正月 丁亥，詔：開籍田，上親耕 以率天下之民。

○五月，詔曰：「古之治天下，朝有進善之旌，誹謗之木，所以通治道而來諫也。今法有誹謗 訞言之罪，是使衆臣不敢盡情， 而上無由聞過失也，將何以來遠方之賢良？ 其除之！」

○九月，詔曰：「農者，天下之大本也，民所恃以生也。而民或不務本而事末，故生不遂。今茲 親率群臣 農以勸之。其賜民今年田租之半。」

甲子三年

初 南陽張釋之為騎郎，十年不得調，欲免歸。袁盎知其賢而薦之，為謁者僕射。釋之從行，登虎圈，上問上林尉諸禽獸簿。尉左右視，不能對。虎圈嗇夫從旁代尉對，甚悉。帝曰：「吏不當若是邪！」詔釋之， 拜嗇夫為上林令。釋之曰：「周勃 張相如，稱為長者，兩人言事曾不出口，豈效此嗇夫喋喋利口捷給哉！ 嗇夫口辯 而超遷之，恐天下隨風而靡，爭為口辯而無其實。」帝曰：「善！」乃不拜嗇夫。

○釋之為廷尉。上行出中渭橋，有一人從橋走，乘輿馬驚。

於是使騎捕之，屬廷尉。釋之奏當，「此人犯蹕，當罰金。」上怒曰：「此人親驚吾馬。馬賴和柔，令他馬，固不敗傷我乎！而廷尉乃當之罰金！」釋之曰：「法者，天下公共也。今法如是，更重之，是法不信於民也。且方其時，上使使誅之則已。今已下廷尉。廷尉，天下之平也，壹傾，天下用法皆為之輕重，民安所錯其手足！」上曰：「廷尉當是也。」其後人有盜高廟坐前玉環，得。下廷尉治。釋之奏當棄市。上大怒曰：「人無道，盜先帝器！吾欲致之族，而君以法奏之，非吾所以共承宗廟意也。」釋之免冠頓首謝曰：「法如是，足也。今盜宗廟器而族之，假令愚民取長陵一抔土，陛下且何以加其法乎？」帝乃白太后 許之。

乙丑四年

上召河東守季布，欲以為御史大夫。有言其勇使酒難近者。至留邸一月，見罷。季布因進曰：「臣無功，待罪河東，陛下無故召臣，此人必有以臣欺陛下者。今臣至，無所受事，罷去，此 人必有毀臣者。陛下以一人之譽 而召臣，以一人之毁 而去臣，恐天下有以闚 陛下之淺深也！」上良久曰：「河東吾股肱郡，故特召君耳。」

◯上議以賈誼　任公卿之位。大臣多短之曰：「洛陽之人，年少初學，專欲擅權，紛亂諸事。」於是天子後亦疏之，不用其議，以為長沙王太傅。後，帝思誼，召至入見，上方受釐，坐宣室。因感鬼神事，而問鬼神之本。誼具道其所以然之故。至夜半，帝前席。旣罷曰：「吾久不見賈生，自以為過之，今不及也。」乃拜為梁太傅。

◯絳侯周勃就國，每河東守尉行縣至絳，勃自畏恐誅，常被甲，令家人持兵以見之。人有上書告勃欲反，下廷尉。逮捕勃，治之。薄太后曰：「絳侯始誅諸呂，綰皇帝璽，將兵於北軍；不以此時反，今居一小縣，顧欲反邪！」帝乃使使持節 赦絳侯，復爵邑。

丙寅五年

初　秦用半兩錢，高祖嫌其重難用，更鑄莢錢。於是物價騰踊，米至石萬錢。夏　四月，更造四銖錢。除盜鑄錢令，使民得自鑄。賈誼諫曰：「法使天下 公得雇租 鑄銅錫為錢，敢雜以鉛鐵為他巧者，其罪黥。然鑄錢之情，非殽雜為巧，則不可得贏，而殽之甚微，為利甚厚。夫事有召禍，而法有起姦。今令細民人　操造幣之埶，各隱屏而鑄作，因欲禁其厚利微姦，雖黥罪日報，其埶不止。故不如收之。」賈山亦上書諫，以為：「錢者，亡用器也，而可以易富貴。富貴者，人主之操柄也。令民為之，是與人主共操柄，不可長也。」上不聽。

丁卯六年

淮南厲王長謀反，廢處蜀郡，憤恚不食死。

◯梁太傅賈誼上疏曰：「臣竊惟今之事勢，可為痛哭者一，可為流涕者二，可為長太息者六，若其他背理 而傷道者，難徧以疏舉。進言者皆曰：『天下已安已治矣』，臣獨以為未也。夫抱火厝之積薪之下而寢其上，火未及然，因謂之安。方今之勢，何以異此！陛下何不壹令臣得孰數之於前，因陳治安之策，試詳擇焉！夫建久安之勢，成長治之業，以幸天下，以育羣生，立經陳紀，輕重同得，後可以為萬世法程，至明也。以陛下之明達，因使少知治體者得佐下風，致此非難也。夫樹國固必相疑之勢，甚非所以安上　而全下也。今或親弟謀為東帝，親兄之子西鄉而擊，今吳又見告矣。天子春秋鼎盛，行義未過，德澤有加焉，猶尚如是，况莫大諸侯權力且十此者乎！屠牛坦一朝解十二牛，而芒刃不鈍者，其排擊剝割，皆衆理解也。至於髖髀之所，非斤則斧。夫仁義恩厚，人主之芒刃也，權勢法制，人主之斤斧也。今諸侯王皆衆髖髀也，釋斤斧之用，而欲嬰以芒刃，臣以為不缺則折。欲天下之治安，莫若衆建諸侯　而少其力。力少則易使以義，國小則亡邪心。令海內之勢，如身之使臂，臂之使指，莫不制從，諸侯之君不敢有異心，輻湊並進而歸命天子。割地定制，地制一定，宗室子孫莫慮不王，下無背畔之心，上無誅伐之志，法立而不犯，令行而不逆，臥赤子天下之上而安，植遺腹，朝委裘，而天下不亂，陛下誰憚而久不為此？天下之勢方病大瘇。一脛之大幾如要，一指之大幾如股，平居不可屈伸，失今不治，必為痼疾，後雖有扁鵲，不能為已。可為痛哭者，此也。天下之勢方倒縣。天子者，天下之首。何也？上也。蠻夷者，天下之足。何也？下也。今匈奴嫚侮侵掠，至不敬也。而漢歲致金絮采繒，以奉之。足反居上，首顧居下。倒縣如此，莫之能解，猶為國有人乎？可為流涕者　此也。臣竊料匈奴之衆，不過漢一大縣，以天下之大，困於一縣之衆，甚為執事者羞之。陛下何不試以臣為屬國之官而主匈奴？行臣之計，請必繫單于之頸 而制其命，伏中行說 而笞其背，擧匈奴之衆，唯上所令。今不獵猛敵 而獵田彘，不搏反寇 而搏畜菟，翫細娛 而不圖大患，德可遠施，威可遠加，而直數百里外 威令不伸，可為流涕者此也。今庶人屋壁 得為帝服，倡優下賤 得為后飾。且帝之身 自衣阜綈，而富民牆屋 被文繡。天子之后 以緣其領，庶人孽妾 以緣其履。此 臣所謂舛也。夫百人作之 不能衣一人，欲天下亡寒，胡可得也。一人耕之，十人聚而食之，欲天下亡飢，不可得也。飢寒切於民之肌膚，欲其亡為姦邪，不可得也。可為長太息者此也。商君遺禮義，棄仁恩，幷心於進取。行之二歲，秦俗日敗。故秦人 家富，子壯則出分，家貧，子壯則出贅。借父耰鉏，慮有德色。母取箕箒，立而誶語。抱哺其子，與公併倨。婦姑不相說，則反脣而相稽。其慈子耆利，不同禽獸者亡幾矣。今其遺風餘俗猶尚未改，棄禮義捐廉恥日甚，可謂月異而歲不同矣。今之盜者，剟寢戶之簾，搴兩廟之器，白晝大都之中，剽吏而奪之金，此其無行義之尤至者也。而大臣特以簿書,不報期會之間，以為大故。至於俗流失，世壞敗，因恬而不知怪，慮不動於耳目，以為是適然耳。夫移風易俗，使天下回心而鄉道，類非俗吏之所能為也。俗吏之所務，在於刀筆筐篋，而不知大體。竊為陛下惜之。筦子曰：「禮義廉恥，是謂四維。四維不張，國乃滅亡。」使筦子愚人也則可，筦子而小知治體，則是豈可不為寒心哉！今四維猶未備也，豈如今定經制，令君君臣臣，上下有差，父子六親各得其宜，此業壹定，世世常安，而後有所持循矣。若夫經制不定，是猶渡江河亡維楫，中流而遇風波，船必覆矣。可為長太息者此也。夏殷周為天子皆數十世，秦為天子二世而亡。人性不甚相遠也，何三代之君有道之長,而秦無道之暴也？其故可知也。古之王者，太子乃生，固擧以禮，有司齊肅端冕，見之南郊，過闕則下，過廟則趨，故自為赤子而敎固已行矣。孩提有識，三公三少，固明孝仁禮義，　以道習之，逐去邪人，不使見惡行，於是皆選天下之端士、孝悌博聞　有道術者以衛翼之，使與太子居處出入。故太子乃生而見正事，聞正言，行正道，左右前後皆正人也。夫三代之所以長久者，以其輔翼太子 有此具也。及秦而不然，使趙高傅胡亥，而敎之獄，所習者非斬劓人，則夷人之三族也。故胡亥今日卽位而明日射人，忠諫者謂之誹謗，深計者謂之妖言，其視殺人若艾草菅然。豈惟胡亥之性惡哉？彼其所以道之者　非其理故也。凡人之智，能見已然，不能見將然。夫禮者禁於將然之前，而法者禁於已然之後，是故法之所為用易見，而禮之所為生難知也。若夫慶賞以勸善，刑罰以懲惡，先王執此之政，堅如金石，行此之令，信如四時，據此之公，無私如天地。豈顧不用哉？ 然而曰禮云、禮云者，貴絶惡於未萌，而起敎於微眇，使民日遷善遠罪，而不自知也。孔子曰：『聽訟，吾猶人也。必也使無訟乎。』為人主計者，莫如先審取舍，取舍之極定於內，而安危之萌應於外矣。秦王之欲尊宗廟而安子孫，與湯武同。然而湯武廣大其德行，行六七百歲而弗失。秦王治天下十餘歲則大敗。此亡他故矣。湯武之定取舍審，而秦王之定取舍不審矣。夫天下大器也。今人之置器，置諸安處則安、置諸危處則危。天下之情，與器無以異，在天子之所置之。湯武置天下於仁義禮樂，累子孫數十世，此天下所共聞也。秦王置天下於法令刑罰，禍幾及身，子孫誅絶。此天下之所共見也。是非其明效大驗邪！人之言曰：『聽言之道，必以其事觀之，則言者莫敢妄言。』今或言禮義之不如法令，敎化之不如刑罰，人主胡不引殷周、秦事以觀之也！人主之尊譬如堂，群臣如陛，衆庶如地。故陛九級上，廉遠地，則堂高。陛無級，廉近地，則堂卑。高者難攀，卑者易陵，理勢然也。故古者聖王制為等列，內有公、卿、大夫、士，外有公、侯、伯、子、男，然後有官師、小吏，延及庶人，等級分明而天子加焉，故其尊不可及也。里諺曰：『欲投鼠而忌器。』此善諭也。鼠近於器，尚憚不投，恐傷其器，況於貴臣之近主乎！廉恥節禮以治君子，故有賜死而亡戮辱。是以黥劓之辠不及大夫，以其離主上不遠也。臣聞之：『履雖鮮不加於枕，冠雖敝不以苴履。』夫嘗已在貴寵之位，天子改容而體貌之矣，吏民嘗俯伏以敬畏之矣。今而有過，帝令廢之可也，退之可也，賜之死可也，滅之可也；若夫束縛之。係緤之，輸之司寇，編之徒官，司寇小吏詈罵而搒笞之，殆非所以令衆庶見也。夫卑賤者習知尊貴者之一朝，吾亦乃可以加此也，非所以尊尊貴貴之化也。古者,大臣有坐不廉而廢者，不曰不廉曰『簠簋不飾』， 坐汙穢淫亂、男女無別者，不曰汙穢曰『帷薄不脩』。坐罷軟不勝任者，不曰罷軟曰『下官不職。』故貴大臣定有其辠矣，猶未斥然正以呼之也。上設廉恥禮義以遇其臣，而臣不以節行報其上者，則非人類也。故化成俗定，則為人臣者皆顧行而忘利，守節而仗義，故可以託不御之權，可以寄六尺之孤，此厲廉恥行禮義之所致也。此之不為而顧彼之久行，故曰可為長太息者此也。」誼以絳侯前逮繫獄，卒無事實，故以此譏上。上深納其言，養臣下有節，是後大臣有罪，皆自殺不受刑。

辛未十年
將軍薄昭殺漢使者。帝不忍加誅，使公卿從之飮酒，欲令自引分，昭不肯。使群臣喪服往哭之，乃自殺。

溫公曰：李德裕以為「漢文帝誅薄昭，斷則明矣，於義則未安也。秦康送晉文，興如存之感。況太后尚存，唯一弟薄昭，斷之不疑，非所以慰母氏之心也。」臣愚以為法者天下之公器，惟善持法者，親疎如一，無所不行，則人莫敢有所恃而犯之也。夫昭雖素稱長者，文帝不為置賢師傅而用之典兵，驕而犯上，至於殺漢使者，非有恃而然乎！若又從而赦之，則與成、哀之世何異哉！魏文帝嘗稱漢文帝之美，而不取其殺薄昭曰：「舅后之家，但當養育以恩，而不當假借以權，旣觸罪，法又不得不害。」譏文帝之始 不防閑昭也，斯言得之矣。然則欲慰母心者，將愼之於始乎！

통감절요 8권

태종 효문황제(太宗 孝文皇帝) 하(下)

임신(壬申) 11년(기원전 169년)

흉노가 자주 변방의 우환이 되었다. 조조(鼂錯)가 군사에 대해 황제에게 말했다.

"신이 듣건대, 군사를 부려서[1] 전쟁터에 가서 전투를 하는 데에는 중요한 것이 3가지 있습니다. 첫째는 마땅한 지형을 차지하는 것이고, 둘째는 병사들이 명령에 복종하고 잘 훈련되었는가이고, 셋째는 무기가 날카로운가 입니다.

그러므로 병법에 무기가 날카롭지 못하면 그 병사를 적에게 주는 것이고, 병사가 쓸 만하지 못하면 그 장수를 적에게 주는 것이고, 장수가 병법을 모른다면 그 임금을 적에

---

1) 用兵 용병 : 무기를 사용함, 전쟁을 함, 군사를 부림, 군대를 조정함

게 주는 것이고, 임금이 장군을 가리지 못하면 그 나라를 적에게 주는 것이라고 했습니다. 이 4가지가 전쟁의 핵심입니다.[2] 신이 또 듣건대 오랑캐로써 오랑캐를 공격하는 것이 중국의 형세라고 했습니다.

지금 흉노의 지형과 기예는 중국과 다릅니다. 중국의 말은 산과 언덕을 오르내리고 골짜기와 계곡을 출입하는 것에서는 흉노를 당해내지 못합니다.[3] 중국의 기병은 험한 길과 비탈길에서 말 달리면서 활 쏘는 면에서[4] 흉노를 당해내지 못합니다. 중국의 사람들은 비바람과 피로와 굶주리고 목마름을 곤욕스럽게 여기지 않는 점에서도 흉노를 당해낼 수 없습니다. 이것들은 모두 흉노의 장기입니다.

그러나[若夫][5] 평원과 쉬운 지형에서는 가벼운 수레로 기병이 돌격하면 흉노의 무리가 쉽게 꺾이고 혼란해집니다. 소가 당기는 센 활[6]과 긴 창으로 먼 곳까지 쏠 수 있고, 먼 곳에 미치게 하는 것은 흉노의 활이 대적[7]하지 못합니다. 튼튼한 갑옷을 입고, 길고 짧은 예리한 무기들이 섞여 있고, 궁수들이 왔다 갔다 흩어지고[遊], 10명 5명씩 대열을 갖추어[8] 앞에 서면 흉노의 병사들은 당해내지 못합니다.

---

2) 至要 지요 : 지극한 요점, 핵심

3) 與 여 : 상대하다. 당해내다

4) 且~且 차~차 : A하면서 B하는 것. A하기도 하고 B하기도 하다

5) 若夫 약부 : 그러나. 말을 바꾸는 데 쓰이는 부사

6) 勁弩 경노 : 註 아홉 소(九牛)와 큰 쇠뇌(大弩)로 창(鎗)을 화살로 쏘기 때문에 먼 곳을 쏴서 멀리까지 감

7) 格 격 : 대적하다

무관[9]과 좋은 궁수[10]가 함께 활을 쏘면 표적에 적중하니[11], 흉노의 갑옷[12]과 나무 방패[13]가 견디지 못합니다. 말에서 내려 땅에서 싸울 때, 즉 검과 창이 서로 부딪히고 물러나고 나아가며 서로 접전하면[14], 흉노의 발은 여유로울 수 없습니다. 이는 중국의 장기입니다.

이것으로 보건데 흉노의 장기는 셋이고 중국의 장기는 다섯입니다. 제왕의 길은 모든 것을 완전하게 하는 것에서 나옵니다. 지금 항복한 오랑캐 의거(義渠)가 옳은 길을 찾아 와서 귀의하는 자가 수천인데, (그들의) 장기가 흉노와 같습니다.

그들에게 튼튼한 갑옷과 날카로운 병기를 내려주시고, 변방의 좋은 말들을 보태주시고, 평지 길을 통하게 하고, 가벼운 수레를 가지고 무관에게 그들을 훈련시키게[制] 한다면, 양군이 서로 표리가 될 것이니 이는 모든 것을 완전하게 하는 방법입니다"

황제가 그것을 가상히 여기고 칭찬하는 글을 내렸다.

조조가 또 황제에게 말했다.

"북쪽의 오랑캐는 그 본성이 추위를 잘 참고, 남쪽의 오

---

8) 什五 십오 : 열명 다섯 명씩 대오를 갖추는 것

9) 材官 재관 : 무관. 유력자

10) 騶發 추발 : 좋은 궁수가 활을 쏨

11) 矢道同的 시도동적 : 쏜 화살의 가는 길이 표적과 같다. 즉 표적에 적중한다

12) 革笥 혁사 : 가죽 갑옷. 혹은 가죽 상자

13) 木薦 목천 : 나무 방패

14) 薄 박 : 얕을, 적을, 가벼울, 낮을, 좁을, 붙을

랑캐는 그 본성이 더위를 잘 참습니다. 진(秦)의 변방을 지키는 군사들은 그 물과 토양을 견디지 못했습니다. 지키는 자는 변방에서 죽고, 보내지는 자는 길에서 넘어지니, 진(秦)나라 사람들은 (변방에) 가는 것을 죽으러 가는 것처럼 여겼습니다.[15] 진승(陳勝)이 먼저 외치니 천하가 그를 따른 것은 진(秦)이 위력과 협박으로 그곳에 가게 한 폐단 때문입니다.

(그곳에서) 항상 살 사람을 선발해 집을 만들어 주고 농기구를 갖추어주는 것이 낫습니다. 백성들을 모집해 죄를 면죄해주고, 벼슬을 주고, 그 집의 부역을 면제해주고, 겨울과 여름에 입을 것과 먹을 것[16]을 주십시오. 오랑캐가 말을 몰고 들어왔을 때 멈추게 할 수 있는 자는 그 반을 그에게 주십시오.

이같이 하면 마을사람들이 서로 구하고 도울 것이며, 오랑캐에게 달려들어서 죽음을 피하지 않을 것입니다. 이는 임금의 은혜에 보답하려는 것이 아닙니다. 친척을 안전하게 하고, 그가 재물을 얻는 것이 이롭기 때문입니다. 이는 동방의 병사들이 그 땅의 형세에 익숙하지 못하고 마음으로 오랑캐를 두려워하는 것과 비교하자면 공은 서로 만 배입니다"

황제가 그 말을 따라서 백성들을 모집해 변방[17]으로 옮

15) 棄市 기시 : 저자에서 죄인의 목을 베고 시체를 매다는 형벌

16) 廩 늠 : 옛날에는 사람들에게 먹을 것을 주면서 창름(倉廩)에서 그것을 가져왔기 때문에 창름이라고 함

졌다.

계유(癸酉) 12년(기원전 168)

조조가 다시 황제에게 말했다.

"요(堯)임금 때에는 9년의 홍수가 있었고, 탕(湯)임금 때에는 7년의 가뭄이 있었으나, 나라를 버리고 떠나거나 얼굴색이 파리한 자[18]가 없었습니다. 비축이 많고 준비가 먼저 갖추어져 있었기 때문입니다.

지금 천하는 하나가 되어 토지와 백성의 무리는 탕(湯)과 우(禹) 시절보다 줄어들지 않았습니다. 게다가 하늘의 재해나 수년의 홍수, 가뭄이 없었습니다. 그런데도 비축이 미치지 못합니다. 무엇 때문입니까? 토지에는 이익이 남아 있고, 백성들에게는 힘이 남아 있고, 경작지는 다 개간되지 않았고, 산과 연못에는 다 내지 않은 이익이 있고, 놀고먹는 백성이 다 농사로 돌아가지 않았기 때문입니다.

추울 때는 입는 것에서[19] 가볍고 따뜻한 것을 기대하지 않고, 배고프면 먹는 것에서 달고 맛있는 음식을 기대하지 않습니다. 굶주림과 추위가 몸에 이르면 염치를 돌아보지 않습니다. 사람의 사정은 하루에 두 번 먹지 않으면 배고프고, 일 년이 다가도록 옷을 만들어 입지 않으면 춥습니다. 배가 고픈데 먹을 수 없고, 살갗이 추운데 입지 못하면, 비

17) 塞下 새하 : 변방
18) 捐瘠 연척 : 연(捐) 버릴. 척(瘠) 파리 할
19) 之於 지어 : ~에 있어서는

록 자애로운 아버지라도 그 아들을 보호해줄 수 없는데, 임금이 어찌 그 백성을 가질 수 있겠습니까?

이 때문에 현명한 군주는 오곡을 귀하게 여기고, 금과 옥을 천하게 여깁니다. 바야흐로 지금 힘써야 할 것은 최우선으로 백성들에게 농사에 힘쓰게 하도록 하는 것 뿐입니다. 백성들이 농사에 힘쓰게 하려면 곡식을 귀하게 여기도록 해야 합니다. 곡식을 귀하게 여기게 하는 방법은 백성들에게 곡식을 가지고 상도 받고 벌도 받게 하는 것입니다.

지금 천하에 공고해서 곡식을 현의 관청에 바치면[入], 벼슬을 제수 받을 수 있게 하고, 죄를 면할 수 있게 하십시오. 이같이 하면 부자는 벼슬이 생기고, 농민은 돈이 생기고, 곡식은 나누어지게[20] 됩니다. 벼슬이란 것은 임금이 마음대로 하는 것으로, 입에서 나오니 무궁하고, 곡식은 백성이 심어서 땅에서 생겨나니 부족함이 없을 것입니다.

높은 벼슬을 얻거나 죄를 면제 받는 것은 사람들이 심히 원하는 일입니다. 천하의 사람들로 하여금 곡식을 변경에 바쳐서 벼슬을 받고 죄를 면제 받게 하면, 3년이 안되어서 변방의 곡식은 반드시 많아 질 것입니다"

황제가 그것을 따랐다. 백성들로 하여금 곡식을 변방에 바치게 하고, 벼슬을 제수 받게 했다. 각각 얼마인가에 따라서 급수의 차등을 매겼다.

조조가 다시 아뢰기를 "폐하께서 다행히 천하로 하여금

---

20) 渫 설 : 주(註) 나누어지다. 분산되다[散]

곡식을 바치게 하고 벼슬에 임명해주셨습니다. 이는 심히 큰 은혜입니다. 변방의 곡식이 5년을 버티기에 충분해지면, 곡식을 군현에 바치게 하십시오. 군현에서 1년 이상을 버티기에 충분한 양이 비축되면, 때때로 은혜를 베푸셔서[赦] 농민들에게 세금을 걷지 마십시오. 이와 같이 하시면 만민에게 덕과 은혜가 더해져서, 백성은 더욱 농사에 힘쓰고 크게 부유해지고 즐거워 할 것입니다"라고 했다. 황제가 다시 그 말을 따랐다. 명령을 내려 '농민들에게 금년 조세의 반을 감해주라'고 했다.

조조의 사람됨은 엄준하고 강직하고[21] 타협을 몰랐다. 그는 말로써 총애를 얻었다. 태자가 그를 꾀주머니라고 불렀다.

○ 제(齊)나라 태창령 순우의(淳于意)가 죄로 형벌을 당하게 되었다. 황제의 명령으로 체포해 묶어다가 장안의 옥에 가두어 놓았다. 그 작은 딸 제영(緹縈)이 "제 아버지는 관리였는데, 제(齊)나라에서는 모두 그가 청렴하고 공평하다고 칭송했습니다. 지금 법에 걸려 형벌을 당하게 되었습니다. 제가 마음 아픈 것은 죽은 자는 다시 살릴 수 없고, 형을 받은 자는 다시 붙일 수 없으니, 비록 후에 잘못을 고치고 스스로 새로워지려고[22] 해도 그 방법에 길[繇][23]이 없

---

21) 峭直 초직 : 강직함. 주(註) 초직(峭直)은 준협(峻陿(陜)), 엄준하고 편협하다
22) 改過自新 개과자신 : 허물을 고쳐서 스스로 새롭게 되다
23) 繇 요(유) : =유(由) 말미암을, 지날, 통과할, ~로부터, 부역

다는 점입니다. 제가 관노비가 되어[24] 아비의 형벌 받을 죄를 면제받고[25], (아비가) 스스로 새롭게 될 수 있게 하기를 원합니다"라고 상소했다. 천자가 그 뜻을 가련하고 슬프게 생각해 명령을 내려 육형(肉刑)을 폐지했다.

○ 황제가 조용한 침묵[26]을 몸소 수련했고, 장군과 재상이 모두 옛 공신이어서 꾸밈[文]이 적고 질박한[質] 자가 많았다. 망한 진(秦)나라의 정치를 싫어하고 경계했다. 논의하는 것은 관대하고 후하게 해주려고 힘쓰는 일이었고, 남의 과실을 말하는 것을 부끄럽게 여겼다. 교화가 천하에 행해지고, 고발하고 들추어내는[27] 풍속이 바뀌었다.

관리는 그 관직에서 편안해 하고, 백성은 그 일을 즐거워하고, 축적은 해마다 늘어나고, 호구는 점점 불어났으며, 풍속은 도타와지고 후해졌다. 법망이 듬성듬성해져서[28] 죄가 의심되는 자는 백성들에게 맡겼다.[29] 이 때문에 형벌이 크게 감해졌고[省], 형사판결[30]이 4백 건으로 줄었다. 형벌이 있어도 그것을 놔둬버리고[31] 쓰지 않는 풍속이 생겼다.

---

24) 沒入 몰입 : 처자식을 거두어 노비로 삼는 것
25) 贖 속 : 재물을 바치고 죄를 면제받다, 바꾸다
26) 玄默 현묵 : 조용히 침묵함
27) 告訐 고알 : 다른 사람의 잘못을 고자질하다. 주(註) 얼굴을 맞대고 서로 죄를 지적[斥]하는 것이다
28) 疎闊 소활 : 듬성듬성 성기다
29) 予民 여민 : 백성에게 주다, 백성에게 맡기다, 여(予)는 버릴 기(棄)
30) 斷獄 단옥 : 형사판결, 죄를 다스림, 죄인을 처리함
31) 錯 조 : 놓다, 삼가다

○ 6월에 명령을 내렸다.

"농사는 천하의 근본이다. 가장 힘써야 할 것이다.[32] 지금 몸소 부지런히 농사에 종사해도 조세(租稅)가 부과되니, 이것은 상공업[本末]에 종사하는 자와 다를 것이 없다. 이는 농사를 권하는 방법이 완비되지 않은 것이다. 전답의 조세를 없애라"

을해(乙亥) 14년(기원전 166)

겨울에 흉노 노상선우(老上單于)의 14만 기병이 조나(朝那)와 소관(蕭關)에 들어와 북지도위(北地都尉)를 살해하고, 드디어 팽양(彭陽)에 이르렀다. 황제가 친히 군을 격려하고 스스로 흉노를 정벌하고자 했으나, 황태후가 간곡히 말려서 그만 두었다. 장상여(張相如)를 대장군으로 삼았는데, 그들을 쳐서 변방[塞] 밖으로 쫓아내고 돌아왔다.

○ 황제가 수레를 타고 낭서(郎署)[33]를 지나다가 풍당(馮唐)에게 "아버지의 집이 어디에 있는가?"고 물었다. 풍당은 "신의 할아버지는 조(趙)나라 사람입니다"라고 대답했다. 황제는 다시 "예전에 나에게 조(趙)나라 장수 이제(李齊)가 능력이 있고, 거록(鉅鹿)의 아래에서 싸웠다고 말한 자가 있었다. 지금 내가 매번 밥 먹을 때마다 거록을 생각한다"고 하니, 풍당이 "오히려 염파(廉頗)와 이목(李牧)이 장수로

---

32) 莫大 막대 : 막대(莫大)는 최상급, 그보다 큰 것이 없다.

33) 郎署 낭서 : 의랑 중랑 시랑(議郎 中郎 侍郎)들이 있는 관청

서는 더 낫습니다"고 대답했다.

황제가 무릎을 치면서[34] "오호라! 나만 홀로 염파와 이목을 얻지 못했구나! 장수로 삼았다면 내가 어찌 흉노를 근심하리오!"라고 말했다. 풍당은 "폐하께서 비록 염파와 이목을 얻었다 하더라도 쓰실 수 없었을 것입니다"라고 대답했다. 황제가 노해 풍당을 꾸짖으니, 풍당이 말했다.

"옛날 왕은 장수를 파견할 때 무릎 꿇고 수레바퀴[35]를 밀면서 '성문[36] 안쪽은 과인이 다스릴[制] 것이니, 성문 밖은 장군이 다스리면서, 군공과 작위와 상 주는 것을 모두 밖에서 결정하시오'라고 했습니다. 이목이 이 때문에 북쪽으로 선우를 쫓고, 동호(東胡)를 격파하고, 담림(澹林)을 멸망시키고, 서쪽으로 강한 진(秦)을 억누르고, 남쪽으로 한(韓) 위(魏)와 겨루었습니다[支].

지금 위상(魏尙)은 운중(雲中)의 태수인데, 군에서 저자의 조세를 거둬서 모두 병사들을 먹였고, 흉노가 멀리 피해 감히 변방에 가까이 오지 못했습니다. 오랑캐들이 일찍이 한번 쳐들어왔는데, 위상이 수레와 기병을 이끌고 그들을 공격해서, 죽인 자가 매우 많았습니다. 막부(幕府)에 공을 올렸는데, 한마디가 서로 맞지 않는다며, 관리가 그를 법으로 다스리고 상을 주지 않았습니다.

폐하의 상은 너무 가볍고, 벌은 너무 무겁습니다. 위상이

---

34) 拊髀 부비 : 넓적다리를 치다

35) 轂 곡 : 바퀴, 수레

36) 閫 곤 : =얼(闑). 문에 세운 말뚝, 문의 경계, 문지방, 왕후가 거처하는 곳

공을 보고했는데, 적의 머리 수자에 6급(級)이 차이가 나서 법에 저촉되니[坐], 폐하께서 그를 옥에 가두며[37] 그의 작위를 몰수하고, 벌까지 받게 했습니다. 이것으로 말미암아 말하건대, 폐하께서는 비록 염파와 이목을 얻으셔도 쓰실 수가 없을 것입니다"

황제가 기뻐하며 그날로 풍당에게 깃발을 가지고 가서 위상을 사면하게 하고, 다시 운중의 태수로 삼고, 풍당을 거기도위(車騎都尉)로 임명했다.

○ 봄에 황제의 명령으로 여러 제사 지내는 장소[壇場]와 제사에 쓰는 옥과 비단[38]을 늘리게 했다. 그러면서 "내가 듣건대 제사 지내는 관리가 복을 빌[39] 때 모두 내 몸에 복을 돌리고 백성을 위하지 않으니, 짐은 그것이 매우 부끄럽다. 짐의 부덕함 때문에 홀로 그 복을 혼자서 아름답게 향수하고 백성들에게 주지 않았구나. 이것은 나의 부덕함을 거듭하게 하는 것이다. 제사 지내는 관리로 하여금 지성은 드리되, 기원하는 바는 없게 하라"고 했다.

정축(丁丑) 16년(기원전 164)

옥배를 얻었다. 그리하여 처음 17년을 고쳐 원년으로 했다.

---

37) 下~吏 하~리 : 옥에 가두다

38) 珪幣 규폐 : 주(註) 신에게 제사지낼 때 쓰는 옥과 비단

39) 祝釐 축희 : 복을 빌다

무인(戊寅) 후원년(後元年)(기원전 163)

황제가 명령을 내렸다.

"요즘[40] 몇 년 동안 풍년[登]이 들지 않았고, 수재와 가뭄, 전염병의 재앙이 있어 짐이 그것을 매우 근심하나, 어리석고 명석하지 못해 아직 그 허물을 깨닫지 못했다.

생각해 보건대, 짐의 정치에 과실이 있는가? 아니면 행위에 허물이 있는가?[41] 하늘의 도를 따르지 않은 것이 있는가? 땅의 이익을 혹 얻지 못했는가? 인사에 화합하지 못한 것이 많은가? 귀신을 폐하고 제사 지내지 않았는가? 어찌 여기에 이르렀는가? 백관의 봉양을 혹 잘못했는가?[42] 쓸데없는 일을 혹 많이 했는가?

어찌 이렇게[43] 백성의 식량이 부족한가? 무릇 땅을 헤아릴 때 더 적어지지 않았고, 백성을 세어 봐도 더 더해지지 않았고, 인구로 땅을 헤아려 보면 땅이 옛날보다 오히려 남음이 있는데, 식량이 매우 모자라니, 그 허물이 어디에 있는가? 백성들이 상업에 종사해 농사를 해치는 자가 많아진[44] 것은 아닌가?[45] 약주와 탁주를 만들어 곡식을 소비한 것이 많은가? 여러 가축들이 먹는 것이 많은가?

---

40) 間者 간자 : 요 근래에, 요즘에

41) 與 여 : =여(歟). 의문사 ~했는가?, 혹은 반어의문 ~이지 않는가?

42) 將 장 : =억(抑) 문득. 전환하는 말

43) 何其 하기 : 어찌 그렇게

44) 蕃 번 : 붇다, 불어나다, 많아지다

45) 無乃 무내 : '곧~인 것 아닌가?', 무녕(無寧)과 같은 뜻으로 '차라리'

작고 큰 도리에 내가 아직 핵심을 깨닫지 못하니, 승상 제후들과 2천석의 관리 박사들은 그것을 의논하고, 백성을 도울 수 있는 자가 있으면, 임의대로[46] 멀리 있는 일까지 생각해 숨기는 바가 없게 하라"

본기(本紀)

2년 흉노와 화친했다. 황제가 명령했다.

"짐이 명석하지 못해 덕을 멀리까지 베풀지 못하고, 천하 밖의 나라들[47]을 편안하게 쉬지도 못하게 했고, 만민을 근심하게 하고 고통스럽게 했다. 그 때문에 슬프고 두려워서[48] 편안할 수 없었다. 그러므로 사신을 계속 보내고[49] 또 보내서[50], 짐의 뜻을 선우에게 알려 주었다. 지금 선우가 새로이 짐과 작은 과오를 모두 버리고 함께 큰 도(道)로 가서 천하의 근본인 백성[51]들을 안전하게 해주려고 한다. 화친이 정해졌고 금년에 시작한다"

---

46) 率意 솔의 : 임의대로

47) 方外之國 방외지국 : 구역 이외의 땅, 지경 밖, 이역, 이적의 땅. 언행을 바르게 함, 세속사람의 테두리 밖

48) 惻怛 측달 : 슬프고 두려워함

49) 冠蓋相望 관개상망 : 수레 덮개를 멀리서 서로 바라 볼 수 있을 정도로 사신을 계속 보냄

50) 結轍於道 결철어도 : 길에 바퀴자국이 맺힐 정도로 사신을 계속 보냄

51) 元元 원원 : 근본, 백성, 인민, 창생

기묘(己卯) 3년(기원전 161)

황제가 황후의 동생 두광국(竇廣國)이 현명하고 공적이 있어 그를 승상으로 삼고자 했으나, "천하 사람들이 내가 광국을 사적(私的)으로 대우한다고 할까 두렵다. 오래 생각했으나 안되겠다"고 하고, 신도가(申屠嘉)를 승상으로 삼았다. 신도가는 사람됨이 청렴하고 강직해 집에서 사적인 알현을 받지 않았다.

이때 등통(鄧通)이 총애를 받았는데, 상 받은 것이 수십만이었고, 총애가 비할 바 없었다. 신도가가 들어가서 조회하는데, 등통이 황제 옆에 있으면서 예를 태만하게 했던 적이 있었다. 신도가가 일을 아뢰고 나서 "폐하께서 군신을 사랑하고 총애하면, 그를 부귀하게 해주십시오. 조정의 예에 이르러서는 엄숙하게 하지 않으면 안 됩니다"라고 말했다.

조회가 끝난 뒤 신도가가 승상부에 앉아서 문서를 보내[52] 등통을 불렀다. "승상부에 오라. 오지 않으면 참수하겠다" 하니, 등통이 두려워서 황제에게 보고했다. 황제는 "다만 가보아라"고 했다.

등통이 승상부에 도착해 관모와 버선을 벗고[53] 머리를 조아리며 사죄했으나, 신도가는 앉아서 예우하지 않고 태연자약하게 꾸짖으며 "무릇 조정은 고황제(高帝)의 조정이다. 등통은 미천한 신하인데, 황제의 궁전[殿上]을 희롱했으니

---

52) 檄 격 : 편지, 문서, 격문

53) 徒跣 도선 : 맨발로 있는 것

크게 불경한 짓이다. 참수함이 마땅하다. 관리는 지금 그를 참수하라"고 명령했다. 등통이 머리를 조아려서 피가 났지만 용서하지 않았다.

황제가 승상이 이미 등통을 곤욕스럽게 했을 것이라 생각하고, 사자에게 깃발을 들고 가게 해 등통을 부르면서, 승상에게 "이 사람은 나의 심심풀이 신하[54]이니, 그대는 그를 풀어주시오"라고 사과했다. 등통이 돌아와서 황제에게 울면서 "승상이 저를 거의 죽일 뻔 했습니다"고 말했다.

계미(癸未) 6년(기원전 158)

겨울에 흉노 3만 기가 상군(上郡)으로 들어오고, 3만 기가 운중(雲中)으로 들어왔다. 봉화로 감천(甘泉)과 장안(長安)에 알렸다. 주아부(周亞夫)를 장군으로 삼아 세류(細柳)에 주둔시키고, 유례(劉禮)를 장군으로 삼아 패상(覇上)에 주둔시키고, 서려(徐厲)를 장군으로 삼아 극문(棘門)에 주둔시켜 오랑캐에 대비했다.

황제가 스스로 군을 위로하려고 패상(覇上)과 극문(棘門) 군에 도착해 곧장 말을 달려 들어가니, 장군 이하 기병들이 맞이했다. 조금 후에[55] 세류(細柳) 군에 가니 군의 병졸들이 갑옷을 입고 예리한 무기를 잡고, 시위를 가득 당긴 활을 겨누었다.[56] 천자의 선발대[先驅]가 도착했으나 들어갈

---

54) 弄臣 농신 : 왕이 심심풀이로 두는 놀이거리 신하로 정치[大體]와는 무관하다는 말

55) 已而 이이 : 조금 있다가

수 없었다. 선발대가 "천자가 곧 도착할 것이다"라고 말했으나, 군문의 도위는 "장군이 명령하시기를, 군중에서는 장군의 명령을 듣지, 천자의 명령을 듣지 않는다고 했습니다"라고 대답했다.

황제가 도착했으나 역시 들어갈 수 없었다. 그리하여 황제가 사자에게 황제의 사자임을 알리는 깃발을 가지고 가서 "내가 들어가서 군을 위로하고자 한다"고 장군에게 명령을 내렸다. 아부가 이에 말을 전해 성문을 열었다. 성문의 병사가 수레의 기사에게 "장군이 군중에서는 말을 달릴 수 없도록 법으로 정했습니다"라고 말했다.

천자가 이에 고삐를 잡고 서행해 군영에 이르니, 장군 아부가 병기를 잡고 읍(揖)[57]을 하며 "무장한 병사들은 절을 하지 않습니다. 청컨대 군례(軍禮)로 알현하겠습니다"라고 말했다. 천자가 용모를 고치고 수레에 기대서 예를 갖추고[58] 난 뒤, 사람을 시켜서 "황제가 장군의 노고에 대해 공경을 표시한다"고 치하하고 사례했다.

예를 다 마치고 떠났다. 군문을 나온 뒤에 군신이 모두 놀랐다. 황제가 말하기를 "오호라! 이것이 진짜 장군이구나. 이전[59]의 패상과 극문의 군은 병정놀이 같을 뿐이다. 그 장

---

56) 彀弩持滿 구노지만 : 구노(彀弩) 활을 잡아당기다. 지만(持滿) 가득 잡아당긴 상태를 잡고 있다

57) 揖 읍 : 두 손을 맞잡고[拱手] 예를 표함. 사양할.

58) 式車 식거 : 수레의 좌우 횡목에 의지해서 경례하는 것

59) 曩者 낭자 : 이전에, 접때

군들은 정말로 습격해 사로잡을 수 있지만, 아부는 범할 수 있겠는가?" 하며 오랫동안 칭찬했다.

한 달 남짓에 한나라 병사가 변방에 이르니 흉노가 역시 변방에서 멀리 갔다. 한나라 병사 또한 철병했다. 주아부를 임명해 중위로 삼았다.

갑신(甲申) 7년(기원전 157)
여름 6월에 황제가 죽었다.

효경황제(孝景皇帝) 재위 16년, 수(壽) 48세

을유(乙酉) 원년(元年)(기원전 156)
5월에 다시 민전(民田)에서 반조(半租)를 거두니, 30분의 1세(稅)였다.

○ 예전에 문제가 육형(肉刑)[60]을 폐지했는데, 겉으로는 형을 가볍게 한다는 명분이 있었으나, 사실은 죽이는 형벌과 같았기 때문이다. 오른쪽 발을 자르는 자는 역시 죽임을 당했고, 왼쪽 발을 자르는 자는 태(笞)[61] 5백 대, 코 베는 형벌에 해당하는 자는 태(笞) 3백 대였는데, 형 집행 후에 거의 다 죽었다.

이 해에 조서를 내려 "태(笞)를 치는 것은 중죄와 다르지

---

60) 肉刑 육형 : 코를 자르거나 발목을 자르는 등 신체의 일부에 상처 내는 형벌
61) 笞 태 : 죽편으로 죄인의 볼기를 치는 형벌. 5형(五刑)의 하나. 매질할, 볼기칠

않다. 죽지 않아도 사람구실을 할 수가 없다. 법률을 정해 태 5백대를 3백대로, 3백대를 2백대로 하라"고 했다.

○ 가을에 흉노와 화친을 맺었다.

○ 양효왕(梁孝王)은 두태후의 어린 아들이기 때문에 총애를 받았다. 40여 성의 왕이었는데, 천하의 기름진 땅을 차지했다. 상 받은 것이 너무 많아 다 기록할 수 없다.

정해(丁亥) 3년(기원전 154)

양효왕이 와서 조회했다. 이 때 황제가 아직 태자를 세우지 않았는데, (황제가) 연회에서 왕과 술을 마시면서 "내가 죽은 후에 왕에게 제위를 넘기겠다"고 조용히 말했다. 왕이 사양하는 말을 했다. 비록 진심[62]이 아닌 것을 알았지만, 마음 속으로는 좋아했다. 태후 역시 그랬다.

첨사(詹事) 두영(竇嬰)이 술잔을 가지고 앞으로 나서면서 "천하는 고조의 천하이고, 부자끼리 제위를 전하는 것이 한(漢)의 법입니다. 황제께서 어찌 양왕에게 전위할 수가 있습니까?"라고 말했다. 태후가 이 때문에 두영을 미워했고, 양왕은 이 때문에 더욱 교만해졌다.

○ 예전에 효문제 때 오(吳)나라 태자가 조정에 들어와 알현했는데, 황태자를 모실 수 있었다. 술을 마시면서 장기를 두었는데, 오나라 태자가 장기의 길을 다투다가 공손하

62) 至言 지언 : 지극한 말, 즉 진심

지 않으니, 황태자가 장기판을 끌어다가 그를 쳐서 죽였다.

오왕이 이 때문에 점점 번신(藩臣)의 예를 취하지 않고, 병을 핑계대고 경사(京師)에 조회 오지 않았다. 문제가 오왕에게 안석과 지팡이를 내리면서 '늙어서 조회에 올 수 없다'고 해주어, 오왕이 조회에 오지 않는 죄를 용서받을 수 있었다. 처음에 모반하려는 모의도 있었으나, 모의 역시 더 해이해졌다.

그러나 오는 구리와 소금을 가지고 나라의 자금을 쓰니, 백성들에게는 다른 세금이 없었다. 군국의 관리가 와서 도망간 사람을 잡으려고 하면 공공연히 금지하고 내주지 않았다. 이와 같이 한 것이 40여 년이었다. 조조(鼂錯)가 자주 글을 올려, 오의 잘못은 땅을 분할해 빼앗는 것[削地][63]으로 제재할 수 있다고 말했으나, 문제가 관대해 차마 벌주지 못했다. 이 때문에 오가 날로 더욱 방자해졌다.

경제가 즉위하자 조조가 황제에게 유세했다.

"옛날 고제가 처음 천하를 평정했는데, 형제는 적고 여러 아들들은 약해서 동성(同姓)에게 대거 분봉해 주었습니다. 제(齊) 70여 성, 초(楚) 40여 성, 오(吳) 50여 성을 3명의 서얼에게 분봉해 주었는데, 천하의 반을 나누어 준 것입니다.

지금 오왕은 전에 태자에 대한 틈[郤] 때문에 거짓으로 병을 핑계대고 조회 오지 않았으니, 옛 법으로는 마땅히 죽임을 당해야 합니다. 그러나 문제께서 차마 하지 못해 안석

---

63) 削地 삭지 : 땅을 분할해 빼앗음. 추은령(推恩令)과 함께 한(漢)대 중앙 집권의 방편이다

과 지팡이를 내려주어 큰 덕을 베푸셨습니다. 마땅히 과오를 고치고 스스로 새로워져야 하나, 오히려 더욱 교만해져서 산에 가서 돈을 만들고 바닷물을 끓여서 소금을 만들고, 천하의 도망자들을 유혹해 난을 일으킬 것을 모의합니다.

지금 땅을 분할해서 빼앗아도 역시 모반할 것이고, 빼앗지 않아도 모반할 것입니다. 분할해서 빼앗는다면 반란은 빨라지는 대신 화는 적어지고, 빼앗지 않으면 반란은 늦어지고 화는 커질 것입니다"

황제가 공 경 열후 종실에게 모여서 논의하게 했으나 감히 힐난하지 못했다.

○ 예전에 초(楚) 원왕(元王)이 글을 좋아해 노신공(魯申公)과 목생(穆生), 백생(白生)과 함께 부구백(浮丘伯)에게 시를 배웠다. 초(楚)왕이 되자 이 3사람을 중대부로 삼았는데, 목생이 술을 즐기지 않아 원왕이 매번 술자리를 베풀 때마다 항상 목생을 위해 감주를 마련했다.

아들 이(夷), 손자 무(戊)가 즉위해서도 항상 감주를 마련해두었는데, 뒤에는 마련해두는 것을 잊었다. 목생이 물러나며 "떠나가야 하겠구나. 감주를 마련해 놓지 않으니 왕의 뜻이 태만해진 것이다. 가지 않으면 초(楚)나라 사람들이 장터에서 나에게 칼을 씌울 것이다"라고 말했다. 결국 병을 핑계대고 떠났다.

○ 초(楚)왕 무(戊)가 와서 조회하니, 조조가 그로 인해 말하기를 "무는 왕년에 박태후을 위해 복을 입고 상가에서 간통을 했으니[64], 동해군(東海郡)을 빼앗아야 합니다. 전년

에 조(趙)왕에게 죄가 있었으니, 상산군(常山郡)을 빼앗아야 합니다. 교서왕(膠西王) 앙(卬)은 작위를 팔았기 때문에 일에 범법함이 있으니, 6현을 빼앗아야 합니다"라고 했다.

조정의 신하들이 오(吳)의 땅을 분할해서 빼앗을 것을 의논하니, 오왕은 땅을 분할해서 빼앗기는 일이 그치지 않을 것을 걱정했고, 그로 인해 거사를 모의하기 시작했다. 교서(膠西)왕을 설득하고, 제(齊)의 치천(菑川), 교동(膠東)과 제남(濟南), 초(楚)와 조(趙)와 약속해 모두 반란을 일으켰다. 사신을 보내 제후들에게 글을 보내 조조의 죄상을 말하고 병사를 합해 그를 죽이자고 했다.

○ 예전에 문제가 임종 때[65] 태자에게 경계[戒] 시키기를 "급한 일[66]이 있을 경우에는 참으로 주아부(周亞夫)에게 군대의 지휘를 맡길 만하다"고 했다. 7국이 반란을 일으켰다는 글이 보고되자, 황제는 중위 주아부를 태위로 임명하고, 36장군을 이끌게 해 오(吳)와 초(楚)를 공격하게 하고, 역기(酈寄)를 보내서 조(趙)를 치고, 난포(欒布)를 보내 제(齊)를 치게 했다.

○ 조조가 평소에 오상(吳相) 원앙과 사이가 좋지 않았다. 원앙이 밤에 두영(竇嬰)을 만나 오(吳)가 반란한 까닭을 말하고, 황제의 앞에 가서 대면해 상황을 구술하기를 원한

---

64) 私奸服舍 사간복사 : 상복을 입는 거처(喪廬)에서 간통하다

65) 且 차 : 거의 ~하려 할 때(미래)

66) 緩急 완급 : 급한 일, 위급, 완(緩)은 뜻 없이 붙은 글자

다고 했다. 두영이 조정에 들어가서 말을 하니 황제가 곧 원앙을 불렀다.

원앙이 알현하려고 들어가니 황제가 조조와 함께 병사의 식량을 계산하고 있었다. 황제가 원앙에게 "지금 오(吳) 초(楚)가 반란했는데, 공의 생각은 어떠하오?"라고 물으니, 원앙이 "원하건대 좌우를 물리쳐 주십시오"라고 대답했다. 조조가 동쪽의 곁방[廂]으로 피하면서 매우 한스러워했다.

상이 다시 물으니 원앙은 "오와 초(吳 楚)가 서로 글을 보내서 '고제(高帝)께서 자제들을 왕으로 삼으면서 각자 땅을 나누어주었는데, 지금 사악한 신하 조조가 마음대로 제후를 꾸짖고[適], 그 땅을 분할해 빼앗기 때문에 반란을 일으키는 것'이라고 말합니다. 함께 조조를 죽이고 옛 땅을 회복한 후 해산하고자 합니다. 바야흐로 지금의 계책은 오직 조조를 참수하고 사신을 보내 7국을 사면해주고, 그들의 옛 땅을 회복시켜주는 것에 있으니, 전쟁은 무기에 피를 묻히지 않고 모두 끝낼 수 있습니다"[67]라고 대답했다. 황제가 조용히 오래 있다가 "정말로 어찌 해야 하나? 내가 한사람을 아껴서 천하에 사죄하지 못하겠는가?"라고 말했다.

조조는 전혀 알지 못했는데, 황제가 중위를 시켜 조조를 부르고 속여서 수레에 싣고 저자로 갔다. 조조는 조복을 입고 동쪽 저자에서 참형을 당했다. 알자복야(謁者僕射) 등공(鄧公)이 글을 올려 군대의 일을 말했다.

---

67) 俱罷 구파 : 모두 그만두다

"오(吳)가 반란을 계획한 것은 수십 년이 되었습니다. 땅을 분할해 빼앗는 것에 화가 난 것입니다. 조조를 죽이려는 것을 명분으로 하나 그 뜻은 조조에 있지 않습니다. 조조는 제후가 강대해져서 제어할 수 없게 될 것을 걱정했습니다. 그러므로 땅을 분할해서 빼앗을 것을 청해 경사(京師)를 높이고 만세를 이롭게 하려고 했습니다.

계획이 처음 시작되었는데, 끝내 죽임을 당했습니다. 안으로는 충신의 입을 막은 것이고, 밖으로는 제후를 위해 복수해준 것입니다. 신은 폐하께서 해서는 안될 일을 하신 것이라 생각합니다"

황제가 한숨 쉬며 말했다. "나도 역시 그것이 한스럽다"

◯ 아부가 황제에게 "초(楚)의 병사들은 표독하고 날래니 함께 예봉을 다투기 어렵습니다. 원컨대 양(梁)을 맡겨주시면[委], 그 식량 보급로를 끊을 테니 곧 제압할 수 있습니다"고 말했다. 황제가 허락했다.

아부가 병사를 형양(滎陽)으로 모이게 하려고 수레를 타고 떠나서 패상에 이르니 조섭(趙涉)이 길을 막고 아부에게 "오(吳)왕은 장군이 행차하는 것을 알고, 반드시 효[殽山]와 면[澠池]의 사이에 사람을 둘 것입니다. 또 군사의 일은 비밀을 숭상하는데 장군은 어찌 오른쪽으로 가서 남전(藍田)을 달려서 무관을 나와 낙양에 이르러 곧장 무고(武庫)로 들어가지 않으십니까? 제후들이 그것을 들으면 장군이 하늘에서 내려왔다고 생각할 것입니다"고 말했다.

태위[아부]가 그 계책처럼 했다. 낙양에 와서 기뻐하며

"지금 내가 형양을 근거지로 했으니, 형양의 동쪽은 걱정할 것 없다"고 말하고, 사자를 시켜 효산과 면지 사이를 수색하게 했다. 과연 오(吳)나라 복병을 찾아냈다.

오(吳)가 급하게 양(梁)을 공격했다. 아부가 성을 굳게 하고 나가지 않고, 날쌘 기병에게 회수(淮水)와 사수(泗水)의 입구로 나가게 해서, 오(吳)군과 초(楚)군의 뒤를 끊고 그들의 보급로를 막았다. 군량이 끊기니 오(吳)의 병사들이 굶주렸다. 자주 도전했으나 끝내 나가지 않았다.

주아부[68]의 군중이 밤에 놀라 안에서 서로 공격하는 일이 벌어졌다. 장막 아래에까지 소란했으나, 아부는 여전히 누워서 일어나지 않았다. 조금 있다가 다시 안정되었다.

오(吳)병이 성의 동남쪽 모퉁이로 달려오니, 아부가 서북쪽을 방비하게 했다. 조금 있다가 과연 서북쪽으로 (오군이) 달려 왔으나 들어갈 수 없었다.

오(吳) 초(楚)의 병사들 중 굶어죽는 자가 많아지니 배반하고 흩어졌다. 이에 퇴각하니[69] 아부가 정예병으로 추격해 크게 이겼다. 오(吳)왕이 군을 버리고 달아나서 회수(淮水)를 건너 동월(東越)에 자리 잡고 의지했는데(保)[70], 동월사람들이 그를 죽였다. 초(楚)왕은 자살하고 제(齊)왕은 약을 마시고 죽었다. 교서(膠西)왕은 자살하고, 교동(膠東)과 치천(菑川), 제남(濟南)왕은 모두 죽임을 당했다.[71]

---

68) 條侯 조후 : 주아부를 말함

69) 引去 인거 : 이끌고 떠나다

70) 保 보 : 보증할, 보전할, 보호해 양육할, 지킬, 의지해 수비할

신묘(辛卯) 7년(기원전 150)

태자 영(榮)을 폐하고 임강왕(臨江王)으로 삼았다.

○ 교동왕 철(徹)을 세워 황태자로 삼았다.

정유(丁酉) 중(中) 6년(기원전 149)

황제가 이미 태법(笞法)을 감했지만, 태형 당한 자들은 여전히 온전하지 못했다. 이에 다시 감해 태(笞) 3백을 2백으로, 태 2백을 1백으로 하고, 또 매질을 규정하는 추령(箠令)[72]을 정했다. 이때부터 태형을 당하는 자들이 온전할 수 있었다. 그러나 사형은 이미 중한 벌이지만, 생형(生刑)이 또 가벼워지니 백성들이 쉽게 범법을 했다.

무술(戊戌) 후원년(기원전 143)

직불의(直不疑)가 어사대부가 되었다. 처음 불의가 낭관[郞]이었을 때, 같은 숙소에 휴가로 집에 가는 자[73]가 있었는데, 실수로 같은 숙소 낭관의 금을 가지고 갔다. 조금 있다 같은 숙소의 낭관이 금이 없어진 것을 발견하고 불의를 의심했다. 불의가 그런 일이 있었다고 사죄하고, 금을 사서 배상했다. 후에 휴가로 집에 갔던 자가 와서 금을 돌려주니, 금을 잃어버렸던 낭관이 크게 부끄러워했다. 이 때문에

---

71) 伏誅 복주 : 죽임을 당하다, 목 베임을 받다

72) 箠令 추령 : =태형(笞刑), 매질을 규정하는 령

73) 告歸 고귀 : 휴가를 고하고 집에 감

불의를 장자라고 칭찬했다.

경자(庚子) 3년(기원전 141)

12월 황제가 죽었다. 태자가 황제 위에 즉위하니 나이가 16세였다.

『한서(漢書)』에 의하면, 한(漢)이 진(秦)의 피폐함을 이어 일어나서, 천자도 털색이 고른 4필의 말이 끄는 수레[74]를 탈 수 없었고, 장군과 재상 중 어떤 자는 우마차를 탔으며, 평민[75]들은 덮어서 감출만한 물건[76]이 없었다.

천하가 평정되자 고조는 곧 상인들에게 비단을 입거나 수레를 탈 수 없게 하고, 무거운 세금으로 그들을 곤욕스럽게 했다. 효혜제(孝惠帝)와 여태후(呂太后) 때에 천하가 처음 안정되자, 다시 상인들의 법률을 느슨하게 했으나, 그래도 시장사람의 자손들은 벼슬할 수 없고 관리가 될 수 없었다.

관리의 녹봉을 헤아리고 관의 쓰임을 계산해, 백성들과 산천과 원지(園池)와 시장 조세 등의 수입에 부과했다. 천자로부터 제후국의 왕에 이르기까지 탕목읍(湯沐邑)을 모두 각각 개인의 수입으로 해서 천하의 경비와 관련 없게 했다.

배로 산동의 곡식을 보내서 중도관(中都官)에 공급하는

74) 勻駟 균사 : 4필의 털색이 고른 말이 끄는 수레

75) 齊民 제민 : 평민

76) 蓋藏 개장 : 덮고 감추다, 주(註) 덮어서 감출만한 물건

데, 해마다 수십만 석에 불과했다. 효문제와 효경제가 뒤를 이어 청렴과 공손 검소함으로 천하를 편안하게 돌보고, 70여 년 동안 나라에 전쟁이 없고 수재와 가뭄 같은 재앙을 만나지 않으니, 백성은 사람마다 넉넉하고[人給], 집집마다 풍족하고[家足], 도시[都]와 시골[鄙]의 창고[77]는 모두 가득 찼다. 관청의 창고[府庫]에는 재물이 남았고, 경사의 돈은 거만이 쌓여서 줄[貫]이 썩어[朽] 셀[校] 수가 없었다. 태창의 곡식은 케케묵고[78], 차고 넘쳐서[充溢] 밖에다 노적해 쌓으니, 썩어서 먹을 수가 없었다.

서민들도 거리를 갈 때 말을 탔는데, 길[阡陌][79] 사이에 무리를 이루었다. 어린 말[字]과 암말[牝]을 탄 자는 배척당해 모임에 낄 수도 없었다. 보통집 사람들[閭閻]도 쌀밥과 고기반찬[80]을 먹고, 관리를 하는 자는 자식이 클 때까지 관리를 했고[81], 관청에 사는 자는 관직을 성(姓)으로 삼았다. 그러므로 사람마다 스스로를 아끼고, 범법을 큰 일로 여기고, 의로운 행위를 우선으로 하고, 굽히고 욕된[絀辱] 일을 뒤로 했다.

이때에 와서 법망이 관대해지고, 백성들이 부유하게 되자, 재물이 불어나니 교만해져 혹자는 토지를 겸병하기에

---

77) 廩庾 름유 : 곳집

78) 陳陳相因 진진상인 : 묵은 쌀이 쌓임, 시화연풍(時和年豊)의 모습. 케케묵어 새로운 맛이 없는 모양

79) 阡陌 천맥 : 동서로 난 두렁과 남북으로 난 두렁

80) 粱肉 양육 : 쌀밥과 고기반찬, 양(粱)=양(粱) 기장 수수, 조. 전하여 좋은 음식

81) 長子孫 장자손 : 자손이 성장할 때까지 그 관직에 있는 것

이르렀고, 세력 있는 무리들은 향촌을 휩쓸고 다니며 위세를 부렸다.[82] 종실(宗室)로 땅이 있는 자와 공경 대부 이하가 다투어 사치를 일삼고, 집과 복장에서 한도 없이 위를 범했다[僭].

만물은 번성했다가 쇠한다더니[物盛而衰], 진실로 그 변고로다. 이때 이후로 효무제(孝武帝)가 안으로 사치를 다하고, 밖으로는 오랑캐를 물리치니, 천하가 스산해지고[83] 재력이 소진[耗]되었다.

---

82) 武斷 무단 : 무력으로 억압하고 다스림. 주(註) 향리의 호걸과 부호는 관직이 없으니 옳고 그름[曲直]을 위세로 결단[主斷]한다.

83) 蕭然 소연 : 스산한 모양

원 문

卷之八

漢紀

太宗孝文皇帝 下

壬申十一年

匈奴數為邊患。鼂錯上言兵事曰：「臣聞，用兵臨戰，合刃之急有三，一曰得地形，二曰卒服習，三曰器用利。故兵法『器械不利，以其卒予敵也。卒不可用，以其將予敵也。將不知兵，以其主予敵也。君不擇將，以其國予敵也。四者，兵之至要也。』臣又聞,以蠻夷攻蠻夷，中國之形也。今匈奴地形、技藝與中國異。上下山阪，出入溪澗，中國之馬弗與也。險道傾仄，且馳且射，中國之騎弗與也。風雨罷勞，飢渴不困，中國之人弗與也。此匈奴之長技也。若夫平原易地，輕車突騎，則匈奴之衆易撓亂也。勁弩長戟，射疏及遠，則匈奴之弓弗能格也。堅甲利刃，長短相雜，遊弩往來，什伍俱前，則匈奴之兵弗能當也。材官騶發，矢道同的，則匈奴之革笥木薦弗能支也。下馬地鬪，劒戟相接，去就相薄，則匈奴之足弗能給也。此中國之長技也。以此觀之,匈奴之長技三，中國之長技五。帝王之道，出於萬全。今降胡義渠來歸義者數千，長技與匈奴同。可賜之堅甲利兵，益以邊郡之良騎，平地通道，則以輕車材官制之，兩軍相為表裏，此萬全之術。」帝嘉之，賜書，寵答焉。錯又上言曰：「胡貉之人，其性耐寒，揚粵之人，其性耐暑。秦之戍卒不耐其水土，戍者死於邊，輸者僨於道。秦民見行，如往棄市，陳勝先倡，天下從之者，秦以威劫而行之之敝也。不如選常居者為室屋，具田器。乃募民，免罪，拜爵，復其家，予冬夏衣廩，胡人入驅而能止其所驅者，以其半予之，如是則邑里相救助，赴胡不避死。非以德上也，欲全親戚而利其財也。此與東方之戍卒，不習地勢，而心畏胡者 功相萬也。」上從其言，募民徙塞下。

癸酉十二年

錯復言於上曰：「堯有九年之水，湯有七年之旱，而國亡捐瘠者，以蓄積多而備先具也。今海內為一，土地人民之衆不減湯禹，加以無天災數年之水旱，而蓄積未及者，何也？地有遺利，民有餘力。生穀之土未盡墾，山澤之利未盡出，游食之民未盡歸農也。夫寒之於衣，不待輕暖。飢之於食，不待甘旨。飢寒至身，不顧廉恥。人情，一日不再食則飢，終歲不製衣則寒。夫腹飢不得食，膚寒不得衣，雖慈父不能保其子，君安能以有其民哉！是故明君貴五穀而賤金玉。方今之務，莫若使民務農而已。欲民務農，在於貴粟。貴粟之道，在於使民以粟為賞罰。今募天下入粟縣官，得以拜爵，得以除罪。如此，富人有爵，農民有錢，粟有所渫。爵者，上之所擅，出於口而无窮。粟者，民之所種，生於地而不乏。夫得高爵與免罪，人之所甚欲也。使天下人入粟於邊，以受爵免罪，不過三歲，塞下之粟必多矣。」帝從之，令民入粟邊，拜爵，各以多少級數為差。錯復奏：「陛下幸使天下入粟以拜爵，甚大惠也。邊食足以支五歲，可令入粟郡縣，郡縣足支一歲以上，可時赦，勿收農民租。如此，德澤加於萬民，民愈勤農，大富樂矣。」上復從其言。詔：「賜農民今年租稅之半。」

◯錯為人峭直刻深。以其辯得幸太子，號曰「智囊」。

◯齊太倉令淳于意有罪，當刑，詔獄逮繫長安。其少女緹縈上書曰：「妾父為吏，齊中皆稱其廉平。今坐法當刑。妾傷夫死者不可復生，刑者不可復屬，雖後欲改過自新，其道無繇也。妾願沒入為官婢，以贖父刑罪，使得自新。」天子憐悲其意，詔：「除肉刑。」

◯上既躬修玄默，而將相皆舊功臣，少文多質。懲惡亡秦之政，論議務在寬厚，恥言人之過失。化行天下，告訐之俗易。吏安其官，民樂其業，畜積歲增，戶口寖息。風流篤厚，禁罔疏闊，罪疑者予民，是以刑罰大省，至於斷獄四百，有刑錯之風焉。

◯六月，詔曰：「農，天下之本，務莫大焉。今勤身從事而有租稅之賦，是為本末者無以異也，其於勸農之道未備。其除田之租稅！」

乙亥十四年

冬，匈奴老上單于十四萬騎入朝那、蕭關，殺北地都尉，遂至彭陽。上親勞軍，自欲征匈奴。皇太后固要，乃止。於是以張相如為大將軍，擊之逐出塞，卽還。

◯上輦過郎署，問馮唐曰：「父家何在？」對曰：「臣大父趙人。」上曰：「昔有為我言趙將李齊之賢，戰於鉅鹿下。今吾每飯，意未嘗不在鉅鹿也。」唐對曰：「尚不如廉頗李牧之為將也。」上拊髀曰：「嗟乎，吾獨不得廉頗李牧!為將,吾豈憂匈奴哉！」唐曰：「陛下雖得廉頗李牧，弗能用也。」上怒，讓唐。唐曰：「上古王者之遣將也，跪而推轂曰：『閫以內，寡人制之，閫以外，將軍制之。軍功爵賞皆決於外。』李牧是以北逐單于，破東胡，滅澹林，西抑强秦，南支韓魏。今魏尚為雲中守，其軍市租盡以饗士卒，匈奴遠避，不敢近塞。虜曾一入，尚率車騎擊之，所殺甚衆。上功幕府，一言不相應，文吏以法繩之，其賞不行。陛下賞太輕，罰太重。魏尚坐上功首虜差六級，陛下下之吏，削其爵，罰及之。由此言之，陛下雖得廉頗李牧，弗能用也！」上說。是日，令唐持節赦魏尚，復以為雲中守，而拜唐為車騎都尉。

◯春，詔廣增諸祀壇場珪幣。且曰：「吾聞祠官祝釐，皆歸福於朕躬，不為百姓，朕甚愧之。夫以朕之不德，而專饗獨美其福，百姓不與焉，是重吾不德也。其令祠官致敬，無有所祈!」

丁丑十六年
得玉杯。於是始更以十七年為元年。

戊寅後元年。
詔曰：「間者數年不登，又有水旱、疾疫之災，朕甚憂之。愚而不明，未達其咎。意者朕之政有所失而行有過與？乃天道有不順，地利或不得，人事多失和，鬼神廢不享與？何以致此？將百官之奉養或廢，無用之事或多與？何其民食之寡乏也？夫度田非益寡，而計民未加益，以口量地，其於古猶有餘。而食之甚不足者，其咎安在？無乃百姓之從事於末，以害農者蕃，為酒醪以靡穀者多，六畜之食焉者衆與？細大之義，吾未得其中，其與丞相列侯吏二千石，博士議之。有可以佐百姓者，率意遠思，無有所隱！」

(本紀)曰二年
匈奴和親。詔曰：「朕旣不明，不能遠德，使方外之國或不寧息。憂苦萬民，為之惻怛不安，故遣使者冠盖相望，結徹於道，以諭朕志於單于。今單于，新與朕俱棄細過，偕之大道，以全天下元元之民。和親已定，始於今年。」

己卯二年
帝以皇后弟竇廣國賢有行，欲相之曰：「恐天下以吾私廣國，久念不可。」乃以申屠嘉為相。嘉為人廉直，門不受私謁。是時，鄧通方愛幸，賞賜累鉅萬，　寵幸無比。嘉嘗入朝，而通居上旁，有怠慢之禮。嘉奏事畢，因言曰：「陛下愛幸羣臣，則富貴之。至於朝廷之禮，不可以不肅。」罷朝，嘉坐府中，爲檄召通，詣丞相府，不來且斬，通恐言上。上曰：「汝第往。」通詣丞相府，免冠徒跣，頓首謝。嘉坐自如，弗為禮，責曰：「夫朝廷者，高帝之朝廷也。通小臣，戲殿上，大不敬，當斬。吏！今行斬之！」通頓首，出血，不解。上度丞相已困通，使使持節召通，而謝丞相曰：「此吾弄臣，君釋之！」鄧通旣至，為上泣曰：「丞相幾殺臣！」

癸未六年

冬，匈奴三萬騎入上郡，三萬騎入雲中，烽火通於甘泉、長安。以周亞夫為將軍，次細柳。劉禮為將軍，次霸上。徐厲為將軍，次棘門。以備胡。上自勞軍，至霸上及棘門軍，直馳入，將以下騎送迎。已而之細柳軍，軍士吏被甲銳兵刃，彀弩持滿。天子先驅至，不得入。先驅曰：「天子且至！」軍門都尉曰：「將軍令曰：『軍中聞將軍令，不聞天子詔。』」，上至，又不得入。於是上使使持節詔將軍：「吾欲入營勞軍。」亞夫乃傳言「開壁門。」壁門士請車騎曰：「將軍約，軍中不得馳驅。」於是天子乃按轡徐行。至營，將軍亞夫持兵揖曰：「介胄之士不拜，請以軍禮見。」天子改容，式車，使人稱謝：「皇帝敬勞將軍。」成禮而去。旣出軍門，羣臣皆驚。上曰：「嗟乎，此眞將軍矣！曩者霸上、棘門軍，若兒戲爾，其將固可襲而虜也。至於亞夫，可得而犯邪！」稱善者久之。月餘，漢兵至邊，匈奴亦遠塞，漢兵亦罷。乃拜周亞夫為中尉。

甲申七年
夏 六月，帝崩。

孝景皇帝 在位十六年，壽四十八

乙酉元年
五月，復收民田半租，三十而稅一。

○初 文帝除肉刑，外有輕刑之名，內實殺人。斬右趾者又當死，斬左趾者笞五百，當劓者笞三百，率多死。是歲，下詔曰：「加笞重罪無異，幸而不死，不可為人。其定律，笞五百曰三百，笞三百曰二百。」

○秋 與匈奴和親。

○梁孝王以竇太后幼子故，有寵，王四十餘城，居天下膏腴地。賞賜不可勝紀。

丁亥三年
梁孝王來朝。時上未置太子，與梁王宴飲，從容言曰：「千秋萬歲後傳於王。」王辭謝，雖知非至言，然心內喜。太后亦然之。詹事竇嬰引卮酒進曰：「天下者，高祖之天下，父子相傳，漢之約也，上何以得傳梁王！」太后由此憎嬰，王以此益驕。

○初 孝文時，吳太子入見，得侍皇太子飲博。吳太子博爭道，不恭， 皇太子引博局，提殺之。吳王由此稍失藩臣之禮，稱疾不朝京師。始有反謀。文帝賜吳王几杖，老不朝。吳得釋其罪，謀亦益解。然其居國，以銅鹽爲資故，百姓無佗賦。郡國吏欲來捕亡人者，公共禁，弗予。如此者四十餘年。鼂錯數上書言吳過可削。文帝寬，不忍罰，以此吳日益橫。及帝卽位，錯說上曰：「昔高帝初定天下，昆弟少，諸子弱，大封同姓，齊七十餘城，楚四十餘城，吳五十餘城。封三庶孽，分天下半。今吳王前有太子之郤，詐稱病不朝，於古法當誅。文帝不忍，因賜几杖，德至厚也，當改過自新，反益驕溢，卽山鑄錢，煮海為鹽，誘天下亡人謀作亂。今削之亦反，不削亦反。削之，反亟禍小。不削，反遲禍大。」上令公卿列侯宗室雜議，莫敢難。

◯初　楚元王好書，與魯申公、穆生、白生俱受詩於浮丘伯。及王楚，以三人為中大夫。穆生不嗜酒，元王每置酒，常為穆生設醴。及子夷王、孫王戊卽位，常設，後乃忘設焉。穆生退曰：「可以逝矣！醴酒不設，王之意怠。不去，楚人將鉗我於市。」遂謝疾去。

◯楚王戊來朝，錯因言:「戊 往年 為薄太后服，私奸服舍，削東海郡。前年，趙王有罪，削其常山郡。膠西王卬以賣爵事有奸，削其六縣。」廷臣方議削吳，吳王恐削地無已，因發謀舉事。說膠西王，約齊菑川、膠東、濟南、楚、趙皆反。發使遺諸侯書，罪狀鼂錯，欲合兵誅之。

◯初　文帝且崩，戒太子曰：「卽有緩急，周亞夫眞可任將兵。」及七國反書聞，上乃拜中尉周亞夫為太尉，將三十六將軍往擊吳楚，遣酈寄擊趙，欒布擊齊。

◯錯素與吳相袁盎不善，盎夜見竇嬰，為言吳所以反，願至上前，口對狀。嬰入言，上乃召盎。盎入見，上方與錯調兵食。上問盎：「今吳楚反，於公意何如？」對曰：「願屛左右。」錯趍避東廂，甚恨。上卒問盎，對曰：「吳楚相遺書，言高帝王子弟各有分地，今賊臣鼂錯擅適諸侯，削奪其地，以故反，欲共誅錯，復故地而罷。方今計獨有斬錯，發使赦七國，復其故地，則兵可毋血刃而俱罷。」上默然良久曰：「顧誠何如？吾不愛一人以謝天下。」錯殊不知。上使中尉召錯，紿載行市，錯衣朝衣斬東市。謁者僕射鄧公，上書言軍事曰：「吳為反計數十歲矣。發怒削地，以誅錯為名，其意不在錯也。夫鼂錯患諸侯彊大不可制，故請削之以尊京師，萬世之利也。計畫始行，卒受大戮，　內杜忠臣之口，外為諸侯報仇，臣竊為陛下不取也。」帝喟然曰：「吾亦恨之！」

◯亞夫言於上曰：「楚兵剽輕，難與爭鋒，願以梁委之，絶其食道，乃可制也。」上許之。亞夫乘傳，將會兵滎陽。發至霸上，趙涉遮說亞夫曰：「吳王知將軍且行，必置人於殽澠之間。且兵事尚神密，將軍何不右去，走藍田，出武關，抵洛陽！直入武庫，諸侯聞之，以為將軍從天而下也。」太尉如其計，至洛陽，喜曰：「今吾據滎陽，滎陽以東，無足憂者。」使吏搜殽澠間，果得吳伏兵。吳攻梁急，亞夫堅壁不出，使輕騎出淮泗口，絶吳楚兵後，塞其饟道。吳糧絶卒飢，數挑戰，終不出。條侯軍中夜驚，內相攻擊，擾亂至帳下，亞夫堅臥不起，頃之，復定。吳犇壁東南陬，亞夫使備西北。已而果犇西北，不得入。吳楚士卒多飢死叛散，乃引去。亞夫出精兵追擊，大破之。吳王棄軍走， 度淮，保東越。東越殺之。楚王自殺，齊王飮藥死，膠西王自殺，膠東菑川濟南王皆伏誅。

辛卯七年
廢太子榮為臨江王。

◯立膠東王徹為皇太子。

丁酉中六年
上旣減笞法，笞者猶不全。乃更減笞三百曰二百，笞二百曰一百。又定箠令， 自是笞者得全。然死刑旣重， 而生刑又輕，民易犯之。

戊戌後元年
直不疑為御史大夫。初，不疑為郎，同舍有告歸，誤持其同舍郎金去。已而同舍郎覺亡，意不疑。不疑謝有之，買金償。後告歸者至，而歸金，亡金郎大慙。以此稱為長者。

庚子三年
十二月，帝崩。太子卽皇帝位，年十六。

漢書曰：漢興接秦之弊，自天子不能具匀駟，而將相或乘牛車，齊民無盖藏。天下已平，高祖乃令賈人不得衣絲乘車，重租稅以困辱之。孝惠、高后時，為天下初定，復弛商賈之律。然市井之子孫，亦不得仕宦為吏。量吏祿度官用，以賦於民,而山川、園池、市井租稅之入。自天子以至於封君湯沐邑，皆各為私奉養焉，不領於天下之經費。漕轉山東粟以給中都官，歲不過數十萬石。繼以孝文、孝景，清淨恭儉，安養天下，七十餘年之間，國家無事，非遇水旱之災，民則人給家足。都鄙廩庾皆滿，而府庫餘貨財， 京師之錢累巨萬，貫朽而不可校。太倉之粟陳陳相因，充溢露積於外，至腐敗不可食。衆庶街巷有馬，而阡陌之間成羣，乘字牝者擯而不得聚會。守閭閻者食粱肉,為吏者長子孫，居官者以為姓號。故人人自愛而重犯法，先行義而後詘辱焉。當此之時，罔疏而民富，役財驕溢，或至兼幷。豪黨之徒，以武斷於鄉曲。宗室有土、公、卿、大夫以下，爭事奢侈，室廬、輿服僭于上，無限度。物盛而衰，固其變也。自是之後，孝武內窮侈靡，外攘夷狄，天下蕭然，財力耗矣！

통감절요 9권

세종 효무황제(世宗 孝武皇帝)

재위 54년, 수(壽) 70

신축(辛丑) 건원(建元) 원년(元年) (기원전 140년)

겨울 10월에 조서(詔書)를 내려 '현량(賢良)하고 방정(方正)하고, 직언할 수 있고, 지극한 간언(極諫)을 할 수 있는 선비를 천거하라'고 했다. 황제가 친히 고금의 정치에 대해 간책(簡冊)에 써서 의견을 물었다.[1] 광천(廣川)사람 동중서(董仲舒)가 대답했다.

"신(臣)이 보건데, 하늘과 사람이 서로 함께 하는 때[際]를 심히 두려워할 만합니다.[2] 스스로 너무 도(道)가 너무

---

1) 策問 책문 : =책대(策對). 임금이 정치적 문제를 간책에 써서 의견을 묻는 것, 과거 문체의 하나

없는 세상이 아니면, 하늘은 다 유지하고 안전하게 하고자 하니, 일은 힘써 노력하는 데[3]에 달려 있을 뿐입니다.

학문을 힘써 노력하면 곧 견문이 넓어지고, 지혜가 더욱 밝아집니다. 도(道)를 행하는데 힘써 노력하면, 곧 덕(德)이 날로 일어나고, 크게 공이 있게 됩니다. 도(道)란 잘 다스리는 길로 가는 기점입니다.[4] 인의예악(仁義禮樂)은 모두 그 도구입니다. 성왕(聖王)이 죽은 후에도 자손이 오래 가고, 수백 년간 안녕했던 것은 모두 예악(禮樂)으로 교화(敎化)한 공 때문입니다.

주(周)나라의 도(道)는 유왕(幽王)과 여왕(厲王) 대에서 쇠퇴했는데, 도(道)가 없어진 것이 아닙니다. 유왕과 여왕이 이것을 통해 다스리지 않았기 때문입니다. 선왕(宣王)에 이르러 옛 선왕(先王)의 덕을 사모해 정체된 것을 일으키고, 피폐한 것을 고치고, 문무(文武)의 공적을 밝히니, 주(周)나라 도(道)가 찬연히 부흥했습니다. 이는 밤낮으로 게을리하지 않고 선을 행해서 이루게 된 것입니다.

지금 폐하께서는 귀한 천자가 되셨습니다. 천하를 소유하는 부유함을 가졌고, (무엇이든) 다 얻을 수 있는 자리에 계십니다. (무엇이든) 다할 수 있는 권력을 잡았고, (무엇이

---

2) 天人相應說 천인상응설 : 천(天)을 중심으로 하는 동중서(董仲舒)의 정치도덕설. '황제는 천명을 받아 국가를 다스리는 것이기 때문에, 하늘의 뜻에 따라 인정(仁政)을 베풀어야 하고, 하늘은 이에 대해 상서로운 기운으로 응답한다 황제가 무도하면 천재(天災)로 응징하므로 천과 인간이 상응한다'는 주장이다

3) 勉强 면강 : 힘써 노력함, 학문에 힘씀

4) 繇 요 : =유(由). 기인하다, 말미암다

든) 다할 수 있는 자질을 가졌습니다. 행실이 높고 은혜가 두터우며, 지혜가 밝고 뜻이 아름다우며, 백성을 사랑하고 선비를 좋아하니, 예의를 아는 임금[5]이라고 말할 수 있습니다.

그러나 천지가 아직 호응하지 않고, 아름다움과 상서로움이 이르지 않는 것은 왜 일까요? 교화가 확립되지[立] 않아서, 만민이 바르지 않기 때문입니다. 만물이 이익으로 향하는 것은 물이 아래로 흐르는 것과 같습니다. 교화로 그것을 막지 않으면, 그치게 할 수 없습니다. 옛날 왕이 된 자는 이러한 이유에 밝았기 때문에 임금이 되어[南面] 천하를 다스릴 때 교화를 큰 임무로 했습니다.

태학[6]을 세워 국도(國都)에서 가르치고, 상서[7]를 세워 향리에서 가르쳐, 인(仁)으로 백성을 교화시키고, 의로움[誼][8]으로 백성들을 연마시키고, 예(禮)로서 백성들을 절제하게 했습니다. 고로 그 형벌이 가벼우나 법을 범하지 않고, 교화되어 풍속이 아름다워졌습니다.

성왕(聖王)은 난세를 계승해 그 자취를 쓸어버리고 다 제거했습니다. 그것을 거문고와 비파에 비유하면, 조율이 심하게 잘못된 것은 반드시 풀어서 다시 매어야[張][9] 탈 수

---

5) 誼主 의주 : 예의를 아는 임금

6) 太學 태학 : 고대로부터 송(宋)대까지 국도(國都)에 설치한 최고 학부, 학교

7) 庠序 상서 : 향리의 학교

8) 誼 의 : 의(誼)=의(義). 옳을, 마땅함

9) 張 장 : 베풀, 맬, 활시위 얹을

있는 것과 같습니다. 정치가 심하게 잘못되었다면, 반드시 바꾸고 다시 교화에 나서야 다스릴[10] 수 있습니다.

그러므로 한(漢)이 천하를 얻은 이래 항상 잘 다스리려고 했으나, 지금까지 잘 다스릴 수 없었던 것은 마땅히 고쳐서 교화해야 하는 때를 잃고, 고쳐서 교화를 하지 않았기 때문입니다. 옛날사람들은 '연못에서 물고기를 잡고 싶어하기[11] 보다 물러나서 그물을 짜는 것이 낫다'고 했습니다.

지금 정치를 하는데, 잘 다스리기를 원한다면 물러나서 고치고 교화에 나서는 것이 낫습니다. 고쳐서 교화되면 잘 다스릴 수 있고, 잘 다스려지면 재해는 날로 사라지고, 복록은 날로 올 것입니다.

신이 듣건대 성왕(聖王)은 천하를 다스리면서 작위와 복록으로 그 덕(德)을 길러주고, 형벌로 그 악을 위협하니, 백성이 예의를 깨닫고 그 위를 범하는 것을 부끄러워 했습니다. 무왕(武王)은 대의(大義)로 포악한 도적[12]을 평정하고, 주공(周公)은 예악을 지어서 국가를 빛나게 했습니다.[13] 성왕(成王)과 강왕(康王)의 번성기에는 40여 년 동안 감옥[14]이 비었습니다. 이것은 역시 교화에 젖어들고, 인의(仁義)가 흘렀기 때문입니다.

---

10) 理 리 : 다스릴 도리, 이치, 사리
11) 羨 선 : 부러워 하다, 탐내다, 그리워 하다, 남다, 나머지
12) 殘賊 잔적 : 잔(殘) 해로운, 해롭게 할. 적(賊) 도적
13) 文 문 : 글월, 글자, 문체를 더하다, 아름다운 외관, 예악, 제도 등 국가 사회를 빛나게 하는 것
14) 囹圄 영어 : 감옥

지금 폐하께서 천하를 다 소유하셨으나, 공적이 백성에게 베풀어지지 않는 것은, 아마 왕으로서의 마음을 베풀지 않기 때문일 것입니다. 증자(曾子)는 '그 듣는 바를 존중하는 것을 고명(高明)이라 하고, 아는 것을 행하는 것을 광대(光大)하다고 한다. 고명과 광대는 다른 것에 있지 않고 그 뜻을 두는 것에 달려 있을 뿐이다'라고 했습니다.

원컨대 폐하께서 정성된 마음으로 지극하게 행동하신다면, 하 은 주(夏 殷 周) 삼왕과 무엇이 다르겠습니까? 평소에 선비를 기르지 않으면서 현자를 구하고자 하는 것은, 비유하건데 옥을 갈지 않고 아름다운 광채[15]를 구하는 것과 같습니다.

선비를 기르는 데는 태학이 최고입니다. 태학은 현명한 선비가 들어가는[16] 곳입니다. 자주 시험을 보아[17] 그 재능을 다하게 하면, 곧 뛰어난 인재를 얻을 수 있을 것입니다. 두루 천하의 현인을 얻으면, 삼왕[18] 같은[19] 번성은 쉽게 이루어지고, 요 순 같은 명성에도 미칠 수 있습니다.

도(道)란 만세토록 피폐함이 없는 것이고, 피폐함이란 도를 잃은 것입니다. 하(夏)나라는 충(忠)을 숭상하고, 은(殷)나라는 경(敬)을 숭상하고, 주(周)나라는 문(文)을 숭상했는

---

15) 文彩 문채 : 아름다운 광채

16) 關 관 : =유(由). 말미암을, 경유하여 들어가다

17) 考問 고문 : 시험보다

18) 三王 삼왕 : 우(禹) 탕(湯) 문무(文武)

19) 之 지 : '같다'의 뜻으로 쓰임

데, 계승해 담은[20] 것은 당연히 이것이었습니다.

도란 원래 하늘에서 나온 것입니다. 하늘이 변하지 않기 때문에 도 또한 변하지 않습니다. 이 때문에 우가 순을 계승하고, 순은 요를 계승했습니다. 세 성인이 서로 양위해 한결같이 도를 지키니, 구제해야할 피폐한 정치가 없었습니다. 그러므로 덜고 더할 바를 말하지 않았습니다.

이것을 가지고 보건대 치세를 잇는 자는 그 도가 같고, 난세를 잇는 자는 그 도가 바뀝니다. 지금 한(漢)은 대란의 뒤를 이었습니다. 마땅히 주(周)의 문채(文彩)는 조금 덜고, 하(夏)의 충(忠)을 지극히 써야[21] 할 것같습니다.

'춘추대일통(春秋大一統)'[22]이라는 것은 천지의 떳떳한 법이고, 고금에 통하는 옳은 도리입니다. 그런데 지금 스승마다 도가 다르고, 사람마다 논의하는 것이 다릅니다. 백가는 방법이 다르고[23] 사상[24]이 같지 않으니, 이 때문에 위에서 하나의 통일을 유지할 수 없습니다.

어리석은 신이 생각하건데 육예(六藝)의 과목과 공자의 가르침에 들어 있지 않은 것들은 그 도를 끊고 함께 발전하지[進] 못하게 하십시오. 그런 뒤에 기강이 하나가 될 수 있고 법도가 밝아질 수 있고, 백성이 따를 바를 알 것입니다"

---

20) 捄 구 : 담을

21) 致用 치용 : 다 쓰다

22) 春秋大一統 춘추대일통 : 『춘추』에서 '하나로 크게 귀결(통일)된다'고 함을 이름

23) 殊方 수방 : 수(殊) 단절된, 끊어진. 방(方) 방법

24) 指意 지의 : 사상, 즉 가르키는 뜻

○ (동중서가) 강도상(江都相)이 되어 역왕(易王)을 섬겼다. 왕은 황제의 형인데, 평소 교만하고 용맹했다. 동중서가 예로서 바르게 고쳐주자, 왕이 공경하고 존중했다. 역왕은 일찍이 동중서에게 "월왕(越王) 구천(句踐)이 대부 설용(泄庸)과 종(種), 범려(范蠡)와 함께 오(吳)를 정벌해 멸망시켰으니, 과인은 월(越)에 세 명의 인자(仁者)가 있다고 생각하오"라며 (동중서의 의견을) 물었다.

동중서는 "인자는 그 도리가 바르고, 이익을 도모하지 않으며, 그 도리를 밝히면서, 그 공로를 헤아리지 않습니다. 이 때문에 공자의 문하에는 5척의 어린아이도 5패[五伯][25]라고 불리는 것을 수치로 여겼습니다. 그들은 속이는 것과 힘을 우선으로 하고, 인의(仁義)를 뒤로 하기 때문입니다. 이로서 말한다면, 월에는 한 명의 인자(仁者)도 없습니다"라고 대답했다.

○ 황제가 평소[雅] 유가의 학술을 지향했다. 승상 두영(竇嬰)과 태위 전분(田蚡)이 모두 유가의 학술을 좋아해, 조관(趙綰)을 천거해 어사대부를 삼고, 왕장(王臧)을 낭중령으로 삼았다. 조관이 명당[26]을 세워 제후들에게 조회 받을 것을 청했다.

또 그 스승 신공(申公)을 천거하니, 천자가 묶은 비단에

---

25) 五伯 오백 : =5패(五霸), 제후들의 맹주

26) 明堂 명당 : 천자가 제후를 인견(引見)하는 궁전, 천자가 정사를 보는 궁전, 썩 좋은 뫼 자리

구슬을 얹고 4필의 말이 끄는 편안한 수레[27]를 보내 신공을 맞이했다. 도착한 후 천자가 치란(治亂)에 대해 물었다. 당시 신공의 나이는 80여 세였다. 신공은 "정치를 잘하는 것은 말을 많이 하는 것에 달려 있지 않고, 다만 힘써서 행동하는 것이 어떠한가 하는 것일 뿐입니다"라고 대답했다.

천자는 글을 좋아했는데, 신공을 만나도 (신공은) 침묵으로 대답했다. 그러나 이미 불렀으므로 그를 태중대부에 삼고, 노저(魯邸)에 살게 하고, 명당(明堂) 순수(巡狩) 개력(改曆) 복색(服色) 등의 일을 의논하게 했다.

임인(壬寅) 2년(기원전 139)

태황두태후(太皇竇太后)가 황로[28]를 좋아하고, 유학은 좋아하지 않았다. 조관(趙綰)과 왕장(王臧) 등이 문학 때문에 벌을 받았다. 두태후는 '유학자들은 꾸밈이 많고 바탕이 적다. 만석군(萬石君)[29]의 집안은 말이 없고 몸소 행한다'고 하고는, 곧 그 장자 건(建)을 낭중령으로 삼고, 막내 경(慶)을 내사(內史)로 삼았다.

---

27) 安車 안거 : 편안히 타고 가는 수레. 주로 노인이나 부녀자가 탔고, 수레바퀴를 부들로 쌌다. 말 한 필이 끎

28) 黃老 황로 : 황제 헌원씨(黃帝 軒轅氏)와 노자(老子)의 도(道)

29) 萬石君 만석군 : 주(註) 한 가문에서 5명이 2천석의 봉록을 받기 때문에 만석군이라고 부름

계묘(癸卯) 3년(기원전 138)

황제는 즉위했을 때부터 학문에 재능과 지식이 있는 천하의 선비들을 불러 뽑아 순서 없이 좋은 대우를 했다.[30] 사방에서 글을 올려 득실을 말하면서 스스로를 파는 사람이 천여명이었다. 황제가 그들 중 뛰어나고 특별한 자를 가리고 뽑아서 그들을 총애하고 썼다.

장조(莊助)가 제일 먼저 등용되었고, 후에 오(吳)나라 사람 주매신(朱買臣), 조(趙)나라 사람 오구수왕(吾丘壽王), 촉(蜀)나라 사람 사마상여(司馬相如), 평원의 동방삭(東方朔), 오(吳)나라 사람 매고(枚皐), 제남(濟南)의 종군(終軍) 등이 그들이었다. 황제는 그들을 모두 가까이 두고, 매번 대신들과 논쟁하게 하니, 조정 안팎에서 의롭고 옳은 글로써 호응해 대신들이 자주 뜻을 얻지 못했다.[31]

상여는 특별히 말과 글[辭賦]로 총애를 받았고, 동방삭과 매고는 주장하는 것이 경전에 뿌리를 두고 있지 않았으나[32], 농짓 거리[33] 하기를 좋아했다. 황제가 광대로 이들을 길러 자주 상을 내렸지만, 일을 맡기지는 않았다. 동방삭 역시 황제의 안색을 살펴 때때로 직간을 하니, 도움 되는 바도 있었다.

병오(丙午) 6년(기원전 135)

---

30) 不次之位 불차지위 : 순서를 따르지 않는 지위

31) 屈 굴 : 뜻을 얻지 못함, 굽을, 오그라듦, 막힘, 궁함, 굽힐

32) 不根 불근 : 주(註) 경전에 근거하지 않았다. 매고는 경전에 능통하지 못했음

33) 詼諧 회해 : 농담, 실없이 하는 농담

무안후(武安侯) 전분(田蚡)이 승상이 되었다. 전분은 교만하고 사치했다. 여러 저택들 중 집치장으로는 으뜸이었다. 밭과 농장은 아주 기름졌다. 각 군현에서 산 물건들이 길에 서로 이어졌고, 사방에서 많은 뇌물을 받았다. 그 집의 금옥 부녀 개 말 악기 노리개 등은 너무 많아 다 셀 수 없었다.[34]

매번 일을 황제에게 아뢸 때마다 앉아서 말하면 다음 날까지 계속 되었는데[35], 말하는 것을 다 들어 주었다. 사람을 추천하는데 어떤 사람은 집안을 일으키기도 해서 2천석의 지위까지 올랐다. 권력이 황제로부터 (전분에게) 옮겨갔다. 황제가 "그대가 관리 임명하는 것은 다 되었는가?[36] 나도 역시 관리를 임명해보고 싶다"고 말하기도 했다.

일찍이 고공(考工)[37]의 땅을 청해서 집을 늘리고자 하니, 황제가 화를 내며 "그대는 어찌 무기고를 갖지 않는가?" 하고 말했다. 이 이후로는 조금 물러났다.

동해태수 급암(汲黯)이 주작도위(主爵都尉)가 되었다. 처음 급암이 알자(謁者)였을 때는 엄한 성격 때문에 꺼림을 당했다.[38] 하내(河內)에 불이 났는데, 1천여 채의 집이 번져서 탔다.[39] 황제가 급암을 시켜 가서 살펴보게 했다.

---

34) 不可勝數 불가승수 : 너무 많아 셀 수 없음

35) 移日 이일 : 날짜가 다음날로 넘어가는 것

36) 未 미 : 의문사, 문장 끝에 붙어서 ~인가? 아닌가? 로 쓰임

37) 考工 고공 : 註 고공은 소부(少府)의 관속(官屬), 백관표 소부에는 고공실이 있다. 기계를 만드는 곳

38) 見 견 : 피동, ~당하다

돌아와서 "(어느)집 사람[40]이 실수로 불을 냈는데, 집들이 나란히[比] 있어 불이 번져서 탄 것이니, 걱정하실 것 없습니다. 그런데 신이 하남(河南)을 지나가는데, 수재와 가뭄을 당한 빈민들이 1만여 가였습니다. 부모자식이 서로 잡아먹는 경우도 있어, 신이 형편을 살펴[41] 황제의 깃발을 가지고[42] 창고의 곡식을 내어 빈민들을 구제했습니다. 깃발을 돌려드리고 황제의 명령을 사칭한 죄[43]를 받겠습니다"고 보고했다. 황제가 어질다고 여겨, 그를 용서해 주었다.

그는 노자의 학문을 좋아했다.[44] 그가 동해에 있을 때 관리와 백성을 다스렸는데, 그의 다스림은 무위(無爲)에 힘썼고, 대체(大體)를 끌어서[引] 문서나 법령에 구애받지 않았다.

급암은 사람됨이 거만하고 예를 다 갖추지 못했다. 마주대하고 과실을 힐책하고[45], 남의 잘못을 용인하지 않았다. 당시에 천자가 문학하는 선비와 유학자를 불러서 "내가 하고자 하는 것은 이렇고 저렇고"하니, 급암이 "폐하께서는 안으로 하고 싶은 것도 많으면서, 밖으로는 인의(仁義)를 펼치시니, 어찌하여 요순의 다스림을 본받겠습니까?"라고

---

39) 延燒 연소 : 불길이 이웃에 번져서 타는 것
40) 家人 가인 : 집 사람, 평민, 백성
41) 便宜 편의 : 편리하고 마땅함, 형편을 살핌, 값이 쌈
42) 持節 지절 : 황제의 명령을 알리는 깃발을 잡다
43) 矯制 교제 : 황제의 명령을 사칭함
44) 淸淨 청정 : 註 청정은 노자의 무위지학(無爲之學)
45) 面折 면절 : 마주대고 과실을 힐책함

대답했다. 상이 말을 못하고, 노해 얼굴색이 변하면서 조회를 끝냈다. 공경들이 모두 급암 때문에 두려워했다. 황제가 물러나 측근들에게 "심하구나! 급안의 우직함이!"라고 말했다.

군신 중에 어떤 자가 급암을 꾸짖으니[46], 급암은 "천자께서 공경들과 보필하는 신하를 두는 것이 어찌 아첨하고[從諛] 뜻을 받들어[承意] 군주를 불의에 빠뜨리라는 것이겠는가? 또 이미 그 자리에 있는데, 방종하거나[縱] 몸을 아껴 조정을 어찌 욕되게 하겠는가?"[47]라고 말했다.

급암이 병이 많아 장조(莊助)가 그를 위해 휴가를 청했다.[48] 황제가 "급암은 어떤 사람인가?"고 물었다. 장조는 "급암에게 직위를 주어 관리로서 일을 하게 한다면, 다른 사람보다 뛰어나지 않습니다. 그러나 어린 임금을 보좌하고 이룬 것을 지키는 데는 지조가 심히 견고합니다. 그는 불러도 오지 않고, 쫓아도 가지 않습니다. 비록 맹분과 하육[49]이 말해도 그에게서 빼앗지 못할 것입니다"라고 대답했다. 황제는 "그렇구나! 옛날에 사직의 신하[50]가 있다더니, 급암이 그에 가깝구나"라고 말했다.

---

46) 數 수 : 책하다, 꾸짖다

47) 奈A何 내A하 : A를 어찌하나?

48) 請告 청고 : 휴가를 청하다

49) 賁育 분육 : 주(註) 맹분(孟賁)과 하육(夏育). 옛날의 용사, 모두 위인(衛人). 맹분은 소의 뿔을 생으로 뽑았고, 하육의 힘은 천균(千鈞)을 들었다

50) 社稷之臣 사직지신 : 나라의 안위를 맡길만한 중신(重臣)

정미(丁未) 원광 원년(元光 元年, 기원전 134)

동(冬) 11월 초 군국(郡國)에 명령해서 효(孝)와 렴(廉) 각 1명씩을 천거하게 했다. 동중서(董仲舒)의 건의에 따른 것이다.

무신(戊申) 2년(기원전 133)

이소군(李小君)이 부뚜막에 제사 지내면 늙음을 물리친다는 방술로 황제를 알현했다. 황제가 그를 우대했다. 소군은 "부뚜막에 제사지내면 약물이 생긴다.[51] 그러면 단사[52]를 변화시켜 황금을 만들 수 있고, 수명을 늘릴 수 있다. 또 봉래산의 신선을 볼 수 있는데, 그(신선)를 보고서 봉선의 식[53]을 행하면 죽지 않는다"고 했다.

그리하여 천자가 처음으로 친히 부뚜막에 제사 지내고, 술사[方士][54]들을 보내 바다로 들어가게 해서 봉래산의 안기생(安期生)[55] 무리를 찾게 했다. 연(燕)과 제(齊)의 바닷가에 현실에 맞지 않는 괴이한 말[56]을 하는 도사들이 많았는데, 많이 와서 신선에 대해 말했다.

안문(鴈門) 마읍(馬邑)의 호걸 섭일(聶壹)이 대행(大行)

---

51) 致物 치물 : 약물(藥物)이 이른다

52) 丹砂 단사 : 수은과 유황의 화합물, 적색 채색 물감의 원료로 쓰임

53) 封禪 봉선 : 봉(封) 높은 산에 단을 쌓고 신에게 제사를 지냄. 선(禪)은 낮은 산에서 땅을 깎아 제사지냄

54) 方士 방사 : 도사, 술사

55) 安期生 안기생 : 천년을 사는 약을 파는 사람, 신선

56) 迂怪之士 우괴지사 : 현실에 맞지 않는 괴이한 말을 하는 선비들

왕회(王恢)를 통해 "흉노와 처음 화친을 해서 친해 믿게 되었으니, 변방에 이익이 있다고 유혹해 그들을 오게 할 수 있습니다. 병사를 숨겨놓았다가 습격하면, 반드시 그들을 격파할 수 있습니다"라고 건의했다.

황제가 공경들을 불러 물으니 한안국(韓安國)이 "신이 듣건대, 고황제께서 일찍이 평성에서 포위를 당하시어 포위가 풀릴 때까지 7일 동안 먹지 못하셨습니다. (그러나) 자리로 돌아와서 분노하는 마음이 없으셨습니다. 무릇 성인은 천하를 가지고 헤아리지, 개인적인 분노를 가지고 천하의 공적인 일을 손상시키지 않습니다. 그러므로 유경을 보내 화친을 맺고 지금에 이르기까지 5대에 이익이 되었습니다. 신이 생각하건데 공격하지 않는 것이 좋습니다"라고 대답했다.

왕회(王恢)는 "그렇지 않습니다. 고제는 스스로 갑옷을 입고 무기를 잡고 천하를 다닌 것이 거의 10년입니다. 평성의 원한을 갚지 않은 까닭은 힘이 모자라서가 아니라, 천하를 쉬게 하고자 하는 마음 때문이었습니다. 지금 변경이 자주 놀라고, 병졸들이 자주 상처입고 죽으니, 어진 사람이라면 가슴 아픈[隱] 일입니다. 고로 그들을 공격하는 것이 좋다고 말씀 드립니다"라고 말했다.

황제가 왕회의 말을 따랐다. 한안국 이광(李廣) 공손하(公孫賀) 왕회 이식(李息)에게 수레와 기병과 무관들 30여 만을 이끌고 마읍 옆 골짜기에 숨게 하고, 몰래 섭일에게 첩자가 되게 해 도망쳐 흉노로 들어가게 했다.

선우에게 "내가 마읍의 영(令)과 승(丞)을 베고 성을 가지고 항복할 수 있으며, 재물을 다 얻을 수 있다"고 말하니, 선우는 그렇다고 생각해 허락했다. 섭일이 거짓으로 사형수를 베고 그 머리를 마읍 성의 아래에 매달아 선우의 사자를 믿게 했다.

이리하여 선우가 10여만 기를 이끌고 무주 변경을 지나 평성현 서쪽 1백 리[57]에 도착했다. 안문의 위사(尉士)를 잡아 그를 죽이려고 하니, 위사가 선우에게 한(漢)의 병사가 있는 곳을 알려 주었다. 선우가 크게 놀라 병사를 이끌고 돌아갔다. 한나라 병사가 추격해 변경까지 갔으나, 가늠하건데 미치지 못할 것이어서 모두 철병했다. 황제가 노해 왕회를 감옥에 가두니 자살했다.

이때부터 흉노가 화친을 끊었다. 그러나 여전히 국경에 설치한 저자[關市][58]를 탐내서 즐기고, 한(漢)의 재물들을 좋아했다. 한(漢) 역시 국경에 설치한 저자를 없애지 않고, 그 마음을 맞추어 주었다.

「식화지(食貨志)」에 의하면, 황제는 문제(文帝)와 경제(景帝)의 축적을 이어받고, 북쪽과 남쪽 오랑캐에게 당한 피해에 분개해, 즉위한 뒤 몇 년 후에 엄조(嚴助)와 주매신(朱買臣) 등을 시켜 동구(東甌)를 불러서 위무하고[59], 양월(兩越)을 경영하니, 장강과 회수(淮水)의 사이가 분주해지

---

57) 武州塞 무주새 : 주(註) 안문(鴈門)의 속하는데, 평성현 서쪽 1백리

58) 關市 관시 : 관(關)과 저자. 관(關)은 국경 기타 요해처에 설치해 출입하는 사람을 조사하는 문. 시(市) 저자

59) 招 초 : 『한서(漢書)』「식화지(食貨志)」에서는 초래(招徠, 불러 위무함)라 함

고[60], 번잡하고 비용이 많이 들었다.

당몽(唐蒙)과 사마상여(司馬相如)는 서남이(西南夷)를 개척했는데, 천여 리의 산을 뚫고 길을 통하게 했다. 그래서 파 촉(巴 蜀)을 넓히니 파 촉의 백성이 피곤해졌다. 팽오(彭吳)는 예(穢) 맥(貊) 조선(朝鮮)에 길을 뚫고 창해군(滄海郡)을 설치하니, 연(燕) 제(齊)의 사이가 좇아서[61] 소란하고 동요했다.

왕회가 마읍에서 모의하자 흉노가 화친을 끊고, 북쪽 변경을 침략하고 소요를 일으켰다. 전쟁이 이어지고 끝나지 않아 천하가 함께 그 노고를 겪었다. 전쟁은 날로 늘어나니, 가는 자는 싸가지고 가고[齎], 있는 자는 보내니, 나라의 안팎이 시끄러웠다.[62] 백성은 시달려서 피폐해지고[63], 재력은 소모되고, 법령은 엄하게 갖추어지니, 이익를 쫓는 신하가 이때부터 시작되었다.

기유(己酉) 3년(기원전 132)

황제가 장탕(張湯)을 어사대부로 삼았다. 조우(趙禹)와 함께 여러 율령을 정하게 하니, 법률을 각박하게[64] 집행하는데 힘썼다. 자리만 지키는 관리를 억압했고[65], 견지법(見知

---

60) 蕭然 소연 : 바쁜 모양, 분주한 모양, 쓸쓸한 모양

61) 靡然 미연 : 따라오는 모양, 붓 좇는 모양

62) 騷然 소연 : 시끄러운 모양, 떠들썩한 모양

63) 刓敝 완폐 : 피폐함. 완(刓) 깎다, 닳다, 닳아 없어짐. 폐(敝) 해지다, 깨지다, 부서지다

64) 深文 심문 : 법률을 엄하게 시행(집행)하다

法)[66]을 만들어 관리가 서로를 감시해 진술하게 했다. 법을 더욱 각박하게 적용하는 것이 이때부터 시작되었다.

○ 이 해에 관리와 백성 중에서 "당시의 일에 밝은 자이거나, 옛 성현의 학문을 익힌 자가 있으면, 현에서 온 순서에 따라[67] 계속 먹이고[68] 상계부사[69]와 함께 오도록[70]하라"고 지시했다.

치천(菑川)사람 공손홍(公孫弘)이 책문(策問)에 대답하는 글을 올렸다.

"신이 듣건대 옛날 요순의 때에는 작위와 상을 귀하게 하지 않았는데도 백성에게 선이 권면되었고, 형벌을 무겁게 하지 않았는데도 백성이 법을 범하지 않았습니다. 올바름으로 솔선하고, 백성을 믿음으로 대우했기 때문입니다.

말세에는 작위를 귀하게 하고 상을 후하게 했으나 백성들에게 선이 권면되지 않았고, 형벌을 각박하고 무겁게 했어도 범죄가 그치지 않았습니다. 그것은 위가 바르지 않고 백성을 신의 없이 대했기 때문입니다.

무릇 후한 상과 무거운 벌은 선을 권면하고 그릇됨을 금

---

65) 拘 구 : 주(註) 전에 하는 대로 따라서 하면서 자리만을 지키고 개작하지 않는 관리를 각박하게 억압함[拘刻]

66) 見知法 견지법 : 관리가 범법을 봐서 아는 데도 고발하지 않는 것은 고의로 놔주는 것이니, 그 죄를 벌함

67) 次 차 : 의차제(依次第), 순서에 따라서

68) 續食 속사 : 계속 먹이다, 계속해 음식을 공급하다

69) 計 계 : 상계부사(上計簿使)

70) 諧 해 : 함께 오다

하기에 부족하니, 반드시 신의로 대해야 합니다. 이 때문에 능력에 따라 관직을 임명하면 분수를 알아서 일을 할[71] 것이니, 잘 다스려질 것입니다.

쓸데없는 말을 없애면 일의 실정을 알 수 있고, 쓸데없는 기물을 만들지 않으면 세금이 줄어들고, 백성에게서 농사지을 때[72]를 빼앗지 않고, 백성이 힘쓰는 것을 방해하지 않으면, 백성은 부유해질 것입니다. 덕이 있는 자를 등용하고 덕이 없는 자를 물러나게 하면 조정이 높아지고, 공이 있는 자를 높여주고 공이 없는 자를 낮추면 여러 신하들에게 질서[73]가 있게 됩니다. 죄 있는 자에게 마땅한 벌을 주면 간사함이 그칠 것입니다. 능력 있는 자에게 마땅한 상을 주면 신하를 권면할 수 있습니다. 이 8가지가 잘 다스림의 근본입니다.

그러므로 백성들이란 생업에 종사하면 다툼이 없고, 고르다[理]는 것을 알면 원망이 없고, 예가 있으면 사납지 않고, 그들을 아끼면 윗사람을 사랑합니다. 이것은 천하를 다스리면서 급히 해야 할 일입니다. 예의는 백성을 복종하게 합니다. 상과 벌이 거기에 따르면 백성은 금한 것을 범하지 않습니다. 고로 의관에 그림을 그리거나, 옷의 무늬와 색깔[74]

---

71) 分職 분직 : 분수를 알아 일을 함, 혹은 직의 분수를 알다

72) 民時 민시 : 백성이 농사지을 그 시기

73) 逡 준 : =차제(次第), 순서가 있다

74) 章服 장복 : 다른 옷과 구별하기 위해 무늬를 넣은 붉은 옷. 『사기(史記)』「문제기(文帝記)」 13년 우씨(虞氏) 시대에는 의관에 그림을 그리고 표장되는 복장을 달리해 그것으로 욕보였으나, 백성들이 범법하지 않았다. 경죄를

을 달리하는 정도이지만(욕을 주는 정도), 백성은 금한 것을 범하려 하지 않았습니다. 이 도가 기본적으로 행해졌기 때문입니다.

신이 듣건대, 기운[氣]이 같으면 따르고, 소리가 고르면 호응 합니다. 지금 임금이 위에서 고루 덕을 베풀면, 백성은 아래에서 상의 은덕에 화답합니다. 그러므로 마음이 화답하면[和] 기(氣)가 화답하고, 기가 화답하면 몸이 화답하고, 몸이 화답하면 소리가 화답하고, 소리가 화답하면 천지가 화답하고 호응합니다.

고로 음양이 순조롭고 비와 바람이 때에 맞게 내리고, 단이슬이 내리며, 오곡이 풍년이 들고, 육축(六畜)이 번성하고, 벼가 잘 자라고, 상서로운 붉은 풀이[75] 자라나고, 산은 헐벗지[童][76] 않고, 연못은 마르지[涸][77] 않으니, 이는 화답의 극치입니다.

신이 듣건대, 요(堯)임금은 홍수를 만났으나 우(禹)를 시켜서 그것을 다스리게 했고, 우가 다스릴 때에는 수재가 있다는 말을 들어보지 못했습니다. 탕(湯)이 만난 가뭄은 걸(桀)이 남긴 포학함[烈][78] 때문입니다. 걸(桀)과 주(紂)는 악

범한 자는 그 건(巾)을 검게 하고, 비(剕)형을 범한 자는 그 옷을 붉게 하고, 빈(臏)형을 범한 자는 그 몸에 먹물을 들였고, 궁형(宮刑)을 범한 자는 그 신발을 섞었고, 사형[大辟] 죄는 처벌[殊刑]의 극치여서 그 옷섶을 베로 하고 테두리는 없게 해서 그를 저자에 던지고 백성들에게 그를 맡겼다

75) 朱草 주초 : 홍색의 상서로운 풀(瑞草)

76) 童 동 : 산 헐벗을

77) 涸 학 : 마를

행으로 하늘의 벌을 받았습니다. 우와 탕은 덕을 쌓아서 천하의 왕이 되었습니다.

이것을 통해서 보건대 하늘의 덕은 사사로운 사랑이 없습니다. 그것을 따르면 화답이 일어나고, 그것을 거스르면 재해가 생겨납니다. 이것이 천문 지리 인사의 법칙입니다"

이 때 책문(策問)에 답한 사람이 백여 명이었는데, 태상(太常)이 아뢸 때 홍(弘)의 순서를 제일 아래에 놓았다. 대책(對策)이 아뢰어지자 천자가 홍(弘)의 대책을 뽑아서 제일로 삼았다. 그를 박사로 임명하고, 금마문(金馬門)에서 황제의 명령을 기다리게 했다.

○ 제인(齊人) 원고(轅固)의 나이는 90여 세인데, 그 또한 현량으로 뽑혔다. 공손홍이 똑바로 쳐다보지 않고[79] 원고를 섬겼다. 원고가 "공손자는 유학에 근거해 말하는 것에 힘쓰고, 학문을 왜곡해 세상에 아첨[80]하지 마시오"라고 말했다. 여러 유생이 시기해 원고를 헐뜯는 자가 많으니, 원고가 늙음을 핑계대고 관직을 버리고 귀향했다.

○ 공손홍은 매번 조회에서 논의할 때 그 단서만 열어놓고 임금에게 스스로 택하게 했다. 면전에서 힐난하거나 조정에서 쟁론[81]하려고 하지 않았다. 황제가 보니, 그의 행동

---

78) 烈 열 : 불사를, 포학할, 화세가 강함

79) 仄目 측목 : 곁눈으로 보다

80) 曲學阿世 곡학아세 : 학문을 왜곡시켜서 세상에 아첨함

은 삼가하고 돈후하며, 변론에 여유가 있었다. 법과 실무를 익혔고, 유학으로 아름답게 끝을 장식하니[82], 크게 기뻐했다. 한 해에 승진해 좌내사에 이르렀다.

공손홍은 일을 아뢸 때 조정에서 논쟁을 할 수밖에 없으면, 항상 급암에게 잠시 시간[83]을 청해 급암이 먼저 그것을 꺼내면 공손홍이 그 뒤를 미니 천자가 항상 기뻐했고, 말하는 것은 모두 들어주었다. 이 때문에 더욱 사랑하고 귀하게 여겼다.

공손홍이 일찍이 공경과 토론하기로 약속 했는데, 황제 앞에 와서는 모두 그 약속을 저버리고 황제의 뜻을 따랐다. 급암이 조정에서 "제인(齊人)은 거짓이 많고 참된 마음[84]이 없구나. 처음 신 등과 이 의견을 건의하자 하고는 지금 그것을 저버리니 불충하다"고 홍을 꾸짖었다.

황제가 공손홍에게 물으니 홍이 사례하며[謝], "신을 아는 자는 신을 충성스럽다고 하고, 신을 모르는 이는 신을 충성스럽지 않다고 합니다"고 말했다. 황제가 홍의 말이 맞다고 생각해 더욱 후하게 그를 대우했다.

임자(壬子) 6년(기원전 129)

겨울 초에 상인의 수레에 세금을 매겼다[算].

---

81) 面折廷爭 면절정쟁 : 면전에서 힐난하거나 조정에서 쟁론함

82) 緣 연 : 가장자리를 장식하다, 아름답게 테두리를 두르다

83) 請間 청간 : 틈을 청하다

84) 情實 정실 : 참된 마음, 사정의 실제, 진상, 성심

○ 흉노가 상곡(上谷)으로 쳐들어와 관리와 백성을 죽이고 노략질 했다. 장군 위청(衛靑)을 보내 상곡으로 나가게 하고, 공손오(公孫敖)를 대군(代郡)으로 나가게 하고, 공손하(公孫賀)를 운중(雲中)으로 나가게 하고, 이광(李廣)을 안문(鴈門)으로 나가게 하면서, 각각 1만 기로 오랑캐를 공격하게 했다. 위청이 용성(龍城)에 도착해 오랑캐 7백명을 잡았고, 공손하는 잡은 것이 없고, 공손오와 이광은 모두 오랑캐에게 패배 당했다. 위청에게만 관내후 작위를 내렸다.

위청은 비록 노예포로 출신이었으나 말타기와 활쏘기를 잘하고 재능과 힘이 남보다 뛰어났으며, 사대부를 예우하고, 병졸에게 은혜를 베풀었다. 사람들이 그에게 쓰이는 것을 즐거워했다. 장수의 재능이 있었기 때문에 매번 나가면 번번이 공을 세웠다. 천하가 이것으로 인해 황제의 사람 보는 눈에 탄복하게 되었다.

계축(癸丑) 원삭(元朔) 원년(元年)(기원전 128)

겨울에 조서를 내렸다.

"짐이 간곡하게 집사에게 조서를 내려, 청렴함을 장려하고 효자를 천거하게 한 것은, 풍속을 이루어서 아름다운 성인의 업적을 잇고자 함이다.[85] 무릇 열 집이 있는 고을에는 반드시 충성스럽고[忠] 신의 있는[信] 자가 있을 것이다. 지금 모든 군[86]에서 한명도 천거하지 않으니, 이것은 (황제

85) 紹休聖緖 소휴성서 : 소(紹) 잇다. 휴(休) 아름다운. 성서(聖緖) 성인의 업적

86) 闔郡 합군 : 온 군현

의) 교화가 아래까지 다 통하지 못하고[87], 행적 있는 군자가 위에 알려지는 것을 막기 때문이다. 또 능력 있는 자를 천거하는 자는 높은 상을 받고, 능력 있는 자를 가리는 자는 드러내서 죽임을 당하는 것이 옛날의 정치 도리[治道]였다. 2천석의 관리중 천거한 자가 없는 자의 죄를 논의하라"

담당관리가 "효자를 천거하지 않는 것은 조서를 받들지 않는 것이니 법으로는 불경죄로 판결하시고, 청렴한 자를 살피지 않는 것은 임무를 수행하지 못한 것이니, 면직에 해당합니다"고 아뢰니, 그 내용이 옳다고 했다.

○ 이광(李廣)을 불러 우북평(右北平) 태수로 삼았다. 흉노가 그를 한(漢)의 비(飛)장군이라고 불렀다. 그를 피해 수년 동안 감히 우북평에 들어오지 않았다.

○ 임치(臨淄) 사람 주보언(主父偃)과 엄안(嚴安), 무종(無終) 사람 서락(徐樂)이 모두 글을 올려 일을 말했다.

처음 주보언은 제(齊) 연(燕) 조(趙)에 유세를 다녔는데, 모두 후하게 대우받지 못했고, 여러 유생들이 서로 배척해 용납되지 못했다. 집이 가난해 빌리려고[88] 해도 마땅히 얻을 곳이 없었다. 이에 서쪽으로 와서 관중에 들어와 대궐의 아래에서 글을 올렸다. 아침에 아뢰었는데, 저녁에 불려 들어갔다. 말한 것이 9가지 일이었는데, 8가지는 율령에 관한

---

87) 化不下究 화불하구 : 교화가 아래 끝까지 통하지 못하다

88) 假貸 가대 : 빌리다, 꾸다

것이고, 한가지는 흉노 정벌을 간언한 것이었다.

엄안(嚴安)은 글을 올려 "지금 천하의 백성이 재물을 쓰는 것이 너무 사치스럽습니다. 또 지금 남이(南夷)를 공격하고, 야랑(夜郞)을 내조하게 하고, 강(姜)과 북(僰)을 항복시키고, 예주(薉州)를 공략해 성읍을 세우고, 흉노의 땅에 깊이 들어가 용성(龍城)을 불태웠지만, 이것은 신하들의 이익이지 천하의 장기적인 계책은 아닙니다"라고 했다.

서락(徐樂)은 "천하의 근심은 땅이 무너지는 것에 있습니다. 진(秦)의 말세가 그러했습니다. 최근[89] 관동지역에 풍년이 들지 않아 곤궁한 백성이 많은데, 변방의 일까지 거기에 겹쳤습니다[重]. 운수를 미루어 헤아려 보고 이치에 따라서 그것을 살펴 보건데, 백성이 불안한 것은 땅이 무너지는 형세 때문입니다. 그러므로 현명한 군주는 오직 만가지 변화의 근원을 살펴보고, 안정과 위험의 기미[機][90]를 밝힙니다[明]. 종묘와 조정[91]에서 그것을 연마해[脩] 형태가 아직 갖추어지지 않은 근심을 녹입니다. 그 요점은 천하에 땅이 무너지는 형세를 없게 하기를 바라는 것일 뿐입니다"라는 글을 올렸다.

글이 아뢰어지자 천자가 3명을 보고 "공들은 어디에 있었소? 어찌 만남이 이리 늦었는가?"라고 말했다. 모두 낭중으로 임명했는데, 주보언이 가장 총애를 받았다. 한 해에 4

---

89) 間者 간자 : 요즘

90) 機 기 : 기미, 싹, 아직 형체가 안 생긴 기운

91) 廟堂 묘당 : 종묘, 정부(政府), 사당

번 승진해 중대부가 되니, 대신들이 그의 입을 두려워해서 뇌물 수천 금을 보냈다.

원 문

卷之九

漢紀

世宗孝武皇帝 在位五十四年，壽七十

辛丑建元元年

冬十月，詔擧賢良方正直言極諫之士，上親策問以古今治道。廣川董仲舒對曰：「臣觀天人相與之際，甚可畏也。自非太亡道之世，天盡欲扶持全安之，事在彊勉而已。彊勉學問，則聞見博而知益明，彊勉行道，則德日起而大有功。道者，所繇適於治之路也，仁義禮樂，皆其具也。故聖王已沒，而子孫長久，安寧數百歲，此皆禮樂敎化之功也。夫周道衰於幽厲，非道亡也，幽厲不繇也。至於宣王，思昔先王之德，興滯補敝，明文武之功業，周道粲然復興。此夙夜不懈，行善之所致也。為人君者，正心以正朝廷，正朝廷以正百官，正百官以正萬民，正萬民以正四方。四方正，遠近莫敢不壹於正，而亡有邪氣奸其間者，是以陰陽調而風雨時，羣生和而萬民殖，諸福之物，可致之祥，莫不畢至，而王道終矣！今陛下貴為天子，富有四海，居得致之位，操可致之勢，又有能致之資，　行高而恩厚，知明而意美，愛民而好士，可謂誼主矣。然而天地未應而美祥莫至者，何也？凡以教化不立而萬民不正也。夫萬民之趍利也，如水之走下，不以教化隄防之，不能止也。古之王者明於此，故南面而治天下，莫不以教化為大務。立太學以教於國，設庠序以化於邑，漸民以仁，摩民以誼，節民以禮，故其刑罰甚輕而禁不犯者，教化行而習俗美也。聖王之繼亂世也，掃除其迹而悉去之。竊譬之，琴瑟不調，甚者必解而更張之，乃可鼓也。為政而不行，甚者必變而更化之，乃可理也。故漢得天下以來，常欲治而至今不可善治者，失之於當更化而不更化也。古人有言曰：『臨淵羨魚，不如退而結網。』今臨政願治，不如退而更化。更化則可善治，善治則災害日去，福祿日來。臣聞聖王之治天下也，爵祿以養其德，刑罰以威其惡，故民曉於禮義，而恥犯其上。武王行大誼，平殘賊，周公作禮樂以文之。至於成康之隆，囹圄空虛四十餘年，此亦教化之漸而仁義之流也。今陛下幷有天下，而功不加於百姓者，殆王心未加焉。曾子曰：『尊其所聞，則高明矣。行其所知，則光大矣。高明光大，不在乎他，在乎加之意而已。』願陛下設誠於內而致行之，則三王何異哉！夫不素養士而欲求賢，譬猶不琢玉而求文采也。養士之大者，莫大乎太學。太學者，賢士之所關也，數考問以盡其材，則英俊宜可得矣。徧得天下之賢人，則三王之盛易為而堯舜之名可及也。道者，萬世亡敝。敝者，道之失也。夏上忠，殷上敬，周上文者，所繼之捄當用此也。道之大原出于天，天不變，道亦不變。是以禹繼舜，舜繼堯，三聖相授而守一道，亡救敝之政，故不言其所損益也。繇是觀之，繼治世者其道同，繼亂世者其道變。今漢繼大亂之後，若宜少損周之文致，用夏之忠者。春秋大一統者，天地之常經，古今之通誼也。今師異道，人異論，百家殊方，指意不同，是以上無以持一統。臣愚以為諸不在六藝之科、孔子之術者，皆絶其道，勿使並進，然後統紀可一而法度可明，民知所從矣！」

◯及為江都相，事易王。王，帝兄，素驕，好勇。仲舒以禮匡正，王敬重焉。嘗問之曰：「粵王句踐與大夫泄庸、種、蠡伐吳，滅之。寡人以為粵有三仁，何如？」仲舒對曰：「夫仁人者，正其誼不謀其利，明其道不計其功，是以仲尼之門，五尺之童羞稱五伯，為其先詐力而後仁義也。繇此言之，則越未嘗有一仁也。」

◯上雅向儒術，丞相竇嬰、太尉田蚡俱好儒術，推轂趙綰為御史大夫，王臧為郎中令。綰請立明堂以朝諸侯，且薦其師申公。天子使使束帛加璧、安車駟馬以迎申公。旣至，天子問治亂之事，申公年八十餘，對曰：「為治者不在多言，顧力行何如耳！」是時，天子方好文詞，見申公對，黙然。然已招致，則以為太中大夫，舍魯邸，議明堂、巡狩、改歷、服色事。

壬寅二年

太皇竇太后好黄老言，不悦儒術。趙綰王臧以文學獲罪，竇太后以為儒者文多質少，今萬石君家不言而躬行，乃以其長子建為郎中令，少子慶為內史。

癸卯三年

上自初卽位，招選天下文學材智之士，待以不次之位。四方上書言得失，自眩鬻者以千數，上簡拔其俊異者寵用之。莊助最先進，後又得吳人朱買臣、趙人吾丘壽王、蜀人司馬相如、平原東方朔、吳人枚皐、濟南終軍等，並在左右，每令與大臣辨論，中外相應以義理之文，大臣數屈焉。然相如特以辭賦得幸，朔、皐不根持論，好詼諧，上以俳優畜之，雖數賞賜，終不任以事也。朔亦觀上顏色，時時直諫，有所補益。

丙午六年

武安侯田蚡為丞相。蚡驕侈，治宅甲諸第，田園極膏腴。市買郡縣物，相屬於道。多受四方賂遺，其家金玉、婦女、狗馬、聲樂、玩好，不可勝數。每入奏事，坐語移日，所言皆聽。薦人或起家至二千石，權移主上。上乃曰：「君除吏盡未？吾亦欲除吏。」嘗請考工地益宅，上怒曰：「君何不遂取武庫！」是後乃稍退。

○東海太守汲黯為主爵都尉。始，黯為謁者，以嚴見憚。河內失火，延燒千餘家，上使黯往視之。還報曰：「家人失火，屋比延燒，不足憂也。臣過河南，貧人傷水旱萬餘家，或父子相食，臣謹以便宜，持節發倉粟，　以賑貧民。請歸節，伏矯制之罪。」上賢而釋之。其在東海，治官理民，好清靜，其治務在無為，引大體，不拘文法。黯為人性倨少禮面折，不能容人之過。時天子方招文學儒者。上曰：「吾欲云云。」黯對曰：「陛下內多欲而外施仁義，柰何欲效唐虞之治乎！」上默然，怒變色而罷朝，公卿皆為黯懼。上退，謂左右曰：「甚矣汲黯之戇也！」群臣或數黯，黯曰：「天子置公卿輔弼之臣，寧令從諛承意，陷主於不義乎！且已在其位，縱愛身，柰辱朝廷何！」黯多病，莊助為請告。上曰：「汲黯何如人哉？」助曰：「使黯任職居官，無以踰人。然至其輔少主，守城深堅，招之不來，麾之不去，雖自謂賁、育亦不能奪之矣！」上曰：「然，古有社稷之臣，至如黯近之矣！」

丁未元光元年
冬 十一月，初令郡國，擧孝廉各一人，從董仲舒之言也。

戊申二年
李少君以祠竈却老方見上，上尊之。少君言曰：「祠竈則致物，而丹砂可化為黃金，壽可益，蓬萊仙者可見。見之，以封禪則不死。」於是天子始親祠竈，遣方士入海，求蓬萊安期生之屬。海上燕齊迂怪之士多更來，言神仙事矣。鴈門馬邑豪聶壹，因大行王恢言：「匈奴初和親，親信，邊可誘以利致之，伏兵襲擊，必破之道也。」上召問公卿。韓安國曰：「臣聞高皇帝嘗圍於平城，七日不食。及解圍反位而無忿怒之心。夫聖人以天下為度者也，不以己私怒傷天下之功，故遣劉敬結和親，至今為五世利。臣竊以為勿擊便。」恢曰：「不然。高帝身被堅執銳，行幾十年，所以不報平城之怨者，非力不能，所以休天下之心也。今邊境數驚，士卒傷死，此 仁人之所隱也。故曰擊之便。」上從恢議，使韓安國、李廣、公孫賀、王恢、李息，將車騎、材官三十餘萬匿馬邑旁谷中，陰使聶壹為間，亡入匈奴，謂單于曰：「吾能斬馬邑令、丞，以城降，財物可盡得。」單于以為然而許之。聶壹乃詐斬死罪囚，縣其頭馬邑城下，示單于使者為信。於是單于穿塞，將十萬騎入武州塞。得鴈門尉史，欲殺之。尉史乃告單于漢兵所居。單于大驚，引兵還。漢兵追至塞，度不及，乃皆罷兵。上怒，下恢廷尉，自殺。自是，匈奴絕和親，然尚貪樂關市，嗜漢財物，漢亦關市不絕以中其意。

食貨志云：「帝承文、景之蓄，憤胡、粵之害，卽位數年，用嚴助、朱買臣等招東甌，事兩越，江淮之間蕭然煩費。唐蒙、司馬相如開西南夷，鑿山通道千餘里，以廣巴蜀，巴蜀之民罷焉。彭吳穿穢貊、朝鮮，置滄海郡，燕齊之間靡然騷動。及王恢謀馬邑，匈奴絕和親，侵擾北邊，兵連而不解，天下共其勞。干戈日滋，行者齎，居者送，中外騷然，百姓刓敝，財力衰耗。法嚴令具，興利之臣自此而始。

己酉三年

上以張湯為太中大夫，與趙禹共定諸律令，務在深文。拘守職之吏，作見知法，吏傳相監司。用法益刻自此始。

○是歲，徵吏民有明當世之務、習先聖之術者，縣次續食，令與計偕。菑川人公孫弘對策曰：「臣聞上古堯、舜之時，不貴爵賞而民勸善，不重刑罰而民不犯，躬率以正而遇民信也。末世貴爵厚賞而民不勸，深刑重罰而姦不止，其上不正，遇民不信也。夫厚賞重罰，未足以勸善而禁非，必信而已矣。是故因能任官，則分職治。去無用之言，則事情得。不作無用之器，則賦斂省。不奪民時，不妨民力，則百姓富。有德者進，無德者退，則朝廷尊。有功者上，無功者下，則羣臣逡。罰當罪，則姦邪止，賞當賢，則臣下勸。凡此八者，治之本也。故民者，業之則不爭，理得則不怨，有禮則不暴，愛之則親上，此有天下之急者也。禮義者，民之所服也。而賞罰順之，則民不犯禁矣。故畫衣冠，異章服，而民不犯禁者，此道素行也。臣聞之,氣同則從，聲比則應。今人主和德於上，百姓和合於下，故心和則氣和，氣和則形和，形和則聲和，聲和則天地之和應矣。故陰陽和，風雨時，甘露降，五穀登，六畜蕃，嘉禾興，朱草生，山不童，澤不涸，此和之至也。臣聞之，堯遭洪水，使禹治之，未聞禹之有水也。若湯之旱，則桀之餘烈也。桀紂行惡，受天之罰。禹湯積德，以王天下。由此觀之，天德無私親，順之和起，逆之害生。此天文地理人事之紀也。」時對者百餘人，太常奏弘第居下。策奏，天子擢弘對為第一，拜為博士，待詔金馬門。

○齊人轅固，年九十餘，亦以賢良徵。公孫弘仄目而事固，固曰：「公孫子，務正學以言，無曲學以阿世！」諸儒多疾毀固者，固遂以老罷歸。

○弘每朝會，議開陳其端，使人主自擇，不肯面折廷爭。於是上察其行愼厚，辯論有餘，習文法吏事，緣飾以儒術，大說之，一歲中遷至左內史。弘奏事，有不可，不廷辯。常與汲黯請間，黯先發之，弘推其後，天子常說，所言皆聽，以此日益親貴。弘嘗與公卿約議，至上前，皆倍其約以順上旨。汲黯廷詰弘曰：「齊人多詐而無情實， 始與臣等建此議，今皆倍之，不忠！」上問弘。弘謝曰：「夫知臣者，以臣為忠，不知臣者，以臣為不忠。」上然弘言，益厚遇之。

壬子六年
冬 初算商車。

◯匈奴入上谷，殺略吏民。遣將軍衛青出上谷，公孫敖出代，公孫賀出雲中，李廣出鴈門，各萬騎，擊胡。衛青至龍城，得胡首虜七百人。公孫賀無所得，公孫敖、李廣皆為胡所敗。唯青賜爵關內侯。青雖出於奴虜，然善騎射，材力絶人。遇士大夫以禮，與士卒有恩，衆樂為用，有將帥材，故每出輒有功。天下由此服上之知人。

癸丑元朔元年
冬　詔曰：「朕深詔執事，興廉擧孝，庶幾成風，紹休聖緖。夫十室之邑，必有忠信。今或至闔郡而不薦一人，是化不下究，而積行之君子壅於上聞也。且進賢受上賞，蔽賢蒙顯戮，古之道也。其議二千石不擧者罪！」有司奏：「不擧孝，不奉詔，當以不敬論 不察廉 不勝任，當免。」奏可。

○李廣召拜為右北平太守。匈奴號曰「漢之飛將軍」，避之，數歲不敢入右北平。

○臨菑人主父偃、嚴安，無終人徐樂，皆上書言事。始 偃遊齊、燕、趙，皆莫能厚遇，諸生相與排擯不容；家貧，假貸無所得，乃西入關上書闕下，朝奏，暮召入。所言九事，其八事為律令，一事諫伐匈奴，嚴安上書言：「今天下人民，用財侈靡，又今徇南夷，朝夜郎，降羌、僰，略薉州，建城邑，深入匈奴，燔其龍城，此人臣之利，非天下之長策也。」徐樂上書言：「天下之患，在於土崩，秦之本世是也。間者，關東不登，民多窮困，重之以邊境之事，推數循理而觀之，民不安者，土崩之勢也。故賢主獨觀萬化之原，明於安危之機，脩之廟堂之上，而銷未形之患也，其要期使天下無土崩之勢而已矣。」書奏，天子召見三人，謂曰：「公等安在，何相見之晚也！」皆拜為郎中。主父偃尤親幸，一歲中凡四遷，為中大夫。大臣畏其口，賂遺累千金。

통감절요 10권

한기(漢紀)

세종 효무황제(世宗 孝武皇帝) 중(中)

갑인(甲寅) 2년(기원전 127년)

주보언(主父偃)이 황제에게 말했다.

"옛날의 제후들은 (다스리는 땅이) 백리에 불과해, 강하건 약하건 형세를 쉽게 제어했습니다. 지금은 제후들이 어떤 자는 연이어 수십개의 성을 가지고 있고, 땅은 사방 천리이니, 풀어주면 교만하고 사치해 쉽게 음란해지고, 압박하면 그 강함을 믿고[1] 서로 연합해 경사(京師)에 반역합니다. 법으로 그 땅을 떼어내고 몰수하면 반역의 마디와 싹이 일어납니다. 예전에 조조(鼂錯)가 옳았습니다.

지금 제후의 자제는 십 수 명인데, 계승자가 대를 이어

---

1) 阻 조 : 의지할, 험할, 막을, 저지할, 의거할

즉위하면 나머지는 한 치의 땅도 없으니, 인(仁)과 효(孝)의 길이 펼쳐지지[2] 않습니다. 원컨대 폐하께서는 제후들로 하여금 은혜를 베풀어[3] 자제들에게 땅을 나누어 주도록 하고, 그들에게 작위를 주십시오. 그들은 사람마다 원하는 것을 얻으니 기뻐할 것이고, 황제께서는 덕을 베푸는 것이지만, 실제로는 그 땅을 분할하는 것이니, 몰수하지 않아도 점점 약해질 것입니다"

황제가 그 건의에 따라, 봄 정월에 "제후, 왕들이 혹시 사사롭게 은혜를 베풀어 자제들에게 고을을 나누어 주고자 하면 각 조목을 올리게 하라. 짐이 친히 호칭과 작위[4]를 정해 주겠다"고 조서를 내렸다. 제후국들이 처음으로 나누어지고, 자제들이 모두[5] 제후가 되었다.

○ 지(軹)의 사람 곽해(郭解)는 관동의 큰 협객이다. 평소에 (누가) 째려보기[6]만 해도 사람을 죽이는 경우가 매우 많았다. 황제가 그 소식을 듣고 체포해 조사하게 했다. 곽해의 삼족을 멸했다.

---

2) 宣 선 : 베풀다, 펴다, 공포하다

3) 推恩 추은 : 은혜를 밀다, 은혜를 베풀다. 추은령(推恩令)은 한(漢)대의 중앙집권책의 하나로, 제후국에게 장자 이외의 아들에게도 땅을 분할해서 나누어 주게 한 령(令)

4) 號名 호명 : 호칭과 작위

5) 畢 필 : 모두

6) 睚眦 애자 : 애(睚) 눈초리, 흘겨볼. 자(眦) 흘겨볼, 눈초리

『한서(漢書)』「유협전(遊俠傳)」 서문에 이렇게 쓰여 있다.

"주(周) 왕실이 미약해지자 환공과 문공 이후에 대부들이 대대로 권력을 잡고, 중신[7]들이 명령을 장악하고, 왕실을 업신여겼다.[8] 전국시기에 이르러 합종과 연횡을 하게 되니, 이로 말미암아 열국의 공자들 중 위(魏)의 신릉군, 조(趙)의 평원군, 제(齊)의 맹상군, 초(楚)의 춘신군이 모두 왕공의 세력을 빌어 다투어 유협이 되었다. 닭 울음소리를 내고, 개처럼 도둑질 하는 것 같은 작은 재주[9]를 가진 사람도 손님의 예로 대했다.

그리하여 조(趙)의 재상 우경(虞卿)[10]은 나라와 임금을 버리고 어려움에 처한 친구 위제(魏齊)의 재난을 돌봐주었고, 신릉군 무기(無忌)는 부절[11]을 훔쳐 왕명을 사칭해 장군을 죽이고, 군사를 장악해 평원군의 위급함에 달려갔다.

모두 제후들에게 중하게 대우 받았고[12], 천하에 이름을

---

7) 陪臣 배신 : 중신. 주(註) 배(倍)는 중(重)

8) 陵夷 능이 : 업신여기다

9) 鷄鳴狗盜 계명구도 : 닭 울음소리를 내고, 개처럼 도둑질 하는 하찮은 재주

10) 虞卿 우경 : 조(趙)나라의 재상. 진(秦)의 응후(應侯) 범수가 위나라에 있을 때, 당시 위나라 재상이었던 위제에게 고문을 당했는데, 범수가 죽은 척해서 위기를 모면했다. 이후 범수가 진나라의 재상이 되어, 위나라에 위제의 머리를 요구했다. 위제가 조나라 평원군에게 도망갔다. 이번에는 진왕이 조나라 평원군을 유인해 억류하고 조왕에게 위제의 머리를 요구하니, 위제가 우경에게 갔다. 우경은 이에 조나라 재상 직을 버리고 함께 위나라로 갔다(『史記』「범수열전」)

11) 符節 부절 : 부신(符信), 신표

12) 取重 취중 : 중하게 대우받다

떨쳤다. 팔을 걷어붙이고[13] 돌아다니며 유세한 자들 중 이 네 명의 호걸을 으뜸으로 친다. 이리하여 공적인 것을 저버리고 죽음으로 사적인 의리를 지키는 의론[14]이 이루어지고, 직분을 지키고 윗사람을 받드는 도리(義)는 폐해졌다.

한(漢)나라가 흥기하자 법망이 관대해[15] 바르게 고칠 바를 아직 알지 못했다. 이 때문에 대(代)의 재상 진희(陳豨)는 따르는 수레가 1천승(乘)이었고, 오(吳)나라의 비(濞)와 회남[淮南王 安]은 부른 빈객이 모두 수천 명이었다. 외척 대신 위기후 두영(竇嬰)과 무안후 전분(田蚡)의 무리는 경사에서 각축을 벌였다. 평민 유협 극맹(劇孟)[16]과 곽해(郭解)[17]의 무리는 마을을 휩쓸고 다니면서[18], 주(州)와 성(城)에서 권세를 부려 힘으로 제후들[公侯]을 꺾었다.

---

13) 搤腕 액완 : 팔뚝을 걷어 부치다

14) 死黨之議 사당지의 : 죽음으로 사적인 의리를 지키는 의론

15) 禁網疏闊 금망소활 : 법망이 우활하고 간략하다

16) 劇孟 극맹 : 서한의 하남 낙양인이다. 오초칠국의 반란 때 주아부가 수레를 타고 하남에 이르렀을 때 극맹을 얻고 기뻐하며 오나라와 초나라가 거사를 일으키면서 극맹을 구하지 않았으니 이는 무능한 증거라고 했다. 그의 어머니가 죽자 멀리서 와서 장례를 전송하는 자가 1천승(千乘)이었다. 극맹이 죽었을 때 집안에는 10금의 재물도 없었다(張撝之 主編, 『中國歷代人名大辭典』下, 上海古籍出版社, 1999, 2050쪽)

17) 郭解 곽해 : 곽해는 서한 하내 지(軹)사람이다. 항상 재물을 노략질하고 사주전을 만들었고, 도망자들을 숨겨주었다. 한 무제가 관중으로 이주시켰는데, 대장군 위청이 그를 변호해 주었다. 입관 후에 그 지역 호걸들과 교제를 했다. 후에 곽해의 객이 곽해를 해꼬지 한 자를 죽였는데, 어사대부 공손홍이 대역무도 죄로 판결해 일족을 멸했다(張撝之 主編, 『中國歷代人名大辭典』下, 上海古籍出版社, 1999, 2014쪽)

18) 馳騖 치무 : 달릴, 질주할

서민들이 그 명예와 행적을 영예롭게 생각하고 넘겨보고 흠모하니, 비록 사형[19]에 처해져도 태연자약[20]하고 죽임을 당하더라도 명예를 이루려고, 계로(季路)[21]와 구목(仇牧)[22] 같이 죽어도 후회하지 않았다.

고로 증자(曾子)가 말하기를 '위에서 도를 잃어 백성이 흩어진지 오래다. 밝은 왕이 위에서 좋고 나쁨을 보여주고, 예와 법으로 그들을 다스리지 않는다면, 백성이 무엇을 통해 금지하는 것을 알고 옳음으로 돌아가겠는가?'라고 했다"

을묘(乙卯) 3년(기원전 126)

공손홍(公孫弘)이 어사대부가 되었다. 이때에 서남이(西南夷)와 길이 통했고, 동쪽으로 창해군(蒼海郡)을 두었고, 북쪽으로 삭방(朔方)에 군(郡)을 세웠다. 공손홍이 자주 간언해 그것을 그만두라고 하니, 천자가 주매신(朱買臣)을 시켜 삭방 설치의 이로움을 가지고 그를 힐난하게 했다. 10가지를 말했는데, 홍이 한 가지도 반박하지 못했다. 홍이 이에 사죄하면서 "산동의 촌놈이라 그 이로움을 알지 못함이 이와 같습니다"라고 했다.

---

19) 刑辟 형벽 : 사형

20) 自與 자여 : =자약(自若). 태연자약

21) 季路 계로 : 공자(孔子)의 제자인 자로(子路)이다. 의리 명분을 지켜 그가 섬기던 공회(孔悝)를 구제하기 위해 궁궐에 들어갔다가 살해당했다.

22) 仇牧 구목 : 민공(愍公) 11년 가을, 민공과 남궁만이 사냥을 나갔는데, 남궁만이 민공을 쳐죽였다. 대부(大夫) 구목(仇牧)이 이 사건을 전해 듣고 복수를 하려 했는데, 남궁만이 먼저 구목을 쳐서 죽였다(『史記』「송미자세가」)

○ 공손홍이 베 이불을 덮고[23] 식사에 고기반찬 두 가지를 먹지 않았다.[24] 급암이 "홍은 삼공의 지위에 있으니 봉록이 매우 많다. 그런데 베 이불을 덮으니 이것은 거짓이다"라고 했다. 황제가 홍에게 물으니 홍이 '황송합니다'라고 하면서 "그러한 일이 있습니다. 무릇 삼공이면서 베 이불을 덮으니 정말로 거짓으로 꾸며서 명예를 구한[25] 것입니다. 또 급암의 충성스러움이 없었더라면, 폐하께서 어찌 이러한 말을 들으실 수 있으셨겠습니까?"라고 대답했다. 천자가 겸양한다고 생각해 더욱 더 그를 대우했다.

○ 이 해에 장탕(張湯)이 정위(廷尉)가 되었다. 장탕은 사람됨이 거짓이 많고 꾀를 부려서[26] 남을 부렸다. 급암이 황제 앞에서 장탕을 자주 질책했다. (급암은) "공은 정경이면서 위로는 선제의 공적을 들추어 빛나게 할[27]수 없고, 아래로는 천하의 사악한 마음을 억누를 수 없으면서, 어찌하여 헛되게 고황제의 법률[28]을 가지고 분란을 일으키고 그것을 고치느냐?"[29]고 꾸짖었다.

급암이 이때 탕과 논의하면 장탕은 항상 법률을 각박하

---

23) 布被 포피 : 베로 만든 이불. 위(爲)는 덮다
24) 重 중 : 중시하다, 두 가지 (『史記』「公孫弘列傳」)
25) 釣 조 : 낚시질할, 낚을, 꾀할
26) 舞 무 : 자유로이 꾸며 농락하다, 꾀부리다
27) 褒 포 : 들추어내서 빛나게 하다
28) 約束 약속 : 법령으로 단속함, 또는 단속하는 법령, 언약, 묶음
29) 紛更之爲 분경지위 : 주(註) 분란을 일으키고 고치다

게 적용하고, 작은 사안에도 가혹하게 하는 말을 했다. 급암은 굳고 엄하게[30] 높은 뜻을 고수했지만, (탕을) 굽히게 할 수 없었다. 암은 화를 내면서 "천하에서 칼과 붓만 사용하던 하급 관리는 공경(公卿)을 해서는 안된다고 하더니, 과연 그렇구나! 반드시 장탕을 말한 것이로다! 지금 천하가 두려워 행동과 말을 삼가고 조심하며[31], 눈치[32]를 보는구나"라고 꾸짖었다.

병진(丙辰) 4년(기원전 125)

흉노가 대군, 정양, 상군으로 들어왔다. 각 3만 기가 수천 인을 죽이고 노략질을 했다.

정사(丁巳) 5년(기원전 124)

공손홍이 승상이 되고, 평진후(平津候)에 분봉되었다. 승상이 제후로 분봉된 것은 홍으로부터 시작되었다. 이때 황제는 바야흐로 공적[功業]을 일으키고 있었다. 공손홍이 동쪽 사랑채를 개방해[33] 현인들을 맞이해 더불어 논의에 참여시켰다. 공손홍은 성품에 질투심이 있었고, 밖으로는 관대하나 안으로는 각박했다. 일찍이[34] 공손홍과 틈이 있었던

---

30) 伉厲 항려 : 굳세고 엄함, 의기가 충천함

31) 重足而立 중족이립 : 발을 포개고 서다, 즉 행동과 말을 두려워하고 조심함

32) 側目 측목 : 곁 눈

33) 東合 동합 : 합(閤)은 소문(小門). 동향으로 문은 연다는 것은 뜰로 난 정문을 피하고 빈객을 맞아들여서 하급관속과 구분한다는 것

34) 常 상 : 상(嘗)과 같다

사람은 가깝고 멀고의 관계없이 겉으로는 사이가 좋은 척했어도 끝내는 그 과오에 대해 보복했다.

동중서는 사람됨이 청렴하고 강직해서, 홍을 아첨한다고 생각했는데, 홍이 그를 미워했다.[35)]

교서왕(膠西王) 단(端)은 교만하고 방자해 자주 범법을 했다. 그에게 죽임당하고 상해 입은 2천석 관리가 매우 많았다. 공손홍이 이에 동중서를 교서 재상으로 천거했는데, 동중서가 병으로 벗어날 수 있었다.

급암은 항상 유가를 비판했는데, 면전에서 공손홍을 건드렸다. 홍이 일을 빙자해 그를 죽이려고 황제에게 "우내사(右內史)는 관내[36)]에 귀한 사람들과 종친들이 많아 다스리기 어렵습니다. 평소에 중신이 아니면 맡길 수 없습니다. 청컨대 암을 옮겨서 우내사로 삼으소서"라고 청했다. 황제가 그것을 따랐다.

○ 흉노 우현왕(右賢王)이 자주 삭방을 침범하고 소요시키니, 천자가 장군 위청(衛青) 등에게 우북평으로 나가 그들을 공격하게 했다. 위청은 우현왕의 작은 왕들[37)] 10여 인과 백성 남녀 1만5천여 명, 그리고 가축 수십 백만을 잡아서 변방으로 돌아왔다. 천자가 사자를 보내 대장군 인수를 가지고 군중에 가서 위청을 대장군으로 임명하니, 여러 장

---

35) 疾 질 : 미워하다

36) 界部中 계부중 : 관할 내

37) 裨王 비왕 : 소왕(小王), 비장(裨將)과 비유됨

수들이 모두 소속되었다.

(위청은) 존중받고 총애 받음이 여러 신하들 중에 둘도 없었다. 공경 이하가 모두 자신을 낮추고 위청을 받들었는데, 오직 급암이 대등한 예[38]로 대했다. 어떤 사람이 암에게 "대장군은 높고 귀하니, 그대가 절하지 않으면 안됩니다"라고 설득하니, 암은 "대장군에게 반 절하는 객이 있다면[39], 오히려 귀하지 않겠습니까?"라고 대답했다. 대장군이 듣고는 더욱 암을 현명하다고 했다. 자주 청해 국가와 조정의 의심나는 바를 물었고, 암을 평소보다 더 잘 대우했다.

○ 대장군 위청은 귀하게 대우 받았으나, 때때로 황제의 시중을 들 때 황제가 침상[40]에 걸터앉아서 그를 만나기도 했다. 승상 공손홍의 경우 한가할 때[41] 황제를 알현하면, 황제가 간혹 관을 쓰고 있지 않은 적도 있었다. 급암의 경우 황제가 관을 쓰고 있지 않으면 접견하지 않았다.

언젠가 황제가 군의 장막[42]에 앉아 있었다. 급암이 일을 아뢰려고 앞으로 오는데, 황제가 관을 쓰고 있지 않았다. 멀리서 급암을 바라보고는 장막 안으로 피하면서, 사람을 시켜 그 아룀을 허락한다고 전했다. 그가 공경 받고 예우 받음이 이와 같았다.

---

38) 亢禮 항례 : 항례(抗禮)와 같다. 대등한 예로 대해 굽히지 않음

39) 揖 읍 : 절을 하지 않고 몸만 숙여 인사함, 반 절

40) 厠 측 : 화장실. 주(註) 상변(床邊)

41) 燕見 연견 : =평거(平居), 연거(燕居), 보통 때

42) 武帳 무장 : 군의 장막

○ 여름 유월에 조서를 내렸다. "듣건대, 백성은 예로 이끌고 음악으로 교화한다고 한다. 지금 예가 무너지고 악(樂)이 무너졌으니, 짐은 매우 슬프구나! 예관에게 배움을 권하고 예를 일으켜 천하의 모범이 되게 하라"고 했다. 이에 승상 공손홍 등이 주청했다.

"박사관(博士官)을 만들어 제자 50명을 두고, 그들의 부역을 면제하고[43], 태상(太常)은 18세 이상의 백성 중에 행동거지가 단정한 자를 가려 박사를 보조하는 제자가 되게 해 태상에 가서 수업을 받게 하소서. 한 가지 이상의 기예[44]에 능통한 자는 문학장고(文學掌故)[45]를 보조하게 하소서. 또 수재나 특별한 재능이 있는 자[46]가 있으면, 그때마다 이름을 보고하게 하소서"

황제가 그 건의를 받아들였다. 이때부터 공경과 대부, 선비, 관리들의 문채(文彩)와 바탕이 잘 갖추어지게 됐고[47], 문학을 잘하는 선비들이 많아졌다.

---

43) 復其身 복기신 : 부역을 면제함

44) 藝 예 : 육예(六藝)이다. 당육전『唐六典』「국자감」에 의하면 육예란 예의, 음악, 활쏘기, 수레몰기, 글쓰기, 수학(禮 樂 射 御 書 數)을 말한다.

45) 文學掌故 문학장고 : 장고(掌故) 예를 다스리는 관리. 고사(故事)를 주관한 자로 문학이 있으므로, 예의를 익힌 자가 그 일을 한다. 고로 문학장고라고 한다.

46) 異等 이등 : 보통과 달리 특별한 재능이 있는 사람

47) 彬彬 빈빈 : 문채와 바탕이 함께 갖추어져 찬란한 모양

무오(戊午) 6년(기원전 123)

여름에 위청이 다시 여섯 장군을 이끌고 정양으로 나아가 흉노를 공격해 오랑캐 만여 명을 베었다.

○ 이 때 한(漢)은 매년[48] 10여만 명을 징발해 오랑캐를 공격했는데, 오랑캐를 베고 포로로 잡은 병사들이 받은 상금이 황금 2천여만 근이었다. 전투에서 사망한 한(漢)의 병사와 말이 십여만이었는데, 무기와 군량의 운반비용은 포함하지 않았다.[49]

그리하여 대사농(大司農)의 경비가 고갈되어 전사들을 봉양하기에 부족하게 됐다. 6월에 조서를 내려 백성들로 하여금 작위를 사고, 감옥에 갇히는 것[50]을 돈으로 대신하고[51], 뇌물 받은 죄[52]를 면할 수 있게 했다. 상관(賞官)을 설치해 이름을 무공작(武功爵)이라 했다. 관리가 되는 길이 복잡해지고 길이 많아지니, 관직이 어지러워지고 피폐해졌다.[53]

기미(己未) 원수(元狩) 원년(기원전 122)

회남왕 안(安)이 모반을 했다. 모반하면서 "조정의 대신

---

48) 比歲 비세 : 해마다

49) 不與 불여 : 포함하지 않다

50) 禁錮 금고 : 벼슬길을 막음, 사관[仕宦]을 못하게 함, 가두어 둠, 감옥 안에 가두어두고 일을 시키지 않는 자

51) 贖 속 : 바꿀, 속전을 냄, 금품을 내고 죄를 면함

52) 贓罪 장죄 : 뇌물 받은 죄

53) 耗廢 모폐 : 모(耗) 난야(亂也). 폐(廢) 피폐해짐

들 중 오직 급안만이 직간하기를 좋아하고, 절개를 지키고, 의를 죽음으로 지키니, 그릇됨을 가지고 미혹시키기 어렵다. 승상 공손홍 등을 설득하는 것은 뚜껑을 여는 것[發蒙]과 나무를 흔들어 낙엽을 떨어뜨리는 것[振落]과 같을 뿐이다"라고 했다. 마침 오피(伍被)가 관청에 가서 스스로 회남왕과 모반했다고 말하니, 황제가 공경에게 조사를 명했다. 11월에 안이 자살하고, 형산왕(衡山王) 또한 스스로 목을 찔러 죽었다.

○ 5월 흉노 1만 명이 상곡으로 들어와 수백 명을 죽였다.

○ 장건(張騫)이 월지국(月氏國)에서 돌아왔다. 서역 여러 나라의 풍속을 보고했다. 대완(大宛)에는 좋은 말이 많고, 대하(大夏)의 공산(邛山)에서 나는 대나무는 마디가 높고 중심이 실해 죽장(竹杖)을 만들 수 있고, 대하와 안식(安息) 등의 나라들은 모두 대국으로 진기한 물건이 많다고 했다. 천자가 기뻐했다. 장건의 말을 믿고, 이에 다시 서남이(西南夷) (공략을) 일삼았다.

○ 가을에 흉노 혼야왕(渾邪王)이 항복했다. 한이 수레 3만대를 징발해 그를 맞이하는데, 현관(縣官)에 돈이 없어 백성들에게 말을 빌렸다. 일부 백성들이 말을 감추니 말이 갖추어지지 않았다.

황제가 노해 장안령(長安令)을 베려고 하자, 우내사(右內史) 급암이 "장안령은 죄가 없습니다. 오직 저를 베어야 백성들이 말을 내놓으려 할 것입니다. 또 흉노가 그 주군을 배반하고 한에 항복하는데, 어찌하여 중국을 피폐하게까지 하시면서 오랑캐를 섬기려 하십니까?"라고 말했다.

황제가 말없이 있다가 "내가 오랫동안 급암의 말을 듣지 못해 지금 또 다시 망발을 했구나"하고는, 조금 있다 명을 내려 항복한 자들을 변방 다섯 군에 옮기고, 옛 풍속에 따라서 다섯 속국으로 만들었다.

○ 휴저왕(休屠王)[54]의 태자 일제(日磾)가 관노가 되었다. 금문(禁門)[55]에 보내져서 말을 기른 지 오래 되었다. 일제가 말을 끌고 궁전의 아래를 지나는데, 용모가 매우 엄숙했다. 황제가 기이하게 생각해 그날로 시중에 임명했는데, 그를 믿고 아껴 김씨 성을 하사했다.

신유(辛酉) 3년(기원전 120)

신마(神馬)를 악와(渥洼)의 물 가운데에서 얻어 (그 일을) 차례로[56] 노래로 만들었다. 황제가 악부를 세우고, 사마상여 등에게 시와 부를 짓게 했고, 환관 이연년(李延年)을 협률도위로 삼았다. 급암이 "임금은 음악을 지어서, 그것을 가지고 위로 조종을 받들고, 아래로는 만민을 교화합니다. 지금 폐하께서는 말을 얻어서 시를 짓고 노래를 지어 종묘

---

54) 休屠 휴저 : 도(屠)는 '저'로 읽는다. 휴저는 흉노가 분봉한 왕자인데, 후에 한나라에 항복했다. 무제가 현을 설치하고 무위군에 속하게 했다.

55) 黃門 황문 : 대궐의 문, 금문(禁門), 환관의 별칭

56) 次 차 : 차례로 짓다, 저술하다

에서 연주하니[57], 선제와 백성들이 어찌 그 음을 알 수 있겠습니까?"라고 간언했다. 황제가 말은 하지 않았으나 기뻐하지 않았다.

○ 황제는 자신이 사대부를 맞이하는 것에 대해 항상 모자라는 것같이 생각했다. 그러나 성품이 엄준해 여러 신하들 중 평소에 아낌을 받고 믿음을 받는 자일지라도 조금이라도 범법을 하거나 속이는 일이 있으면, 그때마다 조사해[58] 죽였다.

급암이 "폐하께서 현자를 구하려고 매우 애를 쓰시는데, 그 재능을 다 쓰지 않고[59] 번번이 죽입니다. 유한한 선비로 끝없는 죽임을 자행하시니, 신은 천하의 현자와 재능 있는 자들이 다 없어질까 걱정됩니다. 폐하는 누구와 함께 다스리겠습니까?"라고 간언했다.

황제는 "말하자면 현자는 쓸모 있는 그릇과 같은 것이다. 재능이 있는데 다 쓰이려고 하지 않는 것은 재능이 없는 것과 같다. 죽이지 않으면 무엇에 쓰겠는가"라고 대답했다.

임술(壬戌) 4년(기원전 119)

담당 관리가 "현관(縣官)의 경비[60]는 크게 모자라는데[61],

---

57) 協 협 : 연주하다

58) 按 안 : 조사하다. 수사하다

59) 不盡其用 부진기용 : 그 쓰임을 다 하려고 하지 않는다

60) 用度 용도 : 쓰는 비용, 씀씀이

61) 空 공 : 주(註) 모자라다(缺也)

부유한 상인과 큰 상인들은 돈을 주조하고 소금을 끓여서 혹자는 재물이 수만금이지만, 국가의 급함을 돕지 않으니 청컨대 화폐를 새로 만들어 넉넉히 쓰소서"라고 건의했다.

그리하여 동곽함양(東郭咸陽), 공근(孔僅)을 대농승(大農丞)으로 삼아 소금과 철에 관한 업무를 담당하게 하고, 상홍양(桑弘羊)에게 세금을 계산하게 했다. 이 세 사람이 이익에 대해 말을 하면, 가을의 가는 털도 쪼갤 만큼 자세했다. 공경이 또 청해 백성의 수레와 배에 세금을 거두자고 했는데, 그 법은 대부분 장탕(張湯)에게서 나왔다. 백성들은 그들의 삶이 불안해지자, 모두 장탕을 원망했다.

○ 전에 하남인 복식(卜式)은 재산의 반을 관청에 보내 변방을 돕겠다[62]고 자주 요청했다. 천자가 사자를 시켜 복식에게 관직을 원하느냐고 물으니, 원치 않는다고 했다. 억울한 일로 하고자 하는 말이 있느냐고 했더니, "하고자 하는 말도 없습니다. 천자께서 흉노를 공격하시는데, 제가 생각하기에 능력 있는 자는 마땅히 변방에서 절의를 지켜서 죽고, 재물이 있는 자는 마땅히 (재물을) 바쳐야 합니다. 이와 같으면 흉노를 멸망시킬 수 있습니다"라고 대답했다.

황제가 이 때문에 그를 어질다 하고, 높이고 드러내서 백성들을 가르치고자 했다.[63] 이에 식을 중랑(中郎)에 임명했다. 밭 10경을 하사하고, 천하에 포고해 그를 잘 알리게 했

62) '卜式上書, 願輸家之半縣官助邊'『사기(史記)』「평준서(平準書)」의 기록
63) 風 풍 : 바람, 가르침, 교화

다. 얼마 후[64] 또 식을 발탁해 제(齊)의 태부(太傅)로 삼았다.

○ 황제가 여러 장수들과 함께 논의하며 "흡후(翕侯) 조신(趙信)[65]이 선우를 위해 계책을 세우면서, 항상 한(漢)의 병사들은 사막을 건너서 쉽게 들어오지만, 오래 머무를 수는 없다고 말한다고 한다. 지금 크게 병사들을 징발하면, 그 기세가 반드시 하고자 하는 바를 할 수 있다"고 했다.

이에 곡식으로 키운 말[66] 십만 마리를 대장군 위청, 표기장군 거병[霍去病]에게 각각 5만 기씩 이끌게 했다. 대장군은 변방 천여 리로 나아가 사막을 건너 오랑캐 1만9천 명을 포로로 잡아 목 베고, 드디어 전안산(寘顔山)의 조신성(趙信城)에 이르러 흉노가 저장해놓은 곡식을 찾아내 군을 먹이고 하루를 머물렀다. 그 성의 남은 곡식을 다 태우고 돌아왔다.

표기장군은 우북평의 2천여 리를 나아가 낭거서산(狼居胥山)에 단을 쌓아 제사지내고, 고연(姑衍)에서는 땅을 깎아 제사지냈다. 해변의 산에 올라가서 한해(翰海)를 멀리서 봤다.[67] 7만4백43급을 노획했다.

양군(兩軍)이 변방으로 나갈 때 변방에서 점고한 관과 민

---

64) 未幾 미기 : 얼마 후에

65) 趙信 조신 : 무제(武帝)가 즉위한지 17년째 되던 해에 전장군(前將軍)이 되어 선우와 싸웠는데, 패배하자 흉노에게 투항했다. 흉노의 상국(相國)이 되고, 흡후가 되었다(사기(『史記』「위장군표기열전」)

66) 粟馬 속마 : 이속말마(以粟秣馬), 곡식으로 키운 말

67) '登海邊山以望海也' 해변의 산에 올라가 바다를 멀리서 봤다

의 말이 14만 필이었는데, 이후 변방에 들어올 때는 3만 필이 되지 않았다. 이에 대사마의 자리를 더 설치하고, 대장군과 표기장군을 모두 대사마로 삼았다.

이때 한(漢)이 죽이고 포로로 잡은 흉노가 도합 8~9만이었고, 한의 병사들 중 전사자[68] 역시 수만 명이었다. 이후 흉노가 멀리 도망가서 사막 남쪽에는 흉노의 왕정[69]이 없어졌다.

한(漢)이 황하를 건너 삭방으로부터 서쪽으로 영거(令居)에 이르기까지, 자주 수로를 개통하고, 전관(田官)을 두어 병사 5~6만 명으로 점점 흉노를 잠식해 북으로 갔다. 그러나 역시 말의 숫자가 적어 다시는 흉노에게로 크게 출격하지 못했다.

○ 제인(齊人) 소옹(少翁)이 귀신의 방술로 황제를 알현했다. 황제가 문성장군(文成將軍)으로 임명했다. 1년 남짓 지나자 방술이 점점 쇠퇴해 신이 이르지 않았다. 그리하여 문성장군을 죽이고 그것을 은폐했다.

계해(癸亥) 5년(기원전 118)

황제가 급암을 불러 회양태수에 임명했다. 암은 "신은 항상 충성스러운 마음이 있습니다. 지금은 병이 나서 힘이 군의 일을 감당할 수 없습니다. 신은 중낭이 되기를 원합니

68) 物故 물고 : 죽음
69) 王廷 왕정 : 흉노의 장막이 정(庭)과 비슷해 왕정이라 함

다. 궁궐을 출입하면서 잘못을 메우고, 떨어진 것을 줍는 것이 소원입니다"라고 말했다.

황제는 "그대는 회양을 작다고 생각하는가? 내가 지금 그대를 부른 이유는, 생각하건데 회양의 관리와 백성이 서로 화합하지 못해 내가 다만 그대의 명망으로 누워서 다스리려 한다"고 말했다. 회양에 거주한지 10년에 죽었다.

갑자(甲子) 6년(기원전 117)

이 해에 대농령(大農令) 안이(顔異)가 죽임을 당했다. 예전에 안이는 청렴함과 강직함으로 거듭 승진해 구경(九卿)에 이르렀다. 장탕과 안이는 사이가 좋지 않았는데, 어떤 사람이 다른 일로 안이를 고발한 일이 있었다. 탕에게 내려 이를 조사하라고 했다.

안이가 손님과 이야기 할 때 처음 영(令)이 내려졌다. 불편한 것이 있다면서 영에 불응하고 입술을 조금 삐쭉거렸다. 탕이 법을 들어 "이는 구경(九卿)으로서 영이 불편함을 보고서도 들어와 이야기하지 않고, 마음 속으로 비난했으니, 사형을 판결합니다"라고 아뢰었다. 이 때 이후로 속으로 비방하는 법에 대한 예가 생겼고, 공경과 대부들이 아첨해 많이 용납 받았다.

병인(丙寅) 원정(元鼎) 2년(기원전 115)

겨울 11월에 장탕이 죄가 있어 자살했다.

○ 봄에 백량대(柏梁臺)를 세우고 승로반(承露盤)을 지었다. 높이가 20장, 구리로 만들었다. 신선의 손바닥이 있어 이슬을 받아 옥가루와 섞어[70], 그것을 마시면 오래살 수 있다고 말했다. 궁궐을 꾸미는 것이 이때부터 날로 성대해졌다.

혼야왕이 한(漢)에 항복하고 나자, 소금 연못[鹽澤]의 동쪽은 텅 비어 흉노가 없었고, 서역의 길이 개통되었다. 장건이 "많은 예물로 오손(烏孫)을 불러 흉노의 오른팔을 자르십시오. 오손과 연합하고 나면 그 서쪽으로부터 대하의 무리들을 모두 불러들일 수 있습니다"라고 상주했다. 천자가 그렇다고 생각했다. 장건을 오손에 사신으로 보내고, 부사(副使)를 나누어 보내 대완, 대하의 여러 옆 나라들에 사신으로 가게 했다. 그리하여 서역이 처음 한(漢)과 통했다.

무진(戊辰) 4년(기원전 113)

정의(丁義)가 도사 난대(欒大)를 추천했는데, 문성장군과 스승이 같았다. 황제가 문성 죽인 것을 후회하고 있었기에 난대를 얻은 것을 크게 기뻐했다. 그를 오리장군(五利將軍)으로 임명하고 귀하게 여겨 천하에 떨쳤다. 그는 연(燕)과 제(齊)의 바닷가에서 소매를 걷어붙이고 스스로에게 비방[71]이 있어 신선이 될 수 있다고 말했다. 후에 무고죄로 요참을 당했다.

---

70) 和 화 : 섞다

71) 禁方 금방 : =비방(秘方)

○ 이때 관리들의 다스림이 모두 참혹하고 각박함을 서로 숭상했다. 오직 좌내사(左內史) 예관(兒寬)만이 농사 짓고 누에 치는 것을 권하고, 형벌을 느슨하게 하고, 옥사를 공평하게 다스리고, 인심을 얻는 것에 힘썼다. 어질고 후덕한 선비를 가려서 썼고, 실정을 살펴서 아랫사람과 함께 하고, 명성을 얻으려 하지 않았다. 관리와 백성들이 그를 크게 믿고 아꼈다.

조세를 걷을 때 관대하고 너그럽게 조정해[72] 백성들에게 빌려주었기 때문에 조세가 많이 들어오지 않았다. 후에 군에서 징발이 있는데, 좌내사가 조세[73]를 빚진 것이 있어 성적이 최하위[74]라 면직에 해당됐다.

백성이 (예관이) 면직 당한다는 소식을 듣고, 모두 그를 잃을까봐 두려워 해 큰 집에서는 우마차로, 작은 집에서는 메고 지고 조세를 운반했다. 줄이 이어져 끊이지 않았다.[75] 성적이 다시 최고[76]가 되니, 황제가 이로 인해 더욱 예관을 훌륭하게 여겼다.

본기(本紀)에 의하면, 6월에 보정(寶鼎)을 후토사(后土祠) 옆에서 얻었고, 추마(秋馬)가 악와(渥洼)의 물 가운데서 생

72) 裁闊狹 재활협 : 너그럽게 재다
73) 負租 부조 : 미납세금
74) 課殿 과전 : 최하위 성적
75) 繦屬不絶 강속부절 : 새끼줄이 이어져 끊어지지 않음
76) 課最 과최 : 최고성적

겨나니, 보정천마의 노래를 지었다. 원봉(元封) 원년에 "감천궁 내에서 영지[芝]가 나왔는데, 줄기가 아홉이고 잎이 모두 이어져 있었다. 지방(芝房)의 노래를 지으라"고 조서를 내렸다. 태시(太始) 3년 2월에 동해에 갔는데, 붉은 기러기를 잡아 붉은 기러기의 노래를 지었다.

기사(己巳) 5년(기원전 112)

어사대부 석경(石慶)을 승상으로 삼았다. 이때 국가에 일이 많았는데, 상홍양 등은 이익을 추구하고, 왕온서(王溫舒)의 무리들은 법을 엄하게 했고, 예관 등은 문학을 숭상했는데, 모두 구경이 되었다. 더 교대로 나아가 요로에서 권력을 장악하니, 일을 승상에게 여쭙고 결정하지 않았다. 승상 석경은 돈후하고 신중할 뿐이었다.

경오(庚午) 6년(기원전 111)

남월(南越)을 평정하고 그 땅에 남해(南海) 주애(珠厓) 등 9군을 만들었다. 드디어 남이(南夷)를 평정하고, 그 땅을 상가군(牂柯郡)으로 했다.

○ 이해에 제(齊)의 재상 복식(卜式)이 어사대부가 되었다. 그는 "군국에 형편에 맞지 않는 일이 많습니다. 현관(縣官)은 소금과 철을 만드는데, 거칠고 나쁜데도 가격은 비쌉니다. 어떤 자는 강제로 백성들에게 사게 합니다. 그리고 배에 세금을 징수하니, 상인이 적고 물건이 귀합니다"라고 말했다. 황제가 이 때문에 복식을 좋아하지 않았다.

○ 복식이 예악 제도[文章]를 익히지 않았다는 구실로 강등시켜[77] 태자의 태부로 삼고, 예관을 대신 어사대부로 임명했다.

예전에 사마상여가 병이 나서 죽을 때 유서를 남겼는데, 공덕을 기리고 상서로운 징조[78]들에 대해 말했다. 황제에게 태산(泰山)에 봉선(封禪)하라고 권하니, 황제가 그 글에 감명을 받아 여러 유생들로 하여금 봉선의 의식을 기초하라고[79] 했다.

수년이 지나도 만들어지지 않으니, 황제가 좌내서 예관에게 물었다. 예관이 대답했다.

"태산에 제사 지내고 양보(梁父)에 제사 지내는 것은 성(姓)을 밝히고 상서로움을 비는 것이며, 제왕의 성대한 행사입니다. 신이 생각컨대 봉선을 행하고, 이루어 놓은 것을 고하고, 천지에 귀신이 이르도록 합해 비는 것은, 오직 성왕(聖王)으로 말미암은 것이니[80], (성왕만이) 그 마땅한 바를 제정할 수 있습니다. 군신이 할 수 있는 일이 아닙니다.

지금 큰일을 거행해야 하는데, 머뭇거리고[81] 몇 년을 보냈습니다. 군신들에게 사람마다 최선을 다 하게 했지만, 끝내 완성할 수 없었습니다. 오직 천자만이 치우치지 않는 마

---

77) 貶秩 폄질 : 강등시키다

78) 符瑞 부서 : 상서로운 징조

79) 草 초 : 기초할, 초를 잡을, 시작할

80) 所由 소유 : 말미암을, 이유, 부터(기점을 나타내는 말. 自, 從과 같음), 까닭(이유)

81) 優游 우유 : 어물어물 지내다

음의 원칙을 세우시고[82], 합쳐 총괄하고, 조목조목 다 관장하고 집대성[83]해, 하늘의 경사를 따르시고 만세의 기초를 갖추소서"

황제가 이에 스스로 의례를 제정했는데, 유가 사상을 채용해 그것을 꾸몄다.

---

82) 中和 중화 : 치우치지 않은, 착한 성품

83) 金聲而玉振之 금성이옥진지 : 집대성하다의 의미. 팔음(八音)을 합주할 때 먼저 종을 치고, 마지막에 경을 침. 전하여 사물을 집대성하는 일

원 문

卷之十

漢紀

世宗孝武皇帝 中

甲寅二年

主父偃說上曰：「古者諸侯不過百里，彊弱之形易制。今諸侯或連城數十，地方千里，緩則驕奢，易為淫亂，急則阻其彊而合從以逆京師。以法割削之，則逆節萌起。前日鼂錯是也。今諸侯子弟或十數，而適嗣代立，餘無尺地之封，則仁孝之道不宣。願陛下令諸侯得推恩分子弟，以地侯之。彼人人喜得所願，上以德施，實分其國，不削而稍弱矣。」上從之。春　正月，詔曰：「諸侯王或欲推私恩分子弟邑，令各條上，朕且臨定號名。」於是藩國始分，而子弟畢侯矣。

○軹人郭解，關東大俠也。平生睚眦殺人甚衆，上聞之，下吏捕治，遂族解。

漢書遊俠傳序曰：「周室旣微，桓文之後，大夫世權，陪臣執命，陵夷。至於戰國，合從連衡，繇是列國公子，魏有信陵，趙有平原，齊有孟嘗，楚有春申，皆藉王公之勢，競為游俠，雞鳴狗盜，無不賓禮。而趙相虞卿棄國捐君，以周窮交魏齊之厄，　信陵無忌竊符矯命，戮將專師，以赴平原之急。皆以取重諸侯，顯名天下。搤腕而游談者，以四豪為稱首。於是背公死黨之議成，守職奉上之義廢矣。及至漢興，禁網疏闊，未之匡改也。是故代相陳豨從車千乘，而吳濞、淮南皆招賓客以千數。外戚大臣魏其、武安之屬競逐於京師，布衣游俠劇孟、郭解之徒馳騖於閭閻，權行州城，力折公侯。衆庶榮其名迹，覬而慕之。雖陷於刑辟，自與殺身成名，若季路、仇牧，死而不悔。故曾子曰：『上失其道，民散久矣。』非明王在上，示之以好惡，齊之以禮法，民曷由知禁而反正乎！」

乙卯三年

公孫弘為御史大夫。是時，方通西南夷，東置蒼海，北築朔方之郡。弘數諫，願罷之。天子使朱買臣等難以置朔方之便，發十策，弘不得一。弘乃謝曰：「山東鄙人，不知其便若是。」

○弘為布被，食不重肉。汲黯曰：「弘位在三公，奉祿甚多。然為布被，此詐也。」上問弘，弘謝曰：「有之。夫以三公為布被，誠飾詐，以釣名。且無汲黯忠，陛下安得聞此言！」天子以為謙讓，愈益尊之。

○是歲，張湯為廷尉。湯為人多詐，舞智以御人。汲黯數質責湯於上前曰：「公為正卿，上不能褒先帝之功業，下不能抑天下之邪心，何空取高皇帝約束紛更之為！」黯時與湯論議，湯辯常在文深小苛。黯伉厲守高，不能屈。忿發，罵曰：「天下謂刀筆吏不可以為公卿，果然！必湯也，令天下重足而立，側目而視矣！」

丙辰四年
匈奴入代郡、定襄、上郡，各三萬騎，殺略數千人。

丁巳五年
公孫弘為丞相，封平津侯。丞相封侯自弘始。時上方興功業，弘於是開東閤以延賢人，與參謀議。弘性意忌，外寬內深。諸常與弘有隙，無近遠，雖陽與善，後竟報其過。董仲舒為人廉直，以弘為從諛，弘嫉之。膠西王端驕恣，數犯法，所殺傷二千石甚衆。弘乃薦仲舒為膠西相，　仲舒以病免。汲黯常毀儒，面觸弘，弘欲誅之以事，乃言上曰：「右內史界部中多貴人、宗室，難治，非素重臣不能任，請徙黯為右內史。」上從之。

○匈奴右賢王數侵擾朔方。天子令將軍衛青等出右北平擊之，得右賢裨王十餘人，衆男女萬五千餘人，畜數十百萬，引還。至塞，天子使使者持大將軍印，卽軍中拜衛青為大將軍，諸將皆屬焉。尊寵於羣臣無二，公卿以下皆卑奉之，獨汲黯與亢禮，人或說黯曰：「大將軍尊重，君不可以不拜。」黯曰：「以大將軍有揖客，反不重耶！」大將軍聞，愈賢黯，數請問國家朝廷所疑，遇黯加於平日。

◯大將軍青雖貴，有時侍中，上踞厠而視之。丞相弘燕見，上或時不冠。至如汲黯見，上不冠不見也。上嘗坐武帳中，黯前奏事，上不冠，望見黯，避帷中，使人可其奏。其見敬禮如此。

◯夏　六月，詔曰：「盖聞導民以禮，風之以樂。今禮壞、樂崩，朕甚閔焉。其令禮官勸學興禮以為天下先！」於是丞相弘等奏：「請為博士官置弟子五十人，復其身。太常擇民年十八已上儀狀端正者，補博士弟子，詣太常，受業。能通一藝以上，補文學掌故。即有秀才異等，輒以名聞。」上從之。自此公卿、大夫、士、吏彬彬多文學之士矣。

戊午六年
夏 衛青復將六將軍出定襄，擊匈奴，斬首虜萬餘人。

◯是時，漢比歲發十餘萬衆擊胡，斬捕首虜之士受賜黃金二千餘萬斤，而漢軍士馬死者十餘萬，兵甲轉漕之費不與焉。於是大司農經用竭，不足以奉戰士。六月，詔令民得買爵及贖禁錮，免臧罪。置賞官，名曰武功爵。吏道雜而多端，官職耗廢矣。

己未元狩元年
淮南王安謀反，且曰：「漢廷大臣，獨汲黯好直諫，守節死義，難惑以非，至如說丞相弘等，如發蒙振落爾！」會伍被詣吏，自告與淮南王謀反，上下公卿治。十一月安自殺，衡山王亦自剄死。

○五月，匈奴萬人入上谷，殺數百人。

○張騫自月氏歸，言西域諸國風俗：「大宛多善馬，大夏邛竹杖。大夏、安息之屬，皆大國，多奇物。」天子欣然以騫言為然。乃復事西南夷。

○秋　匈奴渾邪王降。漢發車三萬乘以迎之，縣官無錢，從民貰馬，民或匿馬，馬不具。上怒，欲斬長安令，右內史汲黯曰：「長安令無罪，獨斬臣黯，民乃肯出馬。且匈奴畔其主而降漢，何至罷敝中國以事夷狄之人乎！」上黙然曰：「吾久不聞汲黯之言，今又復妄發矣！」居頃之，乃命徙降者邊五郡，因其故俗為五屬國。

○休屠王太子日磾沒入官，輸黃門養馬。久之，日磾牽馬過殿下，容貌甚嚴，上奇焉，卽日拜為侍中，甚信愛之，賜姓金氏。

辛酉三年

得神馬於渥洼水中，次以為歌。上方立樂府，使司馬相如等造為詩賦，以宦者李延年為協律都尉。汲黯曰：「凡王者作樂，上以承祖宗，下以化兆民。今陛下得馬，詩以為歌，協於宗廟，先帝百姓豈能知其音邪？」上黙然不說。

○上招延士大夫，常如不足，　然性嚴峻，羣臣雖素所愛信者，或小有犯法，或欺罔，輒按誅。汲黯諫曰：「陛下求賢甚勞，未盡其用，輒以殺之。以有限之士,恣無已之誅，臣恐天下賢才將盡，陛下誰與共為治乎！」上曰：「所謂賢者，猶有用之器也，有才不肯盡用，與無才同，不殺何施！」

壬戌四年

有司言：「縣官用度太空，而富商大賈冶鑄煮鹽，財或絫萬金，不佐國家之急。請更錢造幣以贍用。」於是以東郭咸陽、孔僅為大農丞，領鹽鐵事。桑弘羊以計算，三人言利事析秋毫矣。公卿又請筭及民車船，其法大抵出張湯，百姓不安其生，咸指怨湯。

○初，河南人卜式，數請輸財縣官以助邊，天子使使問式：「欲官乎？」曰：「不願也。」。「有冤，欲言事乎？」曰：「無所欲言也。天子誅匈奴，愚以為賢者宜死節於邊，有財者宜輸委，如此而匈奴可滅也。」上由是賢之，欲尊顯以風百姓，乃召拜式為中郎，賜田十頃，布告天下，使明知之。未幾，又擢式為齊太傅。

○上與諸將議曰：「翕侯趙信為單于畫計，常以為漢兵不能度幕輕留，今大發士卒，其勢必得所欲。」乃粟馬十萬，令大將軍青、票騎將軍去病各將五萬騎。大將軍出塞千餘里，度幕，捕斬首虜萬九千級，遂至窴顏山趙信城，得匈奴積粟，食軍，留一日，悉燒其城餘粟而歸。票騎將軍出代、右北平二千餘里，封狼居胥山，禪於姑衍，登臨翰海。鹵獲七萬四百四十三級。兩軍之出塞，塞閱官及私馬凡十四萬匹，而後入塞者不滿三萬匹。乃益置大司馬位，大將軍、票騎將軍皆為大司馬。是時，漢所殺虜匈奴合八九萬，而漢士卒物故亦數萬。是後匈奴遠遁，而幕南無王庭。漢渡河自朔方以西至令居，往往通渠，置田官，吏卒五六萬人，稍蠶食匈奴以北。然亦以馬少，不復大出擊匈奴矣。

○齊人少翁，以鬼神方見上。上拜為文成將軍。歲餘，其方益衰，神不至。於是誅文成將軍而隱之。

癸亥五年

上乃召拜汲黯為淮陽太守。黯曰：「臣常有狗馬之心，今病，力不能任郡事。臣願為中郎，出入禁闥，補過拾遺，臣之願也。」上曰：「君薄淮陽邪？吾今召君矣。顧淮陽吏民不相得，吾徒得君之重，臥而治之。」居淮陽十載而卒。

甲子六年

是歲，大農令顏異誅。初，異以廉直，稍遷至九卿。張湯與異有郤，人有告異以他事，下湯治異。異與客語初令下有不便者，異不應，微反脣。湯奏當：「異九卿，見令不便，不入言而腹誹，論死。」自是之後，有腹誹之法比，而公卿大夫多諂諛取容矣。

丙寅元鼎二年

冬 十一月，張湯有罪自殺。

◯春　起栢梁臺。作承露盤，高二十丈，以銅為之。有仙人掌，以承露，和玉屑飮之，云可以長生。宮室之修，自此日盛。

◯渾邪王旣降漢，自鹽澤以東空無匈奴，西域道可通。於是張騫建言：「厚幣招烏孫，以斷匈奴右臂。旣連烏孫，自其西大夏之屬皆可招來。」天子以為然，使騫使烏孫。因分遣副使，使大宛、大夏諸國。於是西域始通於漢矣。

戊辰四年

丁義薦方士欒大，云與文成將軍同師。上方悔誅文成，得欒大，大說。拜為五利將軍，貴震天下。於是海上燕齊之間，莫不搤腕自言有禁方，能神仙矣。後竟坐誣罔要斬。

◯是時吏治，皆以慘刻相尙，獨左內史兒寬，勸農業，緩刑罰，理獄訟，務在得人心。擇用仁厚士，推情與下，不求名聲，吏民大信愛之。收租稅時，裁闊狹，與民相假貸，以故租多不入。後有軍發，左內史以負租課殿，當免。民聞當免，皆恐失之，大家牛車、小家擔負輸租，繦屬不絶，課更以最。上由此愈奇寬。

本紀 曰：「六月，得寶鼎后土祠旁。秋，馬生渥洼水中。作寶鼎、天馬之歌。元封元年。詔曰：『甘泉宮內產芝，九莖連葉，作芝房之歌。』太始三年。幸東海，獲赤鴈，作朱鴈之歌。」

己巳五年
以御史大夫石慶為丞相。時國家多事，桑弘羊等致利，王溫舒之屬峻法，而兒寬等推文學，皆為九卿，更進用事。事不關決於丞相，丞相慶醇謹而已。

庚午六年
南越平，以其地為南海珠厓等九郡。遂平南夷，以其地為牂柯郡。

○是歲，齊相卜式為御史大夫。乃言：「郡國多不便縣官作鹽鐵,苦惡價貴，或強令民買之。而船有筭，商者少，物貴。」上由是不悅卜式。

○以卜式不習文章，貶秩為太子太傅，以兒寬代為御史大夫。初，司馬相如病且死，有遺書，頌功德，言符瑞，勸上封泰山。上感其言，令諸儒草封禪儀，數年不成。上以問左內史兒寬，對曰：「封泰山，禪梁父，昭姓考瑞，帝王之盛節也。臣以為封禪告成，合祛於天地神祇，唯聖王所由，制定其當，非羣臣之所能列。今將舉大事，優游數年，使羣臣得人人自盡，終莫能成。唯天子建中和之極，兼總條貫，金聲而玉振之，以順成天慶，垂萬世之基。」上乃自制儀，頗采儒術以文之。

통감절요 11권

한기(漢記)

세종 효무황제(世宗 孝武皇帝) 하(下)

신미(辛未) 원봉(元奉) 원년(元年)(기원전 110년)

조서를 내렸다.

"남월(南越)과 동구(東甌)가 다 항복했는데[1], 서만(西蠻)과 북이(北夷)와는 아직 화목[2]하지 못하니, 짐이 변방[3]을 순행하겠다. 병사를 뽑아 군대를 정돈하고, 몸소 무기와 깃발[4]을 잡고, 12부의 장군을 데리고, 친히 병사들을 이끌 것이다"

그리하여 행군해 운양(雲陽)으로부터 북쪽으로 가서 상군

---

1) 咸伏其辜 함복기고 : 죄를 모두 자복하다, 항복하다의 의미

2) 輯睦 집목 : 화목

3) 邊陲 변수 : 변방, 국경

4) 武節 무절 : 병장기와 깃발

(上郡) 서하(西河) 오원(五原)을 지나, 더 북쪽으로 가서 선우대(單于臺)에 오르고, 삭방(朔方)을 거쳐 북하(北河)에 도달했다. 거느린 병사가 18만 기였고, 깃발이 천여 리를 지나니[5], 위세가 흉노를 떨게 했다.

사자를 보내 흉노에게 "남월왕의 머리가 이미 한(漢)의 북문에 걸렸다. 선우가 싸울 수 있다면, 천자가 스스로 장군이 되어 변방에게 기다릴 것이다. 싸울 수 없다면 빨리 와서 신하로 복종하라. 어찌하여 사막 북쪽의 춥고 힘든 땅으로 도망해 숨느냐?"[6]고 말했다. 흉노가 두려워 해[7] 끝내 감히 나오지 못했다. 황제가 곧 돌아왔다.

동월(東越)왕 여선(餘善)이 모반하니, 한(漢)의 군대가 그를 공격했다. 동월 사람들이 여선을 죽이고, 그 백성을 데리고 항복했다. 민(閩)[8]지역 사람들이 지형이 험하고 길이 막힌 것을 믿고 자주 엎치락뒤치락 하니[9], 황제는 후세의 우환이 될 것이라며, 그 백성들을 장강과 회수 사이로 옮기고, 그 땅을 비게 했다.

○ 정월에 황제가 구지(緱氏)로 행차해 중악(中嶽)의 태실(太室)에서 예를 갖추어 제사 지냈다. 따르는 관리들이

---

5) 徑 경 : 지름길, 길을 지나다
6) 何~爲 하~위 : 어찌 ~하느냐?
7) 讋 섭 : 두려워할
8) 閩 민 : 지금의 복건(福建)지역
9) 反覆 반복 : 뒤집다, 엎치락뒤치락 하다

산 아래에 있었는데, 만세소리가 세 번 들린 것 같다고 하니, 조서를 내려 태실의 제사를 늘리게 했다. 황제가 동쪽으로 가서 해변을 순행하고, 8신(神)에게 예를 갖춰 제사지냈다.

공손경이 거인의 발자국을 발견했는데 매우 컸다고 하고, 여러 신하들이 한 노인이 개를 끌고 오는 것을 보았는데, 홀연히 보이지 않았다고 했다. 황제가 신선이라고 생각했다. 바닷가에 유숙하며 머물러 있다가 돌아와서 단을 쌓아 하늘에 제사지내는 봉선[10]의식을 했는데, 그 봉선한 사당이 밤에는 빛이 나는 것 같았고, 낮에는 흰 구름이 쌓아놓은 단에서 나오는 것 같았다. 천자가 돌아오자 군신들이 만수를 축수하고[11] 공덕을 기렸다.

태산에서 하늘에 제사지낸 후 바람과 비가 없으니, 방사[12]가 다시 봉래산의 여러 신을 볼 수 있을 것 같다고 했다. 황제가 기뻐하고 그를 만나기를 희망해[13] 다시 바닷가에 가서 기다렸다. 황제가 스스로 바다로 나가서 봉래의 선인을 찾으려고 하니, 동방삭이 "폐하는 다만 궁으로 들어가서 조용히 계시면서 기다리시면, 신선들이 스스로 올 것입니다"라고 말했다.

---

10) 封禪 봉선 : 단을 쌓아 하늘에 제사 지내고, 땅을 평평하게 해 산신에게 제사 지내는 의식

11) 上壽 상수 : =헌수(獻壽). 장수를 비는 뜻으로 술잔을 올림

12) 方士 방사 : =술사(術士) 도사(道士). 신선의 술법을 닦는 사람

13) 庶幾 서기 : 거의, 바람, 희망, 바라건대, 현인

그래서 (바닷가에서 기다리는 일을) 그치고, 바닷가를 따라[14) 북쪽으로 가서 갈석(碣石)에 이르렀다. 요서(遼西)로부터 순행해 북변(北邊)을 지나 구원(九原)에 이르렀다. 5월에 감천(甘泉)에 이르니, 두루 돌아다닌 거리가 1만8천 리라고 한다.

○ 이보다 먼저 상홍양이 대농(大農)을 맡아 천하의 소금과 철을 다 관장했다. 평준법[15)을 만들어 먼 지방들의 생산물에 대해 다른 때(그 물건이 비쌀 때)[16) 상인들이 옮겨다 파는 가격으로 세금을 징수하고[17), 그 지방에 있는 것을 없는 곳으로 옮기는데, 상호간에 옮기고 상호간에 대주게 했다.[18) 경사에 평준관(平準官)을 두고, 천하에서 쌓아두고 운송한 것[19)을 다 받아서 천하의 화물을 다 장악했다.

비싸면 팔고 싸면 구매해 부상과 거상들이 큰 이익을 탐

---

14) 並 병 : 따라서. 주(註) 의야(依也)

15) 平準法 평준법 : 물가가 싸면 사들여 비축하고, 비싸면 풀어서 조절해 세금도 이에 따라 조절하는 일종의 물가조절책

16) 『자치통감』에는 『통감절요』 처럼 “이시(異時)”로 되어있으나 원문이라 할 수 있는 『사기(史記)』「평준서(平準書)」에는 “귀시(貴時)”로 되어 있다

17) 賦 부 : 할당해 징수하다, 징수하다 . 먼 지방의 군현으로 하여금 각자 물건이 가장 비쌀 때 상인들이 파는 가격으로 부세를 내게 하고, 재화는 균수관이 통일해 옮기고 유통시키게 했다. 令遠方各以其物貴時商賈所轉販者爲賦, 而相灌輸(『사기(史記)』의 원문)

18) 灌 관 : 물 대듯이 대주다. 수(輸) 옮기다. 주(註) 관수는 그 지방에 있는 것을 없는 지방으로 보내서 서로 대주고 서로 보내주는 것이다. 수송하는 것도 편해지고 관에도 이익이 남는다.

19) 委輸 위수 : 주(註) 위(委)는 적(積)이고, 수(輸)는 전(轉). 쌓고 옮기는 것을 말한다

내지 못하게 하고, 물가가 뛸 수 없도록 하고자 했다. 이때 천자가 군현을 순행하며 지나가면서 상을 내렸다. 비단 백여만 필을 썼고, 돈과 금은 수만을 헤아리는데, 모두 대농에서 가져다가 넉넉히[20] 썼다.

또 홍양이 요청해 하급관리[吏]들이 곡식을 바치면 관직을 승진[21]할 수 있게 하고, 죄인은 돈으로 그 죄를 대신하게[22] 하니, 산동에서 조운으로 보내오는 곡식이 한해에 6백만석이 증가했다. 한 해만에 태창과 감천창이 가득차고 변방에 곡식이 남았다. 여러 물건들이 고르게 운송되어 비단이 5백만 필에 달하니, 백성들이 부세를 더 내지 않아도 천하의 쓰임이 넉넉했다. 그리하여 홍양이 좌서장(左庶長)의 작위를 받았다.

이때 조금 가물었는데, 황제가 관리에게 비를 기원하게 하니, 복식(卜式)이 "현의 관리는 조세를 걷어서 먹고 입어야 마땅할 뿐입니다. 지금 홍양이 관리에게 시장에 앉아서 늘어놓고[23] 물건을 팔아 이익을 얻게 하니, 홍양을 삶아죽이면 하늘이 비를 내릴 것입니다"라고 말했다.

---

20) 足 족 : 넉넉히 쓰다

21) 補 보 : 더하다, 돕다, 관직에 임명하다, 결원이 생겼을 때 그 자리를 메우는 것을 보(補)라 한다

22) 贖 속 : 재물 바치고 죄를 면죄 받다

23) 列肆 열사 : 늘어놓다, 벌이다

임신(壬申) 2년(기원전 109)

황제가 가뭄 때문에 걱정하니, 공손경이 "황제(黃帝) 때 단을 쌓아 하늘에 제사 지냈더니, 하늘에서 가뭄이 들게 해 제단의 흙을 3년 말렸습니다"고 말했다. 이에 황제가 조서를 내려 "하늘이 가뭄이 들게 한 뜻은 제단의 흙을 말리려는 것"[24]이라고 했다.

계유(癸酉) 3년(기원전 108)

장군 조파노(趙破奴)가 거사(車師)를 공격했다. 병사를 일으킨 위세로 오손(烏孫) 대완(大宛)의 무리들을 압박했다. 그리하여 주천(酒泉)에서 초소[25]를 줄지어 세웠는데, 옥문(玉門)까지 이르렀다.

을해(乙亥) 5년(기원전 106)

황제가 호(胡)와 월(越)을 물리치고 땅을 개척하고 경계를 넓혀서, 교지(交趾) 삭방주(朔方州)와 기(冀) 유(幽) 병(幷) 연(兗) 서(徐) 청(靑) 양(揚) 형(荊) 예(豫) 익(益) 양(凉) 주(州) 등을 두었는데, 모두 13부였고 모두 자사(刺史)를 두었다.

○ 황제가 명신과 문무에 뛰어난 자들을 모두 등용하고

---

24) 乎 호 : 문장 끝에서 ~가? 의문 또는 강조. 강조는 기(其)~호(乎)의 형태

25) 亭障 정장 : 변방의 요새에 설치해 사람의 출입을 검사하는 관문. 초소와 비슷한 것

자 했다. 조서를 내려 "대개 큰 공은 반드시 뛰어난 사람을 기다려야 한다.[26] 그러므로 말이 잘 달아나고 잘 걷어차도[27] 천리를 가고, 선비가 풍속을 어기는[28] 죄가 있어도 공명을 세운다. 무릇 수레를 전복시키는 사나운 말[29]과 행실이 해이되고 예의를 지키지 못하는 선비[30]도 그것을 부리는데 달려있을 뿐이다. 주(州)와 군(郡)에 관리와 백성 중 뛰어난 재능[31]이 있고 남다른 점이 있어[32] 장군이나 재상, 혹은 먼 외국[33]에 사신으로 보낼 만 한 자가 있는지 살펴보도록 하라"고 했다.

정축(丁丑) 태초(太初) 원년(기원전 104)

태중대부 공손경과 호수(壺遂), 태사령(太史令) 사마천(司馬遷) 등이 역법과 기년(紀年)[34]이 무너지고 폐해졌으니[35], 마땅히 정삭[36]을 고쳐야 한다고 말했다. 황제가 조서를 내

---

26) 非常 비상 : 평범하지 않은

27) 犇踶 분제 : 분(犇) 달아날, 소 놀랄. 제(踶) 잘 뛰고 잘 차는 말

28) 負俗 부속 : 속세를 저버리다, 풍속을 어기다

29) 泛駕之馬 범가지마 : 수레를 뒤집는 사나운 말

30) 跅弛之士 척이지사 : 행실이 해이되고 예의를 지키지 않는 선비

31) 茂才 무재 : 재주가 뛰어남, 후한의 관리등용 과목

32) 異等 이등 : 범인과 달라 유난히 뛰어남

33) 絶國 절국 : 멀리 떨어져 국교가 없는 나라

34) 紀年 기년 : 세기(世紀)와 연월(年月), 역사(歷史), 기원(紀元)에서부터 셈한 햇수

35) 壞廢 괴폐 : 무너지고 폐함

36) 正朔 정삭 : 정월과 초하루, 책력(冊曆)

리니, 예관(倪寬)과 박사 사(賜) 등이 함께 의논해 하(夏)나라의 역법을 써야 한다고 말했다.

여름 5월에 조서를 내려 공손경 호수 사마천 등에게 같이 한(漢)의 태초력(太初曆)을 만들라고 지시했다. 정월을 한 해의 시작으로 하고, 색은 황색을 숭상했으며, 수(數)는 5를 사용했고, 관직명을 정하고 음률을 맞추었다.[37]

○ 한(漢)의 사자가 서역에서 돌아와서 "완(宛)에 좋은 말이 있는데, 이사성(貳師城)에 있다. 그런데 감추어 놓고 한(漢)에 주려고 하지 않는다"고 말했다.

천자가 총희 이씨를 황후로 삼고자 해 이부인의 오빠 광리(廣利)를 이사장군(貳師將軍)으로 임명했다. 이사성에 가서 좋은 말을 빼앗아 오기를 기대했기 때문에 이사장군이라 불렀다.

온공(溫公)이 말했다.

"무제가 총애하는 후비를 황후로 하고 싶어 광리를 장수로 임명했다. (원래 그의) 생각은 공이 없는 자를 제후로 봉하지 않겠다는 것이고, 고제(高帝)의 맹세를 저버리지 않으려는 것이었다.

군무는 국가의 대사이다. 국가의 안위와 백성의 생사가 달려 있다. 참으로 현명한지 어리석은지를 가리지 않고 그 일을 맡기는 것은, 요행으로 조그만 공을 바라고 (그것을)

37) 協 협 : 맞을, 합할

명분으로 삼아 사랑하는 사람을 편애하려는 것이다.[38] (이러한 일은) 대개 땅을 분봉해주는 것에서는 볼 수 있었지만, 장수를 두는 것에서는 본 적이 없다. 그것으로 선제의 약속을 지킬 수 있었다고 말한다면 잘못된 것이다"

무인(戊寅) 2년(기원전 103)

태복(太僕) 공손하(公孫賀)가 승상이 되었다. 이때 조정에 일이 많았다. (황제가) 대신들을 독려하고 책망했다. 공손홍 후에 승상이 된 자는 계속해 일로 벌을 받아 죽임을 당했다. 석경은 삼가해서 (직책을) 끝까지 마칠 수 있었지만, 자주 견책을 당했다. 공손하가 불려와 임명되자, 인장과 끈을 받지 않고 머리를 조아리고 울면서 일어나려고 하지 않았다. 황제가 곧 일어나서 나가버렸다. 공손하가 어쩔 수 없이 임명 받고 나오면서 "나도 지금부터 위태롭겠구나"라고 말했다.

기묘(己卯) 3년(기원전 102)

수양후(睢陽侯) 장창(張昌)이 태상의 자리에 있으면서 제사를 지내지 않은[39] 죄에 걸려 봉지를 몰수당했다

예전에 고조가 공신들에게 봉지를 주어 열후(列侯)에 삼은 자가 143명이었다. 그때는 전쟁의 여파로 큰 성이나 이름 있는 도시도, 백성들이 흩어지고 도망간 탓에 호구가 대

---

38) 私 사 : 사사롭게 하다. 즉 사랑 때문에 공사 구분을 못하다
39) 乏祠 핍사 : 제사를 지내지 않다. 핍(乏) 떨어질, 빌, 모자랄, 폐할

충 헤아리건대 20~30%정도[40] 밖에 없었다. 큰 제후는 1만 가(家)에 불과 했고, 작은 자는 5, 6백이었다. 봉지와 작위를 받으면 "황하가 띠처럼 (가늘게) 되고, 태산이 (닳아서) 숫돌처럼 될 때까지 나라가 영구히 존재하고, 그리하여[41]면 후손[42]에 까지 미칠 것"이라고 맹세했다.

문제와 경제 때에 와서 유민들이 돌아오자 호구 역시 불어났다. 열후 중 큰 자는 3~4만호였고, 작은 자도 2배가 되었다. 부유함이 이와 같으니 자손들이 교만하고 안일해졌다. 법과 금하는 것에 저촉되는 일이 많아 몸은 죽게 되고 봉지도 잃게 되었다. 이때에 와서는 제후로 보이는 자가 겨우 4명이었다. 법망 역시 그물처럼 조밀해졌다.

○ 이사장군이 서쪽으로 행군해 완(宛)에 이르러 그 성을 포위했다. 완의 귀인이 왕 무과(毋寡)의 머리를 가져오고, 좋은 말을 내놓으면서 한(漢)에게 스스로 선택하게 했다. 조서를 내려 이광리를 해서후(海西侯)로 삼았다.

대완을 꺾은 후부터 서역이 떨고 두려워하니, 한(漢)의 사자 중에 서역에 들어간 자는 더욱 승진하게 되었다. 그리하여 돈황(燉煌)에서부터 서쪽으로 소금 연못[鹽澤]에 이르기까지 많은 초소[亭]를 세우고, 윤대(輪臺) 거리(渠犂)에 모두 둔전병[43] 수백 명씩을 두었다. 사자교위(使者校尉)를

---

40) 裁什二三 재십이삼 : 대충 헤아려 보건데 10에 2~3, 즉 20~30%. 재(裁) 마름질할, 헤아릴

41) 爰 원 : 여기에서, 이에

42) 苗裔 묘예 : 후예, 후손

두어 관리 감독하게 했다.

○ 천자가 완(宛)을 정벌한 위세로 서북쪽 오랑캐[胡]를 곤궁하게 하려고 했다. 조서를 내려 "고제가 짐에게 평성(平城)의 근심[44]을 남기셨고, 고 태후 때 선우가 보낸 서신은 대단히 도리에 어긋나고 불경스러웠다. 옛날에 제양공(齊襄公)이 9대 전(前)의 원수를 갚으니, 춘추(春秋)에서 그것을 훌륭하다고 했다"고 했다.

이때는 선우의 즉위 초였다. 한(漢)의 습격이 두려워 "나는 어린아이입니다. 어찌 감히 한(漢)의 천자를 바라보겠습니까? 한(漢)의 천자는 나의 어르신[45] 항렬입니다"라며, 노충국(路充國) 등을 다 돌려보내고 사자를 보내 공납을 바쳤다.

신사(辛巳) 천한(天漢) 원년(기원전 100)

중랑장 소무(蘇武) 장승(張勝) 상혜(常惠) 등을 파견해 흉노에 사신으로 보냈다. 선우가 위율(衛律)을 시켜 소무를 불러 그를 투항시키려 했다. 위율이 소무에게 "내가 전에 한(漢)을 등지고 흉노로 귀순했는데, 다행히 큰 은혜를 입어서 왕의 칭호를 내려주었소. (지금 나는) 데리고 있는 무리가 수만이고 기르는 말이 산을 덮습니다. 부귀함이 이와

---

43) 田卒 전졸 : =둔전병(屯田兵)

44) 平城之憂 평성지우 : 주(註) 고제(高帝) 7년 고제가 평성에서 흉노에게 포위당했는데, 뇌물을 주고 풀려났다

45) 丈人 장인 : 어르신. 주(註) 장인은 노인을 존대하는 칭호이다

같으니, 소무군이 오늘 투항하면 내일 또 그러할 것입니다. 헛되이 몸이 초야의 거름이 된들 누가 또 그것을 알아주겠습니까?"라고 말했다.

소무가 대응하지 않으니 위율이 다시 "내 계획을 듣지 않으면, 후에 비록 다시 나를 만나고자 해도 할 수 있겠습니까?"라고 말했다. 소무는 위율에게 "네가 사람의 신하와 자식이 되어 은혜와 도리를 돌아보지 않고, 주인을 배신하며 아버지를 등지고 오랑캐에게 항복한 놈이 되었는데, 어찌 너를 보려 하겠는가?"라고 꾸짖었다.

위율이 소무를 위협할 수 없음을 알고 선우에게 아뢰니[46], 선우가 곧 소무를 비어있는 큰 곡식창고[47]에 가둬두고 음식을 주지 않았다. 하늘에서 비와 눈이 내리면, 소무가 누워서 눈[雪]을 깃발의 털[48]과 함께 깨물어[49] 삼키니, 수일이 지나도 죽지 않았다. 흉노에서 신이라 생각해 무를 북쪽 바닷가로 옮기고, 숫양을 기르게 하며 "숫양에서 젖이 나오면 돌아갈 수 있다"고 말했다. 그의 부하 관속 상혜 등은 별도로 각각 다른 장소에 두었다.

---

46) 白 백 : 아뢰다, 사뢰다

47) 大窖 대교 : 주(註) 큰 곡식 창고. 옛날 미속(米粟, 곡식)의 지하 저장 창고, 비어 있었다

48) 雪與旃毛 설여전모 : 눈과 깃발의 털

49) 齧 설 : 물어뜯다, 깨물다

임오(壬午) 2년(기원전 99)

예전 이광(李廣)에게 손자 릉(陵)이 있었는데, 시중이 되었다. 그는 말 타기와 활쏘기를 잘하고, 남을 아끼고 병사들에게 자기를 낮추니[50], 황제가 이광의 기풍이 있다고 생각해 기도위(騎都尉)로 임명했다.

이사가 흉노를 공격하게 되자 이릉은 "신이 거느리는 북변의 주둔병들은 모두 초나라의 용사들로, 뛰어난 무사이자 검객입니다. 힘은 호랑이를 잡고[51], 화살을 쏘면 명중합니다. 원컨대 스스로 한 부대를 맡아[52] 많은 무리를 공격하겠습니다"라고 자청했다. 황제가 장하다 여기고 허락했다.

그리하여 보졸 5천을 이끌고 준계산(浚稽山)에 도착해 선우와 서로 싸워 수천 명을 죽였다. 선우가 크게 놀라 (상황이) 불리하다고 여겨 (도망)가려고 했다. 마침 릉의 군후(軍侯) 관감(管敢)이 교위(校尉)에게 욕을 당하자, 도망쳐서 흉노에 항복했다.

그가 이릉의 군대에는 원군이 없고 쏠 화살이 다 떨어졌다고 말하니, 선우가 관감을 얻은 것을 크게 기뻐하고, 기병들로 하여금 함께 한(漢)군을 공격하게 했다. (선우가) 말 달리면서 급히 소리 지르기를[疾呼], "이릉과 한연년(韓延年)은 빨리 항복하라!"고 했다. 마침내 길을 막고 급하게 이릉을 공격했다. 이릉은 골짜기에 있었고 오랑캐는 산 위

---

50) 下 하 : 자기를 낮추다

51) 扼 액 : 누를, 잡을

52) 當 당 : 맡다

에 있었는데, 사방에서 화살이 비처럼 내렸다. 한연년이 전사했다. (이릉은) "폐하께 보답할 면목이 없구나" 하고는 드디어 항복했다.

변방에서 보고했다. 황제가 노해 태사령 사마천(司馬遷)에게 물었다. 사마천은 이릉에 대해 극진하게 말했다.

"(이릉은) 어버이에게 효도하고, 병사들에게 신의가 있으며, 항상 분발해 자신을 돌아보지 않고 국가의 중요한 일에 달려갔습니다. 그가 평소에 쌓은 것은 국사[53]로서의 풍모입니다. 지금 일을 행함에 한번 운이 없었습니다. 몸만 보존하고 처자식만 보존하려는 신하가 따라가서 그 죄를 길러냈으니[54], 정말로 통탄할 일입니다.

또 릉이 거느린 보졸은 5천이 안되는데, 오랑캐의 땅을 깊이 밟아서 수만의 병사를 물리쳤습니다. 오랑캐들은 죽은 자를 구하고 상처 입은 자를 부축할 틈도 없었습니다. 활을 쏠 수 있는 백성들을 모두 징발해 함께 포위해 공격했습니다.

여기저기 옮겨 다니면서 싸운 곳이 천리입니다. 화살이 떨어지고 길이 막히니 병사들이 빈 활을 당겼고[55], 칼날을 무릅쓰고 북쪽으로 향해 죽음으로 적과 싸웠습니다. 사람으로서 죽을 힘을 다했으니, 옛날의 명장들도 못한 일입니다.

---

53) 國士 국사 : 나라의 뛰어난 선비

54) 媒櫱其短 매얼기단 : 누룩을 숙성하듯(빚듯이) 그 죄를 양성하다. 매얼(媒櫱) 누룩을 숙성시키다. 단(短)은 죄, 단점

55) 空弮 공환 : 빈 쇠뇌, 빈 활. 환(弮) 쇠뇌

자신은 비록 패배했지만, 그가 꺾고 패배시킨 바도 역시 천하에 충분히 드러났습니다. 그가 죽지 않은 것은 당연히 마땅한 시기를 얻어서[56] 한(漢)에 보답을 하고자 함입니다"

황제는 사마천이 거짓으로 이사장군을 막고[57], 이릉을 위해 유세하고자 한다고 해 사마천에게 궁형[58]을 내렸다.

○ 황제가 법제로 아랫사람을 다스려 혹리를 쓰기를 좋아했다. 그래서 군국을 다스리는 2천석 관리 중에는 잔인하고 횡포한 관리가 많았다. 백성들이 더욱 범법을 가볍게 여기니, 동방의 도적들이 점점 일어나 큰 무리는 성과 읍을 공격하고, 작은 무리는 향리를 약탈했다.

황제가 이에 범곤(范昆) 장덕(張德) 등을 시켜 임금의 대행어사 임을 나타내는 수의[59]를 입고 신표와 병부[60]를 가지고 병사를 징발해 토벌하게 했다. 참수 한 것이 어떤 때는 1만여급에 이르렀다. 흩어져 도망갔다가 (다시) 모여 무리를 지으니, 어찌할 방법이 없었다.[61]

그리하여 심명법[62]을 만들었다. 그 내용은 "도적 떼가 일

56) 當 당 : 마땅한 일을 하다, 혹은 마땅한 시기를 얻다

57) 沮 저 : 막다, 저지하다, 방해하다

58) 腐刑 부형 : =궁형(宮刑)

59) 繡衣 수의 : 수의어사, 황제를 대행하는 어사

60) 持節虎符 지절호부 : 깃발(신표)과 병부를 가지다. 지절(持節) 임금의 명령을 알리는 깃발, 신표. 호부(虎符)=병부(兵符)

61) 無可奈何 무가내하 : 어찌할 방법이 없다

62) 沈命法 심명법 : 주(註) 감추어 두고 발각하지 않는 자를 처벌하는 법, 감히

어났는데, 발견하지 못하거나 발견해 체포한 것이 일정 수준[63]에 미치지 못하는 자는 2천석에서부터 하급관리까지 책임자[主]를 모두 죽이겠다"는 것이었다. 그 후로 하급 관리들은 죽임당할 것이 두려워, 도둑이 있어도 감히 들추어 내지 못하고, 상하가 서로 숨겨주고 문서로써 법을 피했다.

○ 이때 폭승지(暴勝之)가 직지사자(直指使者)가 되었는데, 죽인 2천석 이하 관리들이 유독 많아서 위세가 주군(州郡)에 떨쳤다. 발해에 도착했는데, 군의 사람 준불의(雋不義)가 현명하다는 말을 듣고, 요청해서 서로 만났다. 불의가 말했다.

"가만히 바닷가에 엎드리고 있었지만, 폭공자의 명성을 들을 것은 오래 되었습니다. 지금에야 얼굴을 맞대고 대화할 수 있게 되었습니다. 관리가 일을 하는데 있어 너무 강하면 부러지고, 너무 약하면 폐해집니다. 위엄을 행하는데, 은혜를 펼친 연후에야 공이 세워지며 명성이 드러나고 하늘의 복이 영원할 것입니다"

승지가 그 충고를 깊이 받아들였다. 곧 돌아와서 표문을 올려 불의를 천거했다. 황제가 불의를 불러 청주자사에 임명했다.

○ 왕하(王賀) 역시 수의어사가 되었는데, 위(魏)군의 군

도적을 숨겨주는 자는 그 목숨이 떨어진다. 심(沈) 숨겨주는 것. 명(命) 도망하는 것

63) 滿品 만품 : 건수를 채우다. 품(品) 건수 종류

도들을 쫓아가 잡았다가 많이 풀어줬다. 그래서 맡은 사명을 잘못 처리했다[64]고 해 면직 당했다. "내가 듣기에 천 명을 살리면 자손이 벼슬한다고 했는데, 내가 살린 자가 만여 명이니 후손이 흥할 것인가?"[65]라고 한탄했다.

계미(癸未) 3년(기원전 98)

초에 술을 전매[66]했다.

정해(丁亥) 태시(太始) 3년(기원전 94)

황태자 불릉(不陵)이 태어났다. 불릉의 어머니는 하간사람 조첩여(趙倢伃)[67]라고 불렸는데, 구익궁에 살았다. 임신한지 14개월 만에 낳으니 황제가 "듣기에 옛날에 요임금이 14개월 만에 태어났다고 한다. 지금 구익 역시 그러하니 곧 명령을 내려 그 태어난 문을 요모문(堯母門)이라고 불러라"고 했다.

온공(溫公)이 말했다.

"임금이 된 자는 행동거지, 손발을 들고 놓는 곳도 신중

---

64) 奉使不稱 봉사불칭 : 일 처리를 잘 하지 못한 것

65) 其~乎 기~호 : ~이다, 일 것이다(강조). 혹은 ~이 아니겠는가?(의문 반어)

66) 榷酒酤 각주고 : 정부가 독점해 술을 제조하고 판매하는 것. 각(榷) 전매. 주고(酒酤) 술

67) 倢伃 첩여 : 한나라 여관(女官)의 명칭, 무제 때 설치했다. 서열은 상경(上卿), 작위는 열후와 비슷했다

하지 않으면 안된다. 마음속에 있는 것은 반드시 밖으로 나타나므로, 천하에 모르는 사람이 없다. 이때에 황후와 태자가 별 허물이 없는데, 구익문을 요모문이라고 부르라고 명령하니, 이는 잘못된 이름이다.

이 때문에 간사한 무리가 황제의 뜻을 거꾸로 더듬어서 그가 막내아들을 대단히 사랑해 후계자로 만들고 싶어함을 알았다. 드디어 황후와 태자의 마음에 위태로움을 갖게 하고, 결국 무고의 화[巫蠱之禍]를 만들었으니, 슬프구나!"

조인(趙人) 강충(江充)이 예전에 조(趙)의 경숙왕의 객으로 있었는데, 태자 단(丹)에게 죄를 짓고 도망해, 궁궐에 가서 조(趙)태자의 음모를 고발했다. 태자가 죄에 걸려 폐위되었다. 황제가 강충을 불러 들어오게 했다. 이야기해보고 크게 기뻐해 직지수의사자(直指繡衣使者)로 임명하고, 귀척과 근신들을 감독하고 살피게 했다.

경인(庚寅) 정화(征和) 2년(기원전 91)

예전에 황제가 나이 29세에 여(戾)태자를 낳았는데, 매우 그를 사랑했다. 장성하자 성품이 인자하고 배려하고 온화하고 신중했다. 황제는 그가 재능이 적고, 또 자기를 닮지 않음[68]을 싫어했다. 황후와 태자는 총애가 점점 쇠퇴하자 항상 불안해하는 마음이 있었다. 황제가 그것을 깨닫고 대장

---

68) 不類己 불유기 : 자기를 닮지 않은 것

군 위청을 불러서 말했다[69].

"한(漢)나라는 모든 일[70]이 초창기이다. 게다가 사방의 오랑캐가 중국을 침략하고 괴롭히니, 짐이 제도를 바꾸지 않으면 후세에 군대를 내어 정벌하지 않을 방법이 없을 것이다[71]. 천하가 불안해도 이처럼 하는 것이다. 백성들을 힘들게 하지 않을 수 없다. 만약 후세에 또 짐이 한 것처럼 한다면, 이것은 망한 진(秦)나라의 자취를 답습하는 것이다.

태자는 돈후하고 조용한 것을 좋아하니, 반드시 천하를 안정시킬 수 있다. 문(文)으로 다스리는 군주를 구하고자 한다면, 어찌 태자보다 능력 있는 자가 있겠는가? 듣기에 황후와 태자가 불안해한다고 하니 내 뜻을 가지고 그들을 깨우쳐 주어라"

대장군이 머리를 조아리고 "황송하옵니다"라고 했다. 태자가 매번 사방의 오랑캐를 정벌할 때마다 간언하니, 황제가 웃으며 "내가 그 수고로움을 담당해서 너에게 편안함을 남겨준다면, 그 또한 괜찮지 않은가?"라고 말했다. 황제는 엄격하게 법을 집행할 때가 많았고, 각박한 관리를 깊이 신임했다. 태자는 관대하고 돈후해 죄를 가벼운 쪽으로 판결하는[72] 일이 많으니, 백성의 마음은 얻었으나 법을 쓰는 대신들은 모두 좋아하지 않았다.

---

69) 주(註) 위(衛)황후는 대장군 위청(衛靑)의 누이였다

70) 庶事 서사 : 모든 일

71) 無法 무법 : ~할 방법이 없다

72) 平反 평반 : 죄를 판결함에 가벼운 쪽을 선택하는 것

이때에 방사들과 여러 무당들이 경사에 많이 모였다. 모두 잘못된 방법[73]을 가지고 대중을 미혹하고 홀렸다.[74] 여자 무당은 궁중을 왕래하며 궁녀들[75]에게 액운을 벗어나는 방법[76]을 가르쳤다.

집마다 번번이 나무인형을 묻어놓고 제사지내고, 기원하고, 그 때문에 질투하고 성내고 욕했다. 또 서로 고발해 들추어내고[77], 그것으로 황제를 축수하기도 하고, 무도함을 저주하기도 했다.

황제가 노해 죽인 자가 수백 명이었다. 황제의 마음에 의심스러움이 있었는데, 그 후 낮잠을 자는데 꿈에 나무인형 수천이 몽둥이를 가지고 황제를 때리려고 했다. 황제가 놀라서 깼는데 이로 인해 몸이 편찮았다.

강충은 스스로 태자 및 위씨(衛氏)와 틈이 있다고 생각했는데, 보건데 황제는 이미 연로하므로, 황제가 죽은[78] 후에 태자에게 죽임을 당할까 두려워했다. 그래서 황제의 병의 화근[79]은 무고[80]에 있다고 말했다. 그리하여 황제가 강충을

---

73) 左道 좌도 : 잘못된 방법

74) 變幻 변환 : 급속히 변함, 또 갑자기 나타났다 없어짐. 변(變) 변하다, 달라지다. 환(幻) 미혹하다, 변하다, 홀리다

75) 美女 미녀 : 여관, 궁녀

76) 度厄 도액 : 액막이, 액운을 헤아림

77) 告訐 고알 : 고발하고 들추어냄

78) 晏駕 안가 : =승하(昇遐). 제왕의 죽음

79) 祟 수 : 화근, 빌미, 귀신의 재앙

80) 巫蠱 무고 : 남을 혹독하게 저주하는 일

사자로 삼아 무고 사건을 다스리게 했다.

강충은 "태자궁에서 더욱 많은 나무인형이 나왔다. 또 비단의 글이 나왔는데, 말한 것이 무도하다. 마땅히 아뢰야겠다"고 말하고는, 심히 급하게 태자를 잡고 늘어지니, 태자가 어찌할 바를 몰라 그 소부(少傅) 석덕(石德)의 생각을 따랐다.

강충 등을 체포해 태자가 스스로 가서 강충을 참수하라고 하고 "조(趙)나라 놈아! 전에 너의 국왕 부자를 어지럽힌 것으로 부족하느냐? 이에 다시 우리 부자를 어지럽히려 하느냐?"라고 꾸짖었다. 태자가 무기고의 무기를 꺼내고, 장락궁의 호위병을 징발하니, 장안이 소란해지고 태자가 반란을 일으켰다고 말했다.

황제가 감천에 있었는데, 조서를 내려 반란 일으킨 자들을 참수하라고 했다. 태자의 병사들이 패해 남쪽으로 도망갔다. 황제가 매우 노하니, 호관(壺關)의 삼로(三老)인 무(茂)가 글을 올렸다.

"황태자는 만세의 업을 이을 사람으로, 가까이로는 황제의 대를 이을 아들입니다. 강충은 평범한 집의 천한 신하로 지존의 명을 부려 태자를 압박하고 짓밟아 범죄를 꾸몄습니다. 태자가 나가서 황제를 뵈올 수 없으니, 물러서서 간사한 신하에게 곤욕을 당했습니다.

원통함이 생겼으나 하소연 할 데가 없었으니, 분노의 마음을 참지 못해 병사를 일으켜 강충을 죽였습니다. 아들이 아버지의 병사를 훔쳐서 어려움에서 구조되어 스스로 벗어나고자 했을 뿐입니다. 신이 분명히 생각하건대 사심은 없습니다"

글이 아뢰어지자 천자가 깨닫는 바가 있었다. 그러나 아직 드러난 말로 그를 용서하지 않았다. 태자가 스스로 벗어날 수 없음을 헤아리고, 곧 스스로 목을 매달았다.

예전에 황제가 태자를 위해 박망원(博望苑)을 세우고, 빈객과 내왕하게 하며 좋아하는 바를 따르게 했다. 그 때문에 빈객 중에 이단(異端)[81]을 진언한 자가 많았다.

온공(溫公)이 말했다.

"옛날의 현명한 왕은 태자를 가르치고 기를 때, 그를 위해 방정하고 돈후하고 선량한 선비를 뽑아, 아이를 돌보는 보부[82]나 스승, 친구를 삼았다. 아침저녁으로 그들과 함께 놀고 살게 했으니, 좌우 앞뒤가 모두 바르지 않은 사람이 없었고, 나가고 들어오고 생활함[83]에 바른 도가 아닌 것이 없었다. 그럼에도 여전히 음란하고 방종하고 도리에 어긋나고 편벽된[84]일이 있어, 화를 겪고 잘못됨에 빠졌다.

지금 태자로 하여금 스스로 빈객과 내왕하게 하고, 그가 좋아하는 바를 따르게 했다. 무릇 정직한 것은 가까이하기 어렵고, 아첨하는 것과는 합심하기가 쉬운 것이다. 이것이 정말로 보통사람의 평상의 정서이다. 태자가 제명대로 죽지

---

81) 異端 이단 : 성인(聖人)의 도(道)가 아닌 도, 자기가 신봉하는 도가 아닌 것
82) 保傅 보부 : 어린아이를 돌보는 사람
83) 起居 기거 : 행동거지, 기거동작, 생활, 문안, 임금의 언행을 기록하는 관리
84) 邪辟 사벽 : 도리에 어긋나고 편벽됨

못한 것은 마땅하다”

관리와 백성이 서로 혹독하게 저주하고 고발한 것을 조사했는데, 사실이 아닌 것이 많았다. 황제는 태자가 당황하고 두려워했고, 다른 뜻은 없었음을 알았다.

마침 고침랑(高寢郎) 전천추(田千秋)가 긴급한 상주문[85]을 올려 태자의 억울함을 바로잡아서[86] 말하기를 “아들이 아버지의 병사로 장난을 쳤으면, 죄가 태형에 해당합니다. 천자의 아들이 실수로 살인을 했으면, 어떤 죄에 해당합니까?”라고 했다.

황제가 이에 크게 깨닫고 전천추를 불러 “부자간의 일은 남이 말하기 어려운 것이다. 공이 홀로 그것이 그렇지 않음을 밝혀주니, 이것은 고묘(高廟)의 신령이 공으로 하여금 나를 가르친 것이다. 공은 마땅히 끝까지 나를 보좌하라”고 말하고는, 즉각 전천추를 대홍려(大鴻臚)에 임명했다. 그리고 강충 집안의 삼족을 멸했다.

황제가 태자의 죄가 없었다는 것을 불쌍히 여겨 곧 아들을 생각하는 궁[思子宮]을 만들고, 와서 바라보고 그를 생각하는 누대[歸來望思之臺]를 호수에 만들었다. 천하가 듣고는 슬퍼했다.

---

85) 急變 급변 : 긴급한 상주

86) 訟 송 : 다스려서 바로잡다

임진(壬辰) 4년(기원전 89)

황제가 "짐이 즉위한 이래에 한 일이 매우 도리에 벗어나고 사리분별을 못해[87] 천하를 근심하고 고생하게 했다. 거슬러 올라갈 수 없으니 후회[88]스럽다. 지금 하는 일 중 백성에게 상처를 입히거나 천하의 비용을 소비[89]하는 것은 모두 그만 두라"고 말했다.

전천추가 "방사가 신선을 말하는 것은 매우 많았으나, 드러낸 공은 없습니다. 신이 청컨대 모두 없애고 쫓아서 내보내십시오"라고 하니, 황재가 "홍려의 말이 옳다"고 말했다. 방사와 신선을 기다리는 자를 다 내보냈다.

이후 황제가 매번 군신들을 대할 때마다 "예전에는 어리석고 미혹해 방사들에게 속임을 당했다. 천하에 어찌 신선이 있겠는가? 다 요망할 뿐이다. 음식을 조금 먹고 약을 먹으면 다소 병을 줄일 수 있을 뿐이다"라고 한탄했다.

○ 6월에 대홍려 전천추가 승상이 되고, 부민후(富民侯)에 봉해졌다. 전천추는 다른 재능과 학문이 없었고, 또 문벌도 공로도 없었는데, 단지 한마디 말로 황제의 뜻을 깨우쳐 주어 수개월 만에 재상이 되고 봉후가 되었다. 세상에 그랬던 적이 없었다.

○ 황제가 조서를 내려 지난날을 깊이 후회하며 말했다.

---

87) 狂悖 광패 : 상규(常規)나 도리에 벗어남

88) 追 추 : 거슬러 올라감

89) 靡費 미비 : 소비하다

“해당관리가 청하기를, 멀리 윤대(輪臺)에 둔전을 두고, 초소[90]와 길[91]을 만들라고 하는데, 이것은 천하를 어지럽히고 수고롭게 하는 것이지, 백성을 편안하게 하는 것이 아니다. 짐이 차마 들어줄 수 없다.

지금 힘써야 할 것은 가혹하고 난폭한 것을 금지하고, 마음대로 걷는 조세를 걷지 말고, 농사에 힘쓰게 하고, 백성들이 말을 기르면 요역을 면제해주는 마복령[92]을 정비하고, 빈 곳을 메워서 군비가 결핍되지 않게 하는 것에 있을 뿐이다”

이로부터 다시는 군대를 내지 않았고, 전천추를 부민후로 봉해 백성을 쉬게 하고 부유하게 기르려는 뜻을 밝혔다.

또 조과(趙過)를 수속도위로 삼았다. 조과는 장소를 바꾸어 경작하는 대전법(代田法)[93]을 실시할 수 있었고, 논밭을 갈고 김매는 농기구[94]를 모두 편리하고 교묘하게 만들어서 백성들에게 가르쳤다. 힘은 적게 들고 얻는 곡식은 많아서, 백성들이 그것을 편리해 했다.

---

90) 停 정 : 초소, 십리 마다 하나씩 세워 도적을 방비하던 곳

91) 隧 수 : 길, 도로, 땅굴, 터널

92) 馬復令 마복령 : 말을 기르게 하고 요역을 면제시켜주는 법령

93) 代田 대전 : =윤작(輪作). 해마다 장소를 바꾸어 경작하는 것, 대역(代易)이라고도 한다. 1무의 땅을 3분해 매년 돌아가면서 경작하는 것이다. 『한서(漢書)』「식화지(食貨志)」에 의하면 “무제 말년에…조과를 수속도위로 삼았다. 조과는 대전법을 만들었다. 한 이랑[畮]을 세 고랑[甽]으로 만들어 해마다 경작하는 곳을 바꾸므로 대전법이다”라고 했다

94) 耕耘田器 경운전기 : 논밭을 갈고 김을 매는 농기구

온공(溫公)이 말했다.

“천하에 인재가 없었던 적은 없었다고 믿는다. 무제는 사방 오랑캐를 무찌르고 공 세우는 일을 좋아했다. 용맹하고 날렵하고 죽음을 가볍게 여기는 인재들이 조정에 가득했다. 영토를 개척하고 땅을 넓히는 일은 뜻대로 하지 못한 것이 없었다.[95]

후에 백성을 휴식시키고 농사를 중요시 하자, 조과와 같은 사람들[96]이 백성에게 밭 갈고 김매는 법을 가르쳤고, 백성들 역시 그 혜택을 입었다. 이처럼 한명의 군주의 취향[97]이 달라지면[98], 인재들이 곧 거기에 따른다. 가령 무제가 삼왕(三王)의 기량을 가지고, 상(商)과 주(周)의 정치를 일으켰다면, 삼대의 신하가 없었겠는가?”

계사(癸巳) 후원(後元) 원년(기원전 88)

이때 구익부인의 아들 불릉은 나이가 몇 살 안됐는데, 체격이 장대하고 아는 것이 많았다. 황제가 그를 특별히 아끼고 마음속으로 후계자로 삼고자 했다. 그러나 그 나이가 어리고[99] 어미가 젊어서, 결정하지 못하고 미루어 놓은 지[100]

---

95) 不如 불여 : ~만 못하다. ~와 같지 않다

96) 儔 주 : 짝, 무리

97) 趣好 취호 : =취향

98) 殊別 수별 : 달라짐. 수(殊) 베어죽일, 결심할, 끊을, 다를, 틀림, 유달리, 특히

99) 稚 치 : 어릴

100) 猶與 유여 : =유예(猶豫)

오래되었다.

군신들을 살펴보니 오직 봉거도위(奉車都尉) 곽광(霍光)만이 충성스럽고 후덕해 큰일을 맡길 만 했다. 황제가 이에 환관 화공[101]을 시켜, 주공이 성왕을 업고 제후들의 조회를 받는 것을 그리게 해 곽광에게 하사했다.

갑오(甲午) 2년(기원전 87)

춘정월에 황제의 병이 위중해 졌다. 곽광이 울면서 "만약 피하지 못하는 일이 생기면[102] 누구를 후계자로 합니까?"고 물었다. 황제가 "그대는 아직 전에 준 그림을 깨닫지 못했는가? 막내아들을 세우고 그대가 주공(周公)의 일을 행하라"고 말했다. 곽광이 머리를 조아리며 사양하며 말하기를 "신보다 김일제(金日磾)가 낫습니다"고 했다. 김일제 역시 "신은 외국인입니다. 곽광이 더 낫습니다. 또 흉노에게 한(漢)을 가볍게 보이는 것입니다"라고 말했다.

을축(乙丑)일에 조서로 불릉을 황태자로 삼았다. 이때 나이가 8세였다. 병인(丙寅)일에 곽광을 대사마 대장군으로 삼고, 일제를 거기장군, 태복 상관걸(上官桀)을 좌장군으로 삼았다. 유조를 받들어 어린 임금을 보좌하게 했다.

곽광은 궁중을 출입한지 20여년 동안 나가면 (임금의) 수레를 받들고, 들어오면 옆에서 모셨다. 조심하고 삼가고 신중하니, 실수를 한 적이 없었다. 사람됨이 침착하고 조용하

---

101) 黃門 황문 : 대궐의 작은 문, 금문(禁門), 환관

102) 不諱 불휘 : 피하지 못함, 죽는 것을 말함

고 자세히 살폈다. 매번 출입할 때마다 궁전의 문에서 내리는데, 나가고 멈추는 것이 항상 그 자리였다. 낭(郎) 복야(僕射)들이 몰래 그곳에 표시를 해놓고 보았는데, 한 치도 틀림이 없었다.

일제는 황제의 측근에 있으면서, 십수년 동안 눈에 거역됨이 없었다. 출궁하는 궁녀를 내렸지만, 감히 가까이 하지 않았다. 황제가 그 딸을 후궁으로 들이려고 했으나, 하려고 하지 않았다. 그의 돈독함과 신중함이 이와 같았다. 황제가 더욱 그를 특별히 하고 달리 대우했다.

정묘일에 황제가 오작궁에서 죽었다. 태자가 즉위하고 곽광이 어린 군주를 보필하니, 정치를 그 자신이 했다. 천하가 그의 풍채를 듣고 싶어 했다.

온공(溫公)이 말했다.

"효무제는 사치를 다하고, 하고자 하는 것을 다했다. 형벌은 번잡하게 하고, 세금을 무겁게 했다. 안으로는 궁실을 사치스럽게 꾸미고, 밖으로는 사방의 오랑캐를 정벌하는 것을 일 삼았다. 신선과 괴이한 것을 믿어 미혹되었고, 끝이 없이 순행했다. (그래서) 백성들을 피폐하게 해, 들고 일어나서 도둑이 되게 했다.

그는 진(秦)시황과 다를 바가 거의 없다. 그러나 진(秦)은 그것 때문에 망했고, 한(漢)은 그랬어도 흥했다. 효무가 능히 선왕(先王)의 도를 준수해 따르고, 지킬 바를 알았기 때문이다. 그는 충직한 말을 받아들이고, 남이 속이고 숨기는 것을 싫어했다. 현사를 좋아함을 게을리 하지 않고, 주벌과 상이 엄격하고 명확했다. 만년에 잘못을 뉘우쳤고, 죽은 후에 어린 황제를 맡길 수 있는[103] 적임자를 얻을 수 있었다.[104] 이것이 망한 진(秦)나라의 과오는 있었지만, 망한 진(秦)나라의 화를 면한 까닭이 아니겠는가?"

효소(孝昭)황제 재위 13년, 수(壽) 21

기해(己亥) 시원(始元) 5년(기원전 82)

어떤 남자가 누런 송아지가 끄는 수레를 타고 대궐 북쪽문에 와서, 스스로를 위(衛)태자라고 말했다. 조서를 내려 공경, 장군 중 2천석 봉록을 받는 자들에게 모두 보고 식별하라고 했으나, 도착한 사람들이 감히 말을 하지 못했다.

경조윤(京兆尹) 준불위(雋不疑)가 뒤에 도착했다. 따르는 관리에게 체포해 결박하라고 하고, "옛날에 괴외(蒯聵)가 (국외로) 도망 갔는데, 첩(輒)이 (국내로 들어오려는 것을) 막고 들이지 않으니, 『춘추』가 그것을 옳다고 했다.[105] 위태자는 선제에게 죄를 짓고 도망했는데, 곧 죽지 않고 지금에 와서야 제 발로 왔으니, 이는 죄인이다"라고 꾸짖었다. 드디어 칙명으로 죄인를 다스리게[106] 했다.

---

103) 顧託 고탁 : =고명(顧命). 후사를 부탁함, 임금이 임종 시에 후사를 부탁하는 유언

104) 得人 득인 : 마땅한 사람, 적임자를 얻다. 득(得) 마땅한

105) 주(註) 괴외(蒯聵)는 위(衛) 영공(靈公)의 세자이다. 영공의 부인 남자(南子)와 사이가 좋지 않아 남자를 죽이려 했는데, 발각 당했다. 영공이 노하니 괴외가 두려워서 송(宋)으로 도망갔다

천자와 대장군 곽광이 보고 받고 기뻐하며 "공경대신은 마땅히 유학을 익히고, 대의에 밝은 자를 써야 한다"고 말했다. 이로 인해 준불의의 명성이 조정에서 더 높아졌다.107) 관직에 있는 사람들은 모두 스스로 그를 따라가지 못한다고 생각했다. 정위가 조사하고 다스렸는데, 마침내 거짓임을 밝혔다. 법을 기만한 (대역)무도한 죄에 걸려 요참했다.

○ 간대부(諫大夫) 두연년(杜延年)이 국가가 무제(武帝)의 사치함과 (과도한) 전쟁의 뒤를 이었다고 생각했다. 자주 대장군 곽광에게 "해마다 계속해 풍년이 들지 않고, 유민들이 다 돌아오지 않았습니다. 마땅히 효문제 때의 정치를 닦아서 절약함과 검소함, 관대함과 화합함을 보이시고 천심을 따르고 민심을 기쁘게 하시면, 세월108)이 마땅히 호응할 것입니다"라고 말했다. 곽광이 그 말을 받아들였다.

경자(庚子) 6년(기원전 81)

봄 2월에 조서를 내려 해당관리는 군국에서 천거된 현량하고 문학을 닦은 자에게 백성이 고통 받는 것과 교화의 요점을 물어보라고 했다. 모두 "원컨대 염철제도와 술 전매제도와 균수관을 폐지해 천하와 이익을 다투지 마시고, 절

---

106) 詔獄 조옥 : 칙명(勅命)에 의해 죄수를 다스리는 일

107) 重 중 : =고(高), =대(大)

108) 年歲 연세 : 해, 세월, 나이

약함과 검소함을 보이시면 그런 뒤에 교화가 일어날 수 있습니다"라고 대답했다. 상홍양이 어렵다고 했다.[109] 이것은 국가의 대업으로, 사방의 오랑캐를 제어하고, 변방을 안정시키는데 쓸 수 있는 비용의 근본이기 때문에 폐할 수 없다고 했다.[110] 그리하여 염철의 논의가 일어났다.

○ 예전에 소무가 북해 가로 옮겨지고 나서 한(漢)의 깃발을 짚고 양을 길렀다. 누우나 일어나서나 잡고 있으니, 깃발이 다 떨어 졌다. 호연제(壺衍鞮)선우가 즉위하자 (흉노의) 국내에 내분이 일어났다.[111] 그리하여 위율(衛律)이 한(漢)과 화친할 것을 계획했다.

한(漢)의 사자가 와서 소무 등을 요구하니, 흉노가 거짓으로 소무가 죽었다고 말했다. 상혜(常惠)가 사자에게 "천자가 상림에서 활을 쏘아 기러기를 잡았는데, 발에 비단 글이 묶여 있었다. 거기에 소무 등이 어떤 연못가에 있다고 쓰여 있었다"라고 선우에게 말하라고 몰래 가르쳐주었다.

사자가 상혜의 말과 같이 하고 선우를 꾸짖었다. 선우가 놀라 사죄하고는, 곧 소무를 돌려보냈다. 소무가 흉노에 억류된 지 19년 만이었다. 처음 건장해서 나갔는데, 돌아올 때는 수염과 머리가 다 하얬다.

가을에 술 전매관청을 폐지하니, 현량하고 문학을 닦은

---

109) 難 난 : 어렵다, 힐난하다

110) 以爲 이위 : 그것으로써 ~ 하다, (사람이 주어 일 때) ~라고 생각하다(동사)

111) 乖離 괴리 : 어긋남, 어그러짐

선비들의 말을 따른 것이다. 무제 말년에 천하가 줄고 비었고[112] 호구가 반으로 줄었는데, 곽광이 시무의 요점을 알아 요역을 가볍게 하고, 부세를 줄이고, 백성과 휴식했는데, 이때 흉노와 화친하니, 백성들이 채워지면서 점점 문제와 경제 때의 생업[113]을 회복했다.

신축(辛丑) 원봉(元鳳) 원년(기원전 80)

상관걸(上官桀)의 아들 안(安)에게 딸이 있었는데, 곧 곽광의 외손녀였다. 상관안이 곽광을 통해 그녀를 (궁으로) 들이려고 했다. 곽광은 그녀가 어리다며 들어주지 않았다. 상관안이 황제의 누나 개장공주(蓋長公主)를 통해 궁으로 들여보내 첩여로 삼았다. 한 달 남짓 만에 황후로 즉위시켰는데, 나이가 겨우 6살이었다. 그러한 일로 상관걸과 상관안이 곽광을 매우 원망하고, 개장공주에게는 은혜를 입었다고 생각했다.

연왕 단(旦)은 황제의 형인데, 제위에 오를 수 없었기 때문에 원망이 있다는 것을 (상관걸 등이) 알았다. 사람을 시켜 거짓으로 연왕의 상서를 만들어 곽광을 잡아 물러나게 하고자 했다. 글이 아뢰어지자, 광이 그 말을 듣고 들어가지 못했다.

황제가 "대장군은 어디에 있는가?"고 물으니, 상관걸은 "연왕이 그의 죄를 고발하니, 감히 들어오지 못하고 있습니

112) 虛耗 허모 : 줄어들고 비다
113) 業 업 : 일, 직업, 생계

다"고 대답했다. 황제가 조서를 내려 대장군을 부르니, 곽광이 들어가 관모를 벗고 머리를 조아렸다. 황제는 "장군은 관을 쓰시오.[114] 짐은 이 글이 거짓임을 압니다. 장군은 죄가 없습니다. 장군이 교위를 뽑은 지가 열흘이 안되었는데, 연왕이 어찌 그것을 알겠습니까?"라고 말했다. 이때 황제의 나이가 14세였다. 상서(尙書)와 측근들이 모두 놀랐다. 그러자 글을 올린 자가 도망쳤다.

후에 상관걸의 무리 중에 곽광을 참소하는 자가 있으면, 황제가 번번이 노해 "대장군은 충신이다. 선제가 짐의 몸을 보좌하라고 맡기셨다. 헐뜯는 자가 있으면 벌하겠다"고 말했다. 이때부터 상관걸 등이 감히 다시 말하지 못했다.

○ 상관걸 등이 장공주에게 연회를 열어 곽광을 초청해 복병을 시켜서 그를 때려죽이게 하자고 모의했다. 또 황제를 폐위시키고, 연왕을 맞이해 즉위시켜 천자로 삼자고 모의했다. 상관안은 또 연왕을 꾀어서 오면 그를 죽이고, 황제를 폐위하고 걸을 즉위시키려고 모의했다. 마침 개장공주 집의 사람이 그 모의를 알고 고발했다. 조서를 내려 상관걸과 상관안 등의 종족을 체포해 다 죽였다. 개장공주는 자살하고, 연왕은 목을 매 죽었다. 황후는 나이가 어려 함께 모의하지 못했다고 하고, 곽광의 외손녀였기 때문에 폐위를 면할 수 있었다.

114) 冠 관 : 관을 쓰다

갑진(甲辰) 4년(기원전 77)

누란국(樓蘭國)은 (서역국가 중) 가장 동쪽 변두리에 있어서 한(漢)에서 가까우나 백룡퇴(白龍堆:사막)에 막혀 있었고[115], 여러 차례 한(漢)의 사자의 가는 길을 막고 죽였다. 부개자(傅介子)가 대완에 사신으로 갔다. 조서를 내려 대완에 사신으로 간 김에[116] 누란국과 구자국을 꾸짖게[117] 했다. 그 왕들이 모두 사죄하고 복종했다.

부개자가 돌아와서 대장군 곽광에게 "누란과 구자는 자주 엎치락뒤치락 하니, 정벌하지 않으면 징계해 고칠[118] 방법이 없습니다. 원하건대 가서 그를 공격해 위엄을 여러 나라에 보이겠습니다"고 말했다. 대장군이 그것을 아뢰고 보내니, 부개자가 병사들과 함께 금과 폐물을 싸가지고 가서 외국에 하사한다고 명분을 만들었다.

왕이 한의 물건을 탐내서 와서 사자를 만났다. 부개자가 장사들에게 그를 찔러 죽이게 하고, 왕이 한을 저버린 죄를 깨우쳐주었다. 왕의 동생 위도기(尉屠耆)를 왕으로 즉위시키고, 그 나라의 이름을 고쳐 선선(鄯善)이라 했다. 부개자를 의양후로 봉했다.

---

115) 當 당 : 막을, 막힐

116) 因 인 : 그로 인해서

117) 責 책 : 꾸짖을, 따져서 밝힐, 책임 질

118) 懲艾 징애 : 징계해 고칠. 애(艾) 혼이 날, 고칠, 징계할

온공(溫公)이 말했다.

"왕은 오랑캐가 배반하면 토벌하고, 복종하면 그대로 둔다. 지금 누란왕이 이미 그 죄를 자복했는데, 또 쫓아가서 그를 죽였다. 후에 배반하는 자가 있어도 마땅히 품을 수 없을 것이다. 죄가 있어 반드시 그를 토벌하려고 생각한다면119), 마땅히 군사를 도열하고 군대에 맹세하고 알려서120), 그가 벌 받을 일을 했음을 명백히 해야 했다.

그런데 사자를 파견해 금과 폐물로 꾀어 그를 죽였다. 후에 여러 나라에 사자로 간 자가 다시 믿음을 얻을 수 있겠는가? 또 대한(大漢)이라는 강성함으로 오랑캐에게 도둑 같은 계획을 세웠으니, 또한 부끄럽지 아니한가? 논하는 사람들 중에 어떤 자는 개자를 칭찬하면서, 특별한 공을 세웠다고 하는데, 잘못된 것이다"

정미(丁未) 원평(元平) 원년(기원전 74)

4월에 황제가 죽었다. 후사가 없었다. 대장군 곽광이 여러 신하들과 의논해 창읍왕 하(賀)를 맞이했다. 하(賀)는 애왕(哀王)의 아들인데, 봉국에 있을 때 평소 사납고 마음대로 하고 행동에 절도가 없었다. 일찍이 지방121)에서 놀 때 반나절이 안 되어 2백 리를 달린 적도 있었다.

중위 왕길(王吉)이 상소를 올려 "무릇 넓은 집122)에서 고

---

119) 以爲 이위 : ~ 라고 생각하다(동사)

120) 菊旅 국려 : 병사에게 맹세해 알림

121) 方輿 방여 : 지방

운 털방석[123]에 앉아 뛰어난 스승은 앞에 있고, 글을 외우라고 권하는 소리가 뒤에 있고, 위로는 요 순의 시대를 논하고, 아래에서는 은 주의 성대함을 언급합니다. 어진 성인의 기풍을 연구하고, 치국의 도를 익혀 그것으로 양생하면 어찌 나라를 오래 보존하지 못하겠습니까?"라고 간언했다. 왕이 끝내 습관[124]을 고치지 않았다. 6월에 왕이 황제의 옥새를 받고, 제위를 물려받았다.

○ 창읍왕이 즉위하고 나서 음란하게 노는 것이 끝이 없었다. 간언한 사람이 많았으나 듣지 않았다. 곽광이 근심하고 번민해 친했던 옛날 관리 전연년(田延年)에게 물었다. 전연년은 "장군은 나라의 기둥이고 주춧돌입니다. 이 사람이 안 된다는 것을 살폈으면, 어찌 태후에게 아뢰고 건의해 다시 현명한 자를 골라 세우지 않으십니까?"라고 대답했다.
곽광이 다시 "옛날에 이런 일이 있었던가?"[125]라고 물었다. 연년은 "이윤(伊尹)이 은(殷)나라에서 재상을 했을 때 태갑(太甲)을 폐해 종묘를 안정시키니, 후세에서 그를 충신이라고 칭찬했습니다. 장군이 만약 이 일을 실행하실 수 있다면, 역시 한나라의 이윤일 것입니다"라고 대답했다. 곽광이 이에 몰래 장안세(張安世)와 계획을 도모했다.

---

122) 廣廈 광하 : 넓은 건물, 넓은 집
123) 細旃 세전 : 가는 털로 만든 방석
124) 節 절 : 관습
125) 不 부 : =~未. 문장 끝에 오는 것은 ~인가 아닌가?

○ 왕이 놀러나가는데, 광록대부 하후승(夏候勝)이 수레 앞을 막고 "하늘이 오랫동안 음침하고 비가오지 않으니, 신하 중에 윗사람을 도모하는 자가 있습니다. 폐하께서는 나가서 어디로 가시려고 하십니까?"라고 간언했다. 왕이 노해 하후승에게 요사스러운 말을 한다고 말하고, 묶어서 관리에게 맡겼다.

곽광이 이에 하후승을 불러 물어보니, 하후승이 "홍범의 주석[126]에 황제가 모범이 안 되면[127] 그 벌[128]로 항상 음침한데, 이때가 되면 아랫사람이 윗사람을 공격하는 일이 있다고 말한 것이 있습니다"라고 대답했다. 곽광과 장안세가 크게 놀랐다. 이 때문에 경술(經術)의 유학자들을 더욱 중시했다.

○ 곽광과 장안세가 모의가 정해지고 난 다음, 곧 전연년에게 승상 양창(楊敞)에게 보고하게 했다. 양창이 놀라고 두려워 할 말을 알지 못했다. 땀이 나와 등을 적시면서, 다만 "네, 네" 할 뿐이었다. 곽광이 군신들과 함께 태후를 뵙고 아뢰며, 창읍왕이 종묘를 받들 수 없는 상황을 다 진술했다. 황태후가 조서를 내리니, 창읍왕이 앞에 엎드려 명령을 들었다. 곽광이 왕에게 일어나서 조서를 받들게 했다. 곽광이 그의 손을 잡고 그의 옥새의 끝을 풀었다. 왕을 부

126) 洪範傳 홍범전 : 홍범(洪範)은 『서경(書經)』, 전(傳)은 주석

127) 不極 불극 : 모범이 못되다. 極 모범, 정상, 최고, 다함

128) 厥罰 궐벌 : 그 벌. 궐(厥) 그

축해 궁전을 내려가 창읍의 저택으로 보냈다.

○ 위태자(衛太子)의 아들 사(史)는 황제의 손자였는데, 아들 병이(病已)를 낳아 황증손이라 불렀다. 황증손이 태어난 지 수개월 만에 무고의 사건을 만나, 태자의 남녀 처첩이 모두 해를 당했다. 오직 황증손만이 살아남았다. 그러나 그 역시 연좌되어 감옥에 갇혀 있었다.

병길(丙吉)이 조서를 받들어 무고의 옥사를 다스렸는데, 병길은 마음으로 태자가 죄가 없음을 알기 때문에 황증손의 무죄를 더욱 슬퍼했다. 부지런하고 후덕한 여자죄수를 택해 젖을 주어 기르게 하고, 넓고 쾌적한 곳129)에 살게 했다. 증손은 재능이 높고 학문을 좋아했는데, 유협도 좋아했다. 이 때문에 마을의 범법이나 관리의 다스림에 대한 잘잘못을 다 알았다.

창읍왕이 폐위되자, 곽광과 장안세와 여러 대신들은 (황제) 옹립에 대해 상의했다. 아직 정해지지 않았을 때, 병길이 글로 곽광에게 "무제(武帝)의 증손으로 이름이 병이라는 자는 지금 18~19세입니다. 경술에 통달하고, 훌륭한 재주가 있으며, 행동이 안정되고 절제하고 온화합니다. 원하건대 장군께서는 대책을 세워주십시오"라고 건의했다.

곽광이 승상 양창과 함께 "무제의 증손 병이는 지금 18세이고, 『시경』과 『논어』 『효경』을 사사했고, 절약 검소를 몸소 실천하고, 자애롭고 사람을 아낍니다. 효소황제

129) 閒燥 한조 : 한가하고 쾌적한 곳

의 후사가 될 수 있겠습니다"라고 아뢰니, 황태후가 조서를 내려 "증손을 맞아서 황제에 즉위시키는 것을 허락한다"고 했다.

시어사 엄연년(嚴延年)이 "대장군 곽광이 마음대로 임금을 폐위하고 옹립하니, 신하의 예가 아니고 무도(無道)하다"고 탄핵했다. 상주문은 비록 잠재워졌지만, 조정이 삼가고 두려워하고[130], 그를 공경하면서도 꺼렸다.

130) 肅然 숙연 : 삼가고 두려워하는 모양

원 문

卷之十一

漢紀

世宗孝武皇帝下

辛未元封元年

詔曰：「南越、東甌，咸伏其辜，西蠻、北夷，頗未輯睦。朕將巡邊陲，擇兵振旅，躬秉武節，置十二部將軍，親帥師焉。」乃行，自雲陽北歷上郡、西河、五原，北登單于臺，至朔方，臨北河。勒兵十八萬騎，旌旗徑千餘里，威振匈奴。遣使告單于曰：「南越王頭已懸於漢北闕矣。單于能戰，天子自將待邊，不能，亟來臣服，何但亡匿幕北寒苦之地為！」匈奴讋，終不敢出。上乃還。東越王餘善反，漢兵擊之，東越殺餘善，以其衆降。上以閩地險阻，數反覆，終為後世患，乃徙其民於江淮之間，遂虛其地。

○正月，上行幸緱氏，禮祭中嶽太室，從官在山下聞若有言「萬歲」者三。詔加增太室祠。上遂東巡海上，行禮祠八神。公孫卿見大人，迹甚大，群臣有言：「見一老夫牽狗，忽不見。」上以為仙人也，宿留海上。還封禪，其封禪祠，夜若有光，晝有白雲出封中。天子還，群臣上壽頌功德。天子旣已封泰山，無風雨，而方士更言蓬萊諸神若將可得，於是上欣然庶幾遇之，復至海上望焉。上欲自浮海求蓬萊，東方朔曰：「陛下第還宮靜處以須之，仙人將自至。」乃止。遂去，並海上，北至碣石，巡自遼西，歷北邊，至九原，五月，至甘泉。凡周行萬八千里云。

○先是，桑弘羊領大農，盡管天下鹽鐵。作平準之法，令遠方各以其物 如異時商賈所轉販者為賦，而相灌輸。置平準于京師，都受天下委輸。盡籠天下之貨物，貴卽賣之，賤則買之，欲使富商大賈無所牟大利，而萬物不得騰踴。至是，天子巡狩郡縣，所過賞賜，用帛百餘萬匹，錢金以巨萬計，皆取足大農。弘羊又請：令吏得入粟補官及罪人贖罪。山東漕粟益歲六百萬石，一歲之中，太倉甘泉倉滿，邊餘穀。諸物均輸，帛五百萬匹，民不益賦而天下用饒。於是弘羊賜爵左庶長。是時小旱，上令官求雨。卜式言曰：「縣官當食租衣稅而已，今弘羊令吏坐市列肆，販物求利，亨弘羊，天乃雨。」

壬申二年

上以旱為憂，公孫卿曰：「黃帝時，封則天旱，乾封三年。」上乃下詔曰：「天旱，意乾封乎！」

癸酉三年
將軍趙破奴擊車師。因擧兵威以困烏孫、大宛之屬。於是酒泉列亭障至玉門矣。
乙亥五年
上旣攘卻胡越，開地斥境，乃置交趾、朔方之州，及冀、幽、幷、兗、徐、靑、揚、荊、豫、益、涼等州，凡十三部，皆置刺史焉。

◯上以名臣文武欲盡，乃下詔曰：「蓋有非常之功，必待非常之人。故馬或奔踶而致千里，士或有負俗之累而立功名。夫泛駕之馬，跅弛之士，亦在御之而已。其令州郡察吏民有茂才、異等，可為將相及使絶國者。」

丁丑太初元年
大中大夫公孫卿、壺遂、太史令司馬遷等言：「曆紀壞廢，宜改正朔。」上詔兒寬與博士賜等共議，以為宜用夏正。夏五月，詔卿、遂、遷等共造漢太初曆，以正月為歲首，色上黃，數用五，定官名，協音律。

◯漢使入西域言：「宛有善馬，在貳師城，匿不肯與漢。」天子欲侯寵姬李氏，乃拜李夫人兄廣利為貳師將軍，以伐宛。期至貳師城取善馬，故號貳師將軍。

溫公曰：武帝欲侯寵姬，而使廣利將，意以為非有功不侯，不欲負高帝之約也。然軍旅大事，國之安危、民之死生繫焉。苟為不擇賢愚而授之，欲徼幸咫尺之功，藉以為名而私其所愛，蓋有見於封國，無見於置將。謂之能守先帝之約，過矣。

戊寅二年
太僕公孫賀為丞相。時朝廷多事，督責大臣，自公孫弘後，丞相比坐事死。石慶雖以謹得終，然數被譴。賀引拜，不受印綬，頓首涕泣不肯起。上乃起去，賀不得已拜，出曰：「我從是殆矣！」

己卯三年
睢陽侯張昌坐為太常乏祠，國除。初，高祖封功臣為列侯，百四十有三人。時兵革之餘，大城、名都民人散亡，戶口裁什二三。大侯不過萬家，小者五六百戶。其封爵之誓曰：「使黃河如帶，泰山若礪，國以永存，爰及苗裔。」逮文景世，流民旣歸，戶口亦息，列侯大者至三四萬戶，小國自倍，富厚如之。子孫驕逸，多抵法禁，隕身失國，至是見侯纔四人，罔亦少密焉。

○貳師西行至宛圍其城，宛貴人持王毋寡頭，出善馬，令漢自擇。乃下詔，封李廣利為海西侯。

○自大宛破後，西域震懼，漢使入西域者益得職。於是自燉煌西至鹽澤往往起亭，而輪臺渠犁皆有田卒數百人，置使者校尉領護。

○天子因伐宛之威，欲遂困胡，下詔曰：「高帝遺朕平城之憂，高后時，單于書絶悖逆。昔齊襄公復九世之讎，春秋大之。」時單于初立，恐漢襲之，乃曰：「我兒子，安敢望漢天子，漢天子我丈人行也。」因盡歸路充國等，遣使來獻。

辛巳天漢元年

遣中郎將蘇武、張勝、常惠使匈奴，單于使衛律召武，欲降之。律謂武曰：「律前負漢歸匈奴，幸蒙大恩賜號稱王，擁衆數萬，馬畜彌山，富貴如此！蘇君今日降，明日復然。空以身膏草野，誰復知之！」武不應。律曰：「不聽吾計，後雖欲復見我，尚可得乎！」武罵律曰：「汝為人臣子，不顧恩義，畔主背親，為降虜於蠻夷，何以汝為見！」律知武終不可脅，白單于，單于乃幽武置大窖中，絶不飮食。天雨雪，武臥，齧雪與旃毛幷咽之，數日不死。匈奴以為神，乃徙武北海上，使牧羝曰：「羝乳乃得歸。」別其官屬常惠等，各置他所。

壬午二年

初 李廣有孫陵，為侍中。善騎射，愛人下士。帝以為有廣之風，拜騎都尉。貳師擊匈奴，陵自請曰：「臣所將屯邊者，皆荊楚勇士奇材劒客也，力扼虎，射命中，願得自當一隊，以少擊衆。」上壯而許之，於是將其步卒五千人，至浚稽山，與單于相擊，殺數千人。單于大驚不利，欲去，會陵軍候管敢為校尉所辱，亡降匈奴，具言：「陵軍無後救，射矢且盡。」單于得敢大喜，使騎並攻漢軍，疾呼曰：「李陵、韓延年趣降！」遂遮道急攻陵。陵居谷中，虜在山上，四面射，矢如雨下。韓延年戰死，陵曰：「無面目報陛下！」遂降。邊塞以聞。上怒，問太史令司馬遷，遷盛言：「陵事親孝，與士信，常奮不顧身以徇國家之急，其素所畜積也，有國士之風。今擧事一不幸，全軀保妻子之臣，隨而媒蘗其短，誠可痛也！且陵提步卒不滿五千，深蹂戎馬之地，却數萬之師，虜救死扶傷不暇，悉擧引弓之民，共攻圍之，轉鬪千里，矢盡道窮，士張空拳，冒白刃，北首爭死敵，得人之死力，雖古名將不過也。身雖陷敗，然其所摧敗亦足暴於天下。彼之不死，宜欲得當以報漢也。」上以遷為誣罔，欲沮貳師，為陵游說，下遷腐刑。

○上以法制御下，好尊用酷吏，而郡國二千石為治者大抵多酷暴，吏民益輕犯法。東方盜賊滋起，大羣攻城邑，小羣掠鄉里。上乃使范昆、張德等衣繡衣，持節，虎符，發兵以擊。斬或至萬餘級，散亡聚黨，無可柰何。於是作沈命法曰：「羣盜起，不發覺，發覺而捕弗滿品者，二千石以下至小吏，主者皆死。」其後小吏畏誅，雖有盜不敢發，上下相匿，以文辭避法焉。

○是時，暴勝之為直指使者，所誅殺二千石以下尤多，威震州郡。至勃海，聞郡人雋不疑賢，請與相見。不疑曰：「竊伏海瀕，聞暴公子舊矣，　今乃承顏接辭。凡為吏，太剛則折，太柔則廢，威行，施之以恩，然後樹功揚名，永終天祿。」勝之深納其戒。及還，表薦不疑，上召拜不疑為青州刺史。

◯王賀亦為繡衣御史，逐捕魏郡羣盜，多所縱捨，以奉使不稱免，歎曰：「吾聞活千人，子孫有封。吾所活者萬餘人，後世其興乎！」

癸未三年
初 榷酒酤。

丁亥太始三年
皇太子弗陵生。弗陵母曰河間趙倢伃，居鉤弋宮，任身十四月而生。上曰：「聞昔堯十四月而生，今鉤弋亦然。」乃命其所生門曰堯母門。

> 溫公曰：為人君者，動靜擧措不可不愼也。有中必形於外，天下無不知之。當是時也，皇后、太子皆無恙，而命鉤弋之門曰堯母，非名也。是以姦臣逆探上意，知其奇愛少子，欲以為嗣，遂有危皇后、太子之心，卒成巫蠱之禍，悲夫！

趙人江充初為趙敬肅王客，得罪於太子丹，亡逃，詣闕告趙太子陰事，太子坐廢。上召充，入與語大悅，拜為直指繡衣使者，使督察貴戚近臣。

庚寅征和二年
初 上年二十九乃生戾太子，甚愛之。及長，性仁恕溫謹，上嫌其才能少，不類己。皇后、太子寵寖衰，常有不自安之意。上覺之，謂大將軍青曰：「漢家庶事草創，加四夷侵陵中國，朕不變更制度，後世無法不出師征伐，天下不安。為此者不得不勞民。若後世又如朕所為，是襲亡秦之迹也。太子敦厚好靜，必能安天下，欲求守文之主，安有賢於太子者乎！聞皇后與太子有不安之意，可以意曉之。」大將軍頓首謝。太子每諫征伐四夷，上笑曰：「吾當其勞，以逸遺汝，不亦可乎！」上用法嚴，多任深刻吏，太子寬厚，多所平反，雖得百姓心，而用法大臣皆不悅。是時，方士及諸神巫多聚京師，率皆左道惑衆，變幻。女巫往來宮中，教美人度厄，每屋輒埋木人祭祀之。因妬忌恚詈，更相告訐，以為祝詛上，無道。上怒，所殺數百人。上心旣以為疑，嘗晝寢，夢木人數千持杖欲擊上，上驚寤，因是體不平。江充自以與太子及衛氏有隙，見上年老，恐晏駕後為太子所誅，因言上疾祟在巫蠱。於是上以充為使者，治巫蠱獄。充云：「於太子宮得木人尤多，又有帛書，所言不道。當奏聞。」江充持太子甚急，太子計不知所出，從其少傅石德計。收捕充等，太子自臨斬充，罵曰：「趙虜！前亂乃國王父子不足邪！乃復亂吾父子也！」太子出武庫兵，發長樂宮衛卒。長安擾亂，言太子反。帝在甘泉詔捕斬反者，太子兵敗，南犇。上怒甚，壺關三老茂上書曰：「皇太子承萬世之業，親則皇帝之宗子也。江充，閭閻之隷臣，御至尊之命迫蹴太子，造飾姦詐，太子進不得見上，退困於亂臣，冤結無告，不忍忿忿之心，起而殺充。子盜父兵，以救難自免耳。臣竊以為無邪心。」書奏，天子感寤，然尚未顯言赦之也。太子自度不得脫，卽自經。初，上為太子立博望苑，使通賓客，從其所好，故賓客多以異端進者。

溫公曰：古之明王教養太子，為之擇方正敦良之士，以為保傅師友，使朝夕與之遊處。左右前後無非正人，出入起居無非正道，然猶有淫放邪僻而陷於禍敗者焉。今乃使太子自通賓客，從其所好。夫正直難親，諂諛易合，此固中人之常情，宜太子之不終也！

吏民以巫蠱相告言者，案驗多不實。上頗知太子惶恐無它意，會高寢郎田千秋上急變，訟太子冤曰：「子弄父兵，罪當笞。天子之子過誤殺人，當何罪哉！」上乃大感寤，召見千秋謂曰：「父子之間，人所難言也，公獨明其不然。此高廟神靈使公教我，公當遂為吾輔佐。」立拜千秋為大鴻臚，而族滅江充家。上憐太子無辜，乃作思子宮，為歸來望思之臺於湖，天下聞而悲之。

壬辰四年

上乃言曰：「朕卽位以來，所為狂悖，使天下愁苦，不可追悔。今事有傷害百姓，糜費天下者，悉罷之！」田千秋曰：「方士言神仙者甚衆，而無顯功，臣請皆罷斥遣之！」上曰：「大鴻臚言是也。」於是悉罷方士候神人者。是後上每對羣臣自歎：「曩時愚惑，為方士所欺。天下豈有仙人，盡妖妄耳！節食服藥，差可少病而已。」

○六月，以大鴻臚田千秋為丞相，封富民侯。千秋無它材能術學，又無伐閱功勞，特以一言寤意，數月取宰相封侯，世未嘗有也。

◯上乃下詔，深陳旣往之悔曰：「前有司奏請，遠田輪臺，欲起亭隧，是擾勞天下，非所以安民也，朕不忍聞！當今務在禁苛暴，止擅賦，力本農。修馬復令以補缺，毋乏武備而已。」由是不復出軍，而封田千秋為富民侯，以明休息，富養民也。又以趙過為搜粟都尉。過能代田，其耕耘田器皆有便巧，以教民，用力少而得穀多，民皆便之。

溫公曰：天下信未嘗無士也！武帝好四夷之功，而勇銳輕死之士充滿朝廷，闢土廣地，無不如意。及後息民重農，而趙過之儔教民耕耘，民亦被其利。此一君之身趣好殊別，而士輒應之，誠使武帝兼三王之量，以興商周之治，其無三代之臣乎！

癸巳後元元年

時　鉤弋夫人之子弗陵，年數歲，形體壯大，多知，上奇愛之，心欲立焉，以其年稺母少，猶與久之。察羣臣，唯奉車都尉霍光，忠厚可任大事，上乃使黃門畫周公負成王朝諸侯以賜光。

甲午二年

春　正月，上病篤，霍光涕泣問曰：「如有不諱，誰當嗣者？」上曰：「君未諭前畫意邪？立少子，君行周公之事！」光頓首讓曰：「臣不如金日磾！」日磾亦曰：「臣外國人，不如光。且使匈奴輕漢矣！」

乙丑

詔 立弗陵為皇太子，時年八歲。

丙寅

以光為大司馬大將軍，日磾為車騎將軍，太僕上官桀為左將軍，受遺詔輔少主。光出入禁闥二十餘年，出則奉車，入侍左右，小心謹愼，未嘗有過。為人沈靜詳審，每出入、下殿門，進止有常處。郎僕射竊識視之，不失尺寸。日磾在上左右，目不忤視者數十年。賜出宮女，不敢近。上欲內其女後宮，不肯。其篤愼如此，上尤奇異之。

丁卯

帝崩于五柞宮。太子卽位。霍光輔幼主，政自己出，天下想聞其風采。

溫公曰：孝武窮奢極欲，繁刑重斂，內侈宮室，外事四夷，信惑神怪，巡遊無度，使百姓疲敝，起為盜賊，其所以異於秦始皇者無幾矣。然秦以之亡，漢以之興者，孝武能遵先王之道，知所統守，受忠直之言，惡人欺蔽，好賢不倦，誅賞嚴明，晚而改過，顧托得人。此其所以有亡秦之失而免亡秦之禍乎！

孝昭皇帝，在位十三年，壽二十一。

己亥始元五年

有男子乘黃犢車詣北闕，自謂衛太子。詔使公卿將軍、中二千石雜識視。至者莫敢發言。京兆尹雋不疑後到，叱從吏收縛曰：「昔蒯聵出奔，輒距而不納，春秋是之。衛太子得罪先帝，亡不卽死，今來自詣，此罪人也！」遂送詔獄。天子與大將軍霍光聞而嘉之曰：「公卿大臣當用有經術明於大誼者。」繇是不疑名聲重於朝廷，在位者皆自以不及也。廷尉驗治，竟得奸詐，坐誣罔不道，要斬。

○諫大夫杜延年見國家承武帝奢侈師旅之後，數為大將軍光言：「年歲比不登，流民未盡還，宜修孝文時政，示以儉約寬和，順天心，說民意，年歲宜應。」光納其言。

庚子六年

春　二月，詔有司問郡國所擧賢良文學，民所疾苦敎化之要。皆對：「願罷鹽鐵酒榷、均輸官，毋與天下爭利，示以儉節，然後敎化可興。」桑弘羊難，以為：「此國家大業，所以制四夷，安邊足用之本，不可廢也。」於是鹽鐵之議起焉。

○初　蘇武旣徙北海上，杖漢節牧羊，臥起操持，節旄盡落。及壺衍鞮單于立，國內乖離。於是衛律謀與漢和親。漢使至，求武等，匈奴詭言武死。常惠私敎使者，謂單于言：「武等在某澤中。」使者如惠語，以讓單于。單于驚謝，乃歸武。武留匈奴凡十九歲，始以彊壯出，及還，鬚髮盡白。秋，罷榷酤官，從賢良文學之議也。武帝之末，海內虛耗，戶口減半。霍光知時務之要，輕徭薄賦，與民休息。至是匈奴和親，百姓充實，稍復文景之業焉。

辛丑元鳳元年

上官桀之子安有女，卽霍光外孫，安因光欲內之。光以其幼，不聽。安遂因帝姊蓋長主內，入宮為婕妤，月餘，立為皇后，年甫六歲。於是桀安深怨光而德蓋主。知燕王旦以帝兄不得立，亦怨望。乃令人詐為燕王上書，欲共執退光。書奏，光聞之，不入。上問：「大將軍安在？」桀對：「以燕王告其罪，不敢入。」有詔：「召大將軍。」光入，免冠、頓首。上曰：「將軍冠！朕知是書詐也，將軍無罪。將軍調校尉，未十日，燕王何以知之！」是時帝年十四，尙書左右皆驚。而上書者果亡。後桀黨與有譖光者，上輒怒曰：「大將軍忠臣，先帝所屬以輔朕身，有毀者坐之！」自是桀等不敢復言。

○上官桀等謀令長公主置酒請光，伏兵格殺之，因廢帝，迎立燕王為天子。安又謀，誘燕王，至而誅之，因廢帝立桀。會蓋主舍人知其謀，以告。詔捕桀、安等，宗族悉誅之。蓋主自殺。燕王自絞死。皇后以年少，不與謀，亦霍光外孫，故得不廢。

甲辰四年

樓蘭國最在東垂，近漢，當白龍堆，數遮殺漢使。傅介子使大宛，詔因令責樓蘭、龜茲。其王皆謝服。介子還，謂大將軍霍光曰：「樓蘭、龜茲數反覆，不誅，無所懲艾。願往刺之，以威示諸國！」大將軍於是白遣之。介子與士卒俱齎金幣，以賜外國為名。王貪漢物，來見使者。介子使壯士刺死之，諭以王負漢罪，更立王弟尉屠耆為王，更名其國為鄯善，封傅介子為義陽侯。

溫公曰：王者之於戎狄，叛則討之，服則舍之。今樓蘭王旣服其罪，又從而誅之，後有叛者，不可得而懷矣。必以為有罪而討之，則宜陳師鞠旅，明致其罰。今乃遣使者，誘以金幣而殺之，后有奉使諸國者，復可信乎！且以大漢之彊，而為盜賊之謀於蠻夷，不亦可羞哉！論者或美介子以為奇功，過矣！

丁未元平元年

四月，帝崩，無嗣。大將軍光與羣臣議，迎昌邑王賀，賀，哀王之子。在國素狂縱，動作無節。嘗遊方與，不半日馳二百里。中尉王吉上疏諫曰：「夫廣厦之下，細旃之上，明師居前，勸誦在後，上論唐虞之際，下及殷周之盛，考仁聖之風，習治國之道，於以養生，豈不長哉！」王終不改節。六月，王受皇帝璽綬，襲尊號。

○昌邑王旣立，淫戲無度。諫多不聽，光憂懣，問所親故吏田延年。延年曰：「將軍為國柱石，審此人不可，何不建白太后，更選賢而立之？」光曰：「於古有此不？」延年曰：「伊尹相殷，廢太甲以安宗廟，後世稱其忠。將軍若能行此，亦漢之伊尹也。」光乃陰與張安世圖計。

◯王出遊，光祿大夫夏侯勝當乘輿前諫曰：「天久陰不雨，臣下有謀上者。陛下出，欲何之？」王怒，謂勝為妖言，縛以屬吏。光乃召問勝，勝對言：「在鴻範傳曰：『皇之不極，厥罰常陰，時則下人有伐上者。』」光、安世大驚，以此益重經術士。

◯光、安世旣定議，乃使田延年報丞相楊敞。敞驚懼，不知所言，汗出沾背，徒唯唯而已。光卽與羣臣俱見，白太后，具陳昌邑王不可以承宗廟狀。皇太后詔昌邑王伏前聽詔，光令王起，拜受詔，光持其手，解脫其璽組，扶王下殿，送至昌邑邸。

◯初　衛太子之子史皇孫。生子病已，號皇曾孫。皇曾孫生數月，遭巫蠱事，太子男女妻妾皆遇害。獨皇曾孫在，亦坐收繫獄。丙吉受詔治巫蠱獄，吉心知太子無辜。重哀皇曾孫無辜，擇謹厚女徒，令乳養曾孫，置閒燥。曾孫高材好學。然亦喜游俠，以是具知閭里奸邪，吏治得失。及昌邑王廢，霍光與張安世諸大臣議所立，未定。丙吉奏記光曰：「武帝曾孫名病已者，至今十八九矣，通經術，有美材，行安而節和。願將軍定大策！」光與丞相敞上奏曰：「武帝曾孫病已，年十八，師受詩論語孝經，躬行節儉，慈仁愛人，可以嗣孝昭皇帝後。」皇太后詔曰：「可。」迎曾孫卽皇帝位。侍御史嚴延年劾奏：「大將軍光擅廢立主，無人臣禮，不道。」奏雖寢，然朝廷肅然，敬憚之。

통감절요 12권

중종 효선황제(中宗 孝宣皇帝) 상(上)

재위 25년, 수(壽) 42

무신(戊申) 본시(本始) 원년(元年)(기원전 73년)

대장군 곽광(霍光)이 머리를 조아리고 정권을 (황제에게) 돌려주었다. 황제가 겸양하며 받지 않았다. 모든 일은 먼저 곽광에게 보고한[1] 연후에 황제에게 아뢰어졌다.

소제(昭帝) 때부터 곽광의 무리와 친척들이 서로 몸이 연결된 것처럼 조정에 자리 잡고 있었다. 창읍왕(昌邑王)이 폐위되자, 곽광의 권력이 더욱 커졌다. 매번 조회에서 알현할 때마다 황제가 자신을 비우고 용모를 단정히 해 심히

1) 關白 관백 : 거쳐서 아뢰어지다

몸을 낮추고[2] 예우했다.

○ 예전에 상관걸(上官桀)이 곽광과 권력을 다투었는데, 곽광이 상관걸을 죽이고 나서, 무제의 법도를 따르고 형벌로 아랫사람들을 엄하게 다스렸다. 이때부터 속리들이 모두 엄격하고 혹독함을 숭상해 그것을 능력으로 생각했다.

그러나 하남태수 승(丞)인 황패(黃霸)만이 홀로 관대함과 화해로 이름이 났다. 황제가 민간에 있을 때 관리의 가혹함 때문에 백성이 고통을 겪는 것을 알았는데, 황패가 법을 공평하게 집행한다는 소식을 듣고, 그를 불러서 정위정(廷尉正)[3]으로 삼았다. 자주 의혹스러운 사건을 판결하니, 정위중[4]에서 법을 집행하는 것이 공평하다고 칭송했다.

기유(己酉) 2년(기원전 72)

여름에 조서를 내렸다.

"효무황제는 몸소 사랑을 베풀고 옳은 행동을 하셨고, 위엄과 무덕을 떨치셨다. 공덕이 가득한데, 종묘악(廟樂)이 아직 만들어지지 않았으니, 짐이 매우 슬프다. 제후와 2천석, 박사들은 함께 그것을 논의하라"

---

2) 下 하 : 자신을 낮추다.

3) 廷尉正 정위정 : 정위(廷尉)의 장관

4) 庭中 정중 : 주(註) 정중(庭中)은 정위의 중. 칭평(稱平)은 그가 법을 집행하면서 가볍거나 무겁게 해 적중하니, 정위 중에서 (그의 법집행이) 아름답다고 칭찬하다

군신들이 모두 조서와 같다고 말했으나, 오직 하후승은 "무제께서 비록 사방 오랑캐를 물리치고 국경을 넓힌 공이 있으시지만, 병사들을 죽인 것도 많고, 백성들의 재물을 고갈시켰습니다. 사치함이 끝이 없으셨고, 백성들에게 덕과 은택을 베풀지 못하셨습니다. 마땅히 종묘악을 만드시면 안 됩니다"라고 반대했다.

그러자 승상, 어사가 "하후승이 의논하라는 조서를 비난했고, 선제를 헐뜯었으니 대역무도하다"고 탄핵하면서, 또 "승상장사 황패는 하후승에게 아첨해, 들어내서 탄핵하지 않았다"고 해 모두 하옥시켰다. 해당관리가 주청해 효무제 묘를 높여 세종묘라 했다.

하후승과 황패가 오랜 시간 감옥에 수감되니, 황패가 하후승에게 『상서』[5]를 배우고자 했다. 하후승이 죄 때문에 죽을 것이라며 거절하니, 황패가 "아침에 도를 들으면 저녁에 죽어도 좋습니다"라고 말했다. 승이 그 말이 훌륭하다고 생각해 마침내 그를 가르쳤다. 갇혀서 겨울이 두 번 지났지만 강론을 게을리 하지 않았다.

경술(庚戌) 3년(기원전 71)

곽광의 부인 현(顯)이 그의 막내딸 성군(成君)을 귀하게 해주고 싶어 했다. 마침 허황후가 임신했는데, 병이 들었다. 여의(女醫) 순우연(淳于衍)은 곽씨가 아끼던 자였다. 일찍이

5) 尙書 상서 : 『서경(書經)』

궁에 들어가 병시중을 들었다. 현이 순우연을 시켜 독약을 넣어 황후에게 마시게 했다. 얼마 후 신열이 나고 가슴이 답답한 병[6]이 더해져서 죽었다.

○ 겨울에 흉노의 선우가 스스로 기병 수만을 이끌고 오손(烏孫)을 공격했다. 노약자들을 잡아서 돌아가려 했다. 마침 하늘에서 큰 비와 눈이 내렸는데, 하루에 한 장 넘게 쌓였다. 사람과 가축들이 얼어 죽어서, 돌아간 숫자가 열에 하나도 되지 않았다. 그러자 정령(丁令)국이 (흉노의) 약함을 틈타 그 북쪽을 공격하고, 오환(烏桓)이 그 동쪽을 공격하고, 오손(烏孫)이 그 서쪽을 공격했다. 이 세 나라가 죽인 사람이 수만 급이었고, 말은 수만 필이었다. 소와 양도 매우 많았다.

흉노가 크게 허약해졌다. 그 후에 한(漢)이 3천여기를 내어 3방향으로 나누어 흉노로 들어가 수천명을 포로로 잡아 돌아왔다. 흉노가 끝내 당해내지 못하고, 점점 더 화친으로 향하고자 했다. 그래서 변방에 일이 적어졌다.

이 해에 영천(潁川)태수 조광한(趙廣漢)이 경조윤(京兆尹)이 되었다. 영천의 풍속은 호걸이 서로 붕당[7]을 지었는데, 광한이 비밀투서함인 항통[8]을 만들어 관리와 백성의 투서

---

6) 煩懣 번만 : 신열이 나고 가슴 속이 답답함

7) 朋黨 붕당 : 이해나 주의(主義) 등이 같은 사람들이 모여 당외(黨外) 사람들을 배척하는 단체

8) 缿筩 항통 : 비밀 투서함, 넣을 수만 있고, 빼낼 수는 없음

를 받아 서로 고발하고, (범죄를) 들추어내게[9] 했다. 그리하여 서로 더욱 원망하고 비난해 간사한 무리들이 흩어지고, 도적들이 일어나지 못했다.

(그는) 특별히 얽어 넣어 빠져나가지 못하게 하고, 일을 탐지하는 구거(鉤距)[10]를 잘 했다. 일의 형편을 잘 파악해서 아주 작은[11] 범죄라도 모두 알아냈다. 장안(長安)의 소년 몇 명이 외진 마을의 빈집에 모여 함께 남을 겁탈할 것을 모의했는데, 앉아서 말이 다 끝나기도[12] 전에 광한이 관리에게 체포하게 했다. 다스려서 모두 자복시켰다.

그가 범죄를 들추어내고 숨긴 것을 적발하는[13] 것은 신과 같았다. 경조의 정치가 깨끗해지니, 관리와 백성이 그를 칭찬함이 끝이 없었다.[14] 장로들이 전하기를 "한(漢)이 일어난 이래, 경조를 다스린 자들 중 그를 따를 사람이 없었다"고 했다.

---

9) 告訐 고알 : 고발하고 들추어냄

10) 鉤鉅 구거 : =구거(鉤距). 미늘(갈고리)이 있는 낚시. 이 낚시는 삼키기는 쉬우나 뱉기는 어려우므로, 남을 얽어넣어 빠져나가지 못하게 하고, 일의 은밀한 정형을 탐지함을 이름

11) 銖 수 : 1/24량(兩)으로, 아주 작은 것을 뜻함

12) 訖 흘 : 이르다, 마치다, 끝나다

13) 摘發 적발 : 숨은 일을 들추어냄

14) 不容口 불용구 : 입에 담아놓지 못하다. 너무 많아 입을 허용할 수 없다. 즉 칭찬이 자자했다

신해(辛亥) 4년(기원전 70년)

봄에 곽광의 딸을 황후로 삼았다.

임자(壬子) 지절(地節) 원년(기원전 69)

우정국(于定國)을 정위로 삼았다. 우정국은 결정하기 힘든 옥사를 해결하고[15], 법을 공평하게 하고, 홀아비와 과부를 불쌍히 여겨, (돌보는데) 힘썼다. 죄를 결정하지 못하면 가벼운 것을 따르고, 살피고 신중한 마음을 더하니, 조정에서 그를 칭찬하기를 "장석지가 정위가 되니 천하에 원통한 백성이 없었고, 우정국이 정위가 되니 백성들이 스스로 원통해하지 않는다"고 했다.

계축(癸丑) 2년(기원전 68)

봄에 곽광이 죽었다.

○ 황제가 대장군의 덕을 생각해 곽광의 형의 손자 산(山)을 악평후(樂平侯)로 삼고, 봉거도위(奉車都尉)로 삼아 상서의 일을 맡게 했다. 위상(魏相)이 밀봉한 글을 올려 "『춘추』는 대대로 경(卿)의 지위를 세습하는 것을 나무랐고, 송(宋)나라에서는 삼대에 걸쳐 대부가 되는 것을 미워했습니다. 지금 곽광이 죽었는데 아들이 다시 우장군이 되었고, 형의 아들은 요직[16]을 맡았으며, 형제와 여러 사위들

---

15) 決疑 결의 : 결(決) 해결. 의(疑) 결정하기 힘든 옥사

16) 樞機 추기 : 요직, 중요한 직위

은 병권을 장악하는 관직을 차지해 교만하고 사치하고 마음대로 합니다. 마땅히 그 권력을 덜고 빼앗고 음모를 깨버려서, 공신의 후세를 보전함이 있어야 합니다"라고 했다.

또 "옛날부터 여러 글을 올리는 자는 모두 2개의 봉한 글을 만들어 그 한 개에 '부(副)'라고 썼는데, 상서(尙書)를 맡는 자가 먼저 부봉(副封)을 열어 보고, 말한 바가 좋지 않으면 물리쳐 버리고 아뢰지 않았다는 것"도 아뢰었다. 위상이 또 허백(許白)을 통해 부봉(副封)을 없애고 은폐하는 것을 방지하라고 아뢰니, 황제가 그것을 좋다고 했다. 조서를 내려 위상을 급사중(給事中)으로 삼고, 모두 그의 의견을 따랐다.

○ 황제가 일반 가정 집[17]에서 자라 백성들의 간난을 알았다. 곽광이 죽고 난 후 처음으로 정사를 친히 살폈다. 분발해 정성을 쏟아서 다스렸다. 5일에 한번 보고를 듣는데, 승상에서부터 그 이하로 각자가 직분에 따라 일을 아뢰었다. 아뢰고 진술하는[18] 그 말로 공과 능력을 시험했다.

시중과 상서 중에서 공과 노고가 있는 자는 바로 승진시켰다. 또 남들과 다르거나 좋은 것을 보고하면, 상과 하사품을 후하게 주어 자손에까지 이르게 했고, 끝내 바꾸지 않았다. 중요한 직위는 빈 구석 없이 세밀하게 살피고[19], 품

17) 閭閻 여염 : 마을 입구의 문, 민간 사람

18) 敷奏 부주 : 진술하여 아뢰

19) 周密 주밀 : 무슨 일이든 빈 구석이 없고 자세, 생각이 찬찬함

계와 격식[20]을 갖추니, 상하가 서로 편안하고 구차한 마음이 없었다.[21]

또 자사와 수 상(守 相)을 임명할 때에는 번번이 친히 보고 묻고, 그가 좇는 바[22]를 살펴보고, 물러가면 행동한 바를 살폈다. 그 말을 바탕으로 해 명성과 실제가 상응하지 않으면, 반드시 왜 그런지 그 까닭을 알아봤다.

일찍이 "서민이 그 마을을 편안하게 여기고, 탄식하거나 근심하거나 원망하는 마음이 없는 까닭은 정치가 공평하고 송사가 공정하기 때문이다. 나와 이것을 같이 할 자는 오직 훌륭한 2천석(二千石)일 뿐이다. 태수는 관리와 백성의 근본이니, 자주 바뀌면 아래가 불안해지고, 백성이 그가 오래 있을 것을 알면 속일 수 없으니, 그 교화[23]에 복종한다"고 말했다.

고로 2천석이 다스리는 데에 공이 있으면, 번번이 옥새 찍힌 글로 격려하고 권장했다. 품계를 올려주고 상금을 내려주어, 혹자는 작위가 관내후까지 되게 했다. 공경(公卿)에 결원이 생기면, 표창 받은 자들 중에서 선발해 차례대로 썼다. 이 때문에 한(漢)의 치세 중 훌륭한 관리들이 이 때에 가득해서 중흥이라고 칭해졌다.

---

20) 品式 품식 : 품계와 격식

21) 苟且 구차 : 일시 미봉함, 등한히 함, 가난함, 예법을 따르지 않다[不循禮法]

22) 由 유 : 말미암을, 좇을, 부터, 쓸, 실행할. 까닭

23) 敎化 교화 : 교육해 감화시킴, 가르쳐 착한 사람이 되게 함, (불교) 진리를 가르쳐 선(善)으로 인도함

갑인(甲寅) 3년(기원전 67)

조서를 내렸다. "공이 있는데 상이 없거나, 죄가 있는데 주벌[24]이 없으면, 비록 요순이라도 천하를 교화시킬 수 없다. 지금 교동상(膠東相) 왕성(王成)이 수고해서 (백서들을) 불러들이고 맞이하는[25]일을 게으르게 하지 않아, 유민들 중 스스로 정착한 사람이 8만여 명이다. 다스림에 남다른 공이 있으니, 왕성에게 관내후의 작위를 내리고, 품계를 중이천석(中二千石)으로 한다"고 했다. 불렀으나 아직 임용되지 못했을 때, 마침 병을 얻어 관에서 죽었다.

후에 조서를 내려 승상과 어사에게는 군국의 상계(上計)를, 장사(長史) 수(守) 승(丞)에게는 정령(政令)의 득실을 물어보게 했다. 어떤 자가 대답하기를 '전에 교동상 왕성이 거짓으로 (호구를) 늘렸는데 큰 상까지 받으니, 그 후에 속리들이 거짓 명예를 만드는 자가 많아졌습니다'라는 말이 있었다.

○ 승상 위현(韋賢)이 늙고 병들어 관직에서 물러날 것을 청했다[26]. 황금 백 근과 편안한 수레, 네 마리 말을 내렸다. 떠나서 사저로 갔다. 승상이 나이가 많아 벼슬을 내놓는 것[27]이 현에서부터 시작되었다. 위상(魏相)을 승상으로 임

---

24) 誅 주 : 주벌하다, 벌주다

25) 勞來 노래 : 주(註) 위로하고 권면해 불러서 맞이하다

26) 乞骸骨 걸해골 : 관직에서 물러나기를 청함

27) 致仕 치사 : 관리가 나이가 많아서 벼슬에서 물러나는 것

명했다.

○ 곽씨는 교만하고 사치하고 방자했다. 황제는 곽씨가 허황후를 독살했다는 말을 들었지만, 그때까지 조사하지 않았다. 곽광의 여러 사위들을 옮기고 인장과 끈들을 거두었다. 우림(羽林) 및 양궁(兩宮) 숙위병의 지휘관들과 주둔병의 여러 지휘관들을 모두 바꾸어, 친척인 허씨와 사씨의 자제들에게 그들을 대신하게 했다.

○ 예전에 효무제(孝武帝) 때는 징발하는 것이 빈번해 백성들이 가난해지고 피폐해졌다. 가난해진 백성들이 법을 범하니, 범죄가 너무 많아 이겨낼 수가 없었다. 그리하여 장탕(張湯)과 조우(趙禹) 등에게 법령을 조목조목 정하게 하고, '범법자를 보거나 알고도 적발하거나 고발하지 않고 고의로 놓아주면, 감독하는 부서의 장을 처벌하는 법[見知故縱監臨部主之法]'[28]을 만들고, 고의로 무겁게 벌하는 죄[深故之罪][29]를 완화시키고, 죽을 자를 마음대로 놓아주는 죄[縱出之誅]를 엄중하게 했다. 그 후에 간사하고 교활한 자들이 법을 교묘하게 꾸미고, 와전시켜 서로 사례로 삼았다.[30]

---

28) 見知故縱監臨部主之法 견지고종감림부주지법 : 주(註) 범죄를 보거나 알고도 적발해 고발하지 않고 고의로 놓아주면 해당 부서의 장(長)까지 처벌하는 법

29) 深故之罪 심고지죄 : 이때 무제(武帝) 때 형리를 심하게 닥달하니, 해를 당해 고의로 감옥에 들어간 자를 모두 관대하게 완화해 주었다.

30) 比況 비황 : 주(註) 비(比)는 예(例). 황(況)은 비의(譬擬). 비교해 헤아리다, 본뜨다. 주(註) 이미 행한 고사(故事)

법망이 점점 조밀해지고 율령이 번잡하고 가혹해지니, 문서가 책상과 책꽂이[31]에 가득해졌고, 담당자가 두루 다 살펴볼[32] 수 없었다. 이 때문에 군국에서 후임자들이 헷갈려[33], 어떤 때는 죄가 같은데도 판결이 달랐다. 간사한 관리들이 이것을 이용해 장사를 했다.[34] 살리고자 하면 살리는 논의에 붙이고, 빠뜨리고자 하면 죽이는 사례에 붙이니, 판결 받는 자들이 다 원통하게 폐해를 당했다.

정위사(廷尉史) 노온서(路溫舒)가 글을 올렸다.

"폐하께서 처음 지존에 등극하셨으니, 마땅히 전 세대의 잘못을 고치고, 천명으로 받은 법통[35]을 바르게 시작하셔야 합니다. 번잡한 법을 씻어내고[36], 백성의 고통을 없애셔서, 하늘의 뜻을 따르셔야 합니다. 신이 듣건대 진(秦)나라에 10가지의 과오[37]가 있었는데, 그 중 한 가지가 아직 남아있습니다. 옥을 다스리는 관리가 그것입니다.

---

31) 几閣 궤각 : 책상과 책꽂이

32) 徧覩 편도 : 두루 보다

33) 駮 박 : 붉은 털 검은 털이 섞여 색깔이 얼룩덜룩한 말, 반박

34) 市 시 : 주(註) 간사한 관리가 옆에 있으니, 이를 기회로 법을 농락해 시장 상인의 교역처럼 재물을 받았다

35) 統 통 : 사업 등의 단서, 법통, 강기(綱紀), 근본

36) 滌 척 : 닦을, 세척

37) 十失 십실 : 주(註) 1. 글이 전해진 것이 적고, 2. 무용(武勇)을 좋아했고, 3. 인의(仁義)를 천시했고, 4. 옥리를 귀하게 여겼고, 5. 비방(誹謗)한 자를 벌주었고, 6. 요언(妖言)을 금지했고, 7. 선왕에 대한 성복(盛服)을 세상에 행하지 않았고, 8. 충량(忠良)한 자들이 입을 다물고 모두 가슴이 막혔고, 9. 헛된 명예를 좋아했고, 10. 진실한 자가 화를 당했다.

감옥은 천하의 큰 명령입니다. 죽은 자는 다시 살릴 수 없고, 절단된 것은 다시 붙일 수 없습니다. 『서경(書經)』에서 '무고한 자를 죽이는 것보다는 차라리 놓아주고 법[38]을 어기는 것이 낫다'[39]고 했습니다. 지금 옥을 다스리는 관리는 그렇지 않습니다. 상하가 서로 공격하고, 각박함을 현명함으로 생각하고, 심하게 하는 자는 공무를 잘 수행했다는 칭송을 얻고[40], 공평하게 집행하는 자는 후환이 많습니다.[41]

그런 연유로, 옥을 다스리는 관리들이 모두 사람을 죽이려고 하는데, 이는 사람을 미워해서가 아닙니다. 스스로 안전해지는 방법이 남을 죽이는 것에 달려 있기 때문입니다. 태평성세가 아직 이루어지지 않는 것은 바로 이것 때문입니다.

속어에 '땅에 줄을 긋고 옥이라 하면, 사람들이 들어가려고 하지 않고, 나무를 깎아서 관리라고 하면 마주 하고자 하지 않는다'고 합니다. 이것은 모두 관리를 미워하는 풍조이니, 비통한 말입니다. 폐하께서 법령을 줄이시고 형벌을 관대하게 하시면, 태평의 풍조는 이 세대에 일어날 수 있습니다"

---

38) 經 경 : 상도(常道)를 말함

39) 여기(與其) A 영(寧) B, (寧=不若, 不如) : A하느니 차라리 B하는 것이 낫다

40) 주(註) 법을 각박하게 집행하는 자는 공무를 잘 받든다는 이름을 얻어서 칭송된다

41) 주(註) 법에 의해 공평하게 판결하면, 이후 오히려 피해 입을 것을 많이 걱정한다

황제가 그 말을 훌륭하다고 했다.

○ 12월에 "요즘 관리들이 법을 집행하면서 법조문을 교묘하게 (적용하는) 일이 점점 심해, 무고한 사람이 죽임을 당하게 된다고 하니, 짐은 매우 마음 아프다. 지금 정사(廷史)를 보내 군(郡)에서 감옥의 일을 조사해보니, 소임은 가볍고 봉록은 박하다. 정위평(廷尉平)[42]직을 설치해 품계는 6백석으로 하고, 인원은 4명으로 해 옥사를 공평하게 하는데 힘써서 짐의 뜻에 맞추게 하라"는 조서를 내렸다.

그리하여 매번 늦가을 후에 재심리[讞][43]를 청하면, 황제는 항상 선실(宣室)에 가서 몸과 마음을 깨끗이 하고 있다가 옥형의 일을 결정했다. 말하기를 공평히 처리한다는 것이다. 탁군 태수 정창(鄭昌)이 상소했다.

"지금 현명하신 군주께서 몸소 옥사를 밝게 처리하시니[44], 비록 정평(廷平)을 설립하지 않아도 옥사가 저절로 바르게 될 것입니다. 만약 후대를 깨우쳐주려고[45] 하신다면, (정평을 세우는 것보다) 율령을 깎아내고 개정[46]하시는 것이 낫습니다. 율령은 한번 정해지면 어리석은 백성은 피할 바를 알게 되고, 간사한 관리는 농락할 바가 없을 것입

42) 주(註) (관직 명이) 불공평함을 공평하게 한다는 뜻

43) 讞 언 : 평의할, 송사를 재심리하는 것, 그 죄의 경중을 평의하는 것. 주(註) 평의하다의 뜻으로 재심리를 의미

44) 明聽 명청 : 옥사를 밝게 결정하다

45) 開 개 : 열다, 개발하다, 깨우치다

46) 刪定 산정 : 글자나 글귀의 잘못을 깎아내고 개정(改定)함. 취사(取捨)해 정함

니다. 지금 그 근본을 바르게 하지 않으시고, 정평(廷平)을 세워 그 끝을 다스리시니, 정치가 쇠퇴하고, (임금이) 송사를 게을리 하게 되면, 정평이 권력을 휘두를 것이고, 혼란의 수괴가 될 것입니다"

을묘(乙卯) 4년(기원전 66)

곽현(霍顯)과 우(禹) 산(山) 운(雲)이 땅을 몰수당하자, 자주 서로 마주하고 울며 스스로를 원망했다. 천자를 폐위시키려고 모의하다가 일이 발각되었다. 운과 산은 자살하고, 우는 요참을 당하고, 현과 여러 딸, 형제들은 모두 기시 당했다. 황후 곽씨는 폐위되었다.

○ 예전에 곽씨가 사치하니, 무릉인(茂陵) 서생(徐生)이 상소해 마땅히 (곽씨들을) 억제해야 된다고 말했다. 그 후에 곽씨가 주멸(誅滅)되자 고발한 자들은 모두 분봉 받았다. 어떤 사람이 서생을 위해 글을 올렸다.

"신이 들었는데, 어떤 집의 손님 중에 그 집의 부뚜막이 곧은 굴뚝인데다, 옆에 장작이 쌓여 있는 것을 보고, 주인에게 굽은 굴뚝으로 다시 만들고 장작을 멀리 옮겨놓지 않으면 화재를 당할 것이라고 말했습니다. 주인이 따르지 않았고, 얼마 안 되어[47] 과연 화재가 났습니다. 마을의 이웃들이 함께 도와 다행히 끌 수 있었습니다.

소를 잡고 술자리를 벌여 그 이웃들에게 사례했습니다.

---

47) 俄 아 : 잠시, 얼마 안되어, 갑자기

불을 끄려다가 불에 덴[48] 사람을 윗자리에 앉히고, 나머지는 각각 공에 따라 차례로 앉혔으나, 굽은 굴뚝을 만들라고 말한 사람은 마음속에 두지[49] 않았습니다.

어떤 사람이 주인에게 말하기를 '예전에 객의 말을 들었더라면, 소와 술자리의 비용을 낭비하지 않았을 것이고, 끝내 화재가 없었을 것이다. 지금 공을 논하고 손님을 청하는데, 굽은 굴뚝을 만들고 장작을 옮기라고 한 사람은 은택이 없고, 머리를 그을리고 이마를 덴 사람만이 상객이 되는가?' 하니 주인이 이에 깨닫고 그를 초청했습니다.

무릉인 서복(徐福)은 자주 글을 올려 곽씨로 인해 장차 변고가 있을 것이니, 마땅히 방지하고 그들을 끊어내라고 했습니다. 예전에 서복의 말이 실행될 수 있었더라면, 나라에는 땅을 떼어주고 작위를 주는 허비가 없었을 것이고, 신하에게는 반란을 일으켜 주멸 당해 망하는 일이 없었을 것입니다.

지난 일은 끝났지만[50], 서복만이 오직 그 공의 은택을 입지 못했습니다. 폐하께서는 그것을 살피시고, 사신곡돌(徙薪曲突)의 계책을 귀하게 여기시고, (그를) 머리카락을 태우고 불에 덴 사람들의 윗자리[51]에 있게 해주십시오"

---

48) 灼爛 작란 : 타서 문드러짐. 작(灼) 사르다, 불에 그을리다, 불에 데다. 란(爛) 화상을 입어 살이 문드러짐

49) 錄 록 : 적어둠, 마음속에 적어둠, 잊지 아니함, 나타낼

50) 旣已 기이 : 이미 끝났다, 그 뿐이다, 할 수 없다

51) 右 우 : 오른, 숭상할, 위(상위), 강할, 중할

황제가 곧 서복에게 비단 14필을 하사하고, 후에 승진시켜 낭(郞)으로 삼았다.

온공(溫公)이 말했다.

"곽광이 한(漢) 황실을 보좌한 것은 충성이라고 말할 수 있다. 그러나 끝내는 그 종족을 보전할 수 없었다. 위엄과 복은 임금의 기물이다. 신하가 그것을 잡고 오랫동안 돌려주지 않을 경우, (화가) 미치지 않는 예가 드물다. 효소제는 총명했기 때문에 14세에 상관걸의 거짓말을 알았으니, 참으로 친정을 할 만 했다.

하물며 효선제는 19세에 즉위했고, 총명하고 강직하며 의지가 강했고, 백성의 아픔과 고통을 알고 있었는데도, 곽광이 오랫동안 대권을 오로지 했다. 피해서 떠나야 함을 알지 못했고, 친척과 일당을 많이 두고 조정을 가득 채웠다.

위로는 임금에게 분노를 쌓게 하고, 관리와 백성들은 아래에서 원망을 쌓았다. 이를 갈고 흘겨보며 때를 기다리다가 터진 것이다. 자신이 (그 화를) 면할 수 있었던 것만도 다행이다. 하물며 자손이 교만하고 사치해 그것을 재촉했으니!

비록 그렇다고 해도 전에[52] 효선제가 오로지 봉록과 벼슬로 상을 내려주어 그 자손을 부유하게 해주고, 그들에게 큰 현에서 식읍을 받아 살게 하고, 조정에 와서 알현[53]하게 했으면, 역시 큰 은혜를 갚기에 충분했다. 그런데 다시 그

52) 嚮 향 : 앞서, 접때, 일전에, 잠깐

53) 朝請 조청 : 신하가 봄[朝] 가을[請]에 조정에 가서 임금을 배알함

에게 정권을 맡기고, 병권을 주었다.

일을 깔끔하게 처리하지 못해서[54] 죄의 단서[55]가 쌓이게 했다. 게다가 (봉지를) 빼앗았으니, 드디어 원망과 두려움으로 사악한 모의를 만들었다. 어찌 다만 곽씨 만이 스스로 화를 만든 것이겠는가? 역시 효선제가 배양해 그것을 이루게 한 것이다.

옛날에 투초(鬪椒)가 초(楚)에서 난을 일으켰을 때, 장왕(莊王)이 그 일족을 멸족했지만, 잠윤(箴尹)을 맡고 있는 극황(克黃)을 사면해주며 "자문(子文)에게 후손이 없다면 어떻게 선을 권하겠는가?"라고 말했다.[56] 무릇 현과 우, 운과 산의 죄가 비록 멸족되기에 마땅하지만, 곽광의 충성과 공훈을 생각하면, 제사지내지 않을 수 없다. 결국 집안에 남은 사람[57]이 없게 했으니, 효선제 역시 은혜는 적다"

북해태수 주읍(朱邑)은 다스림의 행적이 제일이어서, 들

---

54) 叢 총 : 풀이 더부룩하게 나는 모양

55) 釁 흔 : 희생의 피를 그릇에 발라 신에게 제사지냄. 약점, 단서

56) 주(註) 투초(鬪椒)는 자문(子文)의 조카이다. 투초가 태어났을 때 자문은 투초가 일족을 위험에 빠뜨릴 것을 알고, 동생에게 투초를 죽일 것을 권했지만, 동생이 말을 듣지 않았다. 자문이 죽은 후 자문의 아들 투반은 아버지를 이어 영윤이 되었고, 투초는 사마가 되었는데, 투반을 시기해 모함해 죽이고 자신이 영윤이 되었다. 이후 초에 반란을 일으켰으나 진압당해 자문의 약오씨(若敖氏)는 멸문을 당했다. 마침 자문의 손자인 잠윤 극황이 제나라에 사신으로 갔다가 일족의 반란 소식을 들었는데, 다른 나라로 도망가지 않고 초나라에 돌아가 스스로 구속됐다. 이 때 초장왕(楚莊王)은 자문이 영윤으로서 초나라를 잘 다스린 것을 생각해서 "자문에게 후손이 없다면 무엇으로 신하에게 선(善)을 권하겠는가?(曰:子文無後 何以勸善)"라고 말하며, 극황의 관직을 복직시켰다(『춘추좌전(春秋左傳)』)

57) 噍類 초류 : 살아서 먹을 것을 씹는 사람. 초(噍) 먹다, 씹다

어와 대사농(大司農)이 되었다.

○ 발해태수 공수(龔遂)가 들어와 수형도위(水衡都尉)가 되었다. 이보다 먼저 발해(渤海) 좌우의 군들에 해마다 기근이 들어 도적들이 함께 일어나니, 2천석이 잡거나 제어할 수 없었다. 황제가 다스릴 수 있는 자를 뽑으려 하니, 승상 어사가 공수(龔遂)를 천거했다. 황제가 발해태수로 임명하고 불러서 만나보고 어떻게 발해를 다스려서 그 도적들을 그치게 할 것인지를 물었다. 공수가 대답했다.

"바닷가는 아득히 멀어 황제의 교화를 입지 못했습니다. 그 백성들이 굶주림과 추위에 고통을 겪었으나, 관리들이 구휼하지 않았기 때문에 폐하의 아이들이 황지(潢池)[58] 중에서 폐하의 병기를 훔쳐 장난을 친 것뿐입니다. 지금 신에게 그들을 이기도록 원하시는 것입니까? 아니면 그들을 안정시키려는 것입니까?"

"어질고 좋은 관리를 뽑아 쓰는 것은 정말로 그들을 안정시키려는 것이다"

"난민을 다스리는 것은 엉킨 끈을 푸는 것과 같아서 급히 하면 안됩니다. 오직 그것을 느슨하게 한 연후에 풀 수 있습니다. 신이 원하건대 승상, 어사가 법으로 신을 구속하지 않고, 일체를 형편을 살펴서 일을 할 수 있도록 해 주십시오"

---

58) 潢池 황지 : 웅덩이에 괸 물

황제가 허락하고 또한 황금을 내렸다.

(공수가) 수레를 타고 발해군의 경계에 이르렀다. 군에서 새 태수가 온다는 소식을 듣고 병사를 내서 맞이했으나 공수가 모두 돌려보냈다. 문서를 보내 소속 현에 명령을 내려[59] 도적을 쫓고 체포하는 관리를 다 해산시켰다. 호미나 괭이[60] 등 농기구를 들은 사람들은 모두 양민이라 해 관리가 조사할 수 없게 하고, 병기를 가진 사람은 곧 도적이라고 했다.

공수가 한 대의 수레로 혼자 가서 관청에 도착하니, 도적들이 공수의 교령을 듣고는 즉시 해산해 그 무기와 활을 버리고, 괭이와 호미를 잡았다. 그리하여 다 평정되었다. 공수가 창고를 열어 빈민들에게 대여해주고, 선량한 관리를 뽑아 위무하고 다스렸다.

공수가 제(齊) 땅 사람들의 풍속이 사치해 상공업을 좋아하고, 농사를 안 짓는 것을 보고는, 몸소 검약을 솔선하고, 백성에게 농사와 잠업을 권했다. 백성이 칼과 검을 차거나 가지고 있으면, 검을 팔아 소를 사게 하고, 칼을 팔아 송아지를 사게끔 하며 "어찌 소를 차고 송아지를 차고 다니는가?"라고 했다. 수고를 아끼지 않고 군을 순행하니, 모두 쌓고 축척하는 것이 있게 되고, 옥사와 소송이 그쳤다.

---

59) 勅 칙 : 임금의 조서. 경계할, 삼갈, 타이름

60) 鉏鉤 서구 : 호미, 괭이, 낫

병진(丙辰) 원강(元康) 원년(기원전 65)

조광한(趙廣漢)은 대대로 관리하는 자의 자손 중에 새롭고 진취적인 젊은이들을 쓰기를 좋아했다. 오로지 건장하고 날카로운 기세[61]만을 장려하니, 일을 보면 바람이 일듯이 빨랐고[62] 회피하는 바가 없었다. 과감한 계책이 많았으며, 어려움을 겪는 일이 없었다. (그러나) 마침내 이 때문에 죽었다.

광한이 개인적인 원한으로 영축(榮畜)이라는 남자를 판결로 죽이니, 어떤 사람이 글을 올려 그것을 고발했다. 일이 승상, 어사에게 내려져서 조사를 했다. 광한이 승상 부인이 모시는 하녀[侍婢]를 죽였다고 의심해 이것으로 승상을 협박하려 했으나, 황제가 그것을 미워해 광한을 가두었다.[63]

관리와 백성 중에 궐을 지키면서 우는 자가 수만 명이었다. 어떤 사람은 "신은 살아도 현관에게 도움이 되지 않으니, 조경조를 대신해 죽어서 그로 하여금 어린 백성들을 기르게 해 주십시오"라고 말했다. 광한이 마침내 죄로 요참을 당했다. 광한은 경조윤으로서 청렴하고 명석해 위엄으로 세력이 강한 자들을 누르니, 서민들이 (편안히) 일을 할 수 있었다. 백성들이 추모해 그를 노래했다.

○ 황제가 박사와 간대부와 정치에 능통한 자를 뽑아 군

---

61) 鋒氣 봉기 : 주(註) 칼끝처럼 예리해 범하기 어려운 기세
62) 風生 풍생 : 주(註) 일을 보면 빨라서 당할 수가 없음
63) 下~ 廷尉 하 ~정위 : ~를 가두다, 체포하다

국의 수상을 보좌하게 했다. 소망지(蕭望之)를 평원태수(平原太守)로 임명했는데, 소망지가 상소해 "폐하께서 백성들을 가엽게 여기시고 덕화가 아래까지 다 내려가지 않을까 걱정하셔서, 간관들을 다 내보내 군의 관리들을 보좌하게 하십니다. 조정에 쟁론하는 신하가 없으면 잘못이 있어도 알지 못합니다. 말하자면 그 끝을 걱정하면서 그 근본을 망각하는 것입니다"라고 건의했다. 황제가 곧 소망지를 불러들어와 소부(少府)를 지키게 했다.

○ 동해태수 윤옹귀(尹翁歸)가 군(郡)을 잘 다스려서 높은 등급을 받았고, 들어와 우부풍(右扶風)이 되었다. 윤옹귀는 사람됨이 공평하고 청렴했다. 밝게 살펴서 군중의 관리와 백성들 중 (누가) 능력 있는지 못났는지, 또는 간사한지와 범죄를 저지른 죄명까지 다 알았다. 각각 기록한 장부가 있어 장부를 펴서64) 사람을 뽑아 하나로 백을 경계시키니, 관리와 백성들이 모두 복종하고 두려워하고, 행실을 고쳐 스스로 새로워졌다.

그가 부풍이 되자, 청렴하고 공평하며 간사한 관리를 싫어하는 자를 선발해 높은 직책에 두고 예로써 대우하고, 좋아하고 싫어하는 것을 그들과 함께 했다. (그러나) 그들이 윤옹귀(의 뜻)를 저버리면 역시 반드시 벌을 주었다. 그렇지만 따뜻하고 사람 좋고 겸손했고, 행위와 능력으로서 남에게 교만하게 대하지 않으니, 조정에서 명성이 있었고, 칭

64) 披 피 : 나누다, 쪼개다, 열다, 개척하다

송받았다.

○ 풍봉세(馮奉世)가 서역에 사신으로 갔는데, 마침 사거왕(莎車王)의 아우 호도징(呼屠徵)이 스스로 왕이 되어 한(漢)을 배반했다. 풍봉세가 황제의 명령을 칭하는 깃발을 가지고 여러 나라의 병사를 징발해 그를 공격해 죽였다. 황제가 매우 기뻐해 풍봉세에게 분봉해줄 일을 의논하게 했다. 소망지가 "풍봉세는 황제의 명령을 사칭해 군대를 징발했는데, 요점은 만 리 밖에서 공을 세운 것이지만, 국가에게는 오랑캐 땅에서 일을 일으킨 것입니다. 나아가서 잘했다고 할 수 없습니다. 풍봉세는 분봉 받아서는 안 됩니다"라고 말했다. 황제가 소망지의 의견을 좋다고 하고, 풍봉세를 광록대부로 삼았다.

정사(丁巳) 2년(기원전 64)

황제가 조충국(趙充國) 등과 함께 의논해 흉노가 쇠약해진 틈을 타서 병사를 내어 그 오른쪽 땅을 공격해 감히 다시는 서쪽 지역을 어지럽히지 못하게 하려고 했다. 위상이 글을 올려 간언했다.

"난리를 구원하고 포악한 것을 치는 것을 의병(義兵)이라고 합니다. 의를 위해 전쟁을 하는 자는 왕이 됩니다. 적이 자신을 공격해 부득이하게 일으킨 것을 응병(應兵)이라고 합니다. 대응해 전쟁을 하는 자는 승리합니다. 작은 이유로 다투어서 원한을 갖고 분노를 참지 못하는 것을 분병(忿兵)이라고 합니다. 분노로 전쟁을 하는 자는 패합니다.

남의 토지와 재화와 보물을 탐내는 것을 탐병(貪兵)이라고 합니다. 탐욕으로 전쟁을 하는 자는 격파됩니다. 큰 나라임을 과시하고 백성이 많은 것을 자랑해 적에게 위세를 보이고자 하는 것을 일러서 교병(驕兵)이라고 합니다. 교만으로 전쟁하는 자는 멸망합니다.

최근 흉노가 아직 변경을 침범하지 않았는데, 지금 듣기에 병사를 일으켜 그 땅에 들어가고자 하니, 어리석은 신은 이 전쟁이 무슨 이름인지 알지 못하겠습니다.

금년에 자제들이 부형을 죽이고 처가 지아비를 죽인 자가 2백22명입니다. 어리석은 신이 생각하건대, 이것은 작은 변고가 아닙니다. 지금 좌우의 신하들은 이것을 걱정하지 않고, 곧 병사를 일으켜 조그만[65] 분노를 먼 오랑캐에게 갚으려고 합니다. 공자가 말했던 '나는 계손씨(季孫氏)의 우환이 부용국(附庸國)인 전유(顓臾)[66]에 있지 않고, 담장 안에 있음을 걱정한다'"고 말한 것과 같습니다"

황제가 위상의 말을 따랐다.

○ 위상은 한(漢)의 고사는 물론 형편을 살펴서 아뢴 (예전의) 상소문들 보기를 좋아했다. 한(漢)이 흥한 이래 국가에서 형편을 살펴 일을 행한 것 하나하나를 들추어내어 아뢰고, 현신(賢臣) 가의(賈誼)와 조조(鼂錯), 동중서(董仲舒) 등이 말한 바를 주청하고 그것을 시행했다.

65) 纖介 섬개 : 가늘고 작은

66) 顓臾 전유 : 노(魯)나라의 부용국(附庸國)

위상은 연·사(掾·史)[67]에게 명령해 군국에서 일을 조사하게 했다. 또 휴가를 가는[68]자는 집에서 관청으로 돌아올 때마다 사방의 특이한 소문이나 역적, 자연현상, 재해 등이 있는지를 보고하게 했다. 군에서 보고하기 전에 위상이 번번이 그것을 아뢰어 말했다. 어사대부 병길(丙吉)과 한 마음으로 정치를 보좌하니, 황제가 모두 그들을 중히 여겼다.

○ 병길은 사람됨이 매우 후덕하고, 잘한 일을 (스스로) 자랑하지 않았다. 증손(曾孫)과 만났을 때[69]부터 (있었던) 전의 은혜를 병길은 입을 다물고 말하지 않았다. 마침 액정궁[掖庭]의 여자노비가 일찍이 (황제에게) 젖을 주어 기른 공[70]이 있다고 진술했다. 사자(使者)에게 병길이 진상을 안다고 끌여들어 말했다. 황제가 친히 보고 물어본 연후에 병길에게 옛 은혜가 있었으나, 끝까지 말하지 않았음을 알았다. 황제가 그를 어질다고 했다.

○ 황제는 소망지가 경전에 밝고 신중하고, 논의함에 여유가 있고, 재능이 있어 재상을 맡길만 하다고 생각했다. 그의 정사를 상세히 시험하고자 다시 좌풍익(左馮翊)으로

---

67) 掾·史 연사 : 하급관리

68) 休告 휴고 : 휴가를 청하다, 휴가를 가다

69) 주(註) 선제(宣帝)는 무제(武帝)의 증손(曾孫)이다. 정화(征和) 2년 무고(巫蠱)사건을 만나 (투옥)됐다. 이때 병길이 감옥을 다스렸는데, 무제가 감옥에 천자의 기운이 있다고 해, 사자를 보내 그를 죽이려고 했다. 병길이 문을 닫고 들여보내지 않아 화를 면했기 때문에 조우(遭遇)라고 표시한다

70) 阿保之功 아보지공 : 주(註) 아의(阿依). 기르고 보호한 공

삼았다. 소부에서 나오면 좌천되는 것이어서, 망지가 황제의 뜻에 맞지 않는 것이 있는가를 걱정하고, 병을 핑계 대었다.

황제가 보고를 받고 시중 김안세(金安世)를 시켜 "임용되는 사람은 모두 백성을 다스리는 것으로 공로를 시험한다. 그대가 전에 평원태수가 되었지만, 날짜가 얼마 안됐기에 다시 삼보(三輔)[71]에서 시험하는 것이지, 보고 받은 것이 있는 것이 아니다"라고 뜻을 알려주었다. 망지가 즉시 일어나 일을 보았다.

무오(戊午) 3년(기원전 63)

장안세(張安世)는 그들 부자가 모두 봉후이니, 지위가 최고에 이르렀다고 생각해, 곧 봉록을 사양했다. 조서를 내려 도성에 돈을 따로 보관하게 하니, 장씨의 이름 없는 돈이 수백 만이었다.

장안세는 신중하고 꼼꼼해, 매번 큰 정책이 정해질 때마다 (자신이) 이미 결정했음에도, 번번이 병을 핑계대고[72] 나와 있다가, 조령이 있다는 말이 들리면 놀라면서 관리에게 승상부에 가서 물어보게 했다. 조정의 대신들도 그가 함께 의논했다는 것을 알지 못했다.

일찍이 (인재를) 천거한 적이 있었다. 그 사람이 와서 사례하니, 장안세가 크게 한탄했다. "현자를 천거하고 능력

---

71) 三輔 삼보 : 우풍익(右馮翊) 좌풍익(左馮翊) 경조윤(京兆尹)

72) 移病 이병 : 병을 핑계대다

있는 자를 승진시켰다고 여겼는데, 어찌 개인적인 사례가 있는가"라고 말한 뒤, (관계를) 끊고 다시 연락하지 않았다.

어떤 낭이 공이 높으나 잘되지[73] 않자, 자신(의 공적)을 장안세에게 말했다. 장안세는 "그대의 공이 높은 것은 현명하신 임금께서 알고 계신다. 신하가 일을 하면서 어찌 잘하고 못함을 스스로 말하는가?"고 말하면서, 거절하고 허락하지 않았다. 얼마 후에 낭이 과연 승진했다.

○ 황태자의 나이는 12세인데, 『논어』와 『효경』에 통달했다.

태부 소광(疏廣)이 (아들) 소부 소수(疏受)에게 "내가 듣기에 만족을 알면 욕을 당하지 않고, 그침을 알면 위태롭지 않다고 한다. 지금 벼슬이 2천석에 이르렀으니, 벼슬도 됐고, 명예도 세웠다. 이러한데 떠나지 않으면 후회가 있을까 두렵다"고 말했다.

그날로 부자가 모두 병을 핑계대고 상소를 올려, 관직에서 물러나기를 원하니, 황제가 모두 허락했다. 황금 20근을 내려주었는데, 황태자가 50근을 더해주었다. 공경과 옛사람들이 동도문(東都門) 밖 가는 길에 안녕을 비는 제사[74]를 마련하고 장막을 쳤다. 배웅하는 수레가 수백 대였다. 길에서 구경하는 자들이 모두 "현명하구나, 두 대부여!"라고 말했고, 어떤 자는 그들을 위해 눈물을 흘렸다.

---

73) 調 조 : 고르다, 조절하다, 적합하다

74) 祖道 조도 : 길 떠나는 사람을 위해서 하는 제사

소광과 소수가 고향에 돌아와 금을 팔아 친척과 옛 친구와 손님들을 청해 함께 즐겼다. 어떤 자가 광에게 그 금으로 자손을 위해 재산을 일으킬 일을 하라고 권하니, 광이 말했다.

"내가 늙어서 혼미하다 해도[75] 어찌 자손을 생각하지 않겠는가? 원래 오래된 밭과 집이 있어 자손들이 그 안에서 부지런히 힘쓰면, 입고 먹을 것을 마련해[76] 보통사람들처럼 살기[77]에는 충분하다. 지금 다시 그것을 늘려서 보태주면 남게 될 것이니[78], 이는 자손들에게 태만함과 게으름을 가르치는 일이 될 뿐이다.

현명하면서 재물이 많으면 그의 뜻을 덜게 되고, 어리석은데 재물이 많으면 그 허물을 더하게 된다. 또 부유한 사람은 사람들의 원망을 받는다. 내가 이미 자손들을 교화시키지 못했으니, 그 화를 더하게 하거나 원망을 만들게 하고 싶지는 않다.

또 이 금은 현명하신 군주께서 늙은 신하에게 은혜로 내려주신 것이니, 고향의 사람들과 친척들과 함께 그 하사하신 것을 즐기면서, 나의 남은 날을 다 마치는 것 또한 괜찮지 않겠는가?"

일족의 사람들이 기뻐하고 탄복했다.

---

75) 誖 패 : 어지럽다, 어지럽게 하다

76) 共 공 : 공(供)과 같이 쓰임. 마련하다

77) 齊 제 : 가지런하다. 나란하다

78) 贏餘 영여 : 남음

○ 영천태수(潁川太守) 황패(黃霸)는 교화에 힘쓰고 주벌은 뒤로 미루었다. 성취하고 안전하게 하는데 힘썼다. 장리(長吏) 허승(許丞)은 늙고 병들어 귀가 먹었다. 독우가 그를 쫓아내자고 건의했다. 황패는 "허승은 청렴한 관리이다. 비록 늙었으나 아직 절하고 일어날 수 있고, 보내고 맞이할 수 있다. 잘 듣지 못하는 것이[79] 무슨 흠이겠는가?"라고 말했다.

어떤 사람이 그 이유를 물으니, 황패는 "장리(長吏)가 바뀌면 옛사람을 보내고 새 사람을 맞이하는 비용이 든다. 또 간사한 관리가 그것을 이용해 장부를 없애고 재물을 훔치니, 공적 사적으로 비용소모가 매우 심하다. 이 비용은 모두 백성에게서 나오는 것이다. 또 바뀌는 새로운 관리가 반드시 능력이 있는 것도 아니다. 어떤 자는 옛날 사람보다 못하니, 서로 혼란을 더 만든다. 정치의 도란 정말 심한 것만을 없애는 것일 뿐이다"라고 말했다.

황패는 밖으로는 관대하고 안으로는 명석해, 관리와 백성의 마음을 얻었다. 호구가 해마다 증가해 다스림으로 천하 제일이 되었다. 불러서 경조윤을 하게 했다.

경신(庚申) 신작(神爵) 원년(기원전 61)

봄 정월에 황제가 처음 감천에 행차해 태치(泰畤)[80]의 교외에서 제사를 지내고, 하동(河東)에 가서 후토(后土)에 제

---

79) 重聽 중청 : 거듭 듣다. 잘못 듣는 것을 말함

80) 泰畤 태치 : 제사 지내는 곳

사 지냈다. 무제(武帝)의 옛 행적을 모방한 것이다. 몸과 마음을 깨끗이 하고 공손하게 예를 갖추어 제사 지내고, 방사(方士)들의 말에 따라 신을 모시는 사당을 더 짓게 했다.

듣기에 익주(益州)에 금마(金馬)와 벽계(碧鷄)의 신[81]이 있는데, 초제(醮祭)를 지내면 이르게 할 수 있다고 했다. 그리하여 간대부(諫大夫) 촉군(蜀郡) 왕포(王褒)에게 황제의 깃발을 가지고 그것을 찾게 했다.

○ 예전에 황제가 듣기에 왕포(王褒)가 뛰어난 재주가 있다고 해 불러서 만나보고는, 성군(聖君)이 현명한 신하를 얻는 것으로 노래를 짓게 했다. 그 문장이 이랬다.

"무릇 현명한 자는 국가의 그릇이다. 그러므로 군주는 현자를 구하는 일을 부지런히 하고, 그 사람을 얻으면 편안하다. 옛날에 현자가 (지혜로운 군주를) 만나지 못했을 때는 일을 도모하고 계책을 세워도 군주가 그 계책을 쓰지 않았고, 거짓 없는 마음으로 성심을 다해[82] 진술하고 보여주어도, 위에서 그 신의를 그렇다고 여기지 않았다. 이 때문에 이윤(伊尹)이 주방[83]에서 일했고, 태공(太公)은 백정[84] 일로 힘들어 하고, 백리해(百里奚)는 스스로를 팔고, 영자(甯子)는 소를 먹였으니, 이 우환을 만났기[85]때문이다.

---

81) 金馬碧鷄 금마벽계 : 금의 모양이 말과 같고, 구슬의 모양이 닭과 같은 것
82) 悃誠 곤성 : 거짓 없는 마음, 정성
83) 鼎俎 정조 : 정(鼎) 솥. 조(俎) 도마. 모두 주방 기구
84) 鼓刀 고도 : 백정
85) 離 리 : 떠날, 떨어질, 흩어질, 만날, =종(從). 걸려 있을

그들이 명석한 군주와 지혜로운 군주를 만나자, 운영하고 계책을 세우는 것이 임금의 뜻과 맞아서, 간쟁하면 즉시 들어주었다. 나아가고 물러남이 그의 충성으로 말미암을[關] 수 있었고, 직책을 맡아서 그 능력을 실행할 수 있었다.

그러므로 세상에는 반드시 성스러운 지혜를 가진 군주가 있고 난 다음에, 어질고 명석한 신하가 있다. 고로 호랑이가 으르렁[86] 부르짖으면 바람이 차가워지고[87], 용이 일어나면 구름이 몰려든다. 귀뚜라미[88]는 가을을 기다려서 노래하고[89], 하루살이[90]는 어두워져야 나온다.

『역경(易經)』에서 말하기를 '비룡이 하늘에 있으니 대인을 만나기에 이롭다'고 했고, 『시경(詩經)』에서는 '빛나는[91] 많은 선비들이 이 왕의 나라에서 나왔다'고 했다. 그러므로 세상이 태평하고 임금이 더없이 훌륭하면, 뛰어난 인재[92]들이 스스로 오고, 조정이 밝고 밝으면 아름답고 훌륭한[93] 신하들이 줄지어 있을 것이다. 정신을 모으면 서로 더욱 빛날 수 있으니, 비록 백아(伯牙)[94]가 체종(遞鍾)을 연

86) 嘯 소 : 울부짖다, 휘파람 불다
87) 洌 열 : 차다, 차가운 바람
88) 蟋蟀 실솔 : 귀뚜라미
89) 唫 금(음) : 음(吟)의 고자(古字). 읊다, 노래하다
90) 蜉蝣 부유 : 하루살이
91) 思皇 사황 : 사(思) 아! 발어조사(發語助詞). 황(皇) 빛나는
92) 俊乂 준예 : 준(俊)준걸. 예(乂) 벨, 다스릴, 어질
93) 穆穆 목목 : 심원, 신중, 아름다운
94) 伯牙 백아 : 거문고를 잘 타는 사람. 그의 벗 종자기(鍾子期)가 이 거문고

주하고, 봉문자(逢門子)[95]가 오호[96]를 활시위에 매더라도[97], 오히려 그 뜻에 비유하기에 부족하다.

그러므로 더없이 훌륭한 군주는 반드시 어진 신하를 기다려서 공적을 넓히고, 뛰어난 선비는 현명한 군주를 기다려서 그 덕을 드러낸다. 상하가 함께 기뻐하며, 서로[98] 즐우니, 기러기 날개가 순풍을 만난 것처럼 날개 짓하고, 큰 물고기를 큰 골짜기에 풀어 놓은 것처럼 왕성[99]할 것이다. 아름다운 징조가 스스로 이를 것이고, 만수무강[100] 할 것이다. 어찌 반드시 팽조(彭祖)[101]처럼 엎어졌다 바로 누웠다 굽혔다 폈다 하고, 교송[102]처럼 숨을 내쉬고 들여 마셔야만[103] (장수) 하겠는가?"

이때 황제가 신선[104]을 좋아해서 왕포(王褒)가 그것에 대해 언급한 것이다.

소리를 잘 들었는데, 종자기가 죽자, 백아는 거문고 줄을 끊어버리고 다시는 거문고를 타지 않았다고 한다.

95) 逢門子 봉문자 : 옛날 활의 명수

96) 烏號 오호 : 좋은 활

97) 彎 만 : 화살을 활시위에 매다

98) 交 교 : 사귀다, 주고받다, 서로

99) 沛 패 : 성대한 모양, 왕성할

100) 壽考無疆 수고무강 : 수명이 끝이 없다. 만수무강하다

101) 彭祖 팽조 : 주(註) 이름 소갱(蘇鏗). 은상(殷商)때 이미 7백여 세. 왕이 대부로 삼았는데, 병을 핑계대고 정치에 안 나옴

102) 喬松 교송 : 교(喬)는 왕교(王喬). 송(松)은 적송자(赤松子). 모두 옛 신선임

103) 呴噓呼吸 구허호흡 : 구허(呴噓) 숨쉬기. 호흡(呼吸) 호흡하기, 숨쉬기

104) 神僊 신선 : 선(僊)=선(仙). 신선

○ 경조윤 장창(張敞)이 상소해 "원컨대 현명하신 군주께서 때때로 수레 타는 즐거움을 잊으시고, 방사들의 허언을 물리쳐서 멀리하시고, 제왕의 일에 마음을 쓴다면, 태평성세는 일어날 수 있습니다"라고 간언했다. 황제가 이로 인해 상방[105]에서 조서를 기다리던 (방사들을) 해산시켰다.

○ 예전에 조광한이 죽은 후 경조윤이 된 자는 모두 직책에서 칭찬받지 못했다. 오직 장창(張敞)만이 그 행적을 이을 수 있었는데, 그 방법과 식견이 조광한에는 미치지 못했다. 그러나 경전의 기술과 유학의 아름다움으로 그것을 빛냈다.

○ 황제가 궁실과 수레와 복식을 꾸몄는데, 소제 때 보다 사치스러웠다. 외척 허(許)씨, 사(史)씨, 왕(王)씨가 귀함을 받고 총애를 받았다. 왕길(王吉)이 상소했다.

"폐하는 몸소 성스러운 자질을 가지셔서 만방을 거느리시니, 오직 당세의 일만 생각하시면 태평이 일어날 것입니다. 조서가 매번 내려질 때마다 백성들이 기뻐하며 다시 태어난 것같이 생각합니다. 신이 엎드려 그것을 생각해보면, 지극한 은혜라고 할 수 있지만, 근본적인 일이라고 할 수는 없습니다.

잘 다스리려는 임금은 세대마다 나오는 것이 아닙니다. 공경들이 다행히 그 때를 만나서 말을 하면 들어주고, 간언

---

105) 尙方 상방 : 임금의 칼이나 좋은 기물을 맡는 관아

하면 따라주는데도, 만세의 장책(長策)을 세워서 현명하신 임금을 삼대의 융성함에다 올려놓지 못했습니다. 그 힘쓰는 것이 서류를 제 때에 제출하는 것[106]에 있고, 옥사를 판결하고 송사를 듣는 것에 있을 뿐이기 때문입니다. 이것은 태평성세의 기틀이 아닙니다.

신은 원합니다. 폐하께서는 천심을 잇고 대업을 일으키소서! 공경 대신과 함께 유생들을 맞아하시고, 옛 예(禮)를 저술하게 하고, 왕의 제도를 밝히시고, 한 세대의 백성을 몰아서, 인덕(仁德)이 있고 수명이 긴 경지[107]로 자꾸 진보해 간다면[躋], 풍속이 어찌 성왕과 강왕 때보다 못할 것이며, 어찌 고종[108]보다 오래 재위하지 못하겠습니까?"

황제가 그 말을 현실에 맞지 않는 것[109]이라 해 좋아하거나 특별하게 생각하지 않으니, 왕길이 병을 핑계대고 귀향했다.

○ 선령국(先零國)이 여러 강족(羌族)들과 함께 작은 종족들을 위협하고 공격해 모두 배반했다. 이때 조충국(趙充國)의 나이가 70여 세였는데, 황제는 그가 늙었다고 생각해 병길을 시켜 누가 장수가 될 만한가를 묻게 했다.

조충국은 "노신(老臣)보다 나은 자가 없습니다"라고 대답

---

106) 期會符書 기회부서 : 주(註) 기회(期會) 한정한 기간. 부서(符書) 장부, 문서

107) 仁壽之域 인수지역 : 인덕(仁德)이 있고 수명이 긴 경지, 즉 백성이 착해진 태평세월

108) 高宗 고종 : 주(註) 은(殷)의 현왕(賢王)으로 재위 59년. 수명미상(壽命未詳)

109) 迂闊 우활 : 물정에 어둡다

했다. 다시 묻기를 "장군이 예상하기에 강족은 어떠한가? 몇 명으로 당해낼 수 있는가?" 하니, 조충국이 "전쟁은 멀리서 예상하기 어렵습니다. 원컨대 금성에 가서 계획해 방략을 올리겠습니다"라고 대답했다.

곧 크게 병사를 징발해 금성에 도착했다. 충국은 항상 척후병을 멀리 보내는 것을 중요시 했고, 행군할 때는 반드시 전투에 대비했고, 머무르면 반드시 군영과 성벽을 굳건히 했다. (그는) 특별히 신중하고 병사를 사랑했으며, 먼저 계획하고 후에 전쟁을 했다.

드디어 서쪽으로 가서 서부도위부(西部都尉部)에 이르러 매일 군사를 먹이니, 군사들이 모두 쓰이고 싶어 했다. 오랑캐들이 자주 도전하나 충국은 위엄과 신의로 한(旱)과 견(幵)및 위협 받고 공략당한 자들을 불러 항복시켜서 오랑캐의 계획을 흐트러트리고, 그들이 심하게 지치기[110]를 기다려[111] 공격하고자 했다.

주천태수(酒泉太守) 신무현(辛武賢)이 7월에 출병해 한(旱)과 견(幵)을 치자고 아뢰었다. 충국은 선령국이 먼저 배반 했으니, 먼저 선령을 쳐서 끝을 내면, 한과 견의 무리들은 병사를 번거롭게 하지 않아도 복종시킬 수 있다고 생각했다.

옥새 찍힌 도장으로 충국의 계책을 따르라고 답서가 내렸다. 후에 한(旱)과 견(幵)은 전쟁을 하지 않고도 항복시켰

---

110) 疲劇 피극 : 심하게 지치다, 심하게 피로하다

111) 徼 요 : 돌, 구할

다. 황제가 조서를 내려 선령으로 진격하라고 했다. 이 때 강족 중에 항복한 자가 만여 명이었다.

충국이 그들이 반드시 붕괴할 것을 헤아리고는, 기병을 해산시키고 둔전을 일으켜 그 피폐해짐을 기다리고자 해 상주문을 만들었는데, 올리기 전에 마침 진군하라는 옥새 찍힌 문서를 받았다. 충국의 아들이 객간(客諫)을 시켜서 출병하게끔 한 것이다. 충국이 한탄하며 말했다.

"원래 내말을 받아들였다면, 강족(羌族) 오랑캐의 일이 이 지경에까지 이르렀겠는가? 예전에 금성의 황중(湟中)에 곡식이 한 곡[112]에 8전이었다. 내가 경중승(耿中丞)에게 3백만곡의 곡식을 사들이면, 강족(羌族)이 감히 움직이지 못할 것이라고 했는데, 경중승이 1백만 곡을 사들이기를 청했고, 4십만 곡을 얻었을 뿐이다. 의거(義渠)에 두 번 사신을 보내는데, 그 반을 소모했다. 이 두 가지 계책이 잘못되어 강족(羌族)이 그 때문에 감히 반역을 했다"

드디어 둔전책을 올리면서 아뢰었다.

"신이 이끌고 있는 관리와 병사, 말과 소가 먹는 양식과 꼴[113]의 소요량[114]이 매우 많고, 요역이 그치지 않으니, 다른 변고가 일어날까 두렵습니다. 또 강족(羌族)은 계책으로 이기기는 쉬우나 전쟁으로는 격파하기는 어렵습니다. 고로 어리석은 신이 생각하건데, 그들을 공격하는 것은 형편에

---

112) 斛 곡 : 열 말

113) 茭藁 교고 : 마른 풀, 꼴

114) 調度 조도 : 고르게 처리함, 세금 거둠, 신변에 필요한 것

맞지 않습니다.

임강현(臨羌縣)의 동쪽으로부터 호문(浩亹)에 이르기까지를 계산해보면, 강족(羌族) 오랑캐의 옛 밭이나 공전(公田) 중 백성들이 아직 개간하지 않은 곳이 2천여경(頃) 이상입니다. 신이 원컨대 기병을 해산하고 보병 1만2백81인을 머무르게 해, 나누어 요해처에 주둔하게 하고, 해자를 깊게 파고[115], 사람마다 20무(畮)씩을 나누어주면 큰 비용을 아낄 수 있습니다"

황제가 "장군의 계책대로 하면 오랑캐는 어느 때에 정벌할 수 있는가? 깊이 생각해 다시 보고하라"고 답서를 보냈다. 충국이 상황을 보고했다.

"신이 듣기에 제왕의 전쟁은 안전한 것을 승리라고 합니다. 이 때문에 계책을 귀하게 여기고, 싸움을 천하게 여깁니다. 백번 싸워서 백번이기는 것은 계책이 잘 된 것이 아닙니다. 그러므로 먼저 적이 우리를 이길 수 없도록 만들고, 그래서 적을 기다려야 이길 수 있습니다. 삼가 출병하지 말고 둔전하는 것이 합리적임을 조목으로 만들어 12가지를 아룁니다"

매번 황제가 공경에게 내려서 의논시키니, 신하들이 처음에는 충국의 계책이 옳다고 한 자가 열 명 중 3명이었다. 중간에는 열 명 중 5명이었고 최후에는 열 명 중 8명이었다. 조서를 내려 전에 비합리적이라고 말했던 자들을 꾸짖

115) 浚溝渠 준구거 : 준(浚) 깊이 파다. 구거(溝渠) 해자, 도랑

으니, 모두 머리를 조아리고 복종했다. 위상이 말했다.

"신이 어리석어 전쟁의 이해에 익숙하지 못했습니다. 후장군은 자주 군의 책략을 계획했고, 그의 말이 항상 옳았습니다. 신은 반드시 그가 계책을 쓰도록 맡기셔야 한다고 생각합니다"

황제가 그리하여 충국에게 답장을 보내 그의 계책을 가상하게 받아들인다고 하고, 머물러서 둔전을 하게 했다.

원 문

<卷之十二>

漢紀
中宗孝宣皇帝上。在位二十五年，壽四十二。

戊申本始元年
大將軍光稽首歸政。上謙讓不受，諸事皆先關白光，然後奏御。自昭帝時，光黨親連體，根據於朝廷。及昌邑王廢，光權益重，每朝見，上虛己斂容，禮下之已甚。

○初　上官桀與霍光爭權，光旣誅桀，遂遵武帝法度，以刑罰痛繩羣下。由是俗吏皆尙嚴酷以爲能。而河南太守丞黃霸獨用寬和爲名。上在民間時，知百姓苦吏急迫，聞霸持法平，乃召爲廷尉正，數決疑獄，庭中稱平。

己酉二年
夏　詔曰：「孝武皇帝躬仁誼，厲威武，功德茂盛，而廟樂未稱，朕甚悼焉。其與列侯、二千石、博士議。」群臣皆曰：「如詔。」獨夏侯勝曰：「武帝雖有攘四夷、廣土境之功，然多殺士衆，竭民財力，奢泰無度，無德澤於民，不宜為立廟樂。」於是丞相、御史劾奏勝非議詔書，毁先帝，不道。及丞相長史黃霸阿縱勝，不擧劾。俱下獄。有司遂請尊孝武帝廟為世宗廟。

◯夏侯勝、黃霸旣久繫。霸欲從勝受尚書，勝辭以罪死。霸曰：「朝聞道，夕死可矣。」勝賢其言，遂授之。繫再更冬，講論不怠。

庚戌三年
霍光夫人顯欲貴其小女成君。會許后當娠，病。女醫淳于衍者，霍氏所愛，嘗入宮侍疾。顯使衍因投毒藥以飲皇后，有頃，遂加煩懣崩。

◯冬 匈奴單于自將數萬騎擊烏孫，頗得老弱，欲還。會天大雨雪，一日深丈餘，人民畜産凍死，還者不能什一。於是丁令乘弱攻其北，烏桓入其東，烏孫擊其西，凡三國所殺數萬級 馬數萬匹牛羊甚衆，匈奴大虛弱。其後漢出三千餘騎為三道，並入匈奴，捕虜得數千人還。匈奴終不敢取當，滋欲鄕和親，而邊境少事矣。

◯是歲，潁川太守趙廣漢為京兆尹。潁川俗，豪桀相朋黨。廣漢為缿筩，受吏民投書，使相告訐。於是更相怨咎，姦黨散落，盜賊不得發。尤善為鉤距，以得事情，閭里銖兩之姦皆知之。長安少年數人會窮里空舍，謀共劫人。坐語未訖，廣漢使吏捕治，具服。其發姦擿伏如神。京兆政清，吏民稱之不容口。長老傳以為自漢興，治京兆者莫能及。

辛亥四年

春 立霍光女為皇后。

壬子地節元年

于定國為廷尉。定國決疑平法，務在哀鰥寡，罪疑從輕，加審愼之心。朝廷稱之曰：「張釋之為廷尉，天下無冤民。于定國為廷尉，民自以不冤。」

癸丑二年

春 霍光病篤。

◯上思報大將軍德，乃封光兄孫山為樂平侯，使以奉車都尉領尚書事。魏相奏封事言：「春秋譏世卿，惡宋三世為大夫。今光死，子復為右將軍，兄子秉樞機，昆弟諸壻據權勢，在兵官。驕奢放縱，宜有以損奪其權，破散陰謀，以全功臣之世。」又故事，　　諸上書者皆為二封，署其一曰「副」，領尚書者先發副封，所言不善，屏去不奏。相復因許伯白去副封，以防壅蔽。帝善之。詔相給事中，皆從其議。

◯帝興于閭閻，知民事之艱難。霍光旣薨，始親政事，厲精為治，五日一聽事。自丞相以下各奉職奏事，敷奏其言，考試功能。侍中尚書功勞，當遷，及有異善，厚加賞賜，至于子孫，終不改易。樞機周密，品式備具，上下相安，莫有苟且之意。及拜刺史、守、相、輒親見問，觀其所由，退而考察

所行 以質其言。有名實不相應，必知其所以然。嘗稱曰：「庶民所以安其田里而亡嘆息愁恨之心者，政平訟理也。與我共此者，其惟良二千石乎！」以為太守吏民之本，數變易則下不安。民知其將久，不可欺罔，乃服從其敎化。故二千石有治理效，輒以璽書勉厲，增秩、賜金，或爵至關內侯。公卿缺，則選諸所表，以次用之。是故漢世良吏，於是為盛，稱中興焉。

甲寅三年

春 詔曰：「有功不賞，有罪不誅，雖唐虞不能以化天下。今膠東相王成，勞來不怠，流民自占八萬餘口，治有異等之效。其賜成爵關內侯，秩中二千石。」未及徵用，會病卒官。後詔使丞相御史問郡國上計長史、守丞以政令得失。或對言：「前膠東相成僞自增加,以蒙顯賞,其後俗吏,多為虛名云。」

○丞相韋賢以老病乞骸骨。賜黃金百斤、安車駟馬，罷就第。丞相致仕，自賢始。以魏相為丞相。

○霍氏驕侈縱橫。上頗聞霍氏毒殺許后而未察，乃徙光諸壻，收其印綬。諸領羽林及兩宮衛將屯兵，悉易以所親許史子弟，代之。

○初 孝武之世，徵發煩數，百姓貧耗，窮民犯法，姦軌不勝。於是使張湯、趙禹之屬，條定法令，作見知故縱監臨部主之法，緩深故之罪，急縱出之誅。其後姦猾巧法，轉相比況。禁網寖密，律令煩苛，文書盈於几閣，典者不能徧睹。是以郡國承用者駁，或罪同而論異，姦吏因緣為市，所欲活則傅生議，所欲陷則予死比，議者咸寃傷之。廷尉史路溫舒上書曰：「陛下初登至尊，宜改前世之失，正始受命之統，滌煩文，除民疾，以應天意。臣聞秦有十失，其一尚存，治獄之吏是也。夫獄者，天下之大命也，死者不可復生，絕者不可復屬。書曰：『與其殺不辜，寧失不經。』今治獄吏則不然，上下相敺，以刻為明，深者獲公名，平者多後患。故治獄之吏皆欲人死，非憎人也，自安之道在人之死。太平之未洽，凡以此也。俗語曰：『畫地為獄，議不入。刻木為吏，期不對。』此皆疾吏之風，悲痛之辭也。唯陛下省法制，寬刑罰，則太平之風可興於世。」上善其言。

○十二月，詔曰：「間者吏用法巧文寖深，使不辜蒙戮，朕甚傷之！今遣廷史，與郡鞫獄，任輕祿薄，其為置廷尉平，秩六百石，員四人。其務平之，以稱朕意！」於是每季秋後請讞時，上常幸宣室，齋居而決事，獄刑號為平矣。涿郡太守鄭昌上疏言：「今明主躬垂明聽，雖不置廷平，獄將自正。若開後嗣，不若刪定律令。律令一定，愚民知所避，姦吏無所弄矣。今不正其本，而置廷平，　以理其末，政衰聽怠，則廷平將招權，而為亂首矣。」

乙卯四年

霍顯及禹、山、雲自見日侵削，數相對啼泣自怨。謀廢天子事發覺。雲、山自殺，禹要斬，顯及諸女昆弟皆棄市。皇后霍氏廢。

○初　霍氏奢侈，茂陵徐生上疏言：「宜以時抑制。」其後霍氏誅滅，而告者皆封，人為徐生上書曰：「臣聞客有過主人者，見其竈直突，傍有積薪，客謂主人：『更為曲突，遠徙其薪，不者且有火患！』主人不應。俄而家果失火，鄰里共救之，幸而得息。於是殺牛置酒，謝其鄰人，灼爛者在於上行，餘各以功次坐，而不錄言曲突者。人謂主人曰：『鄉使聽客之言，不費牛酒，終亡火患。今論功而請賓，曲突徙薪無恩澤，焦頭爛額為上客邪？』主人乃寤而請之。今茂陵徐福，數上書言霍氏且有變，宜防絶之。鄉使福說得行，則國無裂土出爵之費，臣無逆亂誅滅之敗。往事旣已，而福獨不蒙其功，唯陛下察之，貴徙薪曲突之策，使居焦髮灼爛之右！」上乃賜福帛十匹，後遷為郎。

○帝初立，謁見高廟，大將軍光驂乘，上內嚴憚之，若有芒刺在背。後車騎將軍張安世代光驂乘，天子從容肆體，甚安近焉。及光身死而宗族竟誅，故俗傳霍氏之禍萌於驂乘。

溫公曰：霍光之輔漢室，可謂忠矣。然卒不能庇其宗，何也？夫威福者，人君之器也。人臣執之，久而不歸，鮮不及矣。以孝昭之明，十四而知上官桀之詐，固可以親政矣。況孝宣十九卽位，聰明剛毅，知民疾苦，而光久專大柄，不知避去，多置親黨，充塞朝廷，使人主蓄憤於上，吏民積怨於下，切齒側目，待時而發，其得免於身幸矣。況子孫以驕侈趣之哉！雖然，嚮使孝宣專以祿秩賞賜，富其子孫，使之食大縣，奉朝請，亦足以報盛德矣。乃復任之以政，授之以兵，及事藂釁積，更加裁奪，遂至怨懼，以生邪謀，豈徒霍氏之自禍哉？亦孝宣醞釀，以成之也。昔鬪椒作亂於楚，莊王滅其族而赦箴尹克黃，以為子文無後，何以勸善？夫以顯、禹、雲、山之罪，雖應夷滅，而光之忠勳不可不祀，遂使家無噍類，孝宣亦少恩哉！

北海太守朱邑以治行第一，入為大司農。

◯渤海太守龔遂入為水衡都尉。先是，渤海左右郡歲飢，盜賊並起，二千石不能擒制。上選能治者，丞相御史舉遂，上拜為渤海太守。召見，問：「何以治渤海，息其盜賊？」對曰：「海瀕遐遠，不霑聖化，其民困於飢寒，而吏不恤，故使陛下赤子盜弄陛下之兵於潢池中耳。今欲使臣勝之邪，將安之也？」上曰：「選用賢良，固欲安之也。」遂曰：「治亂民猶治亂繩，不可急也。唯緩之，然後可治。臣願丞相御史且無拘臣以文法，得一切便宜從事。」上許焉，加賜黃金。乘傳至渤海界，郡聞新太守至，發兵以迎。遂皆遣還。移書敕屬縣：「悉罷逐捕盜賊吏！ 諸持鉏鉤田器者皆為良民，吏毋得問！持兵者乃為賊。」遂單車獨行至府。盜賊聞遂教令，卽時解散，棄其兵弩，而持鉤鉏，於是悉平。遂乃開倉廩，假貧民，選用良吏慰安牧養焉。遂見齊俗奢侈，好末技，不田作。乃躬率以儉約，勸民務農桑，民有帶持刀劍者，使賣劍買牛，賣刀買犢曰：「何為帶牛佩犢?」勞來循行，郡中皆有畜積，獄訟止息。

丙辰元康元年

趙廣漢好用世吏子孫新進年少者，專厲彊壯蜂氣，見事風生，無所回避，率多果敢之計，莫為持難，終以此敗。廣漢以私怨論殺南子榮畜，人上書言之，事下丞相御史按驗。廣漢疑丞相夫人殺侍婢，欲以此脅丞相。帝惡之，下廣漢廷尉。吏民守闕號泣者數萬人，或言：「臣生無益縣官，願代趙京兆死，使牧養小民！」廣漢竟坐要斬。廣漢為京兆尹，廉明，威制豪彊，小民得職，百姓追思歌之。

○上選博士諫大夫通政事者，補郡國守相，以蕭望之為平原太守。望之上疏曰：「陛下哀愍百姓，恐德化之不究，悉出諫官以補郡吏。朝無爭臣，則不知過，所謂憂其末而忘其本者也。」上乃徵望之，入守少府。

○東海太守尹翁歸，以治郡高第，入為右扶風。翁歸為人，公廉明察，郡中吏民賢不肖及奸邪罪名盡知之。各有記籍，披籍取人，以一警百，吏民皆服，恐懼，改行自新。其為扶風，選用廉平疾奸吏以為右職。接待以禮，好惡與同之，其負翁歸，罰亦必行。然溫良謙退，不以行能驕人，故得名譽於朝廷。

○馮奉世使西域，會莎車王弟呼屠徵自立為王，畔漢。奉世遂以節發諸國兵，擊斬之。上甚說，議封奉世。蕭望之曰：「奉世矯制發兵，要功萬里之外，為國家生事於夷狄，漸不可長。奉世不宜受封。」上善望之議，以奉世為光祿大夫。

丁巳二年

上與趙充國等議，欲因匈奴衰弱，出兵擊其右地，使不敢復擾西域。魏相上書諫曰：「救亂誅暴，謂之義兵，兵義者王。敵加於己，不得已而起者，謂之應兵，兵應者勝。爭恨小故，不忍憤怒者，謂之忿兵，兵忿者敗。利人土地貨寶者，謂之貪兵，兵貪者破。恃國家之大，矜民人之衆，欲見威於敵者，謂之驕兵，兵驕者滅。間者匈奴未有犯於邊境，今聞欲興兵入其地，臣愚不知此兵何名者也！今年計子弟殺父兄、妻殺夫者，凡二百二十二人，臣愚以為非小變也。今左右不憂此，乃欲發兵報纖介之忿於遠夷，殆孔子所謂『吾恐季孫之憂不在顓臾，而在蕭牆之內也。』」上從相言。

〇魏相好觀漢故事及便宜章奏，數條漢興已來國家便宜行事及賢臣賈誼、鼂錯、董仲舒等所言，奏請施行之。相敕掾史按事郡國，及休告，從家還至府，輒白四方異聞。或有逆賊、風雨災變，郡不上，相輒奏言之。與御史大夫丙吉同心輔政，上皆重之。

〇丙吉為人深厚，不伐善。自曾孫遭遇，言絶口不道前恩。會掖庭宮婢，自陳嘗有阿保之功。辭引使者丙吉知狀。上親見問，然後知吉有舊恩而終不言，上大賢之。

〇帝以蕭望之經明持重，議論有餘，材任宰相，欲詳試其政事，復以為左馮翊。望之從少府出為左遷，恐有不合意，卽稱病。上聞之，使侍中金安世諭意曰：「所用皆更治民以考功。君前為平原太守日淺，故復試之於三輔，非有所聞也。」望之卽起視事。

戊午三年

張安世以為父子封侯，在位大盛，乃辭祿，詔都內別藏張氏無名錢以百萬數。安世謹愼周密，每定大政，已決，輒移病出。聞有詔令，乃驚，使吏之丞相府問焉。自朝廷大臣，莫知其與議也。嘗有所薦，其人來謝，安世大恨，以為「舉賢達能，豈有私謝邪！」絶，弗復與通。有郎功高不調，自言安世，安世應曰：「君之功高，明主所知，人臣執事,何長短而自言乎！」絶不許。已而郎果遷。

○皇太子年十二，通論語、孝經。太傅疏廣謂少傅受曰：「吾聞『知足不辱，知止不殆。』今仕宦至二千石，官成名立，如此不去，懼有後悔。」卽日，父子俱移病，上疏乞骸骨。上皆許之，加賜黃金二十斤，皇太子贈五十斤。公卿故人設祖道供張東都門外，送者車數百兩。道路觀者皆曰：「賢哉二大夫！」或歎息為之下泣。廣、受歸鄉里，賣金，請族人故舊賓客，與相娛樂。或勸廣以金為子孫頗立產業者。廣曰：「吾豈老誖不念子孫哉！顧自有舊田廬，令子孫勤力其中，足以共衣食，與凡人齊。今復增益之， 以為贏餘，但教子孫怠惰耳。賢而多財，則損其志，愚而多財，則益其過。且富者衆之怨也，吾旣無以教化子孫，不欲益其過而生怨。又此金者，聖主所以惠養老臣，故樂與鄉黨宗族共饗其賜，以盡吾餘日，不亦可乎！」於是族人悅服。

○潁川太守黃霸力行敎化，而後誅罰，務在成就全安之。長吏許丞老，病聾，督郵白欲逐之。霸曰：「許丞廉吏，雖老，尙能拜起送迎，重聽何傷！」或問其故，霸曰：「數易長吏，送故迎新之費，及姦吏因緣，絶簿書，盜財物，公私費耗甚多，皆出於民。所易新吏又未必賢，或不如其故，徒相益為亂。凡治道，去泰甚者耳。」霸以外寬內明，得吏民心，戶口歲增，治為天下第一，徵守京兆尹。

庚申神爵元年

春　正月，上始行幸甘泉，郊泰畤。幸河東，祠后土。頗脩武帝故事，謹齋祀之禮。以方士言增置神祠，聞益州有金馬碧雞之神，可醮祭而致。於是遣諫大夫蜀郡王褒，使持節求之。

○初　上聞褒有俊才，召見，使為聖主得賢臣頌。其辭曰：「夫賢者，國家之器用也，故君人者勤於求賢而逸於得人。昔賢者之未遭遇也，圖事揆策，則君不用其謀，陳見悃誠，則上不然其信。是故伊尹勤於鼎俎，太公困於鼓刀，百里自鬻，甯子飯牛，離此患也。及其遇明君，遭聖主也，運籌合上意，諫諍卽見聽，進退得關其忠，任職得行其術，故世必有聖知之君，而後有賢明之臣。故虎嘯而風冽，龍興而致雲，蟋蟀俟秋唫，蜉蝣出以陰。易曰：『飛龍在天，利見大人。』詩曰：『思皇多士，生此王國。』故世平主聖，俊艾將自至。明明在朝，穆穆布列，聚精會神，相得益章，雖伯牙操遞鍾，逢門子彎烏號，猶未足以喩其意也。故聖主必待賢臣而弘功業，俊士亦俟明主以顯其德。上下俱欲驩然交欣，翼乎如鴻毛遇順風，沛乎如巨魚縱大壑。休徵自至，壽考無疆，何必偃仰屈伸若彭祖，呴噓呼吸如僑松哉！」是時上頗好神僊，故褒對及之。

◯京兆尹張敞亦上疏諫曰：「願明主時忘車馬之好，斥遠方士之虛語，游心帝王之術，太平庶幾可興也。」上由是悉罷尚方待詔。

◯初　趙廣漢死後，為京兆尹者皆不稱職，惟敞能繼其迹。其方略、耳目不及廣漢，然頗以經術儒雅文之。

◯上頗脩飾宮室車服盛於昭帝時。外戚許、史、王氏貴寵。王吉上疏曰：「陛下躬聖質，總萬方，惟思世務，將興太平，詔書每下，民欣然若更生。臣伏而思之，可謂至恩，未可謂本務也。欲治之主不世出，公卿幸得遭遇其時，言聽諫從，然未有建萬世之長策，擧明主於三代之隆也。其務在於期會簿書、斷獄聽訟而已，此非太平之基也。臣願陛下承天心，發大業，與公卿大臣延及儒生，述舊禮，明王制，敺一世之民，躋之仁壽之域，則俗何以不若成、康，壽何以不若高宗！」上以其言為迂闊，不甚寵異也。吉謝病歸。

◯先零與諸羌劫略小種，皆畔。時趙充國年七十餘，上老之，使丙吉問誰可將者。充國對曰：「無踰於老臣者矣！」復問：「將軍度羌虜何如？當用幾人？」充國曰：「兵難遙度，願至金城，圖上方略。」乃大發兵詣金城。充國常以遠斥堠為務，行必為戰備，止必堅營壁，尤能持重。愛士卒，先計而後戰，遂西至西部都尉府。日饗軍士，士皆欲為用。虜數挑戰，充國欲以威信招降罕幵及劫略者，解散虜謀。徼其疲劇，乃擊之。酒泉太守辛武賢奏，以七月出兵擊罕幵，充國以為先零首為畔逆，先誅先零已，則罕幵之屬之不煩兵而服矣。璽書報，從充國計焉。後罕幵竟不煩兵而下。上詔進擊先零。時羌降者萬餘人矣，充國度其必壞，欲罷騎兵，屯田以待其敝。作奏未上，會得進兵璽書。充國子使客諫令出兵，充國歎曰：「本用吾言，羌虜得至是邪！往者金城、湟中穀斛八錢，吾謂耿中丞：『糴三百萬斛穀，羌人不敢動矣！』耿中丞請糴百萬斛，乃得四十萬斛耳。義渠再使，且費其半。失此二冊，羌人故敢為逆。」遂上屯田奏曰：「臣所將吏士、馬牛食所用糧穀、茭藁，調度甚廣，徭役不息，恐生它變，且羌易以計破，難用兵碎也，故臣愚以為擊之不便！計度臨羌東至浩亹，羌虜故田及公田，民所未墾，可二千頃以上。臣願罷騎兵，留步兵萬二百八十一人，分屯要害處，浚溝渠，人二十畝，省大費。」帝報曰：「卽如將軍計，虜當何時伏誅？熟計復奏！」充國上狀曰：「臣聞帝王之兵，以全取勝，是以貴謀而賤戰。『百戰而百勝，非計之善者也，故先為不可勝，以待敵之，可勝。』謹條不出兵留田便宜十二事。」奏每上，輒下公卿議臣。初是　充國計者什三,中什五，最後什八。有詔詰前言不便者，皆頓首服。魏相曰：「臣愚不習兵事利害。後將軍數畫軍冊，其言常是，臣任其計必可用也。」上於是報充國，嘉納之，留屯田。

통감절요 13권

한기(漢紀)

중종 효선황제 (中宗 孝宣皇帝) 하(下)

신유(辛酉) 2년(기원전 60)

여름에 조충국(趙忠國)이 "강족(羌族)은 본래 5만 명 정도였습니다. 이미 항복하거나 참수되거나 황하와 황수에 빠져죽거나 굶어죽은 자를 합하면 4만 명 정도입니다. 청컨대 둔전병을 해산시키십시오"라고 아뢰었다. 아뢴 것을 허락했다. 조충국이 군대를 정돈해[1] 돌아왔다. 가을에 강족(羌族)이 항복했다. 한(漢)이 처음으로 금성(金城)에 속국을 세우고 항복한 강족을 살게 했다.

○ 사예교위(司隷校尉) 갑관요(蓋寬饒)는 강직하고 공평 청렴했고, 자주 황제의 뜻을 거슬렀다. 이때 황제가 형법을

1) 振旅 진려 : 군대를 정돈함

쓰고 환관[2]을 임용하니, 갑관요가 "바야흐로 지금 성인의 가르침이 점점 희미해지고 있고, 유학의 가르침이 행해지지 않습니다. 환관[3]들이 주공(周公)과 소공(召公)의 지위에 있으면서, 법률을 『시경』과 『서경』으로 여깁니다"라고 밀봉한 상주문을 올렸다.

또 주역(周易)의 서문을 인용해 "오제(五帝)는 천하가 관직이었고, 삼황(三皇)은 천하가 집이었습니다. 집은 자손에게 전해주고, 관직은 능력 있고 지혜로운 이에게 전했습니다"라고 말했다. 글이 아뢰어지자, 황제는 갑관요가 원망하고 비방한다고 생각해 9월에 갑관요를 체포했다. 갑관요는 차고 있던 칼을 빼서 북문 밑에서 스스로 목을 베었다. 백성들 중 그를 불쌍하다고 하지 않는 자가 없었다.

○ 일축왕(日逐王)이 평소 악연구제선우(握衍朐鞮單于)와 사이가 좋지 않아 그 백성을 이끌고 한(漢)에 항복했다. 기도위(騎都尉) 정길(鄭吉)이 거리(渠犁) 구자(龜茲) 등 여러 나라에서 5만명을 징발해 일축왕을 맞아 거느리고 경사에 이르렀다. 한(漢)이 일축왕을 귀덕후(歸德侯)로 봉했다. 정길이 거사국(車師國)을 이기고, 일축이 항복하자, 위엄이 서역에 진동했다. 드디어 거사의 서쪽 북도(北道)를 함께 보호하니, 도호(都護)[4]라고 불렀다. 도호의 설치는 정길로부

---

2) 中書官 중서관 : 환관

3) 刑餘 : 도거지여(刀鉅之餘). 궁형(宮刑) 또는 월형(刖刑)등의 형벌을 당해 불구자로 산다는 뜻. 궁형에는 칼을 쓰고, 월형에는 톱을 썼다. 거(鉅)=거(鋸) 톱. 거(鉅)는 클, 갑자기, 강할, 어찌

터 시작되었다.

임술(壬戌) 3년(기원전 59)

봄에 위상(魏相)이 죽었다. 병길(丙吉)이 승상이 되었다. 병길은 관대함을 숭상하고, 예와 겸양을 좋아하고, 작은 일을 친히 하지 않으니, 이때 사람들은 (그가) 대체를 안다고 여겼다.

○ 8월에 조서를 내렸다.

"관리들이 청렴하고 공평하지 않으면 치도는 쇠해진다. 지금 작은 관리들은 모두 일을 열심히 하나, 봉록이 작아 백성들에게 빼앗지[5] 않으려 해도 (하기) 어렵다. 관리 중에 백석 이하는 그 봉급을 10에 5를 올리도록 하라"

이 해에 동군태수(東郡太守) 한연수(韓延壽)가 좌풍익(左馮翊)이 되었다 처음 한연수는 영천태수(潁川太守)였는데, 영천승(潁川承) 조광한(趙廣漢)이 관리와 백성을 서로 모함하게[6] 한 뒤여서 민간에 원망하는 원수가 많았다. 연수가 예와 겸양을 가르쳐서 바꾸었다.

황패(黃霸)가 연수를 이어 영천에 있게 되었는데, 황패는 그의 치적으로 말미암아 매우 잘 다스릴 수 있었다.

연수는 관리가 되어 예의를 숭상하고, 옛 교화를 좋아하

---

4) 주(註) 이상은 대략을 서역전(西域傳)에서 살폈다. "남도 북도 2도를 함께 호위하기 때문에 도호라고 했다. 도(都)는 크다는 뜻이고 총괄한다는 뜻이다"

5) 侵漁침어 : 침범하여 빼앗다

6) 構會 구회 : =구함(構陷). 모함하다

고, 낮은 관리를 잘 대우해 큰 은혜를 베풀었다. 연수는 약속이 확실했다. 혹시 속이고 저버리는 자가 있으면, 가슴 아파하며 스스로를 질책하며 "어찌 그의 저버림이 이에 이르렀는가?"라고 말했다.

관리가 듣고 스스로 가슴 아파하고 후회했고, 스스로를 찌르고, 스스로 목을 매는 일도 있었다. 그가 동군(東郡)에 있은 지 3년 만에 명령은 실행되고, 금하는 것은 그쳐졌다. 옥사가 크게 줄었다. 이로 말미암아 들어와서 풍익(馮翊)이 되었다.

연수가 나가서 현(縣)을 시찰하다 고릉(高陵)에 이르렀는데, 백성 중에 형제가 서로 밭을 가지고 시비를 가려달라고 각자 말했다. 연수는 크게 상처 받았다. "요행으로 벼슬을 해 군의 수령[7]이 되었지만, 교화를 알리고 밝히지 못해 지금 백성들이 골육끼리 다투고 송사를 하게끔 했다. 이미 풍속은 버린 것이다. 잘못은 풍익(馮翊)에게 있다"고 말하고, 그 때문에 문[8]을 닫고 잘못을 반성했다.

그리하니 소송하는 자들이 스스로 뉘우치고, 밭을 가지고 서로에게 넘겨주기를 원하고, 끝내 죽어도 감히 다시 다투지 않았다. 군중이 기뻐하며[9] 서로가 경계하고 삼가고, 엄격히 실행해[10] 감히 범하지 않았다. 연수의 은혜와 신의가

---

7) 表率 표솔 : 대표로 이끄는 사람, 군의 태수

8) 閤 합 : 쪽문, 침실, 큰 문 옆에 난 작은 문

9) 翕然 흡연 : 기뻐하다

10) 敕厲 칙려 : 경계하고 삼가고 엄격히 실행하다. 칙(敕)=칙(勅). 임금의 명령

24현에 두루 퍼지니 다시는 시비를 가려달라고 스스로 말하는 자가 없었다. 그 지극한 정성 때문에 관리와 백성이 차마 속이지 못했다.

계해(癸亥) 4년(기원전 58)

영천태수 황패가 군을 다스린 기간이 8년 전후인데, 정치가 더욱 잘 되었다. 이때 봉황과 신작[11]이 자주 군국에 모였는데, 영천에 특히 많았다. 조서를 내려 관내후 작위를 하사하고, 몇 개월 있다 황패를 불러 태자태부로 삼았다.

○ 이 때 하남태수 엄연년(嚴延年)은 음험하고 사나웠고[12], 형벌이 심하고 가혹했다.[13] 평소 황패의 사람됨을 가볍게 여겼는데, 옆 군의 태수가 되고, 포상 받는 것이 오히려 자신의 앞에 있었다. 마음으로는 승복하지 않았다.

하남 경내에 또 황충(蝗蟲)이 일어났다. 부승(府丞) 의(義)가 나가서 황충 잡는 일을 했는데, 돌아와서 연년을 만났다. 연년이 "이 황충이 어찌 봉황의 먹이인가?"고 말했다. 의는 나이가 많았고, 평소 연년을 두려워했는데, 중상을 당할까 두려워 글을 올려 연년의 죄를 말했다. 조사해 원망하고 비방한 몇 가지 일을 찾아냈다. 연년이 대역무도 죄에

을 적은 문서. 경계하다, 삼가다. 려(厲) 엄격, 엄숙, 사나움, 엄격히 실행하다

11) 鳳凰 神爵 봉황 신작 : 새이름

12) 鷙 지 : 주(註) 새의 용감함, 금수의 사나움

13) 酷烈 혹열 : 주(註) 형벌이 심하고 혹독(강)함

걸려 기시 당하게 되었다.

예전에 연년의 어머니가 동해에서 와서 연년를 데리고 납제[14]를 지내려고 낙양에 도착했다. 마침 죄수를 판결하는 것[15]을 보았다. 어머니가 크게 놀라 연년에게 "하늘에는 도가 있고, 신이 밝게 살피시니, 사람이 남을 죽이기만 할 수는 없다.[16] 내가 뜻하지 않게 늙어서 장성한 아들이 형벌로 죽는 것을 보겠구나. 가겠다. 너를 떠나 동쪽으로 돌아가서 묘지를 청소하고 있겠다"라고 말했다. 드디어 군으로 돌아간 후, 1년 남짓 만에 (연년이) 죽었다. 동해에서 그 어머니를 지혜롭고 현명하다 하지 않는 자가 없었다.

갑자(甲子) 오봉(五鳳) 원년(기원전 57)

한연수가 소망지를 대신해 좌풍익이 되었다. 소망지는 한연수가 동해에 있을 때 관청의 돈 1천여 만을 함부로 썼다는 말을 들었다. 어사로 하여금 조사하게 했다. 연수가 (그 일을) 보고 받아 알게 되었다. 부서의 관리에게 망지가 풍익에 있을 때의 일을 조사하고 비교하게[17] 했다. 창고와 제사[18]에 쓰는 관청의 돈 중 함부로 쓰인[19] 것이 1백여 만이

---

14) 臘 랍 : 납향(臘香) 납일에 지내는 제사. 섣달 랍, 음력 12월

15) 報囚 보수 : 주(註)=논수(論囚). 죄인을 판결하다

16) "살인을 많이 한 자는 자신도 역시 죽임을 당한다는 것을 말한다"(『漢書』)

17) 案校 안교 : 조사 비교

18) 廩犧 늠희 : 주(註) 늠희령(廩犧令) 승위(丞尉)는 저장된 곡식을 관리하고, 희생으로 쓰일 동물을 길러서 제사에 공급한다. 늠(廩) 곳집, 창고, 저장. 희(犧) 희생

었다. 망지가 스스로 아뢰었다. "직책이 천하를 총체적으로 거느리는 것인지라, 보고 받는 것을 감히 조사하지 않으면 안 됩니다. 그래서 연수에게 잡히고 있습니다"[20]

황제가 이것 때문에 연수를 정직하지 않다고 여겨, 각각을 끝까지 조사하게 했다. 망지에게는 끝내 (부정하게 쓰인) 사실이 없었다. 그러나 연수는 동해에 있을 때 사치함이 규정을 넘었고, 칼을 주조하면서 임금의 보검[21]을 본떠서 만든 것 등의 일이 드러났다. 마침내 기시(棄市)를 당했다. 백성들 중 눈물 흘리지 않는 자가 없었다.

병인(丙寅) 3년(기원전 55)

봄에 병길(丙吉)이 죽었다.

○ 황패(黃霸)가 승상이 되었다. 황패는 백성을 잘 다스리는 일에 장점이 있었는데, 승상이 되자 공적과 명성이 군(郡)을 다스릴 때보다 못했다. 경조윤(京兆尹) 장창(張敞) 집의 큰 새[22]가 날아서 승상부에 모였다. 황패가 신작(神雀)이라고 생각해 보고하려고 의논했는데, 나중에 장창의 집에서 왔다는 것을 알고는 그쳤다. 그러나 한(漢)이 일어난 이래 백성과 관리를 잘 다스리는 일을 말할 때는 황패

---

19) 放散 방산 : 함부로 흩뜨리다, 함부로 풀어놓다

20) 拘持 구지 : 잡고 늘어짐. 구(拘) 잡을. 지(持) 지키다, 유지하다

21) 尙房 상방 : 임금이 쓰던 보검, 임금의 칼

22) 鶡雀 갈(분)작 : 꿩 비슷한 새

를 으뜸으로 친다.

정묘(丁卯) 4년(기원전 54)

대사농승(大司農丞) 경수창(耿壽昌)이 "수년 동안 풍년[23]이 드니, 곡식이 싸서 농부들의 이익이 적습니다. 옛날에는 해마다 조운으로 관동의 곡식 4백만 곡을 경사에 보내서 공급했는데, 병졸 6만명을 씁니다. 삼보(三輔) 홍양(弘農) 하동(河東) 상당(上黨) 태원(太原)의 군(郡) 곡식을 사들이면[24], 경사에 충분히 공급할 수 있습니다. 그리고 관동에서 조운하는 병졸 과반을 줄일 수 있습니다"고 아뢰었다. 황제가 그 계책을 따랐다.

수창이 또 "변방의 군에게 모두 창고를 짓고, 곡식이 쌀 때 그 가격을 올려서 사들여 농민들을 이롭게 하고, 곡식이 비쌀 때 그 가격을 낮추어 팔게 하십시오"라고 아뢰었다. 이름을 상평창(常平倉)이라 했다. 백성이 그것을 좋아하니, 황제가 조서를 내려 수창에게 관내후의 작위를 하사했다.

○ 광록훈(光祿勳) 양운(楊惲)은 청렴결백하고 사사로움이 없었다. 그러나 자신의 행실과 재능을 자랑하고, 성질이 심하게 각박하고, 남이 숨기는 것을 적발하기를 좋아했다. 이 때문에 조정에 원망하는 사람이 많았고, 태복(太僕)인 대장락(戴長樂)과 사이가 좋지 않았다. 대장락이 글을 올려

---

23) 豊穰 풍양 : 풍년

24) 糴 적 : 곡식 살, 사들일

"원망하고 있고, 요망하고 나쁜 말을 한다"며 양운의 죄를 고발했다. 상이 차마 형벌을 내리지 못하고 파면시켜 서인으로 삼았다.

양운이 벼슬을 잃고 집에 있으면서, 산업으로 재물 늘리는 것을 스스로의 즐거움으로 삼았다. 그의 친구 안정태수(安定太守) 손회종(孫會宗)이 양운에게 편지를 보내 그의 행동에 대해 간언하면서 말하기를 "대신이 폐출되었으면, 마땅히 문을 닫고[25] 황송해하며 두려워해야 한다. 사업을 하고 빈객들과 소통하는 것을 명예롭게 말하는 것은 부당하다"고 경계하도록 했다.

양운은 재상의 아들[26]로 재능이 있어 젊었을 때 조정에서 벼슬을 하다가, 하루아침에 확실하지 않은[27] 말로 폐출을 당하니, 마음에 불복하는 뜻을 품었다. 손회종에게 답장을 보냈다.

"과실이 크고 행실이 어그러졌으니, 마땅히 농부가 되어 생을 마쳐야 할 것이다. 농가의 일은 고달프다. 세시(歲時)[28]와 삼복(三伏)과 12월[臘]에 양을 삶고 새끼 염소를 구워[29], 한 말의 술로 스스로를 위로한다. 술 마신 뒤에 술기운이 돌면, 하늘을 우러러보며 장구를 치면서 오오(烏

25) 闔門 합문 : 문을 닫다
26) 楊惲 양운 : 장안세와 함께 효선제를 즉위시킨 승상 양창(楊敞)의 아들이다.
27) 唵(暗)昧 암매 : 어리석어 사리를 구분 못함, 또는 그 사람, 확실하지 아니함
28) 歲時 세시 : 세월, 해와 사철, 연중의 때
29) 炰羔 포고 : 새끼 양을 통째로 굽다

烏)[30]를 부른다.

시를 지어 '저 남산[31]의 밭은 무성하고 잡초가 우거져, 더럽고[32] 다스려지지 않았다.[33] 일경(一頃)에 콩을 심었는데, 떨어져서 줄기[34]만 남았구나. 인생은 즐길 뿐이다. 부귀를 기다린들 어느 때이겠는가?'라고 말한다. 참으로 황폐하고 음란함이 끝이 없으니 그 불가함을 알지 못하는구나!"

마침 일식(日蝕)의 변고가 있었는데, 추마(騶馬)[35] 외좌성(猥佐成)이 상서해 "양운이 교만하고 사치하고 과오를 뉘우치지 않으니, 일식의 허물은 이 사람이 부른 것입니다"라고 고발했다. 법에 따라 정위(正尉)에게 내려 자세히 조사하게 했는데, 손회종에게 보낸 편지를 찾아냈다. 황제가 보고 그를 미워해 양운을 대역무도죄로 요참했다.

온공(溫公)이 말했다.

"효선제(孝宣帝)는 명철해 위상(魏相)과 병길(丙吉)을 승상으로 삼고 우정국(于定國)을 정위로 삼았으나, 조광한(趙廣漢) 갑관요(蓋寬饒) 한연수(韓延壽) 양운(楊惲)의 죽음은 모두 사람들의 마음을 납득시키[36]지 못했다. 애석하다. 그

---

30) 烏烏 오오 : 탄식하며 부르짖는 소리

31) 南山 남산 : 주(註) 산은 높고 양(陽)에 있다. 인군(人君)을 상징한 말

32) 蕪穢 무예 : 잡초가 우거지고 더럽다

33) 不治 불치 : 주(註) 조정이 황폐하고 어지러움을 비유함

34) 萁 기 : =경(莖). 줄기

35) 騶馬 추마 : 임금의 말을 맡은 관리

36) 厭 염 : 싫다, 족하다, 마음에 차다, 납득하다

의 선정에 누가 됨이 크다.

주(周)의 관직인 사구(司寇)의 법에 현명함을 평가하고 능력을 평가하는 법[議賢議能][37]이 있었는데, 조광한과 한연수가 백성을 다스린 것은 능력 있다고 말하지 않을 수 있겠는가? 갑관요와 양운의 강직함은 현명하다고 말하지 않을 수 있겠는가. 그렇다면 비록 죽을죄가 있더라도 오히려 그들을 용서해 주어야 하는데, 하물며 죄가 죽을 만하지 않음에 있어서랴!

양자운(揚子雲)은 한연수[馮翊]가 소망지(蕭望之)를 일러바친[38] 것은 신하된 자가 스스로 잘못한 것이라고 했으나, 한연수로 하여금 윗사람을 범하게 만든 것은 소망지가 돋군[39]것이다. 상이 그것을 살피지 못하고 한연수만 홀로 그 죄를 뒤집어썼으니, 역시 심하지 않은가?"

무진(戊辰) 감로(甘露) 원년(기원전 53)

양운이 죽임을 당하자, 공경이 아뢰기를 "경조윤(京兆尹)

---

37) 8의(八議) 중에 의현, 의능을 말한다. 『주례(周禮)』 「추관 소사구(秋官 小司寇)」에 "8벽(八辟)은 방법(邦法)에 덧붙인다"고 했다. 8의(八議)는 주(周)나라 8벽(八辟)과 같다. 8의는 의친(議親 황족), 의고(議故 옛 신하), 의현(議賢 덕행이 있는 자), 의능(議能 큰 재능이 있는 자), 의공(議功 큰 공훈이 있는 자), 의귀(議貴 작위, 관직이 높은 자), 의근(議勤 성실히 일한 자), 의빈(議賓 국빈)을 말한다. 8의(八義)에 해당하는 사람은 죽을 죄를 범했더라도, 모두 먼저 주청(奏請)해 그 범한 바를 의논하므로, 8의(八議)라고 한다. 이 경우 형벌도 신중히 내리지만, 감형해주는 규정들이 많다.(『당율소의(唐律疏議)』 7조 '8의(八議)' 참조

38) 愬 소 : 하소연하다, 일러바치다

39) 激 격 : 부딪쳐 흐를

장창(張敞)은 양운의 한 패거리 벗이니, 관직에 있어서는 안 됩니다"라고 했다. 상은 장창의 재능을 아까워해 홀로 그 아뢴 것을 잠재우고 내리지 않았다.

장창이 도둑 잡는 관리[40]인 서순(絮舜)에게 일을 조사하게 한 일이 있었는데, 서순이 사사로이 자기 집으로 돌아가면서 "5일 경조윤일 뿐인데, 어찌 일을 더 조사하겠는가"라고 말했다. 장창은 서순이 한 말을 듣고는, 부서의 관리[部吏]에게 서순을 체포해 밤낮으로 조사하고 다스리게 해, 끝내 그를 죽게 했다.

서순이 죽으러 나갈 때 장창이 주부(主簿)에게 교서를 가지고 가서 서순에게 말하게 했다. "5일 경조윤이 결국은 어떠한가? 겨울이 이미 다했으니, 연명할 수 있겠는가?" 라하고는 마침내 서순을 기시했다.

마침 입춘(立春)에 억울한 옥사를 해결하는 일이 있었다. 사자(使者)가 나오자, 서순의 집에서 그의 시신을 수레에 싣고 장창의 교서를 엮어서[41] 사자에게 [억울함을] 말했다. 사자는 장창이 죄 없는 자를 해치고 죽였다며, 파면시켜 서인으로 삼을 것을 아뢰었다. 장창은 대궐에 가서 인장과 끈을 바치고, 곧[42] 궐에서 나와 몸을 피해 도망쳤다.[43]

수개월 만에 경사의 관리와 백성들이 해이해졌다. 경계를

---

40) 椽 연 : 주(註) 도둑잡는 관리. 연(椽) 서까래 사닥다리

41) 編 편 : 엮다, 기록하다

42) 便 편 : 편안할, 소식, 곧

43) 亡命 망명 : 명적(名籍)을 이탈하고 달아남, 타국으로 몸을 피함

알리는 북소리[44]가 자주 울렸고, 기주(冀州)의 부중(部中)에 큰 도적이 있었다. 천자는 장창의 공효(功效)를 생각하고, 사자에게 그의 집에 가서 장창을 불러오게 했다.

장창은 심한 탄핵을 받았으므로, 사자가 오자 처자식들이 모두 울었으나, 혼자 웃으면서 "내가 몸을 피해 도망쳐 백성이 되었다. 군(郡)의 관리가 와서 체포해야 하는 게 마땅하다. 지금 사자가 왔으니, 이는 천자가 나를 쓰고자 하는 것이다"라고 말했다.

장창은 옷을 갖춰 입고 사자를 따라 조정의 수레[公車]를 타고 갔다. "신이 전에 다행히 공경의 자리에 있다가 경조윤의 일을 했는데, 도적 잡는 관리인 서순을 죽인 죄를 저질렀습니다. 서순은 본래 신과 친하게 지내던 관리입니다. 그런데 신이 법으로 탄핵을 받아 면직될 것이라 여기고, 신을 '5일 경조'라 했습니다. 은혜를 저버리고 의(義)를 잊었으므로, 신이 법을 어기고[45] 그를 죽였습니다. 비록 밝은 법에 엎드려 죽는다 해도 여한이 없습니다"고 상서했다.

천자가 장창을 만나보고 기주자사(冀州刺史)로 임명했다. 장창이 부(府)에 이르자, 도적들이 자취를 감추었다.[46]

○ 황태자는 부드럽고 인자하며 유학을 좋아했다. (그는) 황제가 등용한 사람들 중에 법조문에 능통한 관리[47]가 많

---

44) 枹鼓 포고 : 북을 쳐서 경계함

45) 枉 왕 : 굽을, 굽힐

46) 屛 병 : 병풍, 가리다, 가리어 막다

고, 형벌[刑名]로 아랫사람들을 다스리는 것을 보았다. 잔치에서 (황제를) 모실 때 조용히 "폐하께서 매우 심하게 형벌을 쓰십니다. 마땅히 유생을 써야 합니다"라고 아뢰었다.

황제가 노여운 기색으로 "한(漢)의 황실에는 그 자체로 제도가 있어, 패도(覇道)와 왕도(王道)를 섞어서 썼다. 어찌 순수히 도덕과 교화[德敎]에만 맡기는 주(周)나라의 정사를 쓴단 말이냐? 또 세속의 유학자들은 그때그때의 알맞은 사정48)을 알지 못하고, 옛것을 옳다 하고 지금 것을 비판하기를 좋아한다. 사람들에게 겉에 나타난 이름과 속에 있는 실상[名實]49)을 헷갈리게50) 해 지킬 바를 알지 못하게 한다. 어찌 마음대로 하도록 맡길51) 수 있겠는가"라고 말하고는, "우리 한(漢) 왕실을 어지럽힐 자는 태자일 것이다"라고 한탄했다.

온공(溫公)이 말했다.

"왕도와 패도는 도(道)가 다르지 않다. 모두 인의(仁義)를 근본으로 한다. 현명한 자에게 맡기고, 능력 있는 자를 부리며, 선한 자를 상주고 악한 자를 벌주며, 포악함을 금지하고 난리를 주벌하니, 다만 작위의 명칭과 지위에는 존비

---

47) 文法吏 문법리 : 법조문을 중시하는 관리
48) 時宜 시의 : 그 때의 사정에 맞음
49) 名實 명실 : 겉에 나타난 이름과 속에 있는 실상, 명예와 실익
50) 眩 현 : 현혹하다, 어둡다, 아찔하다
51) 委任 위임 : 맡겨서 마음대로 하도록 하다

가 있고, (임금의) 은택이 깊을 때도 있고, 얕을 때도 있으며, (신하 중에) 공적이 큰 사람도 있고 적은 사람이 있을 뿐이다. 흑색과 백색, 단맛과 쓴맛처럼 서로 상반되는 것이 아니다.

한(漢)나라가 삼대(三代)의 정치를 회복하지 못한 까닭은 군주가 하지 않아서이지, 선왕(先王)의 도(道)를 후세에 다시 행할 수 없어서가 아니었다. 유자(儒者)에는 군자도 있고 소인도 있으니, 저 세속의 유학자들은 진실로 함께 정치를 할 수 없지만, 어찌 참된 유학자들을 구해 그들을 등용할 수 없단 말인가?

후직(后稷) 설(契) 고요(皐陶) 백익(伯益) 이윤(伊尹) 주공(周公) 공자(公子)는 모두 대 유학자였다. 가령 한(漢)나라가 그들을 얻어서 썼다면, 공적과 위엄[52]이 어찌 이와 같은 (정도에서) 그쳤겠는가. 효선제(孝宣帝)가 '태자가 나약해 세우지 않겠다든가, 정치의 근본에 어두우니 반드시 우리 한(漢) 황실을 어지럽힐 것'이라고 말하는 것은 가능하다.

그런데 '왕도를 행할 수 없다고 하고, 유학자를 등용할 수 없다'고 말하니, 어찌 심히 잘못한 것이 아니겠는가. 자손들에게 가르쳐 보여줄 바가 못 되고, 장래에 내리 본받게 할 바가 못 된다"

52) 功烈 공열 : 공과 위엄,

기사(己巳) 2년(기원전 52)

흉노의 호한야선우(呼韓邪單于)가 오원군(五原郡)의 변방에 와서 문을 두드리고[53], 자기 나라에서 나오는 진귀한 보물을 바치고 조회할 것을 원했다. 조서로 그 의례를 의논하게 하니, 승상과 어사가 "마땅히 제후 왕처럼 하되, 지위와 서열은 아래에 두어야 합니다"라고 아뢰었다.

(그러나) 태자태부(太子太傅) 소망지는 "마땅히 신하 이상의 예로 대우하고, 지위는 제후왕의 위에 있게 해야 합니다"라고 건의했다. 천자가 그것을 채택해 선우로 하여금 지위가 제후왕의 위에 있게 했으며, 임금을 알현할 때는 신하라 칭하게 하고, 작위명은 주지 않았다.

경오(庚午) 3년(기원전 51)

흉노 호한야선우(呼韓邪單于)가 와서 조회했다.

○ 이보다 먼저 오손(烏孫) 서쪽에서부터 안식(安息)에 이르기까지의 흉노와 가까운 나라들은 흉노를 두려워하고 한(漢)을 가볍게 여겼는데, 호한야선우가 조회한 뒤부터 모두 한(漢)을 높이게 되었다.

상이 오랑캐가 와서 손님으로 복종하니, 자신을 보좌한 신하들[54]의 아름다움을 생각해 그들의 모습을 기린각(麒麟閣)에 그리고, 그 모습을 본뜨게 하고, 그 관작과 성명을

---

53) 款 관 : =고(叩). 문을 두드리고 들어와서 복종하다

54) 股肱 고굉 : 팔 다리. 고굉지신(股肱之臣) 보좌하는 신하

썼다. 오직 곽광(霍光)만은 이름을 쓰지 않고 '대사마 대장군(大司馬 大將軍) 박릉후(博陵侯) 성 곽씨(姓 霍氏)'라고 했다.

그 다음은 장안세(張安世) 한증(韓增) 조충국(趙充國) 위상(魏相) 병길(丙吉) 두연년(杜延年) 유덕(劉德) 양구하(梁丘賀) 소망지(蕭望之) 소무(蘇武) 등 11명이었으니, 모두 공로와 덕망으로 당시에 이름이 알려진 사람들이다. 이 때문에 그들을 표창하고 빛내주었다. (이들이) 중흥(中興)을 보좌한 신하로서, 방숙(方淑) 소호(召虎) 중산보(仲山甫)[55] 등과 나란히 할 수 있다고 밝혀, 드러내준 것이다.

○ 조서로 여러 유학자들에게 오경(五經)의 공통점과 차이점을 강론하게 했다. 소망지 등이 가부를 말하지 않고 그 논의한 바를 아뢰자, 상이 조정에서 친히 명령을 내려 결정했다. 이에 양구(梁丘)에게『역(易經)』박사를 맡게 하고, 대하후(大夏侯)와 소하후(小夏侯)에게 『상서(尙書)』박사를 맡게 하고, 곡량(穀梁)에게 『춘추(春秋)』박사를 맡게 했다.

임신(壬申) 황룡(黃龍) 원년(기원전 49년)

황제가 죽고, 태자가 황제에 즉위했다.

---

55) 方淑 召虎 仲山甫 방숙 소호 중산보 : 주(周)나라 선왕(宣王) 때의 신하

원 문

卷之十三

漢紀

中宗孝宣皇帝 下

辛酉二年

夏　充國奏言：「羌本可五萬人軍，已降幷斬首級，溺河湟、飢餓死者四萬有餘，請罷屯兵！」奏可。充國振旅而還。秋，羌人降，漢初置金城屬國，以處降羌。

◯司隷校尉蓋寬饒，剛直公淸，數干犯上意。時上方用刑法，任中書官，寬饒奏封事曰：「方今聖道浸微，儒術不行，以刑餘為周召，以法律為詩書。」又引易傳言：「五帝官天下，三王家天下。家以傳子孫，官以傳賢聖。」書奏，上以為寬饒怨謗。九月，下寬饒吏，　寬饒引佩刀自剄北闕下，衆莫不憐之。

◯日逐王素與握衍朐鞮單于有隙，率其衆降漢。騎都尉鄭吉發渠犁、龜茲諸國五萬人迎日逐王，將詣京師。漢封日逐王為歸德侯。吉旣破車師，降日逐，威震西域，遂幷護車師以西北道，故號都護。都護之置，自吉始焉。

壬戌三年

春 魏相薨。丙吉為丞相。吉上寬大，好禮讓，不親小事。時人以為知大體。

◯八月，詔曰：「吏不廉平，則治道衰。今小吏皆勤事而俸祿薄，欲無侵漁百姓，難矣！其益吏百石已下俸十五。」

◯是歲，東郡太守韓延壽為左馮翊。始，延壽為潁川太守，潁川承趙廣漢構會吏民之後，俗多怨讎。延壽改更，教以禮讓。黃霸代延壽居潁川，霸因其迹而大治。延壽為吏，上禮義，好古教化。接待下吏，恩施甚厚而約誓明。或欺負之者，延壽痛自刻責曰：「豈其負之，何以至此！」吏聞者自傷悔，至自刺自剄。其在東郡三歲，令行禁止，斷獄大減，由是入為馮翊。延壽出行縣至高陵，民有昆弟相與訟田，自言。延壽大傷之曰：「幸得備位，為郡表率，不能宣明教化，至令民有骨肉爭訟，旣傷風化，咎在馮翊。」因閉閤思過。於是訟者自悔，願以田相移，終死不敢復爭。郡中歙然，相敕厲，不敢犯。延壽恩信周徧二十四縣，莫復以辭訟自言者。推其至誠，吏民不忍欺紿。

癸亥四年

潁川太守黃霸在郡前後八年，政事愈治。是時鳳皇、神爵數集郡國，潁川尤多。詔賜爵關內侯。後數月，徵霸為太子太傅。

◯時　河南太守嚴延年為治陰鷙酷烈，素輕黃霸為人，及比郡為守，褒賞反在己前，心內不服。河南界中又有蝗蟲，府丞義出行蝗，還，見延年。延年曰：「此蝗豈鳳皇食耶？」義年老，素畏延年，恐見中傷。上書言延年罪，驗得怨望、誹謗數事。延年坐不道，棄市。初，延年母從東海來，欲從延年臘。到洛陽，適見報囚，母大驚，謂延年曰：「天道神明，人不可獨殺。我不意當老見壯子被刑戮也！行矣，去汝東歸，掃除墓地耳！」遂去，歸郡。後歲餘，果敗，東海莫不賢智其母。

甲子五鳳元年

韓延壽代蕭望之為左馮翊。望之聞延壽在東郡時放散官錢千餘萬，使御史案之。延壽聞知，卽部吏案校望之在馮翊時廩犧官錢，放散百餘萬。望之自奏：「職在總領天下，聞事不敢不問，而為延壽所拘持。」上由是不直延壽，各令窮考。望之卒無事實，而延壽以在東郡，奢僭逾制，鑄刀，效尚方等事。竟坐棄市，百姓莫不流涕。

丙寅三年

春 丙吉薨。

◯黃霸為丞相。霸材長於治民，及為丞相，功名損於治郡。時京兆尹張敞舍鶡雀飛集丞相府，霸以為神雀，議欲以聞。後知從敞舍來，乃止。然自漢興，言治民吏，以霸為首。

丁卯四年

大司農丞耿壽昌奏言：「歲數豐穰，穀賤，農人少利。故事：歲漕關東穀四百萬斛以給京師，用卒六萬人。宜糴三輔、弘農、河東、上黨、太原郡穀，足供京師，可以省關東漕卒過半。」上從其計。壽昌又白：「令邊郡皆築倉，以穀賤增其賈而糴，以利農，穀貴時減賈而糶，名曰常平倉。」民便之。上乃詔賜壽昌爵關內侯。

○光祿勳楊惲，廉潔無私，然伐其行能，又性刻害，好發人陰伏。由是多怨於朝廷，與太僕戴長樂相失，長樂上書告惲罪，怨望為妖惡言，上不忍加誅，免為庶人。惲旣失爵位，家居治產業，以財自娛。其友人安定太守孫會宗與惲書，諫戒之，為言「大臣廢，當闔門惶懼，不當治產業通賓客有稱譽。」惲，宰相子，有材能，少顯朝廷，一朝以晻昧語言見廢，內懷不服，報會宗書曰：「過大行虧，當為農夫以沒世。田家作苦，歲時伏臘，烹羊炰羔，斗酒自勞，酒後耳熱，仰天拊缶而呼烏烏，其詩曰：『田彼南山，蕪穢不治，種一頃豆，落而為萁。人生行樂耳，須富貴何時！』誠荒淫無度，不知其不可也。」會有日食之變，騶馬猥佐成上書告「惲驕奢，不悔過。日食之咎，此人所致。」章下廷尉，按驗，得所予會宗書，帝見而惡之。惲以大逆無道，腰斬。

溫公曰：以孝宣之明，魏相丙吉為丞相，于定國為廷尉，而趙、蓋、韓、楊之死皆不厭衆心，惜哉！其為善政之累大矣！周官司寇之法，有議賢、議能，若廣漢、延壽之治民，可不謂能乎！寬饒、惲之剛直，可不謂賢乎！然則雖有死罪，猶將宥之，況罪不足以死乎！揚子雲以韓馮翊之愬蕭為臣之自失。夫所以使延壽犯上者，望之激之也。上不之察，而延壽獨蒙其辜，不亦甚哉！

戊辰甘露元年

楊惲之誅也，公卿奏京兆尹張敞，惲之黨友，不宜處位。上惜敞材，獨寢其奏，不下。敞使椽絮舜有所案驗，舜私歸其家曰：「五日京兆耳，安能復按事！」敞聞舜語，卽部吏收舜繫獄，晝夜驗治，竟致其死。舜當出死，敞使主簿持敎告舜曰：「五日京兆竟何如？冬月已盡，延命乎？」乃棄舜市。會立春，行冤獄使者出，舜家載尸,幷編敞敎自言。使者奏敞賊殺不辜。免為庶人。敞詣闕上印綬，便從闕下亡命。數月，京師吏民解弛，枹鼓數起，而冀州部中有大賊，天子思敞功效，使者卽家召敞。敞身被重劾，及使者至，妻子皆泣，而敞獨笑曰：「吾身亡命為民，郡吏當就捕。今使者來，此天子欲用我也。」裝隨使者，詣公車，　上書曰：「臣前幸得備位列卿，待罪京兆，坐殺椽絮舜。舜本臣敞素所厚吏，以臣有章劾當免，謂臣五日京兆。背恩忘義，臣枉法誅之。雖伏明法，死無所恨！」天子引見敞，拜為冀州刺史。敞到部，盜賊屛迹

◯皇太子柔仁好儒，見上所用多文法吏，以刑名繩下，嘗侍燕從容言：「陛下持刑太深，宜用儒生。」帝作色曰：「漢家自有制度，本以霸王道雜之。柰何純任德敎，用周政乎！

且俗儒不達時宜，好是古非今，使人眩於名實，不知所守，何足委任！」乃歎曰：「亂我家者太子也！」！

溫公曰：王霸無異道。皆本仁祖義，任賢使能，賞善罰惡，禁暴誅亂。顧名位有尊卑，德澤有深淺，功業有鉅細耳，非若白黑、甘苦之相反也。漢之所以不能復三代之治者，由人主之不為，非先王之道不可復行於後世也。夫儒有君子，有小人。彼俗儒者，誠不足與為治也，獨不可求眞儒而用之乎！稷、契、皐陶、伯益、伊尹、周公、孔子，皆大儒也，使漢得而用之，功烈豈若是而止邪！孝宣謂太子懦而不立，闇於治體，必亂我家，則可矣。乃曰：『王道不可行，儒者不可用。』豈不過甚矣哉！殆非所以訓示子孫，垂法將來者也。

己巳二年

匈奴呼韓邪單于款五原塞，願奉國珍，朝詔議其儀。丞相御史曰：「宜如諸侯王，位次在下。」太傅蕭望之以為：「宜待以不臣之禮，位諸侯王上。」天子采之，令單于位在諸侯王上，贊謁稱臣而不名。

庚午三年

匈奴呼韓邪單于來朝。

○先是，自烏孫以西至安息諸國近匈奴者，皆畏匈奴而輕漢；及呼韓邪單于朝漢後，咸尊漢矣。

◯上以戎狄賓服，思股肱之美，乃圖畫其人於麒麟閣，法其形貌，署其官爵、姓名；唯霍光不名曰「大司馬、大將軍、博陸侯，姓霍氏。」其次張安世，韓增、趙充國、魏相、丙吉、杜延年、劉德、梁丘賀、蕭望之、蘇武，凡十一人，皆以功德，知名當世，是以表而揚之，明著中興輔佐，列於方叔、召虎、仲山甫焉。

◯詔諸儒講五經同異，蕭望之等平奏其議，上親稱制臨決焉。乃立梁丘易、大小夏侯尚書、穀梁春秋博士。

壬申黃龍元年。帝崩。太子卽皇帝位。

통감절요 1

편 저 자 : 강지(江贄)
번 역 자 : 김 정 화
발 행 처 : 충북대학교 출판부
발 행 인 : 김 수 갑
주 소 : 28644 충북 청주시 서원구 충대로 1
전 화 : (043) 261-2952, 3014
팩 스 : (043) 274-1256
이 메 일 : presscbu@chungbuk.ac.kr
등 록 번 호 : 제1983-2001-7호
초 판 1쇄 : 2015.02.02
초 판 3쇄 : 2020.08.31
인 쇄 처 : 삼성디자인기획 042)221-3111

ISBN 978-89-7295-222-0 94910 (전4권)

값 24,000원

* 이 번역서는 2012학년도 충북대학교 출판부 연구비 지원 사업에 의하여 발행되었음.